Informatik-Fachberichte 220

Herausgeber: W. Brauer
im Auftrag der Gesellschaft für Informatik (GI)

F. Stetter W. Brauer (Hrsg.)

Informatik und Schule 1989: Zukunftsperspektiven der Informatik für Schule und Ausbildung

GI-Fachtagung
München, 15.-17. November 1989

Proceedings

Springer-Verlag
Berlin Heidelberg New York
London Paris Tokyo Hong Kong

Herausgeber

F. Stetter
Fakultät für Mathematik und Informatik, Universität Mannheim
A 5, D-6800 Mannheim 1

W. Brauer
Institut für Informatik, Technische Universität München
Postfach 202420, D-8000 München 2

3. Fachtagung „Informatik und Schule", veranstaltet vom Fachbereich 7 „Ausbildung und Beruf" der GI und dem Institut für Film und Bild in Wissenschaft und Unterricht (FWU)

CR Subject Classification (1987): K.3

ISBN 3-540-51801-0 Springer-Verlag Berlin Heidelberg New York
ISBN 0-387-51801-0 Springer-Verlag New York Berlin Heidelberg

© Springer-Verlag Berlin Heidelberg 1989
Printed in Germany

Druck- und Bindearbeiten: Weihert-Druck GmbH, Darmstadt
2145/3140 – 543210 – Gedruckt auf säurefreiem Papier

Vorwort

Die Fachtagung der Gesellschaft für Informatik zum Themenbereich Informatik und Schule wird dieses Mal gemeinsam mit dem FWU, Institut für Film und Bild in Wissenschaft und Unterricht, veranstaltet. Die erste Tagung dieser Art fand 1984 in Berlin unter dem Thema "Informatik als Herausforderung an Schule und Ausbildung" statt, die zweite 1986 in Kaiserslautern mit dem Thema "Informatik-Grundbildung in Schule und Beruf". Die jetzige Tagung "Zukunftsperspektiven der Informatik für Schule und Ausbildung" wendet den Blick bewußt nach vorne. Informatik ist heute für Schule, Beruf, Wissenschaft, Wirtschaft, Gesellschaft und Kultur von unbestrittener Wichtigkeit - es kommt jetzt vor allem darauf an, mit dem Computer neue Anwendungsfelder zu erschließen und seinen Einsatz verantwortungsbewußt zu gestalten.

In den Hauptvorträgen werden einige wichtige Entwicklungsrichtungen der Informatik dargestellt; sie sollen den in der Ausbildung Tätigen Leitlinien für die Auswahl und Gewichtung von Lern- und Lehrinhalten geben. Denn was heute in der Forschung und Entwicklung aktuell ist, kommt innerhalb kurzer Zeit auf den Markt und zur praktischen Anwendung und wird damit auch für die Ausbildung relevant.

Das Spektrum der akzeptierten Beiträge ist reich gefächert und zeigt, wie vielfältig und tief inzwischen die Informatik in unserem Bildungssystem - allgemeinbildende Schulen, berufsbildende Schulen, betriebliche Aus- und Weiterbildung - verankert ist.

Der PC ist für Lehrende und Lernende ein Werkzeug, das in seiner Leistungsfähigkeit vor kurzer Zeit noch unvorstellbar war und dessen Potential noch lange nicht erschöpft ist. Die absehbare technische Weiterentwicklung des Computers in der Hardware und der Software öffnet der Ausbildung viele Wege in die Zukunft. Dies belegt eindrucksvoll der Themenkatalog der Tagung: Ausbildung in der Sekundarstufe I und II, betriebliche Ausbildung, Netze und Telekommunikation, computerunterstütztes Lernen und Anwendungen im Schulunterricht. Solche Perspektiven aufzuzeigen, ist ein wesentliches Anliegen dieser Tagung.

Parallel zur Tagung findet der Münchner Medienmarkt statt, der als eine fruchtbare Ergänzung der Tagung angesehen werden kann. Der Computer hat unter den neuen Medien sicher die größte Bandbreite, man braucht nur an die Wissensverarbeitung zu denken.

Wir danken dem FWU und den Internationalen Münchner Filmwochen (IMF) für die Förderung dieser Tagung und für die Organisation. Dem Programmausschuß und den Vortragenden danken wir für die inhaltliche Gestaltung dieser Tagung.

August 1989   F. Stetter, W. Brauer

Programmausschuß

Prof. Dr. F. Stetter, Mannheim (Vorsitz)
Prof. Dr. W. Brauer, München (stellvertr. Vorsitz)
Prof. Dr. W. Arlt, Berlin
Prof. Dr. G. Barth, Kaiserslautern
Prof. Dr. P. Diepold, Göttingen
Dr. G.- H. Göritz, Frankfurt
Dr. P. Heyderhoff, St. Augustin
W. Hosseus, Mainz
D. Kamm, Grünwald
Dr. K.- A. Keil, Augsburg
Dr. R. Lambrecht, München
Prof. Dr. R. Loos, Tübingen
W. van Lück, Soest
Prof. Dr. E. von Puttkamer, Kaiserslautern
Dr. H.- G. Rommel, Rheinbach
M. Spengler, Hermeskeil
H. Stimm, Neustadt an der Weinstraße
Dr. W. Werner, Bad Kreuznach

Organisationsausschuß

D. Kamm, Grünwald (Vorsitz)
S. Lesch, Grünwald
E. Hauff, München

Inhaltsverzeichnis

Empfehlungen der Gesellschaft für Informatik (GI)

Zielsetzungen und Inhalte des Informatikunterrichts. Zentralblatt für Didaktik der Mathematik 8, 35-43, 1976.

Empfehlungen zur Ausbildung, Fortbildung und Weiterbildung von Lehrkräften für das Lehramt Informatik für die Sekundarstufe I und II. Informatik-Spektrum 2, 53-60, 1979.

Stellungnahme und Empfehlungen zum Volkshochschulzertifikat Informatik. Informatik-Spektrum 2, 175-177, 1979.

Empfehlungen über "Eine praktische Tätigkeit für Informatik-Studenten an Universitäten". Informatik-Spektrum 5, 129-131, 1982.

Lernziele des Informatikunterrichts an kaufmännischen Schulen. Informatik-Spektrum 5, 264-266, 1982.

Neue Empfehlungen für das Informatikstudium an Fachhochschulen. Informatik-Spektrum 7, 187-191, 1984.

Anforderungsprofil für die Hochschulausbildung im Bereich der Betrieblichen Datenverarbeitung (Betriebsinformatik). Informatik-Spektrum 7, 256-258, 1984.

Informatik an gewerblich-technischen Schulen. Informatik-Spektrum 8, 104-106, 1985.

Ausbildung von Diplom-Informatikern an wissenschaftlichen Hochschulen. Informatik-Spektrum 8, 164-165, 1985.

Rahmenempfehlung für die Informatik im Unterricht der Sekundarstufe I: Informatik-Spektrum 9, 141-143, 1986.
Integration der Informatik in die Ingenieur-Studiengänge an wissenschaftlichen Hochschulen. Informatik-Spektrum 9, 207-210, 1986.

Qualitätsmerkmale für die DV-Bildung. Informatik-Spektrum 10, 176-177, 1987.

Empfehlungen zur Lehrerbildung im Bereich Informatik. Informatik-Spektrum 10, 345, 1987.

Rahmenempfehlung für eine praxisnahe Informatikaus- und weiterbildung außerhalb der Hochschulen im Kernbereich der Informationsverarbeitung. Informatik-Spektrum 11, 100-104, 1988.

Empfehlung zur Integration der Informatik in Studiengänge an wissenschaftlichen Hochschulen. Informatik-Spektrum 11, 167-170, 1988.

Empfehlungen zur Integration der Informatik in Ingenieur-Studiengänge an Fachhochschulen. Informatik-Spektrum 11, 277-280, 1988.

Verteilte Rechen- und Kommunikationssysteme

Gerhard Krüger
Institut für Telematik, Universität Karlsruhe
Kaiserstraße 12, D-7500 Karlsruhe

1. Klassische DV-Organisationsstruktur: Zentralisierung

Die historische Entwicklung der Rechnernutzung war von den fünfziger bis zum Anfang der achtziger Jahre vom Konzept der Zentralisierung geprägt.

Die Gründe, möglichst viele Benutzer durch eine einzige Großanlage mit der entsprechenden räumlichen und personellen Infrastruktur zu bedienen, waren sowohl wirtschaftlicher, technischer als auch organisatorischer Art. Wirtschaftlich galt lange die - von den Herstellern nicht ungern gesehene - Faustregel, daß mit einer Verdopplung der Beschaffungskosten für einen Zentralrechner eine Vervierfachung der Rechenleistung erzielbar sei (sogenanntes Groschsches Gesetz). Weiterhin war, verglichen mit z.B. den Personal- und sonstigen Investitionskosten, die Rechenleistung so teuer, daß ein wirtschaftlicher Betrieb nur durch eine permanente Nutzung, und das hieß viele mit Rechenaufträgen in der Warteschlange stehende Benutzer, erreichbar war. Auch waren die Umgebungs-, Aufstellungs-, Energie- und Klimakosten so hoch, daß nur eine zentrale Einheit, ein Rechenzentrum, eine angemessene wirtschaftliche Lösung darstellte.

Technisch ergab sich der Zwang zur Zentralisierung aus dem erheblichen personalintensiven Wartungs- und Betreuungsaufwand für die außerordentlich komplexe und - besonders in der Frühzeit - störanfällige Hardware und die großen, für den Endbenutzer unhandlichen, Softwarepakete, die ständiger Betreuung und Beratung bedurften.

Es war daher aus den genannten wirtschaftlichen und technischen Gesichtspunkten nur natürlich, daß man in der klassischen DV-Struktur vorzugsweise - auch bei der Lösung von Anwendungsproblemen - mit DV-Spezialisten arbeitete, die auch organisatorisch zu einer Einheit zusammengefaßt wurden und die dem - oft wenig mündigen - Endbenutzer als "DV-Expertokratie" in einem nicht unbeträchtlichen Spannungsfeld gegenüberstanden.

Die auf dieses uneingeschränkte Zentralkonzept zugeschnittene Betriebsart war der Stapelbetrieb (batch processing), d.h. das Abarbeiten einer Warteschlange von Rechenaufträgen (Jobs) mit Umlaufzeiten in der Größenordnung von Stunden und Tagen.

Der erste wesentliche Schritt zu mehr Benutzernähe und zur Verknüpfung mit der Arbeitsorganisation des Endbenutzers war die Einführung von Außenstationen in räumlicher Nähe der Benutzer, insbesondere in Form von - aus heutiger Sicht - einfachen interaktiven Bildschirmarbeitsplätzen. Voraussetzungen für diesen quasiparallelen interaktiven Viel-Benutzer-Betrieb (time sharing service) waren zwei technische Innovationen: Mehrprozeß-Betriebssysteme (multitasking operating systems), die es gestatteten, mehrere, im allgemeinen unabhängige, Benutzeraktivitäten auf dem gleichen Rechner in verschachtelter Weise zu betreiben und die Anschaltung von Fernmelde-(Telekommunikations-) Strecken an den

zentralen Rechner, um die räumlich verteilten Außenstationen an die
Zentralanlage anzukoppeln.

Die Struktur einen solchen modernen Zentralrechnerkonzepts zeigt
Abbildung 1.

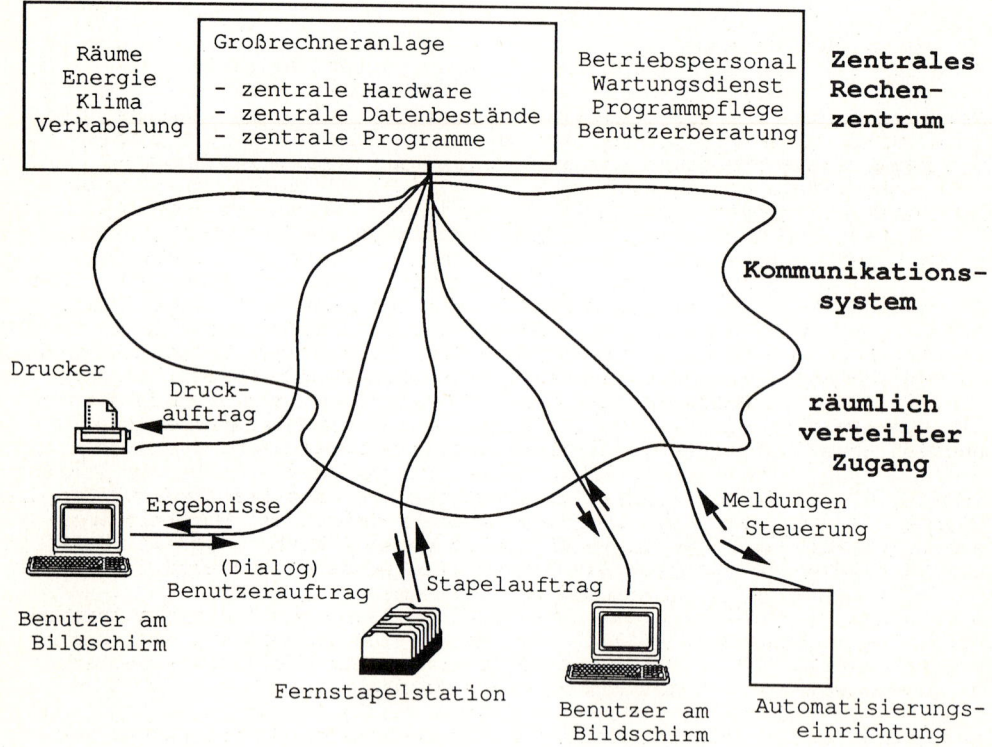

Bild 1: Zentralisierung von DV-Dienstleistungen in einem Rechenzentrum

Das zentrale Rechenzentrum konzentriert in dieser Struktur nach wie vor
alle wesentlichen Ressourcen, wie Rechenleistung, Speicherkapazitäten,
Datenarchive, Programmbestände und das spezialisierte DV-Personal.

Dezentralisiert ist in der klassischen "time sharing" Form ausschließlich der Zugang über Außenstationen (Terminals) durch den Benutzer.
Dieser setzt über das Terminal seine Aufträge an die Zentrale ab und
erhält, je nach Auftragsumfang, sofort oder mit Verzögerung von dort
seine Ergebnisse zurückgeliefert. Die Großanlage sitzt aber weiterhin in
allen wesentlichen Aspekten wie "die Spinne im Netz" im Mittelpunkt und
beherrscht in dieser Position das gesamte Geschehen.

Zu einer Weiterentwicklung dieses - heute noch dominierenden - Konzeptes
führt der Ersatz des einfachen - dummen - Bildschirmterminals durch
einen Kleincomputer (Personal Computer PC). Außer der Eingabe-,
Anzeige- und Transportleistung können jetzt auch ein Teil der Verarbei-
tungs- und Speicheranforderungen einer Anwendung lokal auf dem PC abge-

tungs- und Speicheranforderungen einer Anwendung lokal auf dem PC abgewickelt werden, die Hauptlast verbleibt aber in der Regel beim Zentralrechner (Micro-Mainframe-Connection). Der PC emuliert oft nur das
ursprünglich dumme Terminal und ist zusätzlich in der Lage, geeignet
aufbereitete Datenbestände an die Zentrale abzugeben und von ihr zu
übernehmen.

2. Verteilte Systeme

Die anwendungsorientierte Grundidee verteilter DV-Systeme ist es, die
unsymmetrische Beziehung: leistungsstarke Zentrale versus schwache
Außenstelle (master slave relation) durch das Zusammenwirken im Prinzip
gleichberechtigter, in den Grundfunktionen autonomer und über Kommuni-
kationseinrichtungen miteinander verbundener, Rechner zu ersetzen.

Wie die Zentralisierung auch, hat dieser neue Trend zu dezentralen,
verteilten Strukturen technische, wirtschaftliche und organisatorische
Gründe und Konsequenzen. Das entscheidende technisch-wirtschaftliche
Argument kommt ohne Zweifel aus den Fortschritten der Mikrotechniken,
insbesondere der Mikroelektronik. Die Groschsche Regel hat sich geradezu
in das Gegenteil verkehrt. Betrachtet man allein die Rechenleistungen,
z.B. gemessen in **M**illionen (Rechen-) **I**nstruktionen **p**ro **S**ekunde (Mips)
bekommt man für den gleichen DM-Betrag heute beim Mikroprozessor die
hundertfache Rechenleistung eines modernen Großrechners.

Im Vergleich der Rechneraufwendungen mit den Personalkosten hat sich das
Verhältnis ebenfalls grundlegend verändert. Selbst ein Hochleistungs-
arbeitsplatzrechner für den technischen Entwurf kostet nur ein Bruchteil
der jährlichen Personalkosten des ihn benutzenden Ingenieurs.

Auch die Zuverlässigkeitsgesichtspunkte sprechen nun gegen die Zentralisierung. Fällt in einer Großanlage ein wichtiges Bauteil aus, sind
möglicherweise 100 und mehr aktive Benutzer betroffen, bei Arbeitsplatzrechnern gibt es nur einen Leidtragenden.

Durch die neuen Bedientechniken und die gewachsene Kompetenz der Endbenutzer ergibt sich der organisatorische Vorteil einer immer stärkeren
Verlagerung von entscheidenden Funktionen auf arbeitsplatznahe Teilsysteme, die ohne laufende Einschaltung von DV- Spezialisten vom Endbenutzer eigenständig betrieben werden. Die Technikgeschichte zeigt, daß
der Übergang von der Spezialistenbedienung einer technischen Einrichtung
zur Selbstbedienung (Selbstfahrer statt Chauffeur) stets den Durchbruch
zur Massennutzung dieser Technik gebracht hat. Eine Entwicklung, die wir
gerade jetzt beim persönlichen Computer erleben und die uns die
zukünftige Bedeutung verteilter Rechnersysteme mit der Tendenz zu
Rechnernetzen mit vielen tausenden von Einzelrechnern im Verbund
(Netzknoten) sehr plastisch macht.

3. Multiprozessor- und Mehrrechnersysteme

Eine allgemein international akzeptierte Definition des Begriffs ver-
teiltes System gibt es bisher nicht. Beschränken wir uns auf technische
Strukturen, lassen sich dennoch charakteristische Merkmale und
Abgrenzungen für verteilte DV-Systeme angeben.

Ausgeschlossen von der Betrachtung als verteilte Systeme bleiben Rechner
mit internen Maßnahmen der Parallelisierung von Daten- und/oder Instruk-
tionsströmen (Vektorrechner, Parallelrechner usw.)

Ausgangspunkt sind vielmehr Strukturen, die aus autonomen Prozessoren,
in der Regel mit der grundlegenden von Neumann Struktur, d.h. der
sequentiellen Abarbeitung eines Instruktionsstromes; Arbeitsspeicher-
einheiten und Ein-/Ausgabe-Einrichtungen bestehen, die den Verkehr mit
den sogenannten Peripheriegeräten ermöglichen.

Die Bilder 2 und 3 zeigen zwei konzeptuell sehr wichtige Anordnungen der
Komponenten: Prozessor, Speicher und E/A-Module. Der entscheidende
Unterschied ist dabei die Lage des Verbindungsnetzes, über das die
einzelnen Komponenten miteinander kommunizieren.

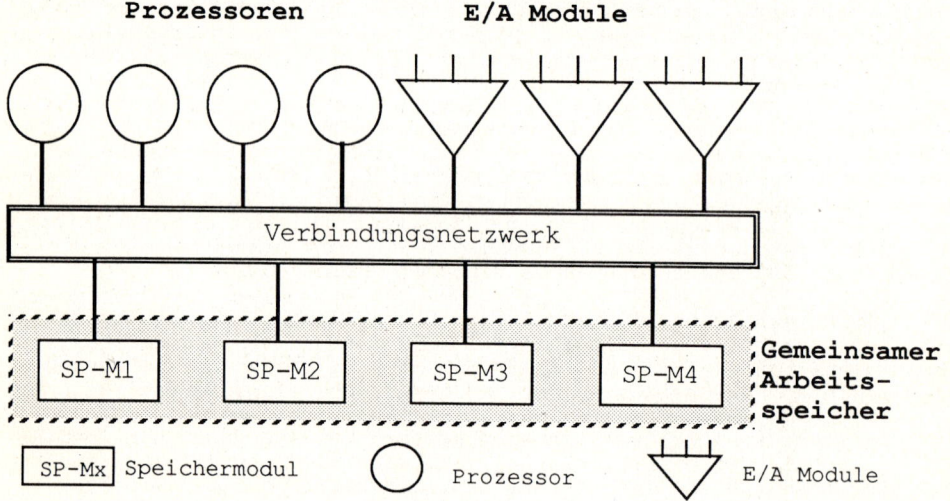

Bild 2: Multiprozessor-System:
        enge Kopplung über gemeinsamen Arbeitsspeicher

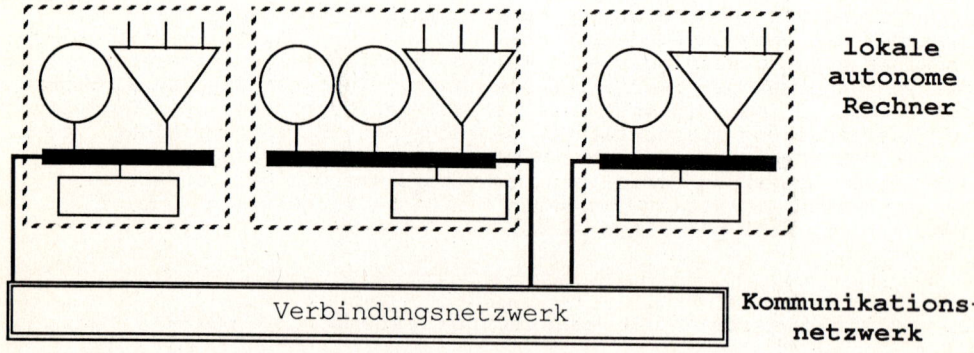

Bild 3: Mehrrechner-System:
        lose Kopplung über Kommunikationsnetz

Befindet sich das Verbindungsnetzwerk zwischen den Prozessoren und den
Arbeitsspeichern und zwar derart, daß alle Prozessoren direkten Zugriff
auf die Gesamtheit des Arbeitsspeichers haben - dasselbe gilt sinngemäß

5

für die E/A-Module - dann spricht man von einer Multiprozessor-Architektur.

Moderne Multiprozessor-Konfigurationen arbeiten in der Regel mit einem Mehrprozeß-Betriebssystem (multi tasking). Das Multi-Tasking-Konzept wurde ursprünglich für den verschachtelten Betrieb mehrerer Aufgaben (Jobs) auf einer Ein-Prozessor-Anlage entwickelt, um diesen Prozessor während Wartephasen einer Aktivität durch Abwicklung anderer Aktivitäten besser zu nutzen. Mehrprozeß-Betriebssysteme sind auch die Grundlage für den interaktiven Dialogbetrieb, der auf der - rotierenden - Zuteilung von Zeitscheiben an die gleichzeitig aktiven Dialogbenutzer beruht.

Das Konzept des Mehrprozeß-Betriebs läßt sich ohne Schwierigkeiten auf Multiprozessor-Konfigurationen übertragen. Prozesse, als betriebsorganisatorische Einheiten der Ablauforganisation können vom Betriebssystem nach bestimmten Kriterien auf die einzelnen Prozessoren verteilt werden. Dazu nimmt das Betriebssystem arbeitswillige Prozesse aus einer systemweiten Prozeß-Warteschlange und teilt sie wartenden Prozessoren zu (Bild 4). Die Prozesse können miteinander auf verschiedene Weise kooperieren, sich synchronisieren, Daten austauschen usw.

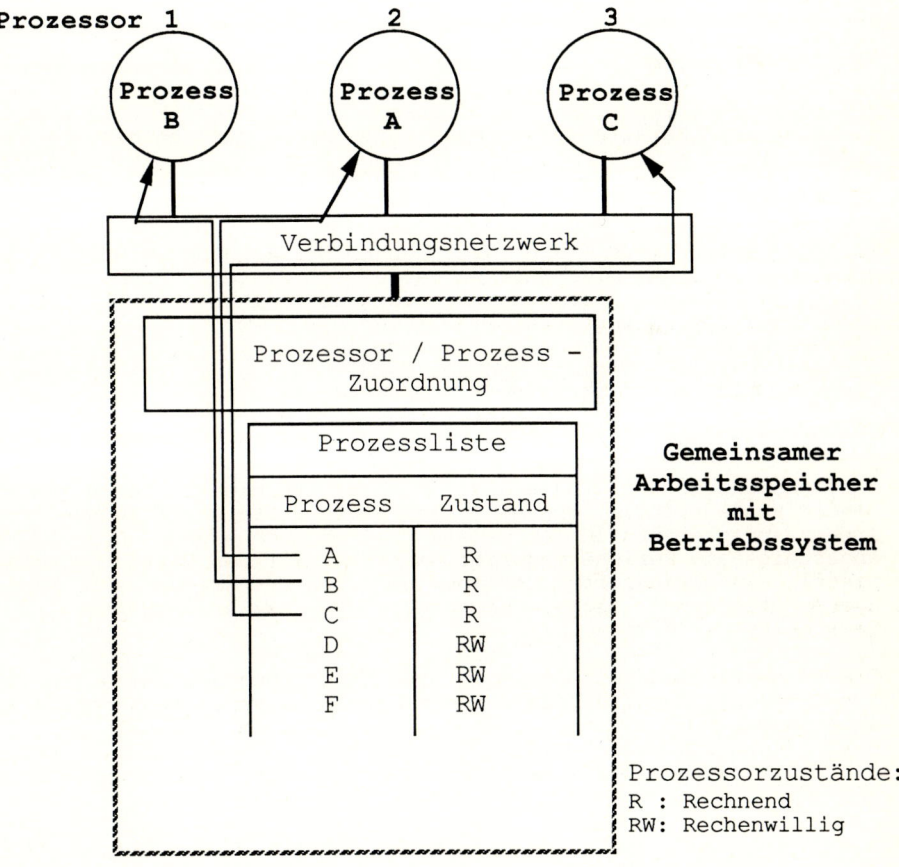

Bild 4: Prozessor / Prozeß - Zuordnung
durch ein Multiprozessor - Betriebssystem

Dabei wird zentral von der Tatsache Gebrauch gemacht, daß alle Prozesse
und Prozessoren sich den gemeinsamen Arbeitsspeicher (shared memory)
teilen und darin beliebige und - falls erforderlich - sehr umfangreiche
Kommunikations- und Kooperationsobjekte unterbringen können.

Multiprozessor-Systeme sind räumlich kompakt aufgebaut, dadurch kann das
Verbindungsnetz auf hohen Durchsatz ausgelegt werden. Die technische
Realisierung erfolgt heute oft über vieladrige mit hoher Geschwindigkeit
getaktete Busse. Abstimm- und Kooperationsoperationen erfordern oft nur
geringen Verwaltungsaufwand und sind daher in wenigen Speicherzyklen
bzw. Mikrosekunden erledigt.

Zusammenfassend ergibt sich folgende Charakterisierung: Multiprozessor-
Systeme besitzen einen gemeinsamen Arbeitsspeicher, ein einziges
Betriebssystem, das neben den Prozessoren und Rechenprozessen auch alle
anderen Betriebsmittel einheitlich verwaltet und sie haben durch den
gemeinsamen Speicher die Möglichkeit der schnellen unverzögerten
Kooperation und Kommunikation zwischen den einzelnen Prozessen.

Multiprozessor-Systeme werden zukünftig im Mini- und Mikrocomputer-
bereich eine sehr große Rolle spielen. Die Entwicklung immer schnellerer
Ein-Prozessor-Chips erfordert steil steigenden Aufwand, da sich die
(mikro-) technologischen Grenzen der Leistungssteigerung abzuzeichnen
beginnen. Dagegen lassen sich sehr viel wirtschaftlicher Leistungs-
erhöhungen durch Multiprozessor-Konfigurierungen vergleichsweise
billiger mittelschneller Mikroprozessoren erzielen. Eine Sonderent-
wicklung sind Parallelrechner-Maschinen mit hunderten bzw. tausenden von
Prozessoren in enger Kopplung, die aber komplexere Kopplungsstrukturen
als den gemeinsamen Hauptspeicher und das einheitliche Betriebssystem
aufweisen.

Multiprozessor-Systeme mit enger, schneller Kopplung werden im allgemeinen nicht den eigentlichen verteilten Systemen zugeordnet. Verteilte DV-Systeme in Form der Mehrrechner-Konfigurationen sind vielmehr
gemäß Bild 3 strukturiert.

Die dort gezeigte Verlagerung des Verbindungsnetzwerkes aus dem Kompo-
nentenbereich des eigentlichen Rechners heraus hat tiefgreifende Folgen
und führt zu ganz neuen Organisations- und Betriebssystem-Strukturen,
für die der Begriff verteilte Systeme allgemein akzeptiert ist.

Ausgangskonzept der Mehrrechner-Struktur ist die Erhaltung "geschlossener" Rechensysteme, die neben dem eigenen Prozessor, einen "privaten"
Arbeitsspeicher und in den meisten Fällen auch eigene, über E/A-Module
angeschlossene Peripheriegeräte besitzen. Für den Betrieb dieses kompletten Einzelrechners - der auch ein oben beschriebenes Multiprozessor-
System sein kann - ist ein eigenständiges lokales (Mehrprozeß-)
Betriebssystem erforderlich.

Die so konfigurierten, in allen Grundfunktionen autonomen und lokal voll
funktionstüchtigen, Rechner können durch das Verbindungsnetzwerk
miteinander kommunizieren (Kommunikationssystem). Handelt es sich dabei
um die Kopplung vieler Einzelrechner, spricht man von einem Rechnernetz,
die Einzelrechner werden als Rechnernetzknoten, kurz Netzknoten bezeichnet.

7

4. Aufbau des Kommunikationssystems

Bei Rechnernetzen geht man grundsätzlich von einer deutlichen räumlichen Separierung der einzelnen Knoten aus. Die räumliche Distanz kann dabei sehr stark variieren, sie beträgt bei kleinen PC-Netzen in einer Büroumgebung einige 10 bis 100 m, einige km Leitungslänge bei größeren Büro- oder Fabrikautomatisierungsanlagen und reicht bis zur weltweiten Verbindung innerhalb eines internationalen Konzerns bzw. bei offenen Rechnernetzen, z.B. im Wissenschaftsverbund.

Eine solches Spektrum von Anforderungen läßt sich natürlich nicht mit einer einzigen Form der Datenkommunikationstechnik bewältigen. Insbesondere gelten im betrieblichen Nah- und Regionalbereich andere technische, wirtschaftliche und rechtliche Bedingungen als in der Weitverkehrskommunikation, die über öffentliche Postverwaltungen und Betriebsgesellschaften abzuwickeln ist.

Beispielhaft soll eine typische Datenkommunikationstechnik für den innerbetrieblichen Rechnerverbund vorgestellt werden.

Mittelschnelle innerbetriebliche Datenkommunikationsnetze werden international als Local Area Network LAN bezeichnet. Sie beruhen, im Unterschied zu den eingangs geschilderten "Spinnennetz"-Zentralstrukturen auf der Zusammenarbeit vieler zumindest kommunikationstechnisch gleichberechtigter Rechner. Jeder Rechner darf z.B. die Sendeinitiative ergreifen und jedem anderen Rechner (gegebenenfalls auch mehreren) Nachrichten übermitteln. Entscheidend für die Auslegung solcher frei konfigurierten Viel-Rechner-Netze ist die Forderung zu beliebigen Zeitpunkten - und oft auch an beliebigen räumlichen Anschlußpunkten - Rechner einzugliedern oder abzukoppeln, wobei der Netzbetrieb nicht unterbrochen werden darf und sich auch keine unsicheren Netzzustände ergeben dürfen.

Der Betrieb eines solchen Kommunikationsnetzes erfordert somit in allen beteiligten Rechnern die Durchführung von Überwachungs-, Koordinierungs- und Fehlererkennungs- und -behebungsmaßnahmen, die auf dezentraler Basis realisiert, das Zusammenwirken verteilter Algorithmen erfordern.

Die grundlegende Übertragungstechnik der LAN ist die bitserielle Kommunikation. Bitseriell heißt, daß alle Kommunikation zwischen den angeschlossenen Rechnern über zeitlich gestaffelte Folgen einzelner Bits (Bit für Bit) erfolgen. Das gilt nicht nur für die Nutzdatenübertragung, auch alle Steuer-, Zustands- und Koordinierungsinformation muß über das bitserielle Medium geschleust werden. Damit unterscheidet sich die Übertragungstechnik der LAN (wie aller Übertragungssysteme über größere Distanzen) von der Übertragung zwischen Rechnerkomponenten, die durchweg nutzdatenparallel und mit unabhängigen Adreß- und Steuerleitungen arbeitet.

Bei allen heute eingesetzten LAN wird eine Gruppe von Bits zu einem n-bitlangen Paket zusammengefaßt. Das Paket ist die kleinste Versandeinheit. Es besteht typischerweise aus einer Mischung von Steuer-, Koordinierungs- und Nutzdaten-Information sowie einer vom Sender hinzugefügten Redundanz, die zur Fehlererkennung beim Empfänger verwendet wird. Die Grundstruktur eines (LAN-) Paketes zeigt Bild 5.

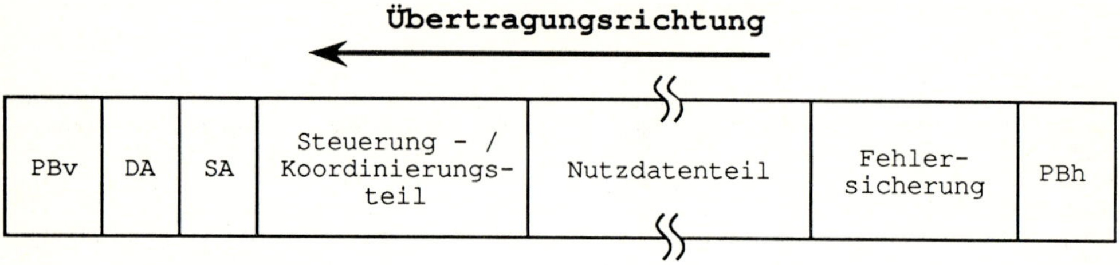

Übertragungsrichtung

←

PBv	DA	SA	Steuerung - / Koordinierungs- teil	Nutzdatenteil	Fehler- sicherung	PBh

PBv: Paketbegrenzung vorn
PBh: Paketbegrenzung hinten
DA: Zieladresse
SA: Herkunftsadresse

Bild 5: Schematischer Aufbau eines LAN - Paketes

Die Begrenzungssequenz am Paketbeginn und -ende ermöglicht es dem
Empfänger zu erkennen, daß ein Paket, was nicht in einem festen Zeitrahmen liegt, beginnt bzw. abgeschlossen ist. Durch die Empfangsadresse
kann ein Rechner bestimmen, ob er der gesuchte Empfänger ist oder nicht.
Bei Netzübergängen in andere Teilnetze kann der den Übergang kontrol-
lierende Vermittlungsrechner (gateway) aus der Empfängeradresse durch
Vergleich mit seinen internen Teilnetz-Adreßzuordnungstabellen feststellen, ob er das Paket über einen Netzübergang transportieren muß oder
nicht. Die Herkunftsadresse dient beim Empfänger zur Identifizierung des
Absenders. In Rechnernetzen muß ein bestimmter Rechner prinzipiell damit
rechnen, von einem beliebigen anderen Rechner durch ein Paket angesprochen zu werden. Da Pakete unterschiedlicher Sender in beliebiger Reihenfolge eintreffen können, ist für den Empfänger eine Senderzuordnung nur
über die explizite Angabe der Herkunftsadresse möglich. Auch Netzein-
richtungen, wie Gateways oder Teilnetzmonitore, können die Herkunftsadresse benutzen, z.B. um einem Paketsender den Ausfall der adressierten
Empfängerstation mitzuteilen.

Der Steuerungs- oder Kennzeichnungsbereich unterscheidet verschiedene
Paketklassen oft mit Rückwirkungen auf die Strukturierung des folgenden
(Nutz-) Datenbereichs. Dieser Bereich kann vielfältige Steuer- und
Statusinformationen enthalten, die zur Koordinierung der Arbeit der
kooperierenden Kommunikationsalgorithmen (Kommunikationsprotokolle)
dienen.

Für den Paketaufbau gilt die Grundregel, daß im Innern der Paket-
(Nutz-) Daten keine weitere Steuerinformation für das angesprochene
Kommunikationsprotokoll "versteckt" sein darf. Das Protokoll muß also
nicht den Nutzdatenbereich durchsuchen, sondern kann sich darauf verlassen, daß die protokollabwicklungsrelevante Information am Anfang (oder
in einigen Fällen auch am Ende) steht. Die Prüfsumme wird beim Sender
als Fehlererkennungsredundanz hinzugefügt und beim Empfänger ausgewertet.

Ein entscheidendes Kennzeichen für einen speziellen LAN-Typ ist die
Festlegung, welcher Rechner zu einem bestimmten Zeitpunkt sein Paket
über das Kommunikationsnetz bzw. ein zusammenhängendes Teilnetz übertragen darf (Sendezugriff auf das Kommunikationsmedium).

Als Beispiel für eine verteilte Zugriffsstrategie sei das verbreitete
(LAN-) Verfahren CSMA/CD **C**arrier **S**ense **M**ultiple **A**ccess/ **C**ollision
Detection gewählt. Eine Variante dieses Verfahrens ist unter der
Markenbezeichnung Ethernet bekannt. Die grundlegende Topologie des
Kommunikationsmediums ist ein linienförmiger Leiter - durch Widerstände

abgeschlossen -, der einen bitseriellen Strom eines Senders S an allen
angeschlossenen Empfängern vorbeiführt (Bild 6).

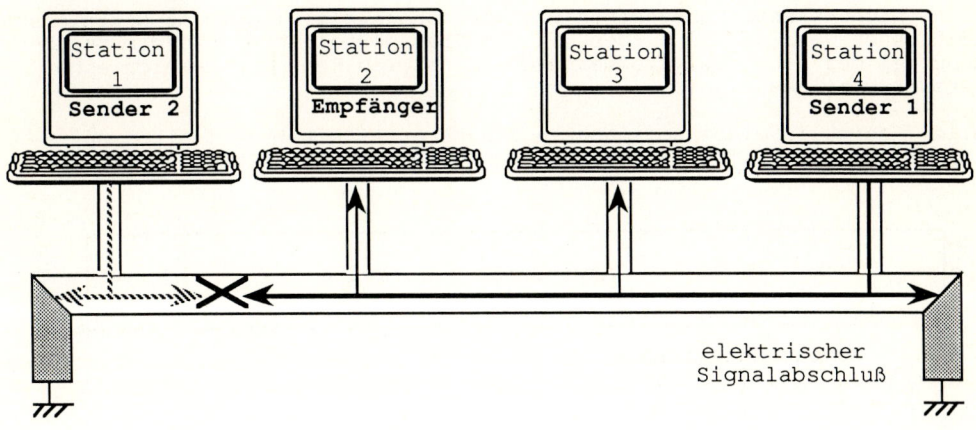

Bild 6: Busförmige Topologie eines LAN (Ethernet)
        Gestrichelt: Kollision Sender 1 und Sender 2

Potentielle Sender müssen sich das Senderecht gegebenenfalls im Wettbewerb mit anderen sendewilligen Rechnern in einem dezentralen Zugriffs-
verfahren sichern. Der verteilte Algorithmus funktioniert wie folgt: Die
Station, die ein sendefertiges Paket bereit hat, hört das gemeinsame
Kommunikationsmedium ab, ob eine andere Sendung läuft (Carrier Sense).
Ist das nicht der Fall, beginnt sie das Paket auf die Busleitung zu
geben. Andere Stationen hören die Sendung auf dem Bus und stellen even-
tuelle Sendewünsche zurück. Wegen der Laufzeit der vom Sender aus-
gehenden elektrischen Signale kann es allerdings geschehen, daß ein
Sender S2 beim Abhören des Mediums zu dem Ergebnis "Medium frei" kommt,
obwohl ein entfernter Sender S1 bereits begonnen hat. Dann funktioniert
der Koordinierungsmechanismus "Abhören wenn Frei dann Senden" nicht
mehr. S2 geht irrtümlich auf Sendung und es kommt zur gegenseitigen
Störung der Signale (Kollision). Um Kollisionen zu erkennen, sind Sender
grundsätzlich verpflichtet, auch nach Aufnahme der Sendung das Medium
abzuhören. Die durch Überlagerung der Signale der beiden sendenden
Stationen gestörten Bussignale werden durch das Abhören während Senden
(listen while talk) erkannt (Kollisionserkennung - Collision Detection)
und bringen beide Sender dazu, die Sendung abzubrechen. Der verteilte
CSMA/CD-Zugriffsalgorithmus sieht dann von den einzelnen Stationen zu
errechnende variable Sendeverzögerungszeiten vor, um beim erneuten Sen-
deanlauf die Wahrscheinlichkeit einer abermaligen Kollision zu vermindern.

5. Betriebssystemaspekte verteilter DV-Systeme

Verteilte, über ein Kommunikationssystem lose miteinander gekoppelte
Rechner haben als wesentliches Merkmal die Existenz eines eigenen
lokalen Betriebssystems in jedem Rechnerknoten.

Auf diese lokale Systemverwaltung bauen eine Reihe von Funktionen auf,
die unter Nutzung der vom Kommunikationssystem bereitgestellten Trans-

portleistungen höhere Dienstleistungen für die eigentliche Anwendungs-
software-Prozesse bereitstellen.

Diese nicht-transportbezogenen Dienste können als allgemeine Netzdienste
bezeichnet werden. Sie bilden mit den Transportdiensten und dem Zusammenspiel der Betriebssystemkerne den zentralen Funktionsbereich eines
Netzwerkbetriebssystems.

Bild 7 zeigt in einer sogenannten Schichten-Architektur den konzep-
tionellen Aufbau eines Rechnerknotens in einem verteilten System.

Anwendungs - Software	
Höhere Netzdienste	geschichtete Kommunikations- Software und Hardware
Netzwerk - Betriebssystem	
Lokales Betriebssystem	
Betriebssystemkern	
Stations-Hardware	

Kommunikations-
Netzwerk

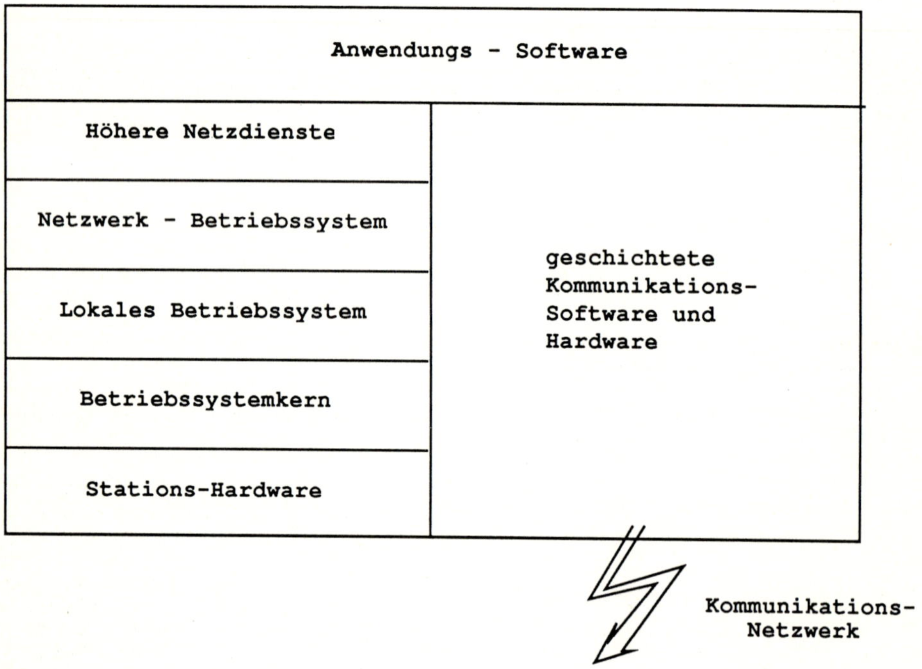

Bild 7: Schichtenarchitektur einer Station (Netzknoten) in einem
        verteilten System

Die Hardware umfaßt die im Bild 3 gezeigten Komponenten: Prozessor(-en),
Arbeitsspeicher, E/A-Module und Peripheriegeräte. Der Betriebssystemkern
enthält die üblichen Kernfunktionen eines lokalen Betriebssystems, die
Prozeß-Prozessor-Zuordnung, E/A-Treiberprogramme, Arbeitsspeicher-
verwaltung und lokale Inter-Prozeß-Kommunikation.

Die lokale Betriebssystem (BS)-Verwaltung ist insbesondere für das Erzeugen, die Zustandswechsel und gegebenenfalls das Löschen von Prozessen
im eigenen Rechnerbereich zuständig, außerdem sind alle lokalen Betriebsmittel hier zu verwalten.

Die Funktionen des Netzwerkbetriebssystems (DOS = **D**istributed **O**perating
System) stützen sich auf die Leistungen der lokalen BS-Komponenten und
fügen diesen Funktionen hinzu, die für die Verteilung von Anwendungen
auf viele Rechner erforderlich sind.

Mit fließender Grenze zu den Aufgaben des DOS liefern die allgemeinen Netzdienste nicht-anwendungsspezifische, aber komplexe Funktionen, die in vielen Anwendungen eine Rolle spielen. Dazu gehört die Übertragung von Dateien zwischen Rechnern mit den dazu gegebenenfalls erforderlichen Struktur- und Formattransformationen, der Zugriff auf abgesetzte, über das Netz benutzbare Endgeräte (z.B. Hochleistungs-Farbdrucker), die elektronische Post usw.

Einige Funktionen des Netzbetriebssystems sollen hier beispielhaft beschrieben werden, weil sie einen besonders guten Eindruck von den neuartigen Problemstellungen geben, die mit der Realisierung verteilter Systeme verbunden sind.

Es wurde schon eingangs gesagt, daß ein wesentliches Motiv für die Schaffung verteilter Systeme die arbeitsteilige Dezentralisierung einer komplexen Aufgabenstellung, wie der rechnerunterstützten Büroautomatisierung und -kommunikation in einem Großbetrieb ist. Jedes arbeitsteilig organisierte Teilsystem im Verbund hat damit gewisse Aufgaben und verwaltet gewisse Ressourcen (Geräte, Datenbestände, Informationen, usw.), die von anderen Teilsystemen benötigt werden. Dabei können Ressourcen im Verbundsystem hinzugefügt werden, verschwinden oder auch wandern, vielleicht aus organisatorischen Gründen oder weil ein Teilsystem überlastet oder gar ausgefallen ist. In jedem Rechnerverbund besteht somit die Notwendigkeit, Verzeichnisse über die vorhandenen Ressourcen, ihre genauen Eigenschaften, ihren Ort - oder bei mehreren gleichartigen Ressourcen ihre Orte -, den oder die Verantwortlichen (Eigentümer) für die Ressource und die spezifischen Benutzungsrechte und auch -kosten zu führen.

Das Netzwerkbetriebssystem muß somit einen netzweiten Katalog führen, der alle diese Angaben enthält.

Zentral für eine eindeutige Katalogidentifizierung ist die Existenz eines netzweit eindeutigen Namens, über den nach der Ressource gesucht werden kann und über den im Benutzungsfalle auch zugegriffen wird.

Durch die zunehmende Vernetzung von (Teil-) Netzen bis hin zu weltweit Verbunden mit hunderten von Teilnetzen und Netzübergängen stellt sich die Namensgebungs- und -eindeutigkeitsfrage mit großer Schärfe. Die Vorgabe eindeutiger Namen ist alles andere als ein einfaches Problem. So ist wohl kaum vorstellbar, daß sich ein Benutzer bei der Erstellung einer beliebigen Datei, auf die auch über das Netz zugegriffen werden kann, zuerst bei einer internationalen Autorisierungsinstanz einen weltweit eindeutigen Namen zuteilen lassen muß, bevor er die Datei im Netzzugriff ablegt.

Die Lösung liegt in der Verwendung lokaler Namen, die bei Netzzugang Teil eines längeren hierarchisch gegliederten globalen Namens werden, dessen hierarchisch höhere Teile von entsprechend hoch angesiedelten Autorisierungsinstanzen vergeben werden. Beispielsweise ist, ähnlich wie bei den Rufnummern der Fernmeldedienste, eine Namenshierarchie: *Land.Netzwerk.Station.Prozeß.Beauftragung* denkbar und wird auch in großen Netzwerken verwendet.

Ein aus Namenseinträgen und den genannten Zusatzangaben bestehender Katalog ist in vielen Fällen selbst eine über das Netz verteilte Funktion. Ein Hauptanliegen aller Entwurfsstrategien für verteilte Systeme ist, unnötige Zentralisierungen mit der Gefahr von Leistungsengpässen an den zentralen Punkten und der Ausfallproblematik zentraler Instanzen zu vermeiden. So wird auch ein Netzkatalog aus einzelnen Teilkatalogen bestehen, die nach technischen und Nutzungskriterien räumlich verteilt sind.

Auch ist es für einen Benutzer möglich, sich einen temporären Katalog anzulegen, in den er häufig benutzte Namen mit ihrer Zusatzinformation einträgt, z.B. ein persönliches Telefonverzeichnis als Auszug aus den universellen Telefonbüchern. Die Problematik mehrfach gehaltener Katalogeinträge ist klar und gilt auch sonst für Mehrfachkopien einzelner Datenbestände (Replikate). Wird an einer Stelle geändert, müssen alle Kopien auf den gleichen Stand nachgeführt werden. Anderenfalls ist die Konsistenz nicht mehr erhalten. Eine wichtige Anforderung an einen Netzkatalogdienst ist daher die Sicherstellung der Konsistenz verteilter Teilkataloge.

Den Zugang zu den Kataloginformationen, die vom Katalogdienst unterhalten werden, bietet der Dienst: Orientierung.

Seine Funktion wird besonders deutlich, wenn man berücksichtigt, daß ein Benutzer oft nicht genau den Namen des Suchobjektes weiß oder daß er nur ein gewünschtes Attribut der gesuchten Objektklasse oder eine Attributverknüpfung angibt. So kann er nach einem Farbdrucker suchen, der das XY-Bilddarstellungsformat verarbeitet und der für ihn räumlich möglichst nah ist. Ein gefährlicher Grenzfall einer unpräzisen Spezifizierung ist allerdings, daß er einen Suchauftrag für ein Objekt gibt, das so nicht spezifiziert oder überhaupt nicht vorhanden ist.

Zum Schutz der Netze vor einer Überschwemmung mit Suchnachrichten läßt es der Orientierungsdienst zu, mit Suchhorizonten zu arbeiten. Entweder der Benutzer oder das Netzbetriebssystem legt dabei einen Suchbereich fest, der auch bei Nichtauffindung eines gesuchten Objektes nicht automatisch überschritten wird. Bei Mißerfolg kann beim Benutzer zurückgefragt werden, der entweder seinen Suchauftrag neu spezifiziert oder die Anweisung gibt, den Suchhorizont zu erweitern.

6. Fernverarbeitung

Ist ein passendes Objekt gefunden, unterscheidet sich das Vorgehen je nach Art des Objektes, der vorgesehenen Benutzung, übertragungstechnischer oder wirtschaftlicher Kriterien usw. Ortsfeste Ressourcen können natürlich nur durch Fernnutzung in Anspruch genommen werden. Nach Auffinden eines geeigneten Farbdruckers und der Zulassung zur Nutzung muß, mittels des Dienstes Dateitransfer, der auszudruckende Datenbestand an den Ort des Druckers übertragen werden. Die fertigen Farbausdrucke kommen dann per Haus- oder Bundespost zum Auftraggeber zurück.

Bei netz-mobilen Ressourcen, wie Programmen und Datenbeständen bestehen naturgemäß zwei Varianten. Einmal kann die Verarbeitung im Fernauftrag an der Station erledigt werden, an der sich die Programme und/oder Daten befinden. Gegebenenfalls muß einer wandern, das Programm zu den Daten oder umgekehrt. In anderen Fällen ist es wirtschaftlicher und in der Ausführung viel schneller, besonders wenn mehrere an verschiedenen Orten im Netz verteilter Datenbestände benötigt werden, diese auf einen Knoten zusammenzuführen. Man muß dabei berücksichtigen, daß ein lokaler Zugriff in einem Ein- oder Mehrprozessor-System durchschnittlich zehn bis hundertmal schneller durchführbar ist als ein über das Netz gehender Fernzugriff. Hier wird die unterschiedliche Leistungsfähigkeit der lokalen Kooperation und Kommunikation über den gemeinsamen Speicher (Abschnitt 3) und der bitseriellen Fernkommunikation (Abschnitt 4) sehr einschneidend deutlich.

Das Verschieben, Wandern (Migration) mobiler Ressourcen ist somit eine wichtige Funktion in fortgeschrittenen Netzen.

Die Möglichkeit von Migrationen im Netz beeinflussen u.a. den Katalogdienst, die Orientierungsfunktion, das Namens-/Ortsmanagement und die Ablaufkoordinierung. So muß sichergestellt sein, daß bei gleichzeitig auftretenden Benutzungs- und Migrationsanforderungen verschiedener Anforderer keine Blockaden oder undefinierten Zustände auftreten oder in der Benutzung befindliche Ressourcen nicht plötzlich aus ihrer Arbeitsumgebung wegmigrieren usw.

Diese wenigen Beispiele zeigen, daß der Übergang von den klassischen Einzel-/Mehrprozessor-Strukturen mit einem lokalen Betriebssystem, das eine volle lückenlose Steuerung und Kontrolle des gesamten lokalen Systems sicherstellt, zu verteilten Systemen mit Netzwerkbetriebssystemen völlig neue Herausforderungen für die systembezogene Informatik stellt, deren Lösungen sich allerdings zum großen Teil noch in der Forschungs- und Erprobungsphase befinden.

7. Verteilte Systeme aus Benutzersicht

Im abschließenden Abschnitt soll an einem modellhaften Beispiel (Bild 8) dargestellt werden, wie sich die Nutzung einer verteilten Systemstruktur für einen Nutzer am Arbeitsplatz (oder auch im Privatbereich) darstellt, zum anderen wird daran deutlich wie sich ein verteiltes System in der Praxis unter Berücksichtigung vorhandener Strukturen und technischwirtschaftlicher Kriterien gliedern kann. Dem Modell zugrunde liegt eine Großinstitution, wie eine Universität oder ein größeres Industrieunternehmen.

Am Arbeitsplatz selbst befinden sich in erster Linie die interaktiven Ein-/Ausgabe-Geräte, wie Großbildschirm, Tastatur, graphische Eingabegeräte, eventuell Sprach-Ein-Ausgabe (integriertes Telefon) sowie eine interaktives Arbeiten unterstützende lokale Computer- und Speicherausstattung.

Die höheren Ebenen der mehrstufigen Verteilungsstruktur stehen dem Arbeitsplatz im Funktions- und Dienstleistungsverbund zur Verfügung. Anzustreben ist natürlich, einem allgemeinen Trend in der Informatik folgend, daß dem Benutzer die eigentliche Organisation der sogenannten Infrastrukturebenen verborgen bleibt, so wie sich wohl kaum ein Telefonbenutzer die Komplexität des weltweiten Telefonnetzes bewußt macht.

Totale Transparenz wie beim Telefon wird aber wohl Utopie bleiben, schon allein die Stärkung des Kostenbewußtseins wird es erforderlich machen, den Benutzer zumindest in vereinfachter Form zu unterrichten, was er in der Infrastruktur durch seine Dienstinanspruchnahme für Kosten erzeugt.

Ein wesentliches anwendungsorientiertes Konzept ist in einer dienstleistungs-orientierten verteilten Umgebung das Client- Server-Modell. Server sind spezialisierte Dienstleistungsrechner mit einem geschlossenen Aufgabenspektrum. So übernehmen File Server die Datenhaltung und Datensicherung größerer Datenbestände, die von einer größeren Zahl von Benutzern (Clients) benötigt werden. Das Serverkonzept sieht vor, daß es keine direkten Abhängigkeiten der Server von den Besonderheiten ihrer Kunden gibt. Server stellen ihre Dienste an standardisierten Schnittstellen ihren Clients zur Verfügung, deren Zahl, Zugriffshäufigkeit und sonstigen Anforderungen in erheblichem Umfang variieren können.

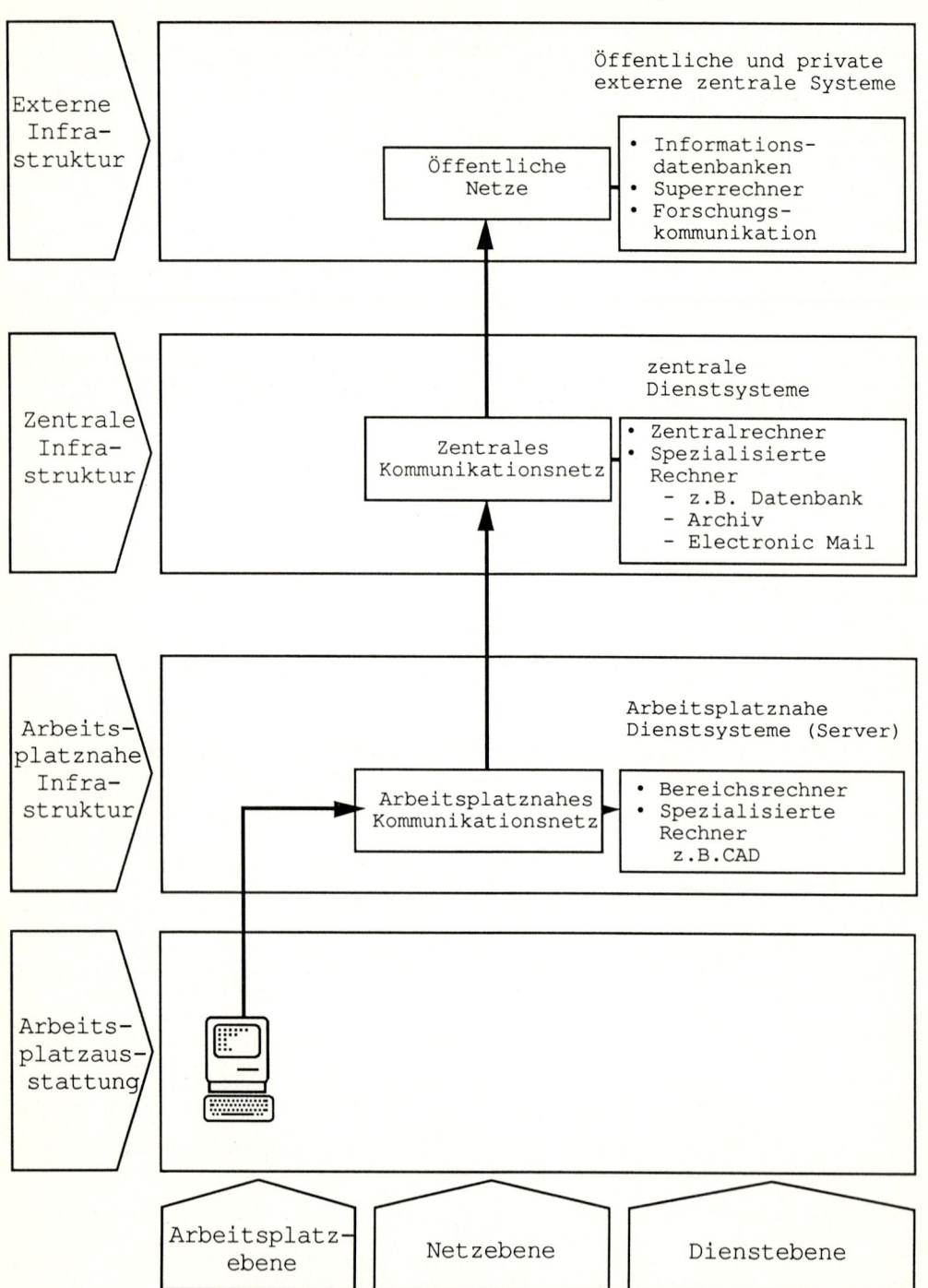

Bild 8: Mehrstufige Versorgungsstruktur

Andere Servertypen, die teilweise auch in der Abbildung sichtbar werden, sind Bildverarbeitungs-Server, Post-Server (Mail Server), Rechen-Server (computing server) für die Durchführung großer numerischer Berechnungen und Server für Informations-Dienstleistungen (Informations-Datenbanken).

Das Kommunikationssystem zeigt ebenfalls eine hierarchische Struktur, wobei die jeweils ebenenniedrigeren Netze als Unternetze der nächsten Netzhierarchiestufe anzusehen sind.

Netzstrukturen und Dienstleistungsangebote in der im Beispiel geschilderten Art sind als fortgeschrittener Stand der heutigen Technik anzusehen und befinden sich weltweit bei Großunternehmen mit hoher DV-Durchdringung im Aufbau. Allerdings gilt das nur für die Grundstrukturen und einige Basisdienste.

Wirklich zukunftssichere verteilte Rechner- und Kommunikationssysteme mit schneller Datenkommunikation, allen Möglichkeiten der Fernverarbeitung, umfassenden Katalog- und Netzinformationsdiensten und - am wichtigsten - einer erstklassigen herstellerunabhängigen Benutzerunterstützung sind noch für viele Jahre brandheiße Arbeitsgebiete für die Informatikforschung und -entwicklung.

Computeranimation, Hyperrealismus, Super-Graphikrechner - zu den Möglichkeiten heutiger Computergraphik

Heinrich Müller
Institut für Informatik
Universität Freiburg

Zusammenfassung

Der Stand der Computergraphik wird besonders eindrucksvoll an den Fortschritten demonstriert, die im Bereich der sogenannten Computeranimation gemacht wurden. In diesem Beitrag wird erklärt, wie komplexe Computeranimationen erstellt werden und welche Soft- und Hardware dafür erforderlich ist. Ferner wird der Einsatz von Computeranimation bei der Visualisierung komplexer Daten und Prozesse angesprochen, einem hochaktuellen Einsatzgebiet von Computergraphik.

1. Entwicklung der Computergraphik

Betrachtet man die heutige Computergraphik in ihren vielfältigen Anwendungen, so stellt man eine Tendenz hin zur Farbe und Bewegung fest. Während man sich früher mit auf Plottern (das sind rechnergesteuerte Zeichengeräte) erstellten Liniengraphien oder auf Bildschirmen gezeigten Drahtmodellen (deren direkte Bewegung sehr teuere Spezialhardware erforderte) zufrieden geben mußte, ist heute das fotoähnlichen Bild inklusive direkter Manipulation am Bildschirm in den Bereich des auch finanziell erschwinglich Machbaren gerückt. So zeigt Abb. 1 die Darstellung eines aus Tomographiedaten rekonstruierten Hüftgelenks. Diese Bilder wurden vom Bildschirm einer Super-Graphikworkstation fotografiert und sind in dieser Darstellung mittels Drehknöpfen direkt (real-time) beweglich. Aber auch schon gängige Home-Computer oder PCs für wenige tausend Mark weisen Graphikmöglichkeiten auf, die vor einigen Jahren noch Spezialeinrichtungen vorbehalten waren.

Besonders eindrucksvoll sind die immer häufiger im Fernsehen als Vorspann oder in Werbespots zu sehenden rechnergenerierten Videoclips. Solche Computeranimationen (wobei "Animation" hier nicht als Anregung im Sinn von "Unterhaltung", sondern als "Bewegung" zu verstehen ist) erzielen ihre Wirkung durch die Simulation optischer Effekte wie etwa dem Reflexionsverhaltens metallischer Oerflächen sowie durch ausgefeilte Bewegungsabläufe. Abb. 2 zeigt ein rechnergeneriertes Bild mit vielfacher Spiegelung, Brechung und Schlagschatten. Eine momentan bei den bedeutenden Computergraphikkonferenzen festzustellende Entwicklung ist die hin zu totalem rechnergenerierten Realismus (in Frankreich auch überschwänglich als "Hyperrealismus" bezeichnet). Nicht nur die optische Darstellung, sondern auch die dargestellten Modelle (z.B. Tiere, Menschen, Wasser, Wolken) und deren Bewegungsablauf werden unter Rückgriff auf entsprechende physikalische Gesetze dem natürlichen Vorbild täuschend ähnlich simuliert.

Eine Motivation zur Beschäftigung mit dieser Art von "Fälschung" der Natur ist sicherlich die Demonstration des technisch Machbaren und natürlich die kommerzielle Verwertbarkeit eindrucksvoller Effekte. Manchmal wird in diesem Zusammenhang auch abschätzig von "Hollywood-Graphik" gesprochen. Tatsächlich stammen die eindrucksvollsten Produktionen aus diesem Umfeld. So

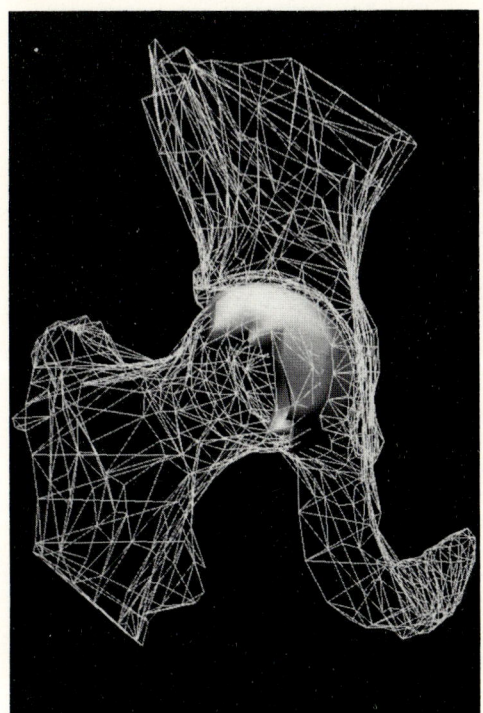 

Abbildung 1: In Real-Time bewegliche Darstellung eines Hüftgelenks [Müller, Geiger, 1987]. Links Drahtmodell und Shading, rechts reines Shading. Rechner: HP Turbo SRX. Autor: B. Geiger, Karlsruhe

Abbildung 2: Ein fotorealistisches Bild mit Vielfachspiegelung und -brechung sowie Schlagschatten. Autor: A. Stößer, Karlsruhe

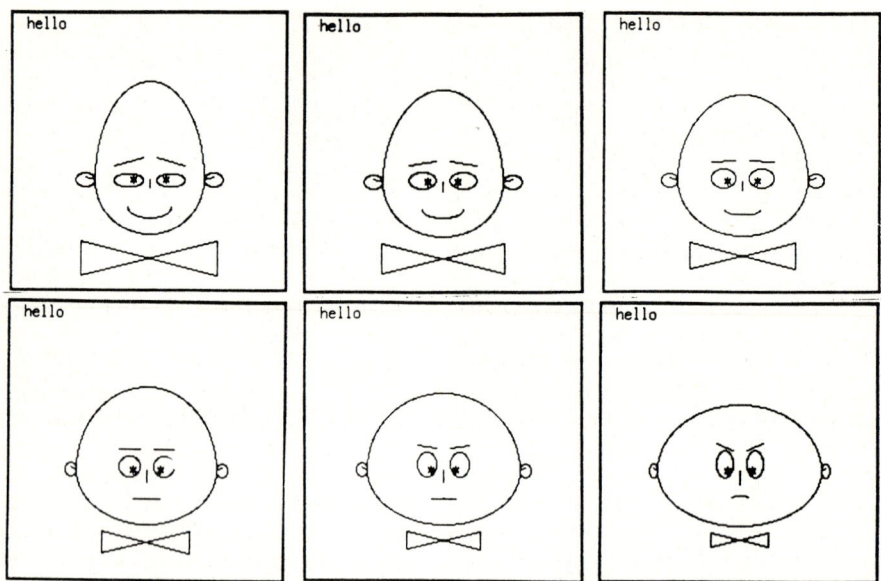

Abbildung 3: Datenvisualisierung anhand des Chernoff'schen Kopfs

wurde kürzlich der 1988 entstandenen Computeranimation "Tin Toy" der Firma Pixar ein Oscar verliehen. Dabei ist allerdings zu beachten, daß die Medien zur Unterhaltung, Fortbildung (Lehrfilm) und Werbung durch die zunehmende Freizeit an Bedeutung gewinnen werden.

Wirklich benötigt wird Realismus in der Sichtsimulation. Allgemein bekannt ist sicherlich der Einsatz von Sichtsystemen in Flugsimulatoren oder Fahrsimulatoren [Schachter, 1983]. Dadurch erklärt sich das Interesse von militärischer Seite an Realismus in der Computergraphik, z.B. an den auf die meisten Betrachter eher als eine Spielerei wirkenden Bildern von Fraktalen [Mandelbrot, 1982, Peitgen, Saupe, 1988]. Besonderer Realismus bezüglich Beleuchtung ist erforderlich, wenn die Ausleuchtung von Räumen von Beleuchtungstechnikern geplant werden soll. Auch die Simulation des korrekten Reflexionsverhalten von Automobilkarosserien, demonstriert durch ein synthetisches Bild vom CAD-Modell, hilft dem Designer bei der Optimierung.

Der Stand der Computergraphik heute wird besonders eindrucksvoll durch die Fortschritte bei der Computeranimation demonstriert. Im folgenden wird skizziert, wie Computeranimationen hoher technischer Qualität erzeugt werden und welche Software und Hardware dafür benötigt wird. Als interessantes Anwendungsgebiet wird dann auf die Computeranimation bei der Visualisierung komplexer Daten und Prozesse eingegangen. Diesem nicht erst seit der NSF-Initiative "Visualization in Scientific Computing" [McCormick, DeFanti, Brown, 1987] in den U.S.A. aktuellen Thema eröffnen sich dadurch neue Wege, daß Parameter und Ergebnisse von wissenschaftlichen Simulationen oder Experimenten als Eingabe eines graphischen Simulationsprozesses verwendet werden. Durch dessen Ausgabe bekommt der Anwender oder Auftraggeber einen ersten Eindruck über das qualitative Verhalten seiner Simulation. Ein einfaches Beispiel einer solchen Visualisierung ist der aus der Statistik bekannte Chernoff'sche Kopf [Chernoff, 1973], vgl. Abb. 3. Der Ausdruck des Kopfes wird bei diesem Beispiel durch neun Parameter gesteuert, die aus einer Simulation abgezogen werden. Durch den Gesichtsausdruck erhält man einen Eindruck von den momentan ablaufenden Vorgängen. Eine andere Anwendung ist die direkte Umsetzung von Experimenten oder Simulationen in Lehrfilmsequenzen.

2. Erstellung von Computeranimationen

Eine Computeranimation ist letztendlich ein mittels Rechner erstellter Trickfilm. Gegenüber der klassischen Zeichentricktechnik bietet die Computeranimation den Vorteil, daß direkt mit dreidimensionalen Modellen gearbeitet werden kann. Die Abbildung der dreidimensionalen Welt in eine zweidimensionale Darstellung wird dem Rechner überlassen. Das entlastet den Designer vom korrekten Umgang mit der Perspektive, die bei der häufig angewendeten Technik des Interpolierens zwischen wesentlichen Teilbildern des Films, den sogenannten Keyframes, nicht ganz einfach zu handhaben ist. Auch Beleuchtungseffekte, die eine entsprechende Vorbildung des Trickfilmdesigners in Maltechniken voraussetzen, können von Rechnern automatisch durchgeführt werden. Damit wird der menschliche Designer nicht überflüssig, seine Aufgaben werden nur anders. Anstatt der Funktion eines Malers übernimmt er die eines Bildhauers und Fotografen.

In der Anfangsphase der Computeranimation, die im wesentlichen in den U.S.A. stattfand, standen experimentelle Systeme im Vordergrund, deren Anwendwendbarkeit auf die Entwickler beschränkt war. Heute ist die erste Generation von Computeranimationssystemen auf dem Markt käuflich erhältlich, was der Computeranimation auch in Deutschland zu wachsender Verbreitung verholfen hat. Bekannte Systeme sind Cubicomb, Symbolics-Leonardo und Wavefront aus den U.S.A. sowie TDI (Thomson Digital Images) aus Frankreich. Dieses sind Softwaresysteme, die den Szenenentwurf, die Bildgenerierung sowie die Aufzeichnung der Animation abdecken. Sie sind je nach Leistungsfähigkeit für PCs oder Arbeitsplatzrechner ausgelegt.

Computeranimationssoftware läßt sich grob in *fünf Module* gliedern: den *3D-Gestaltungsmodul*, den *Animationsmodul*, den *Bilderzeugungsmodul (Renderer)*, den *Painting-Modul* und den *Aufzeichnungsmodul* (Abb. 4). Diese werden in den folgenden Kapiteln genauer beschrieben.

Die Module verwenden eine Hardwarekonfiguartion, wie sie in Abb. 5 gezeigt wird. Neben den von 3D-CAD-Systemen bekannten interaktiven Ein/Ausgabegeräten bestehend aus *Graphikbildschirm, Tastatur* und *Datentablett* wird eine gutausgebaute *Plattenperipherie* sowie eine *Magnetbandstation* zur Zwischenspeicherung und Archivierung von Bildern benötigt. Die Funktionsweise dieser Geräte wird in gängigen Lehrbüchern der Computergraphik erklärt, z.B. in [Fellner, 1988]. Die Aufzeichnung der Animation geschieht heute meist auf *Video* im *Einzelbildmodus*. Die Videomaschine wird über ein *Steuergerät* vom Rechner bedient. Der Rechner schreibt das zu übernehmende Bild in einen *Bildwiederholspeicher*, aus dem die Videomaschine nach Anweisung das Bild übernimmt. Im professionellen Videobereich werden *1-Zoll-Formate*, das *Betacam-Format* und das *Umatic-Highband-Aufzeichnungsformat* verwendet. Preislich günstiger und daher im semiprofessionellen Bereich verbreitet ist das *Umatic-Lowband-Format*. Preisgünstige Einzelbildaufzeichnungsmöglichkeiten basierend auf dem im Heimbereich verbreiteten *VHS-System* sind absehbar. Das wird es auch dem Amateur mittels seines PCs möglich machen, durchaus ansprechende Animationen zu generieren. Ferner sind bei Video noch die verschiedenen *Fernsehnormen* zu beachten, d.h. PAL in Deutschland, NTSC in U.S.A. und SECAM in Frankreich. Auch innerhalb einer Norm kann das Signal in verschiedener Form angeliefert werden (4 Kanäle, 3 Kanäle, 1 Kanal), wozu zwischen Bildwiederholspeicher und Videomaschine meistens noch ein *PAL-Coder* einzubauen ist. Alternativ zu Video werden Maschinen zur Aufzeichnung auf *Film* (16mm oder 35mm) angeboten. Technisch funktionieren diese so, daß von einem Flachbildschirm mittels einer mit diesem fest verbundenen Filmkamera die Bilder im Einzelbildmodus abfotografiert werden. Schließlich verfügen Computeranimationssysteme manchmal noch über eine Videokamera mit Digitalisierkarte, über die Bilder der realen Umwelt in digitaler Form in das System übernommen werden können, um sie dann in Animationen zu verwenden.

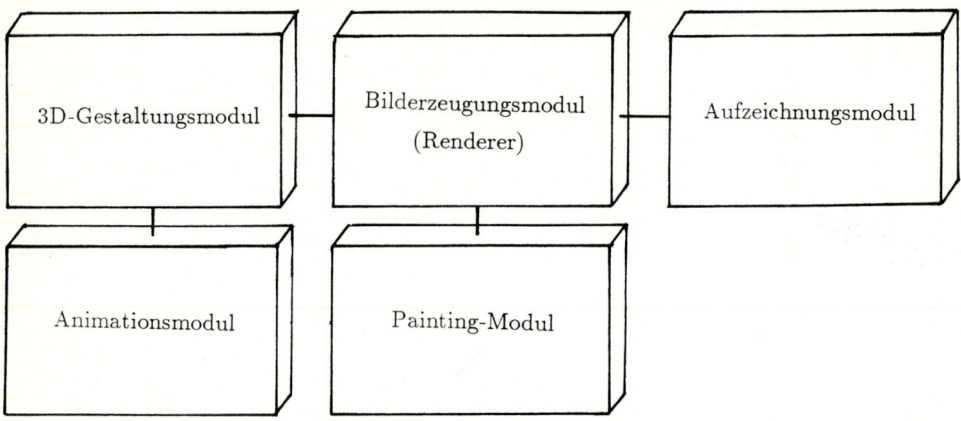

Abbildung 4: Die Softwarekomponenten eines Computeranimationssystems

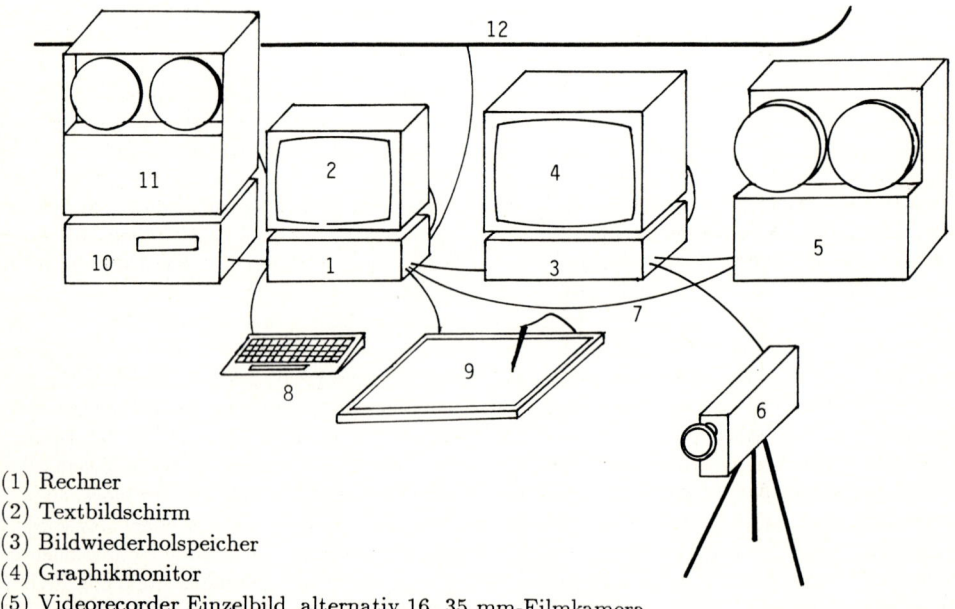

(1) Rechner
(2) Textbildschirm
(3) Bildwiederholspeicher
(4) Graphikmonitor
(5) Videorecorder Einzelbild, alternativ 16, 35 mm-Filmkamera
(6) Videokamera
(7) Videosteuerung Einzelbild
(8) Tastatur
(9) Datentablett/Digitalisierer

(10) Plattenspeicher, Disketten, Streamer
(11) Magnetband
(12) Netzwerk

Abbildung 5: Die Hardwarebestandteile eines Computeranimationssystems

2.1 Der Gestaltungsmodul

Der Gestaltungsmodul dient zum Entwurf der Geometrie der Szenen, aus denen die Animation aufgebaut wird. Diese Szenen werden zur Definition der Bewegung an den Animationsmodul weitergegeben und anschließend im Bilderzeugungsmodul in Bilder umgesetzt. Bei dem hier betrachteten Animationstyp sind das dreidimensionale Szenen. Eine dreidimensionale Szene kann man sich etwa als aus Dreiecken im Raum zusammengesetzt vorstellen, wobei die Dreiecke durch ihre drei Eckpunkte und diese wiederum durch ihre drei Koordinaten gegeben sind. Neben dieser einfachen Darstellung sind eine Vielzahl anderer Möglichkeiten gebräuchlich, so wie sie im mechanischen CAD verwendet werden [Fellner, 1988]. Der Gestaltungsmodul ist in seiner Funktion den Geometrieentwurfsmodulen von solchen 3D-CAD-Systemen ähnlich.

Beim Modellieren der dreidimensionalen Szenen werden in der Computeranimation drei Techniken unterschieden: das *graphisch-interaktive Modellieren*, das *textuelle Modellieren* sowie das *Modellieren durch Simulation*. Das *graphisch-interaktive Modellieren* ist mit dem bei 3D-CAD-Systemen des Maschinenbaus oder der Architektur vergleichbar. Solche Systeme können zusätzlich zum Modellierungsmodul des Computeranimationssystems eingesetzt werden, vorausgesetzt, eine Schnittstelle zum Datentransfer existiert. Schnittstellen zu existierenden CAD-Systemen sind wichtig, da häufig Modelle aus solchen beim Auftraggeber vorhandenen Systemen in Computeranimationen verwendet werden sollen. Interessant auch für den Computeranimationsbereich werden damit Standardisierungbestrebungen im CAD [Mittelstaedt, Trippner, 1988], z.B. GKS-3D, PHIGS oder das Freiformflächenformat des VDA (Verband der Automobilindustrie).

Das *textuelle Modellieren* reicht von der Szenenspezifikation in dem Dateiformat, das die Rendering-Software verarbeitet, bis hin zur Beschreibung der Szene durch ein Programm in einer gängigen Programmiersprache, das die entsprechende Szene in einem von der Rendering-Software verarbeitbaren Format berechnet und ausgibt. Der Vorteil von Programmiersprachen wie C, Pascal oder Fortran ist, daß alle deren Ausdrucksmöglichkeiten sowie die entsprechende Programmierumgebung zur Verfügung steht. [Magnenat-Thalmann, Thalmann, 1985] geben eine Übersicht über Spezialsprachen.

Nachteilig beim textuellen Modellieren ist, daß Programmierkenntnisse benötigt werden, über die Designer üblicherweise nicht verfügen. Der Ausweg besteht darin, fertige Programme anzubieten, die Klassen von Effekten generieren, wobei der Designer das Verhalten und damit die zu generierende Szene durch Angabe von Parametern steuern kann. Ein typisches Beispiel für dieses *Modellieren durch Simulation* sind rekursive Generatoren, wie sie beim Modellieren von Pflanzen verwendet werden. Um eine Verzeigungsstruktur zu definieren, wird von einem Stammsegment A ausgegangen (Abb. 6). A besitzt einen Fußpunkt f sowie ein mit diesem Fußpunkt verbundenes Zweibein. Nun werden Anbaupunkte definiert, die auch mit Zweibeinen versehen werden (zur Vereinfachung erfolgt die Beschreibung hier zweidimensional, dreidimensional geht es analog). An den Anbaupunkten ist spezifiziert, welche Segmente dort anzufügen sind. Im Beispiel ist das wieder das Segment A. Ferner gibt es einen Skalierungsfaktor, der zur Festlegung der Größe des anzufügenden Segments verwendet wird. Aus dieser Spezifikation entwickelt sich eine Verzweigungsstruktur, indem die anzubauenden Segmente mit ihren Fußpunkten an die Anbaupunkte angefügt werden. Dabei werden Fußpunktzweibein und Anbauzweibein zur Deckung gebracht. Diese Vorgehensweise kann nun in vielfacher Weise modifiziert werden, um interessantere Strukturen zu gewinnen. So ist die Geometrie des Segments für das Wachstumsverhalten irrelevant, interessant sind nur die relativen Lagen von Fuß- und Anbaupunkten zueinander (Abb. 7). Weitere Möglichkeiten ergeben sich durch Einführen von Wahrscheinlichkeitsverteilungen. So wird von der Struktur nicht mehr gefordert, daß die Zweibeine beim Anbau deckungsgleich sein müssen. Diese dürfen im Rahmen einer vorgegebenen Toleranz zufällig etwas abweichen. Eine andere Steuerungsmöglichkeit ist der Magnetismus, der die gezielte Beeinflussung des Wachstumsverhaltens von außen erlaubt. Dazu

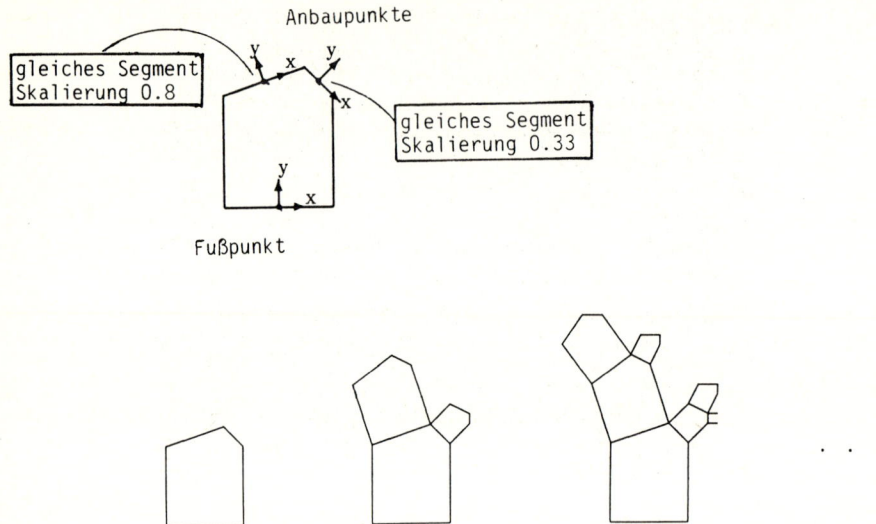

Abbildung 6: Der Wachstumsprozess einer rekursiv definierten Verzweigungsstruktur.

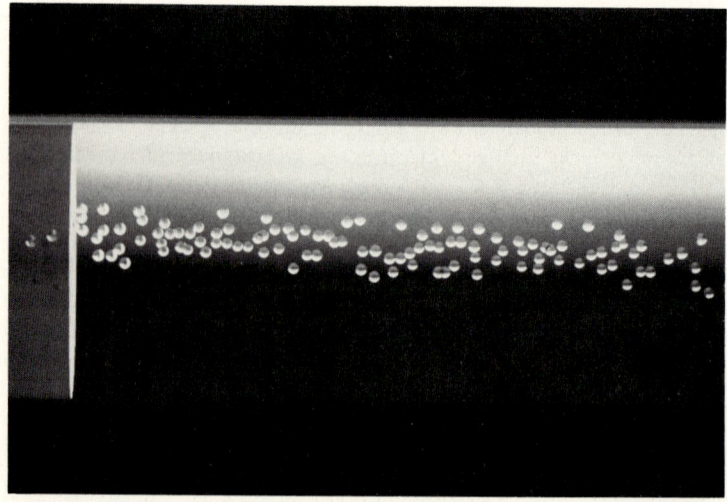

Abbildung 7: Bei den hier generierten Kohlensäureblasen ist die im Bild zu sehende Geometrie unterschiedlich zu der des Aufbaumechanismus. Autor: Matthias Schmidt, Karlsruhe.

Abbildung 8: Diese sich im Wind bewegende Weide aus *"Occursus cum Novo"* wurde mit einem rekursiven Generator erzeugt. Die Bewegung wurde durch Magnetismus realisiert. Autor: Matthias Schmidt, Karlsruhe.

werden magnetische Pole im Raum spezifiziert, die eine abstoßende oder anziehende magnetische Stärke haben. Für Segmente, die als aus Eisen bestehend deklariert wurden, wird beim Anbau die auf sie wirkende Kraft der magnetischen Quellen berücksichtigt (Abb. 8).

Erfahrungsgemäß ist der Zusammenhang zwischen Parameterwahl und dem Ergebnis des Generierungsprozesses bei manchen Simulatoren schwer voraussagbar, und nur durch erfahrene Bediener möglich. Für die Zukunft kann hier mehr Unterstützung von Systemseite durch lernfähige Exertensysteme erwartet werden.

Das Modellieren durch Simulation hat in den letzten Jahren viel Interesse gefunden. Verfolgt man die thematische Entwicklung der bedeutenden Konferenzen (ACM SIGGRAPH Conference, Eurographics, Computer Graphics International), dann stellt man ein zunehmendes Interesse an Themen wie "Mechanik, Steuerung und Animation", "Natürliche Phänomene", "Physikbasiertes Modellieren" und "Lichtmodelle" fest. Verschiedentlich wurden Themenhefte bekannter Zeitschriften (IEEE Computer Graphics & Appl. 7(6), 1987, The Visual Computer 4(6) 1988) sowie Konferenzen [Computer Animation, 1989, GI-Jahrestagung, 1989] diesen Themen gewidmet. Simulatoren mit rekursiven Ersetzungsmechanismen wie im oben beschriebenen Beispiel werden außer für Pflanzen auch für Gebirge eingesetzt. Die so generierten Strukturen sind als "Fraktale" bekannt geworden [Mandelbrot, 1987, Peitgen, Saupe, 1988]. Andere Aktivitäten befassen sich mit der Generierung von Wasser, Wellen und Brandung (Abb. 9). Unter Verwendung von Partikelmodellen wurde Feuer simuliert. Ferner haben Wolken, Dunst und Nebel Interesse gefunden, wobei hier allerdings nicht nur die Geometrie, sondern auch der Renderer mit seinem Beleuchtungsmodell betroffen ist. Ein besonders heikles Thema ist die Animation von Lebewesen, z.B. von Menschen. Das geht vom Modellieren des Gehens unter Verwendung der Gesetze der Mechanik bis hin zur Darstellung von Gesichtsausdrücken, die die momentane Stimmung wiedergeben [Computer Animation, 1989].

Generell ist es nützlich, zum Erreichen der Realitätsnähe auf den Erfahrungsschatz in Naturwissenschaft, Technik und Geisteswissenschaft zurückzugreifen, wo in Zukunft noch manches zu tun

Abbildung 9: Die Simulation einer Wasseroberfläche, in der sich Windmühlen spiegeln. Autor: Achim Stößer, Karlsruhe.

bleibt. Allerdings ist dabei zu beachten, daß das Ziel von Simulationen in der Computeranimation ein anderes ist. Während es bei der Computeranimation nur auf die visuellen Effekte ankommt, hat der Wissenschaftler detaillierteres Interesse am Systemverhalten. Das bedeutet, daß die Computeranimation oft mit einfacheren Modellen auskommt, was die benötigte Rechenleistung reduziert. Für die künstlerische Computeranimation besteht die Möglichkeit der Übernahme von Modellen, wobei jedoch von dieser Seite manchmal eingewendet wird, daß Realismus nicht unbedingt das Ziel von Computeranimation zu sein braucht. So erreichen klassische Zeichentrickfilme ihre Wirkung teilweise durch Überzeichnung, z.B. die übertriebene Deformation sich bewegender Figuren.

2.2 Der Animationsmodul

Der Animationsmodul dient dazu, in die zunächst statischen geometrischen Szenen Bewegung zu bringen. Eine gängige Methode ist die Keyframe-Technik, bei der man Schnappschüsse aus der bewegten Szene, die Keyframes, statisch modelliert und die Interpolation der Zustände dazwischen dann vom Animationsmodul durchführen läßt. Die lineare Interpolation ist dabei meistens nicht befriedigend, bessere Übergänge sind durch Splines erhältlich. Der Animationmodul bietet auch die Möglichkeit des Previews, d.h. die Bewegung in einfacher Graphik auf dem Bildschirm ablaufen zu lassen. Dieses ist ein wesentliches Hilfsmittel zur Beurteilung der Bewegung.

Die Trennung von Gestaltungsmodul und Animationsmodul läßt sich bei komplexen Modellen nicht immer strikt durchführen, gerade bei den am Ende des letzten Kapitels erwähnten Beispielen, bei denen Gestalt und Bewegung sehr eng verknüpft sind.

2.3 Der Bilderzeugungsmodul

Der Bilderzeugungsmodul führt die dreidimensionale Szene in Bilder über. Dieser Vorgang wird als "Rendern" bezeichnet. Die generierten Bilder sind *Rasterbilder*, d.h. rechteckige Matrizen aus Bildpunkten gewisser Intensität und Farbe. Bei Computeranimationen hoher Qualität, d.h. fotoähnlicher Darstellung, können die einzelnen Bildpunkte eine aus mindestens 16 Millionen Farbnuancen annehmen d.h. für einen Bildpunkt werden mindestens 24 Bit Farbinformation zur Verfügung gestellt (je ein Byte für den Rot-, Grün- und Blau-Kanal in RGB-Darstellung). Damit lassen sich auch kontinuierliche Farbübergänge darstellen. Die Auflösung, d.h. die Anazhl Zeilen und Spalten des Rasterbilds, entspricht dem verwendeten Medium, z.B. 576x768 bei Video bis hin zu 8000x8000 bei 35mm-Film. Für eine Sekunde Animation werden bei PAL-Video 25 Bilder (eigentlich 50 Halbbilder) benötigt.

Als Rendering-Verfahren sind der *Tiefenpufferalgorithmus (z-buffer)* und *Scanline-Algorithmen* weit verbreitet (vgl. z.B. [Fellner, 1988] für eine Einführung in solche Algorithmen). Die Hauptaufgabe dieser Algorithmen ist die *Sichtbarkeitsberechnung.* Heutige Renderer bieten die Simulation von Beleuchtungeffekten auf Objektoberflächen an, die von punktförmigen Lichtquellen induziert werden. Deren Lage, Intensität und Farben können vom Designer vorgegeben werden, genauso wie die Materialeigenschaften der Objekte. Ein Material wird durch sein Reflexionsverhalten (diffus oder glänzend) und bei Transparenz durch sein Absorptionsverhalten beschrieben. Bekannte Beleuchtungsmodelle sind die nach *Gouraud, Phong und Whitted.*

Der Rechenaufwand zur Generierung von Bildern mit den obengenannten Algorithmen beträgt je nach Komplexität der Szene, der gewünschten Bildqualität und der Leistungsfähigkeit des Rechners zwischen Sekunden und Stunden pro Bild. Die in Super-Graphikworkstations eingesetzte Spezialhardware ist in der Lage, auch viele Tausende Polygone pro Sekunde in einfache beleuchtete Bilder wie Abb. 1 umzusetzten, wodurch die Manipulation am Bildschirm möglich wird.

Einen weiteren Grad an Realismus bietet die *Textur,* die es erlaubt, die Feinstruktur von Oberflächen durch Variation der Parameter des Beleuchtungsmodells zu modellieren. Die häufig eingesetzte Texture-Mapping-Technik erlaubt es dabei auch, Texturen aus der Umwelt, die mit der Videokamera erfaßt wurden, zu verwenden (Abb. 10). Während der Bilderzeugung wird die in Form einer Rastermatrix vorliegende Textur durch den Renderer entsprechend der durch den Modellierer vorgegebenen Abbildungsfunktion auf die Oberfläche aufgebracht.

Texturen werden häufig auch verwendet, um Beleuchtungseffekte wie Spiegel oder Schlagschatten zumindest näherungsweise darzustellen. In komplexen Szenen ist das eine arbeitsintensive Vorgehensweise, die durch leistungsfähigere Renderer überflüssig wird. Ein Verfahren zur weitergehenden optischen Simulation ist das *Strahlverfolgungsverfahren (Raytracing).* Raytracing erlaubt Schlagschatten und vielfache Spiegelung und Brechung. Dieses auf die Strahlenoptik zurückgehende Verfahren ist recht einfach (Abb. 11). Ausgegangen wird von einem Augenpunkt, einer gerasterten Bildebene und einer darzustellenden dreidimensionalen Szene. Nun wird vom Augenpunkt aus ein Sehstrahl durch den Mittelpunkt jedes Pixels gezogen. Für einen solchen Strahl wird das erste Objekt in der Szene bestimmt, das getroffen wird. Vom Auftreffpunkt aus sind dann Strahlen zu den verschiedenen Lichtquellen zu ziehen, um zu testen, ob sich ein blockierendes Objekt der Szene auf diesem Weg befindet. Ist das Objekt, auf dem sich der Auftreffpunkt befindet, spiegelnd, so wird ein weiterer Strahl verfolgt, nämlich der Reflexionsstrahl zum Sehstrahl, entsprechend dem Reflexionsgesetz der Physik. Für diesen ist wiederum der erste Auftreffpunkt in der Szene zu bestimmen, mit welchem genauso verfahren wird wie zuvor. Ein weiterer Strahl ist zu verfolgen, wenn ein durchsichtiges Objekt getroffen wird. Insgesamt ergibt sich durch die Strahlverfolgung eine baumartige Struktur, deren Größe schlimmstenfalls exponentiell in der Anzahl der Stufen wächst. Dieses Verfahren ist sehr einfach zu implementieren, man vergleiche etwa den in [Fellner, 1988] vorgestellten *Minimal-Raytracer.*

Durch die Millionen von Strahlen, die zu verfolgen sind, wird die Berechnung entsprechend aufwendig, und einfache Implementierungen des Verfahrens können selbst in mehreren Stunden Re-

Abbildung 10: Das Holzfurnier wurde durch Abbilden einer Texturmatrix realisiert. Entwurf: Birgit Dreyer, Karlsruhe, Textur: Bernd Knobloch, Berlin.

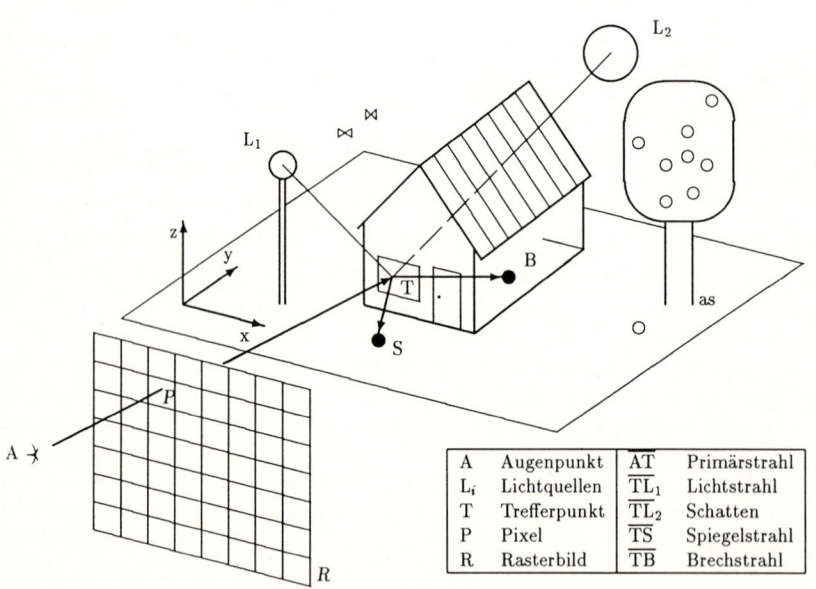

Abbildung 11: Das Strahlverfolgungsverfahren (Ray Tracing)

chenzeit nur aus sehr einfachen Szenen Bilder generieren. Durch die Entwicklung geeigneter Datenstrukturen in den letzten Jahren [Müller, 1988] und die wachsende Leistung der Rechner wird sich das ändern. Zur Zeit ist die Anzahl von Animationen basierend auf Raytracing selbst weltweit noch sehr gering. Dabei ist die Verwendung von *Supercomputern* wie *Cray* und *VP* [Hwang, Briggs, 1984] nur ein Weg, der gegegangen werden kann. Dadurch, daß die Einzelbilder einer Animation praktisch unabhängig sind, können diese auch verteilt auf mehreren, auch kleinen Rechnern berechnet werden, wobei die Rechenzeit pro Bild dann zwar lang, für die gesamte Animation aber erträglich ist. So wurde beispielsweise auch bei der Computeranimation *"Occursus cum novo"* vorgegangen [Müller, Neidecker, Leister, Stößer, 1989]. Verwendet wurde ein Raytracer, der ausgefeilte Datenstrukturen zur Beschleunigung der Berechnung enthält. Die Bilderzeugung für *"Occursus cum novo"* wurde im wesentlichen auf einem Netzwerk von etwa 30 Arbeitsplatzrechnern durchgeführt. Die Berechnung war so angelegt, daß nur die Leerzeiten der Maschinen genutzt wurden, d.h. keiner der Benutzer wurde von der Berechnung tangiert. Die dazu nötige Verwaltung und Kommunikation wurde auf dem *Network File System* (NFS) aufgebaut. Der Rechenzeitbedarf war 32 CPU-Monate, d.h. fast 3 CPU-Jahre, die Berechnung wurde aber in real zwei Monaten realisiert. Die Länge der Animation ist 5 Minuten, wofür etwa 7000 Einzelbilder berechnet wurden.

Die Berechnung in Netzwerken ist ein bisher selten anzutreffender Weg. Eher ist es zur Zeit üblich, daß die Rechenleistung über Minisupercomputer wie Convex und Alliant beschafft wird, deren Vorteil es ist, zu einem Zehntel des Preises etwa ein Viertel der Rechenleistung von Supercomputern anzubieten. Manche Minisupercomputer erreichen ihre Geschwindigkeit wie die Supercomputer durch *Vektorprozessoren*. Problematisch an Vektorprozessoren ist, daß sie nur ökonomisch arbeiten, wenn der Anteil der Vektorbefehle an allen ausgeführten Instruktionen hoch ist, d.h. üblicherweise 90% und mehr (Amdahl's Gesetz). Das ist für Rendering-Algorithmen zunächst trivial möglich, allerdings ohne die vorhandenen Resourcen so effizient wie bei vielen rein numerischen Problemen einsetzen zu können. Vergleichbar effizient bzgl. Zeit- und Speicherplatzverbrauch arbeitende Algorithmen erscheinen unmöglich.

Neben Vektorrechnern beginnen weitere Konzepte des parallelen Rechnens populär zu werden. Ein Beispiel ist die *Connection Machine* von [Hillis, 1985]. Auch diese hochparallelen Maschine aus vielen Tausend einfachen Prozessoren wurde schon zum Strahlverfolgen eingesetzt. Dasselbe gilt für *Transputersysteme* (INMOS Ltd., Bristol, GB), die aus einigen bis einigen Dutzend leistungsfähigen RISC-Prozessoren aufgebaut sind. Generell stellt sich auch hier das Problem der effizienten Ausnutzung der zur Verfügung stehenden Rechenleistung.

Momentan werden weitere Vorschläge für verbessertes Rendern gemacht, in der Absicht, der Natur noch näher zu kommen. Zu erwähnen ist das *Strahlungsverfahren* (*Radiosity-Approach*). Dieses zuerst von [Cohen, Greenberg, 1985] vorgestellte und inzwischen recht populär gewordene Verfahren modelliert anders als das Raytracing auch diffuse Interreflexionen. Weiterentwicklungen sind in der Lage, zusätzlich noch Spiegelung und Brechung zu berücksichtigen und stellen so die Verallgemeinerung beider Techniken dar. Der Rechenaufwand ist entsprechend hoch.

2.4 Der Painting-Modul

Die Nachbearbeitung von Bildern und die Erstellung von 2D-Animationen erfolgt durch den Painting-Modul. Der Painting-Modul stellt vektorgraphikorientierte sowie rastergraphikorientierte Zeichnungserstellungs- und Bildmanipulationsfunktionen zur Verfügung, wie sie teilweise von den heute auf Mikrorechnern weitverbreiteten Malprogrammen oder Graphikeditoren bekannt sind. So sind beliebige Pinselformen und Farb- bzw. Texturpaletten verwendbar. Aus der Bildverarbeitung wurden Bildverbesserungs- und Bildmontageoperatoren übernommen [Gonzalez, Wintz, 1987]. Verlangt wird hier hohe Qualität, d.h. z.B. Rasterunterdrückung (Anti-Alias-Behandlung) mittels

Farbinterpolationen bei Vektoren oder Montagen. Painting-Module werden auch zum Entwurf von Texturen verwendet.

2.5 Der Aufzeichnungsmodul

Ist die Real-Time-Bildgenerierung unmöglich, dann übernimmt der Aufzeichnungsmodul das Bereitstellen der im Einzelbildmodus auf Film oder Video zu aufzuzeichnenden Bilder sowie das Auslösen der Aufzeichnung. Dieses geschieht vollautomatisch und kann so außerhalb der Arbeitszeit, d.h. nachts oder an Wochenenden, ausgeführt werden. Aufgrund ihres Speicherbedarfs werden Bilder üblicherweise komprimiert abgelegt und müssen beim Einschreiben in den Bildwiederholspeicher dekomprimiert werden. Zur Kompression wird häufig das Runlength-Verfahren verwendet, bei dem aufeinanderfolgende Pixel gleicher Farbe nur einmal mit der Anzahl ihres Auftretens abgespeichert werden.

3. Computeranimation als Visualisierungstechnik

Das Datenaufkommen bei wissenschaftlichen Experimenten und Computersimulationen ist immens. Durch die schnell wachsende Rechenleistung können immer komplexere Systeme simuliert werden, die immer mehr komplexe Information liefern, die zu verstehen und zu interpretieren ist. Zu Zwecken der Interpretation wird schon lange Graphik eingesetzt. So verfügen Statistikpakete (wie z.B. *SAS*) üblicherweise über eine Präsentationsgraphikkomponente. Ferner existieren für spezielle Anwendungsbereiche Pakete zur Datenvisualisierung. Ein bereits klassisches, weitverbreitetes System ist *Movie.BYU,* das an der Brigham-Young University, Provo, Utah, entwickelt wurde. Obwohl ursprünglich zur Visualisierung der Ergebnisse von Finite-Elemente-Berechnungen entwickelt, wird dieses System auch in vielen anderen Anwendungen eingesetzt. *Movie.BYU* erlaubt neben der Visualisierung von dreidimensionaler Geometrie die Darstellung von Simulationsergebnissen durch Farbcodierung an den geometrischen Objekten. In den letzten Jahren wurden verschiedene Simulationspakete um Animationsmodule ergänzt. Beispiele sind CINEMA für SIMAN, AUTOGRAM für GPSS/H, SIMFACTORY für SIMSCRIP und TESS für SLAM, vgl. den regelmäßig erscheinenden "Catalogue of Simulation Software" in der Zeitschrift SIMULATION.

Auch in der Informatik werden Visualisierungstechniken eingesetzt. So ist durch die Arbeit von [Brown, 1988] die *Programmanimtion* populär geworden. Dabei wird das Verhalten eines Programms unter verschiedenen Aspekten graphisch visualisiert. Brown z.B. stellt die Arbeitsweise von Algorithmen und Datenstrukturen dar. Anwendung finden solche Systeme in der Ausbildung und Lehre, aber auch als Hilfsmittel zur Optimierung.

Abb. 12 veranschaulicht das Zusammenwirken von Simulation und Computeranimation. Die Computersimulation erlaubt, experimentell verschiedene Lösungsszenarien zu einem gegebenen Problem durchzuspielen. Dabei können Paramater oder auch Modellstrukturen verändert und die Auswirkung analysiert werden. Die Computeranimation unterstützt die Computersimulation bei der Visualisierung von Simulationsergebnissen, indem das Szenario so abgelaufen lassen wird, wie es sich in Natur (bzw. in einem geeigneten Modell) darstellen würde. So kann beispielsweise die Simulation der Arbeitsschritte von Manipulatoren in einer automatisierten Fertigungsumgebung in Form eines fotorealistischen Films abgespielt werden, wodurch dem Auftraggeber die Qualität des Simulationsmodells unmittelbar verständlich zu präsentieren ist, ohne von ihm eine mühsame Abstraktion zu verlangen. Im Extremfall kann der Animationsblock wieder eine Simulation sein, jedoch im Sinne der graphischer Simulation von Kap. 2.1. Ergebnisparameter der zu visualisierenden Simulation werden dazu Eingabeparametern der Visualisierungssimulation zugeordnet und dadurch visualisiert. Beispielsweise können Bäume (man erinnere sich an den Baumgenerator) ent-

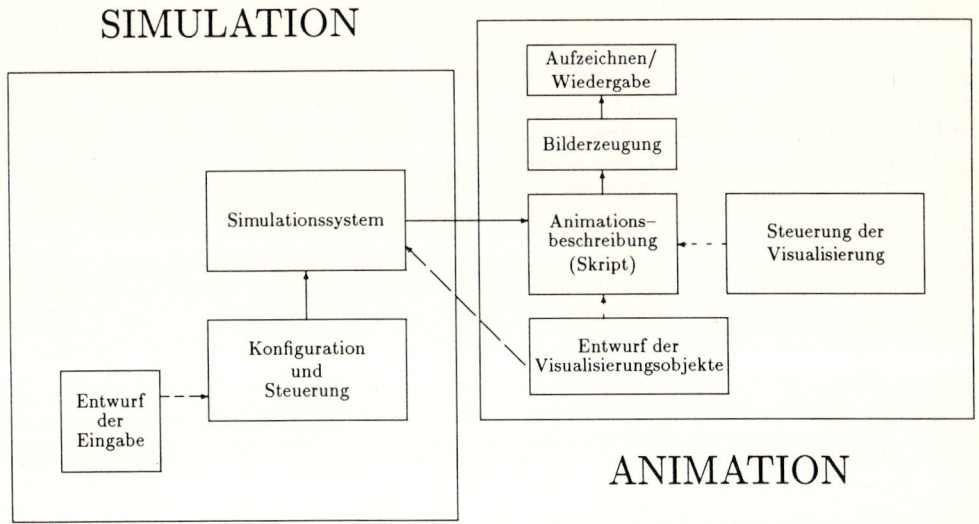

SIMULATION

ANIMATION

Abbildung 12: Die Kombination von Simulation und Animation [Claussen, 1989]

sprechend wachsen gelassen werden, oder der Chernoff'sche Kopf aus Kap. 1 äußert seine Meinung zur ablaufenden Simulaton durch einen mehr oder minder freundlichen Gesichtsausdruck.

Visualisierungspakete wie *Movie.BYU* werden üblicherweise zur nachträglichen Aufbereitung von Daten verwendet. Angestrebt werden Systeme, die die Visualisierung während des Ablaufs des Experiments oder der Simulation durchführen. Ein Ziel dabei ist, die zu einem Eingriff in die laufende Simulation nötige Information sofort präsent zu haben. Dabei muß die Animation gleichzeitig mit der Simulation in Echtzeit ablaufen. Dieses erfordert entsprechend leistungsfähige Hard- und Software. Die auf dem Markt angebotenen und sich in ihrer Leistung dramatisch entwickelnden Super-Graphikworkstations zielen auf diese Anwendung. Die Strategie dabei ist, die rechenaufwendigen Simulationen auf Supercomputern ablaufen zu lassen. Die anfallenden Ergebnisse werden zur Super-Graphikworkstation übertragen, die über die notwendige Rechenleistung (meistens in Form von Spezialhardware) zur Generierung hochqualitativer Graphik in Real-Time verfügt. Die Workstation ist dabei üblicherweise beim Anwender, der Supercomputer zentral aufgestellt. Zur Datenkommunikation muß in diesem Fall ein entsprechend leistungsfähiges Netzwerk zur Verfügung stehen.

Ein anderer Ansatz ist, die Graphik in den Supercomputer selbst zu integrieren. Der Aufbau ist dann so, daß die vorhandenen schnelle Number-Crunching-Hardware auch für die Bildgenerierung eingesetzt werden kann. In letzter Zeit kamen verschiedene solche Rechner auf den Markt.

Die Verbindung von Simulation und Animation ist noch nicht allgemein praktisch gelöstes Problem. Quasi-Standards oder Standards gibt es noch nicht. Abb. 12 zeigt einen möglichen Weg. Eine Tendenz könnte das Netzwerkfenstersystem *X-Window* [Jones, 1988] in Kombination mit einer leistungsfähigen Graphikschnittstelle wie PHIGS, PHIGS+, PEX (=PHIGS extension to the X Window System) oder Weiterentwicklungen davon sein. Die Schnittstellenproblematik zwischen Simulation und Animation wird von [Claussen, 1989] diskutiert.

6. Schluß

Die Bedeutung der Computeranimation und insbesondere ihrer dreidimensionalen realistischen Ausprägung wird angesichts der zunehmenden Rechenleistung und Speicherkapazität von graphikfähigen Arbeitsplatzrechnern und dem Einzug der Digitaltechnik im Videobereich wachsen. Problematisch ist es, dieses doch recht komplexe Werkzeug so bedienbar zu machen, daß es ohne unfangreiche Schulungsmaßnahmen verwendet werden kann. Möglicherweise werden geeignet ausgebildetes Personal oder Dienstleistungseinrichtungen benötigt, die dieses Medium optimal einzusetzen wissen.

Literaturverzeichnis

Brown, M.H. (1987) Algorithm Animation, ACM Distinguished Dissertation, The MIT Press, Cambridge, Mass.

Chernoff, H. (1973) The Use of Faces to Represent Points in k-Dimensional Space Graphically, Journal of The American Statistical Association, 68, 361-368

Computer Animation (1989) Proceedings "State of the Art in Computer Animation", Magnenat-Thalmann, N., Thalmann, D., ed., Springer-Verlag, Tokyo

Fellner, W.D. (1988) Computer Grafik, BI Wissenschaftsverlag, Mannheim

Claussen, U. (1989) Die Schnittstelle zwischen Simulation und Animation - ein Diskussionsbeitrag, in Tagungsband, GI Jahrestagung 1989, Informatik-Fachbericht, Springer-Verlag, Berlin

Cohen, M.F., Greenberg, D.P. (1985) The hemi-cube: a radiosity solution for complex environments, Proceedings SIGGRAPH Conference, Computer Graphics 19, 31-40

GI-Jahrestagung (1989) Fachgespräch "Realismus in der Computeranimation - Modellbildung und Simulation, Tagungsband als Informatik Fachbericht, Springer-Verlag, Berlin

Gonzalez, R.C., Wintz, P. (1987) Digital Image Processing, 2nd ed., Addison-Wesley, Reading, Mass.

Hillis, W.D. (1985) The Connection Machine, The MIT Press, ACM Distinguished Dissertation, The MIT Press, Cambridge, Mass.

Hwang, K., Briggs, F.A. (1984) Computer Architecture and Parallel Processing, McGraw-Hill, New York

Johnson, M.E., Poorte, J.P. (1988) A hierarchical approach to computer animation in simulation modeling, SIMULATION 50, 30-36

Jones, O. (1988) Introduction to the X-Window System, Prentice Hall, Englewood Cliffs, N.J.

Mittelstaedt, Trippner (1988) CAD Data Exchange, in: Advances in Computer Graphics III, Springer-Verlag

Müller, H., Geiger, B. (1987) Rekonstruktion komplexer Körper aus ebenen Schnitten und deren hochqualitative graphische Darstellung, in: Proceedings "17. GI-Jahrestagung", Informatik-Fachberichte 156, Springer-Verlag, Berlin

Müller, H., (1988) Realistische Computergraphik, Algorithmen, Datenstrukturen und Maschinen, Informatik-Fachbericht 163, Springer-Verlag, Berlin

Müller, H., Neidecker, B., Leister, W., Stößer, A. (1989) "Occursus cum Novo" - Computeranimation durch Strahlverfolgung in einem Rechnernetz, erscheint in: Tagungsband "Bremer Computergraphiktage 1988", H. Jürgens, D. Saupe, Hrsg., Springer-Verlag

Mandelbrot, B.B. (1987) Die fraktale Geometrie der Natur, Birkhäuser

Magnenat-Thalmann, N., Thalmann, D. (1985) Computer Animation - Theory and Practice, Springer-Verlag, Tokyo

McCormick, B.H., DeFanti, T.A., Brown, M.D. (1987) Visualization in Scientific Computing, Computer Graphics 21(6)

Peitgen, H.-O., Saupe, D., ed. (1988) The Science of Fractal Images, Springer-Verlag, New York

PHIGS (1987) Programmer's Hierarchical Interactive Graphics System, ISO DIS 9592 bzw. dpANS X3.144

Schachter, B.J. (1983) Computer Image Generation, Wiley & Sons, Chichester

INFORMATIKAUSBILDUNG MIT LERN- UND SPIELWELTEN

Helfried Broer
Institut für Theoretische Informatik, TU Braunschweig
Bültenweg 74/75, D-3300 Braunschweig

Einleitung

Unter dem Druck des stark gestiegenen Bedarfs an Ausbildungsmöglichkeiten innerhalb der Informatik wird weltweit an neuen
Konzepten gearbeitet. In dem zu gleichen Teilen vom Bund und
vom Land Niedersachsen getragenen Modellversuch "Entwicklung
von Technologien für das Informatikstudium", der am Institut
für Theoretische Informatik der Technischen Universität Braunschweig durchgeführt wird, geht es primär um die Entwicklung
eines technologisierten Studiengangs für das Fach Informatik,
d.h. um den Entwurf und die Bereitstellung von Ausbildungstechnologien für das Informatikstudium an der Technischen
Universität Braunschweig. Der Versuch hat zwei Hauptstoßrich-
tungen: Erstens soll ein ausbildungstechnologisch auf dem
"learning-by-doing"-Prinzip basierender Einstieg in die Informatik erarbeitet werden. Zweitens sollen durch den technologisierten Ablauf des Erwerbs von Informatik-Grundfähigkeiten und
-kenntnissen die Schwierigkeiten überwunden werden, die sich
insbesondere für die Nebenfach-Ausbildung ergeben: Die Studenten der verschiedenen Fachbereiche sind sowohl bezüglich ihrer
Stundenpläne und der ihnen pro Semester insgesamt zur Verfügung stehenden Zeit als auch bezüglich der Vorkenntnisse ganz
unterschiedlich zu behandeln. Durch ein individuell gesteuer-
tes Studium kann auf eine Synchronisation verzichtet werden,
ohne daß dadurch auch inhaltliche Abstriche in Kauf genommen
werden müssen.

Auf den folgenden Seiten werde ich zunächst kurz auf die Frage eingehen, warum sich die "Ausbildungstechnologien", die in der Vergangenheit mit so vielen Vorschußlorbeeren bedacht wurden, bis heute noch nicht durchgesetzt haben und warum wir in dem oben genannten Modellversuch bisher keinen Versuch unternommen haben, die behavioristisch motivierten "Frage-Antwort-Spiele" in unsere Ausbildungstechnologien zu integrieren. Unmittelbar daran anschließend werden in der hier gebotenen Kürze einige der von uns entwickelten Lern- und Spielwelten vorgestellt. Auf den letzten Seiten dieses Beitrags gehe ich dann noch kurz auf unsere Motivationen bei der Entwicklung der Lern- und Spielwelten sowie auf erste Ergebnisse ein.

Ausbildungstechnologien

Bis zum heutigen Tag haben Ausbildungstechnologien an den Hochschulen nur eine unbedeutende, nebensächliche Rolle gespielt; weder die verschiedenen Formen des programmierten Unterrichts noch die vielfältigen Varianten des computerunterstützten Unterrichts noch die zahlreichen, zum Teil mit "künstlicher Intelligenz" ausgestatteten tutoriellen Systeme haben sich bisher durchsetzen können. Berücksichtigt man, daß es bereits Mitte der fünfziger Jahre Ansätze gab, die Lehre an den Hochschulen zu automatisieren, so muß heute angesichts des kaum zu befriedigenden Bedarfs an Ausbildungsmöglichkeiten im Bereich der Informatik die Frage gestellt werden, warum es bislang noch nicht zu einem "Durchbruch" der Ausbildungstechnologien gekommen ist.

Versucht man auf diese Frage eine Antwort zu finden, so wird man in der Literatur mit recht unterschiedlichen Erklärungen konfrontiert. Bei Eyferth et al. (1973) bzw. Snyder and Palmer (1986) finden sich z.B. die folgenden: Erstens schließt das isolierte Lernen (am Terminal) soziales Lernen aus. Zweitens ist das Lernen selbst bei Verwendung der fortgeschrittenen Lernprogramme nur ein linearer, schrittweise ablaufender Pro-

zeß; sogenannte "Aha"-Erlebnisse sind an keiner Stelle vorgesehen. Drittens wurden die immer wieder beschworenen individuellen Lernstile und -strategien, denen die einzelnen Lehrse-
quenzen anzupassen wären, trotz intensiver Forschung bis heute
nicht gefunden. Viertens erwiesen sich die aus dem Behavioris-
mus stammenden Regeln für die Stoffdarbietung in vielen Fällen
als unzutreffend. Fünftens reduziert sich die Zahl der alternativen Durchgänge durch einen Abschnitt einer Lehrsequenz
durch Zwänge der Programmierpraxis so drastisch, daß für die
darbietenden Programme kaum noch Entscheidungsmöglichkeiten
verbleiben. Sechstens bringt die prinzipielle Unfähigkeit des
Autors einer Lehrsequenz, auch bei komplexem Kontext noch die
potentiellen Antworten der Lernenden vorauszusehen, eine so
starke Beschränkung der verarbeitbaren Eingaben mit sich, daß
im allgemeinen nur stark reglementierte (Lern-) Dialoge möglich sind; in der Regel "dürfen" die Lernenden ihre Antworten
aus einer kleinen Menge möglicher, explizit vorgegebener
Antworten auswählen.

Nicht zuletzt aus allen diesen Gründen haben wir uns im
Projekt "Ausbildungstechnologien"[1] entschlossen, einen anderen, schon fast entgegengesetzt gerichteten Weg zu gehen und
keinen Gebrauch von den behavioristisch motivierten Ausbildungstechnologien zu machen. Statt dessen versuchen wir, mit
Hilfe von vorbereiteten Lern- und Spielwelten, in denen sich
die Lernenden ausgestattet mit schriftlichen Unterlagen zu-
rechtfinden müssen, einen umfassenden Einstieg in die Informatik zu ermöglichen.

Lern- und Spielwelten

Von je her kommt den Lehr-, Experimentier- und Modellbaukästen
bei der Veranschaulichung der Funktionsweise technischer

---

[1] Projekt-interne Bezeichnung für den Modellversuch

Systeme eine wichtige Rolle zu. Beispielsweise sind im Bereich
der Digitalelektronik bzw. der Mikrorechnertechnik zahlreiche
Systeme von verschiedenen Herstellern erhältlich und an Schulen, (Fach-) Hochschulen sowie zu Zwecken innerbetrieblicher
Aus- und Weiterbildung im Einsatz. Kennzeichende Merkmale
dieser Systeme sind (siehe auch Noschka und Knerr (1986)) die

- Vielzahl der Kombinationsmöglichkeiten, die
- Zerlegbarkeit der aus Bausteinen aufgebauten Gebilde, die
- Wiederverwendbarkeit der Bausteine und die
- einheitlichen Paßflächen oder Paßstellen an den Bausteinen.

Die verschiedenen Arten der Lehr-, Experimentier- und Modellbaukästen sind - zumindest in den Industrienationen - nicht
nur in Ingenieurkreisen sehr beliebt, sie sind auch fast allen
Erwachsenen aus ihrer Kindheit in guter Erinnerung. Aus diesem Grund möchte ich die Vorstellung der verschiedenen von uns
entwickelten Lern- und Spielwelten mit dem System beginnen,
das am deutlichsten die Züge eines konventionellen Baukasten-
systems trägt. Gemeint ist das in Broer et al. (1988a) und
Broer (1989) näher beschriebene LOGIBOX-Ausbildungssystem, das
für hardwarenahe Ausbildungszwecke konzipiert wurde.

Mit Hilfe dieses Ausbildungssystems können sich die Studenten
selbständig durch eine Folge von aufeinander aufbauenden
Experimenten mit der Hardware eines Rechners vertraut machen.
Geleitet werden sie dabei durch einen Kurstext, der die
notwendigen Informationen enthält. Eine intensive Betreuung
der einzeln oder in kleinen Gruppen arbeitenden Studenten ist
nicht erforderlich.

Die Abbildung auf der folgenden Seite, die für die Ausstellung
des LOGIBOX-Systems auf der Hannover-Messe CeBIT '88 von P.
Schade-Didschies aufgenommen wurde, vermittelt einen kleinen
optischen Eindruck von dem System: (Die auf dem Bild zu
erkennenden Boxen entsprechen in etwa den Funktionseinheiten,
die häufig in Blockschaltbildern verwendet werden.)

Die zweite Lern- und Spielwelt, die an dieser Stelle kurz vor-
gesellt werden soll, wurde dem LOGIBOX-Ausbildungssystem nach-
empfunden. Es handelt sich um das in Broer et al. (1988b) und
Broer (1989) näher beschriebene SOFTBOX-System. In diesem Aus-
bildungssystem werden allerdings keine "echten" Hardwarebau-
steine an einem realen Steckbrett, sondern im Rechner simulierte Bausteine an einem Grafikbildschirm verwendet.

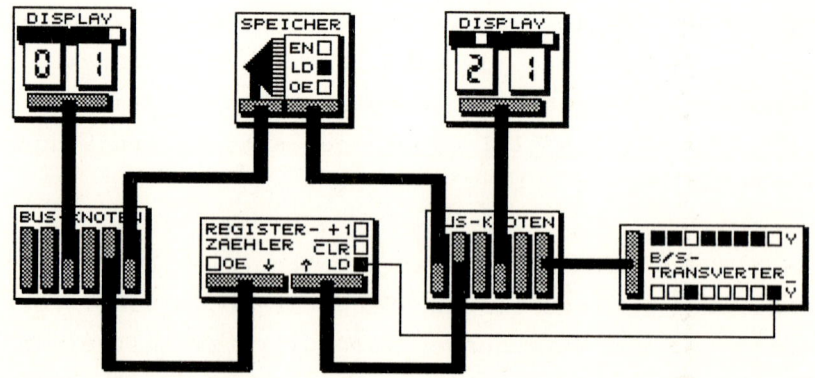

Die obige Abbildung, die eine mit dem SOFTBOX-System erstellte

Schaltung wiedergibt, vermittelt einen kleinen optischen Eindruck von dem System. Wie bei dem LOGIBOX-System können sich
die Studenten auch mit dem SOFTBOX-System geleitet von einem
Kurstext, der die notwendigen Informationen enthält, durch
eine Folge von aufeinander aufbauenden Experimenten mit der
Hardware eines Rechners vertraut machen.

Wesentlich abstraktere Themen können z.B. mit den Lern- und
Spielwelten behandelt werden, die in Smalltalk/V entwickelt
und in die graphische Benutzeroberfläche dieses Systems integriert wurden. Das Smalltalk/V-System selbst ist ein objekt-
orientiertes Programmiersystem, das insbesondere durch die
Möglichkeit des Rapid-Prototyping und durch den hohen Grad der
Wiederverwendbarkeit des Quellcodes wesentliche Vorteile bei
der Entwicklung von Software bietet. Erwähnenswert ist

- das Einkapselungsprinzip: Die gesamte Programmierumgebung
  zerfällt in einzelne Objekte, die eine innere Struktur und
  einen Zustand besitzen. Der Zustand der Objekte kann nur von
  den Objekten selbst verändert werden.

- das Nachrichtenprinzip: Alle Objekte werden als eigenständige Einheiten betrachtet, die nur über Nachrichten angesprochen werden können. Die Algorithmen, die die Objekte nach
  Empfang einer Nachricht ausführen, werden in Methoden beschrieben, die den jeweiligen Nachrichten zugeordnet werden.

- das Vererbungsprinzip: Alle Objekte sind in Klassen organisiert, die ihrerseits in einer Hierarchie angeordnet sind.
  Innerhalb der Hierarchie werden die interne Struktur der Objekte, das Nachrichtenprotokoll und die Methoden der Klassen
  von den jeweiligen Oberklassen zu den Unterklassen vererbt.

Besonders wichtig ist auch die Tatsache, daß der Programmierer
einer interaktiven Anwendung in Smalltalk/V die Window- und
Menütechniken, die zum Aufbau des Smalltalk/V-Systems verwendet werden, für eigene Zwecke einsetzen bzw. leicht modifi-

ziert oder ergänzt verwenden kann. Dies hat bei der Entwicklung der Lern- und Spielwelten nicht nur wesentlich zur
benutzerfreundlichen Gestaltung der Oberflächen beigetragen,
sondern auch zu einer gewissen "Normierung" geführt. In der
folgenden Abbildung ist z.B. die graphische Benutzeroberfläche
eines Registermaschinensimulators für Registermaschinen mit 10
Registern zu erkennen.

10 Register Maschine: Rm				
programCounter: 9		akku	147	
3 loadReg:	1	1	11	
4 storeReg:	3	2	21	
5 if0goto:	12	3	5	
6 loadReg:	4	4	147	
7 addReg:	2	5	51	
8 storeReg:	4	6	61	
9 loadReg:	3	7	71	
10 subConst:	1	8	81	
11 goto:	4	9	91	
12 loadReg:	4	10	101	
run	slow	step	stop	

Eingesetzt wird dieser in Buschmann (1989) beschriebene Regi-
stermaschinensimulator z.B. als Hilfsmittel zur Präzisierung
des Algorithmusbegriffs in Broer (1988). In diesem Text, der
für die selbständige Einarbeitung in einige Teilgebiete der
Informatik erstellt wurde, wird die dauernde praktische Arbeit
des Lernenden am Rechner vorausgesetzt: Während er aktiv damit
beschäftigt ist, sich in den verschiedenen Lern- und Spielwelten zurechtzufinden, wird er kaum merklich von einem fundamentalen Begriff der Informatik zum anderen geführt.

Das zweite Beispiel, das hier kurz vorgestellt werden soll,
ist die in Josuttis (1989) beschriebene Lern- und Spielwelt
Kellerautomat. Mit dieser Lern- und Spielwelt können sich die
Studenten sowohl mit den Elementen eines Kellerautomaten, mit
der internen Arbeitsweise als auch mit den Grenzen und
Möglichkeiten dieser Automaten vertraut machen. Die folgende
Abbildung zeigt die dazugehörige graphische Benutzeroberfläche

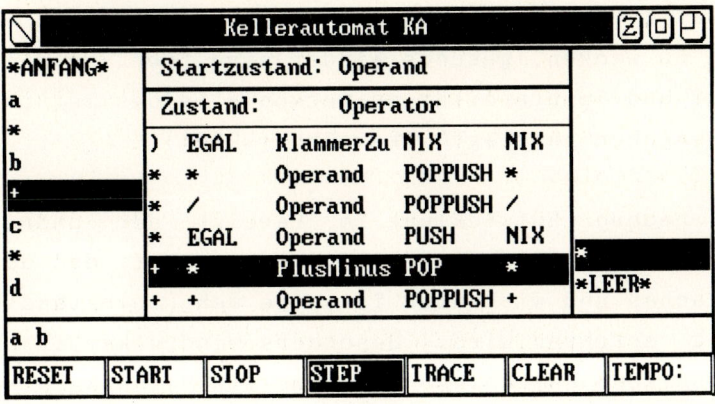

Motivationen und Ergebnisse

Motiviert sind unsere Arbeiten von der Überzeugung, daß beim
Menschen ein direkter Zusammenhang zwischen Neugierde und
Erfolgsgefühl, zwischen (spontaner) Tätigkeit, Erfahrungsge-
winn und Vernügen, zwischen (gezielten) Experimenten, Wissens-
erwerb und Freude besteht, der für selbstgesteuerte Lernprozesse von allergrößter Wichtigkeit ist. In unseren Augen ist
der Mensch von Natur aus ein Neugierwesen, d.h. ein Wesen, das
unter jeden Stein, über jeden Zaun und in das Innere jeder
Konstruktion schauen muß. Getrieben wird er sowohl vom Reiz
des Neuen als auch vom Vergnügen am Funktionieren selbst. "Er
nimmt Dinge auseinander und setzt sie wieder zusammen. Das
funktioniert. Das freut ihn. Das bestätigt sein Können, seine
Beherrschung der Welt, das löst allemal Freude aus." (Ofenbach
(1984)).

Vergnügen, Erfolgsgefühl, Freude, dies sind die zwar von außen
nicht unmittelbar sichtbaren, dennoch aber jedermann bekannten
Gefühle, die nach unserer Überzeugung in unmittelbarer Verbin-
dung mit der Art unserer Erkenntnis und unserem Lernen stehen.
Besonders deutlich wird dies bei kleinen Kindern: Kleine
Kinder sind von sich aus tätig. Ihre allgemeine Aktivität ist
als äußeres Verhalten unübersehbar. "Man muß bei Kindern nicht
Tätigkeit wecken oder sie stimulieren, gesunde Kinder sind von

sich aus tätig, man hat es nicht nötig, Freude als Form von Motivation zu wecken, gesunde Kinder sind froh. Es gilt nicht, Kreativität und Spontaneität zu wecken - beides ist phylogenetisch im Menschen angelegt" (Lassahn (1975)).

Auch die neuere Entwicklung im Bereich der pädagogischen Psychologie ist stark von dem Gedanken geprägt, daß das Lernen um so einfacher und wirksamer ist, je mehr Selbständigkeit im Lernvorgang erfahren wird. Besonders eindrucksvoll hat dies der amerikanische Psychologe DeCharms (1977) nachgewiesen:

11 bis 13 - jährige Jungen bauten unter zwei verschiedenen Testbedingungen ziemlich komplizierte Modelle mit handelsüblichen Metallbaukästen. Unter der einen Bedingung war jedem persönlich freigestellt, welche Vorlage er heranziehen und wie er beim Nachbauen vorgehen wollte. Unter der anderen Bedingung legte der Versuchsleiter nicht nur die Modellvorlage fest, sondern auch die einzelnen Schritte beim Bauen. Im Anschluß an die Tätigkeit zeigte sich, daß die Jungen, die unter den freien Arbeitsbedingungen gearbeitet hatten,

- erstens mehr von ihren gebauten Modellen angetan waren,
- zweitens häufiger gewillt waren, an ihren Modellen weiterzuarbeiten und sich
- drittens nach einem Monat besser an die Bezeichnungen der gebauten Modelle erinnern konnten.

Informatik im Spiel begreifen, spielerisch informatische Probleme lösen - diese Momente deuten die Ziele an, die wir im Projekt Ausbildungstechnologien erreichen möchten. Wir hoffen, mit den von uns entwickelten Lern- und Spielwelten einen Weg gefunden zu haben, wie sich die Lernenden wie in einem Spiel - das heißt zunächst einmal **aktiv** (und nicht, wie z.B. in der Vorlesung, rezeptiv), dann aber auch **agierend** (und nicht, wie z.B. in einem tutoriellen System, reagierend) - Wissen und Erfahrungen aneignen können.

Erste Probeeinsätze der Lern- und Spielwelten haben gezeigt, daß sich der von uns gewählte Ansatz äußerst vorteilhaft sowohl auf die Motivation als auch auf die Kreativität der Lernenden auswirkt. "Das macht ja richtig Spaß", "Phantastisch", "Das find' ich toll", "Schade, daß dieses Konzept noch nicht früher verfügbar war", aber auch: "Wußtet ihr, daß man auch ... machen kann" oder: "An dieser Stelle würde ich das folgende Experiment ... vorsehen", das sind einige der Äußerungen, die bisherige Benutzer verschiedener Lern- und Spielwelten von sich gegeben haben.

Bestätigt wird dies durch die Klausurergebnisse der über 500 Elektrotechnikstudenten, die in den letzten zwei Jahren ungefähr zur Hälfte (1987) an konventionellen (Tafel-) Übungen und zur anderen Hälfte (1988) an interaktiven (Rechner-) Übungen unter Verwendung von Lern- und Spielwelten teilgenommen haben (Broer und Schwarz (1989)). In den beiden folgenden Abbildungen ist jeweils horizontal die Zahl der von den Studenten erreichten Punkte (maximal waren 40 Punkte erreichbar) und vertikal der prozentuale Anteil der Studenten, der die jeweilige Punktzahl erreicht hat, abgetragen.

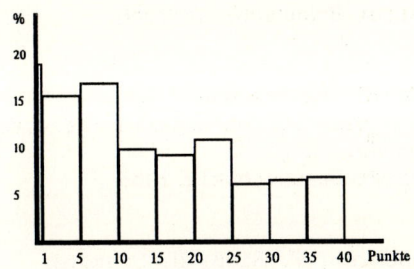

A1: Ergebnis der Klausur nach konventionellen Tafelübungen

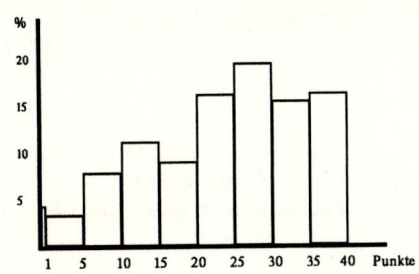

A2: Ergebnis der Klausur nach Einsatz der Lern- und Spielwelten

Zusammenfassend kann deshalb festgehalten werden, daß sich die Lern- und Spielwelten in der (Hochschul-) Praxis bewährt haben. Nach meiner Meinung steht auch außer Zweifel, daß sich die an der Hochschule gewonnenen Resultate und Erkenntnisse fast unmittelbar auf andere Weiterbildungseinrichtungen (z.B. allgemeinbildende Schulen, Volkshochschulen, Fach(hoch-)schulen usw.) übertragen lassen: Die Lern- und Spielwelten üben eine Faszination aus, die sicherlich auch in diesen Bereichen mehr als willkommen ist.

Danksagung:

Danken möchte ich Prof. Dr. E. Paulus, Prof. Dr. R. Vollmar, U. Hafermann, G. Pogrzeba, U. Schwarz und den zahlreichen Studenten, die sich und ihre Arbeit bei der Entwicklung der Lern- und Spielwelten eingebracht haben.

Literaturverzeichnis:

Broer (1988)
    H.E. Broer
    Einführung in die Theoretische Informatik mit Lern- und Spielwelten
    Informatik-Skripten Nr. 23
    Technische Universität Braunschweig 1988

Broer et al. (1988a)
    H.E. Broer, D. Emde, S. Hillebrand
    Selbstausbildung mit dem LOGIBOX-Ausbildungssystem
    Informatik-Skripten Nr. 22
    Technische Universität Braunschweig 1988

Broer et al. (1988b)
    H.E. Broer, E. Krischker, F. Rieß, H. Schröter
    Selbstausbildung mit dem SOFTBOX-Ausbildungssystem
    2. Tagungsband 18. Jahrestagung der GI
    Vernetzte und komplexe Informatik-Systeme
    Informatik-Fachberichte 188, 317 - 325, Oktober 1988

Broer (1989)
    H.E. Broer
    Ingenieurausbildung mit Lern- und Spielwelten
    erscheint in den Proc. des 1 Symposiums
    Computereinsatz in der technischen Aus- und Weiterbildung
    Karlsruhe 1989

Broer und Schwarz (1989)
    H.E. Broer, U. Schwarz
    Untersuchung der Informatik-Vordiplomsprüfungen 1988 und 1989
    Informatik-Bericht (in Vorbereitung), TU Braunschweig 1989

Buschmann (1989)
    A. Buschmann
    Entwicklung einer Lern- und Spielwelt für Registermaschinen
    Studienarbeit, TU Braunschweig 1989

DeCharms (1977)
    R. DeCharms,
    Personal causation, Academic Press, New York 1968
    (berichtet im Funk-Kolleg "Pädagogische Psychologie", Band 1, S. 588,
    Fischer Taschenbuch Verlag 1977

Eyferth et al. (1973)
    K. Eyferth, K. Fischer, U. Kling, W. Korte, J. Laubsch, H. Löthe,
    R. Schmidt, R. Werkhofer
    Computerunterstützter Unterricht in der allgemeinbildenden Schule.
    Inhalte des 2. BTZ-Symposions, BTZ-Reihe Band 3,
    Bildungstechnologisches Zentrum, Wiesbaden 1973.

Josuttis (1989)
    N. Josuttis
    Entwicklung einer Lern- und Spielwelt für Kellerautomaten
    Studienarbeit, TU Braunschweig 1989

Noschka und Knerr (1986)
    A. Noschka, G. Knerr
    Bauklötze staunen
    Hirmer Verlag, Deutsches Museum 1986

Ofenbach (1984)
    Birgit Ofenbach
    Spiel und Technik
    Pädagogische Rundschau, 38, S. 701-711, 1984

Papert (1985)
    Seymor Papert,
    Gedankenblitze: Kinder, Computer und neues Lernen,
    Rowohlt Taschenbuchverlag Reinbeck 1985

Snyder and Palmer (1986)
    T. Snyder, J. Palmer
    In Search of the Most Amazing Thing. Children, Education, & Computers.
    Addison Wesley Inc. 1986.

Lassahn (1975)
    Rudolf Lassahn
    Über Freude in der Erziehung
    Pädagogische Rundschau 6, S. 553 - 575, 1975

Empirische Pilotstudie zur Konstruktion eines problemlösezentrierten Hilfesystems für einen Problemlösemonitor

Gabriele Janke, Claus Möbus, Heinz-Jürgen Thole

Projekt ABSYNT*, Fachbereich Informatik,
Universität Oldenburg, Postfach 2503, D-2900 Oldenburg

Übersicht

Die hier vorgestellte Studie liefert einen Beitrag zum Thema Tutor- und Hilfesysteme beim Erwerb von Programmierwissen. Anhand einer Untersuchung, in der Versuchspersonen Programmieraufgaben in der grafischen rein funktionalen Programmiersprache ABSYNT lösten, wurden Anforderungen an ein individualisiertes Hilfesystem formuliert und anschließend eine erste Version für das Hilfesystem erarbeitet. Dieses basiert auf einem zeitgleich zu der Untersuchung geschriebenen Diagnostikprogramm, das vom Schüler formulierte Hypothesen überprüft und damit Fehler erkennen und fehlende Teile von ABSYNT-Programmen ergänzen kann.

Eingliederung in das Projekt ABSYNT

Das grundlagenorientierte Ziel unseres Projekts ist die Erforschung kognitiver Prozesse beim Erwerb von Programmierwissen, speziell die Analyse von Problemlöseprozessen beim Programmieren. Unter Problemlösen

* gefördert durch die Deutsche Forschungsgemeinschaft, Schwerpunktprogramm Wissenspsychologie, Förderungsnummer Mo 292/3 verstehen wir das Planen von Programmen, die Fehlersuche und - korrektur.

Das anwendungsbezogene Ziel unseres Projekts – Thema dieses Beitrags – ist die Entwicklung eines adaptiven on-line Hilfesystems, bestehend aus einer kombinierten Diagnose- und Hilfekomponente, die Problemsituationen analysiert und individuelle Hilfen anbietet.

Die Problemlöseumgebung ABSYNT

ABSYNT realisiert eine visuelle, rein funktionale Programmiersprache. Sie entstand aus Ideen von Bauer und Goos (1982), die fertige Programme in Form von Baum-Diagrammen anschaulich machten. In unserem Projekt wurde aus diesen illustrierenden Diagrammen eine lauffähige Programmiersprache mit direkt manipulierbaren Objekten entwickelt (Janke und Kohnert 1989).

ABSYNT-Programme sind Rahmen. Ein Rahmen entspricht einer Funktion in einer funktionalen Programmiersprache. Jeder Rahmen gliedert sich in einen Kopf und einen Körper. Im Kopf wird der Name des Rahmens, der ihn repräsentierende Operatorknoten (selbstdefinierter höherer Operatorknoten) und die Anzahl und Reihenfolge der Parameter des Rahmens festgelegt. Im Körper wird die Rechenvorschrift definiert. Dies geschieht in Form von ABSYNT-Bäumen. Sie sind aus Operatorknoten (repräsentieren Operatoren), Konstanten-Knoten (repräsentieren Konstanten), Parameterknoten (repräsentieren Parameter) und Verbindungslinien zwischen den Knoten

Das Startfenster von ABSYNT entspricht dem Top Level von Lisp. Es kann ebenfalls ABSYNT-Bäume, allerdings ohne Parameterknoten, enthalten. Damit können Programmaufrufe repräsentiert werden.

Der Programmierer baut die Bäume in den Rahmen und im Startfenster mit den in der Knotenleiste zur Verfügung gestellten Knoten auf. Diese werden untereinander verbunden und – falls nötig – beschriftet. Veränderungen können auch

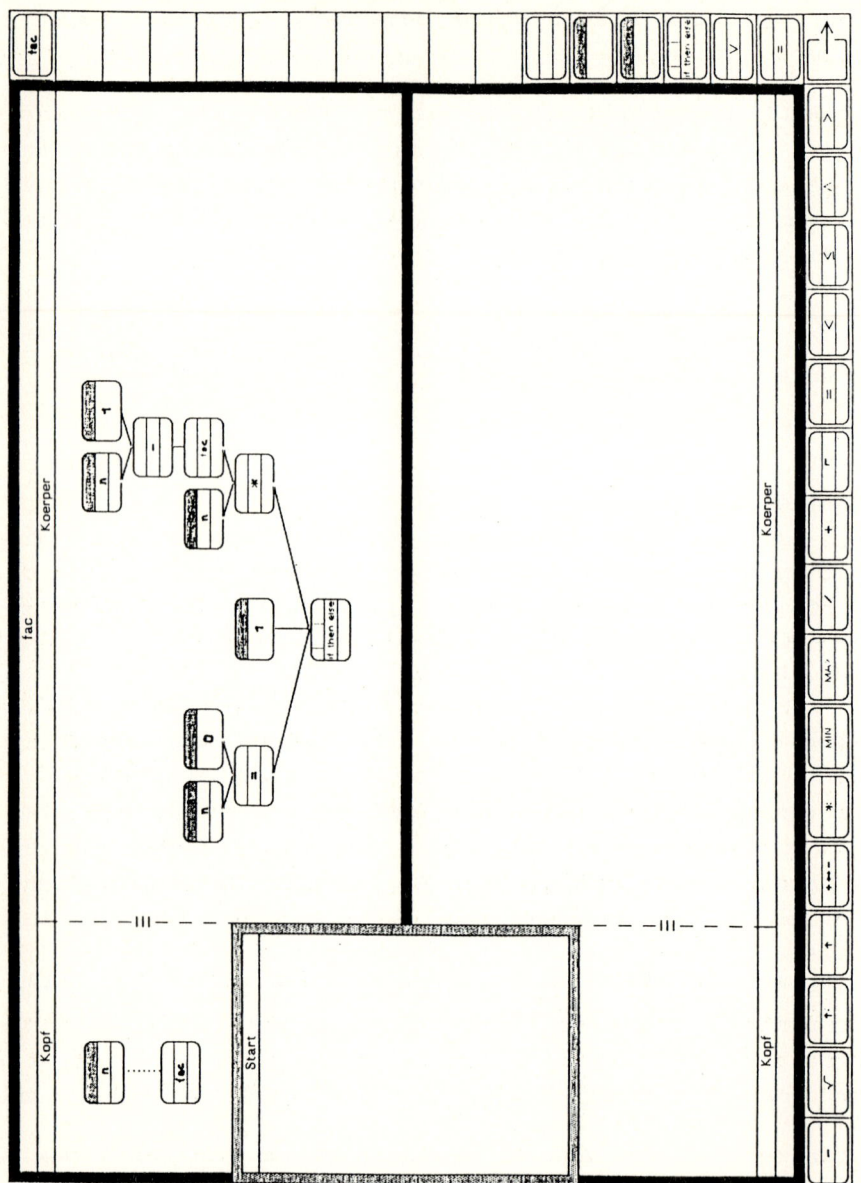

Abb. 1

durch Verschieben und Löschen der Knoten und Linien herbeigeführt werden. Abb.1 zeigt einen Zustand des Editors, in dem ein korrektes Programm (Fakultät, rekursiv) im oberen Rahmen erstellt wurde.

Die Berechnung des Programms durch den Interpreter kann schrittweise mit einem Trace demonstriert werden. Mit Hilfe dieses Trace gelang es den Versuchspersonen, alle syntaktischen und viele semantische Fehler zu lokalisieren.

ABSYNT ist in Interlisp/Loops auf einer Siemens 5822 implementiert.

Die Aufgabensequenz

Die Unterrichtsreihe, die gleichzeitig dem Erwerb von Programmierwissen für ABSYNT und der Bearbeitung von Problemen diente, wurde nach Ideen von VanLehn (1987) und Zhu und Simon (1987) entwickelt: Das Wissen, das in den aufeinanderfolgenden Teilen der Unterrichtsreihe erworben wird, baut im Sinne von Gagné (1973) aufeinander auf (Janke 1989/1). Die Untersuchungsergebnisse zeigen, daß bis auf weiteres bei der Analyse von Problemsituationen von der Arbeitshypothese ausgegangen werden kann, daß Fehler und Probleme durch die gerade neu zu erwerbenden Lernziele verursacht werden.

Die Unterrichtsreihe wurde so konzipiert, daß die Versuchsleiter so wenig wie möglich in den Wissenserwerbs- und Problemlöseprozeß eingreifen mußten. Dies garantierte einheitliche Bedingungen für alle Versuchspersonen und eine Vielfalt individueller Lösungen.

Analyse der beobachteten Problemsituationen

Als Problemsituationen haben wir die Situationen definiert, in denen die Versuchspersonen

48

- den Trace zur Überprüfung eines unvollständigen, fehlerhaften oder suboptimalen Programms verwendeten,

- im Material der Unterrichtsreihe nach passenden Operatoren oder früheren Programmen suchten,

- die Versuchsleiter intervenierten.

Diese haben wir nach den folgenden Gesichtspunkten analysiert (Janke, 1989/2):

- Syntax (Fehlerhaftigkeit, Unvollständigkeit)

- Inhalt des bisherigen Entwurfs (Fehlerhaftigkeit, Unvollständigkeit, Optimalität)

- fehlende Programmteile

- Art und Wirkung der gegebenen Hilfen

Da die Syntaxfehler leicht zu behandeln sind (Janke, 1989/2), sollen im folgenden nur noch die inhaltlichen Fehler und Programmteile berücksichtigt werden.

Drei Gruppen von Problemsituationen mit inhaltlichen Fehlern bzw. Lücken konnten nach ihren beobachtbaren Ursachen unterschieden werden: Die Versuchsperson

- hatte die Aufgabe oder Teile der Aufgabestellung falsch verstanden

- fand keinen geeigneten Operator für die Programmierung eines Teilziels

- interpretierte die operationale Semantik eines Operators falsch.

Die übrigen Problemsituationen lassen sich nicht so leicht nach ihren Ursachen kategorisieren, weil diese nicht direkt beobachtbar sind. Es ist auch nicht allgemein möglich, die Ursachen für eine Problemsituationen allein aus den Situationen am Bildschirm abzuleiten. Häufig läßt sich jedoch ein Zusammenhang zwischen einer Problemsituation und einem gerade neu zu erwerbenden Lernziel feststellen (Janke, 1989/2).

Die von Derry (1989) vorgeschlagenen Fehlerkategorien sind für unsere Aufgabensequenz als Grundlage für Hilfsstellungen zu grob, was auch in der wesentlich größeren Verschiedenartigkeit unserer Aufgaben begründet ist (von einfachen Rahmen über Abstützung bis zur Rekursion).

Die Analyse der seitens der Versuchsleiter gegebenen Hilfen ergab, daß der Hilfesuchende häufig schon durch sehr unspezifische Hinweise in die Lage versetzt wurde, Fehler zu beheben bzw. das Programm zu ergänzen. Der benötigte Genauigkeitsgrad für eine Hilfe scheint nicht zuletzt individuenabhängig zu sein.

Anforderungen an das Hilfesystem

Aus der Analyse aller in der Untersuchung vorgekommenen Problemsituationen (Janke 1989/2) ergaben sich folgende Anforderungen an ein individualisiertes Hilfesystem, die in den Punkten 4 und 5 mit den dort genannten Autoren im Einklang stehen:

1. Auf eine große Vielfalt von verschiedenen Lösungen muß eingegangen werden können.

2. Alle Typen von Problemsituationen müssen behandelt werden können: 1) syntaktisch unvollständige a) schon fehlerhafte, b) bisher korrekte, 2) syntaktisch vollständige fehlerhafte und 3) korrekte aber umständlich Lösungsansätze.

3. In allen Problemsituationen müssen die Programme bzw. Programmteile diagnostiziert werden können, d.h. von Teilbäumen muß auf angestrebte Teillösungen (Teilziele) inferiert werden können.

4. In allen Problemsituationen müssen prinzipiell Hilfen generiert werden können. Für die Entscheidung über Zeitpunkt und Art der Hilfestellung müssen Schülerdaten berücksichtigt werden, z.B.: aktueller Problembereich, schon erreichte Lernziele, frühere Fehler, frühere

Strategien,... (Anderson,1989, Clancey,1986, Corbett,1989, Moll,1989).

5. Die Hilfen sollten in abgestufter Form gegeben werden können (vom allgemeinen Hinweis zur konkreten Information) und diese Abstufung sollte indiviuell einstellbar sein (Moll, 1989).

Vorversion des Hilfesystems

Das Hilfesystem wird auf dem parallel zu der Untersuchung entwickelten Diagnostikprogramm basieren. Dieses bildet eine Ziel-Mittel-Relation, die das Parsen und Generieren von Lösungen realisiert. Die Ziel-Mittel-Relation kann auch als UND/ODER-Graph im Sinne von Nilsson (1980) interpretiert werden (Möbus und Schröder, 1989).

Abb.2 zeigt einen UND/ODER-Graph, der das Prinzip des Diagnostikprogramms verdeutlicht (im folgenden "UOG" genannt). Er veranschaulicht einen Ausschnitt der Relation, die Lösungen für Körper der "gerade"-Aufgabe generieren und parsen kann. Die "gerade"-Aufgabe besteht darin, ein Programm zu schreiben, das prüft, ob eine natürliche Zahl gerade ist oder nicht (Bauer und Wössner, 1984).

Zunächst die Erklärung der Symbole:

Die Rechtecke repräsentieren Ziele, die als Knoten im ABSYNT-Baum dargestellt sind (terminale Symbole im Sinne einer Grammatik).

Die Ovale repräsentieren Ziele, die noch nicht direkt als Knoten des ABSYNT-Baums dargestellt sind (nicht terminale Symbole).

Verzweigungen, die durch einen Bogen verbunden sind, sind UND-Verzweigungen. Der linke Ast jeder UND-Verzweigung stellt die (Teilbaum-)Wurzel einer konkreten ABSYNT-Lösung dar, die restlichen die Ziele der Eingänge dieser Wurzel.

51

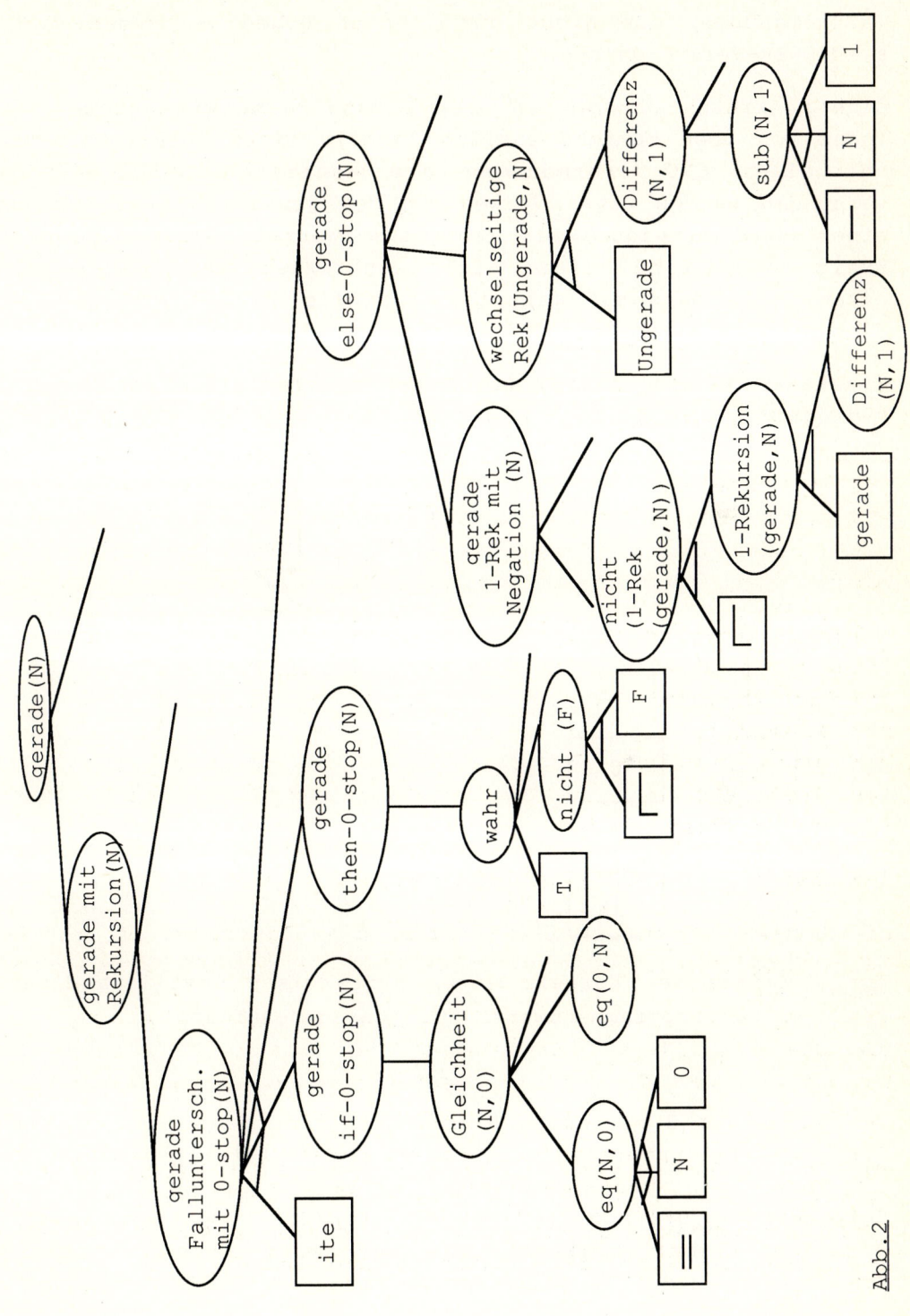

Abb. 2

Verzweigungen, die nicht durch einen Bogen verbunden sind, sind ODER-Verzweigungen.

Eine konkrete Lösung, d.h. ein ABSYNT-Baum, wird generiert, indem von oben kommend entlang jeweils einer ODER-Verbindung und aller UND-Verbindungen die konkreten ABSYNT-Knoten verbunden werden unter Verwendung des jeweils linken Zweiges einer UND-Verzweigung als (Teilbaum-)Wurzel. Endet dabei ein Zweig des UOG bei einem nicht konkretisierten Teilziel in einem Oval, dann muß man zu der Stelle im UOG springen, wo dieses Teilziel weiter differenziert wird.

Umgekehrt können ABSYNT-(Teil-)Bäume (Teil-)Zielen des UOG zugeordnet werden.

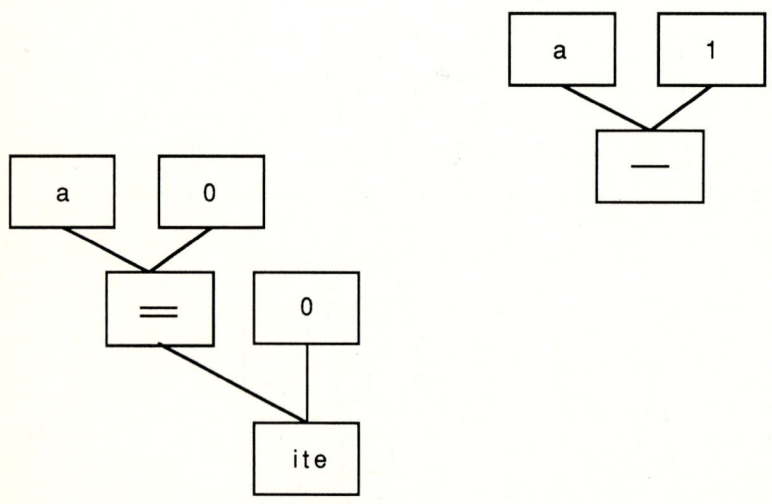

Abb.3 Skizze des Körpers eines syntaktisch unvollständigen, fehlerhaften Programmentwurfs zur "gerade"-Aufgabe

In der in Abb.3 gezeigten Problemsituation kann z.B. der if-Zweig der Fallunterscheidung (ite) dem Teilziel "eq(N,0)" des UOG bzw. den übergeordneten unspezifischeren Teilzielen "Gleichheit(N,0)" und "gerade if-0-stop(N)" zugeordnet werden. Für den bisher fehlerhaften then-Zweig können richtige Ergänzungen (z.B."T") geliefert werden. Der rechte Teilbaum "a

- 1" kann dem Teilziel "sub(N,1)" und damit dem übergeordneten unspezifischeren Teilziel "Differenz(N,1)" zugeordnet werden. Dieses wiederum ist in zwei verschiedenen höheren Teilzielen enthalten ("gerade 1-Rek mit Negation(N)" und "wechselseitige Rek(Ungerade,N)"). Auf diese Weise sind zwei Gruppen von Ergänzungen generierbar. Insgesamt kann durch Parsen und Generieren der fehlerhafte und unvollständige Programmentwurf zu einer richtigen Lösung ergänzt werden. Bei der Ergänzung sollte mit Hilfe eines Schülermodells der für jeden Schüler individuell am besten geeignete Vorschlag ausgewählt werden.

Da die automatische Präsentation einer korrekten Ergänzung mit dem Charakter eines Problemlösemonitors nicht vereinbar ist, soll mit Hilfe der im UOG enthaltenen Teilziele ein abgestuftes Hilfesystem entwickelt werden, das fehlende Programmteile mit Teilzielen in Beziehung setzt (Moll, 1989).

Weitere Forschung

Bei der Generierung von Hilfen entstehen zwei Schwierigkeiten:

1. die Auswahl der für den Schüler geeigneten generierten Ergänzung aus der Menge aller möglichen Ergänzungen

2. die Verbalisierung von Hinweisen, die nicht einfach die Lösung zeigen, sondern die als Erklärung akzeptiert werden

Für die Auswahl der optimalen Schülerhilfe müssen Schülerdaten (Clancey, 1986) einbezogen werden, die als Indikatoren für seinen Wissensstand gelten können.

Hinweise für mögliche Ergänzungen wollen wir aus den Teilzielen des UOG ableiten. Dazu ist es notwendig, die bisher nur aus der Aufgabenanalyse entstandene Zielstruktur empirisch zu validieren, so daß man von einer psychologisch fundierten Intentionsdiagnostik im Sinne von Johnson (1986) sprechen kann.

Literatur

Anderson, J.R., "Psychology and Intelligent Tutoring", in: Bierman, Breuker, Sandberg (Hrsg.) Proceedings of the 4th International Conference on AI in Education, in Amsterdam, 24-26 März 1989, Amsterdam: IOS, 1989, 1

Bauer, F.L. und Goos, G., Informatik, 1. Teil, Berlin, Springer 1982 (3. Auflage)

Bauer,F.L und Wössner,H. "Algorithmische Sprache und Programmentwicklung",Berlin 1984

Clancey, W.J. "Qualitative Student Models", Annual Review of Computer Science, 1986, Vol.I, 381 - 450

Corbett, CA.T. und Anderson, J.R, "Feedback Timing and Student Control in the Lisp Intelligent Tutoring System", in: Bierman, Breuker, Sandberg (Hrsg.) Proceedings of the 4th International Conference on AI in Education in Amsterdam, 24-26 März 1989, Amsterdam: IOS, 1989, 64 - 72

Derry, Sh.J., "Characterizing the Problem Solver: A System for On-line Error Detection", in: Bierman, Breuker, Sandberg (Hrsg.) Proceedings of the 4th International Conference on AI in Education in Amsterdam, 24-26 März 1989, Amsterdam: IOS, 1989, 86-91

Gagné, R.M., "Der Erwerb von Wissen" in: Hofer, Weinert (Hrsg.) Pädagogische Psychologie 2, Fischer Taschenbuchverlag, Frankfurt a.M., 1973, 106- 123

Janke,G. "Voruntersuchung zum Programmieren mit ABSYNT, Teil 1: Aufbau der im Versuch verwendeten Aufgabensequenz", ABSYNT Memo 1/89, Universität Oldenburg, 1989

Janke,G. "Voruntersuchung zum Programmieren mit ABSYNT, Teil 2: Versuchsbeschreibung und Analyse aller Problemsituationen", ABSYNT Memo 2/89, Universität Oldenburg, 1989

Janke, G. und Kohnert, K."Interface design of a visual programming language: evaluating runnable specifications", in: Klix, Streitz, Waren, Wandtke (Hrsg.), MACINTER II Man-Computer Interaction Research, Proceedings of the Second Network Seminar of MACINTER, Berlin/DDR, 21. - 25. März 1988, Amsterdam: North Holland, 1989, 567 - 581

Johnson, W.L., "Intention-Based Diagnosis of Novice Programming Errors", Los Altos, CA.: Morgan Kaufmann Publishers, 1986

Möbus, C. und Schröder, O. "Knowledge specification and instruction for a visual computer language", in: Klix, Streitz, Waren, Wandtke (Hrsg.), MACINTER II Man-Computer Interaction Research, Proceedings of the Second Network Seminar of MACINTER, Berlin/DDR, 21.-25.März 1988, Amsterdam: North Holland, 1989, 535 - 565

Möbus, C. und Schröder, O. "Zur Entwicklung des Problemlösemonitors ABSYNT: Wissenserwerbsmodellierung und Hilfekomponente", in: Kreowski, Krieg-Brückner (Hrsg.) Berichte aus dem Fachbereich Informatik der Universtät Bremen, 2. Tagung zur Küsteninformatik, 18.-20. Mai 1989 in Bederkesa (im Druck)

Moll, Th."Über die Verbesserung der Benutzerunterstützung durch ein Online-Tutorial", in Maaß, Oberquelle (Hrsg.) Software-Ergonomie ´89, Stuttgart:Teubner 1989, 223 - 232

Nilsson, N. "Principles of Artificial Intelligence", Palo Alto, Ca.: Tioga Press, 1980

VanLehn, K.:"Learning one Subprocedure per Lesson" Artificial Intelligence 31 (1987) 1 - 40

Zhu,X. und Simon,H. A.:"Learning mathematics from examples and by doing", interner Forschungsbericht der Chinese Academy of Sience und der Carnegie-Mellon University, 5.März 1987

Über Informatikkenntnisse des gebildeten Bürgers

Gerhard Merkel

Institut für Informatik und Rechentechnik der

Akademie der Wissenschaften der DDR

1199 Berlin (DDR), Rudower Chaussee 5

Mit dem Thema dieses Beitrages wird bereits die Auffassung festgeschrieben, daß Informatikkenntnisse zu einer gediegenen Bildung eines Bürgers unserer Zeit gehören. Worauf sich diese Auffassung gründet und wie der Forschung nach Vermittlung entsprechender Bildung in der DDR entsprochen wird bzw. werden soll, ist nachfolgend dargestellt.

1. Information in der objektiv realen Welt

Informationsaustausch, Informationsspeicherung und Informationsverarbeitung praktiziert der Mensch seit seiner Menschwerdung. Buschtrommeln und Leuchtfeuer zur Signalisierung von Gefahren und anderen Nachrichten, die Erfindung der Schriftsprache und des Buchdruckes, der Morsetelegraph, Rundfunk und Fernsehen, ... beweisen, daß sich der Mensch auch beharrlich mit der Schaffung seiner Entwicklungsstufe entsprechenden neuen Mitteln und Verfahren zum zielgerichteten Umgang mit Informationen befaßte. Zweifelsfrei ist es jedoch der zweiten Hälfte des 20. Jahrhunderts vorbehalten, den Informationen einen neuen Grundwert in der Entwicklung der Gesellschaft zuzuordnen. Unter Nutzung der Entwicklungen der Mikroelektronik gelang es erstmals, die geistigen Leistungen des Menschen durch massenhaften Einsatz von Mittel zur Bewältigung von bestimmten, sich immer mehr erweiternden Teilen geistiger Arbeit beachtlich zu steigern. Die Wahrnehmungsleistung wird durch Sensoren, Mittel zur Bild- und Spracherkennung und Lösungen zur komplexen Situationserkennung gestützt und erweitert; die massenhafte Speicherung von Informationen und das Wiederauffinden einzelner Informationen werden bewältigt und in Richtung auf Wissensspeicherung fortentwickelt; die installierte Computerleistung hat zur Potenzierung der analogen menschlichen Arbeit und zu völlig neuen Dimensionen im "Berechnungs"-Umfang geführt; die Kommunikationstechnologien schließlich lassen Entfernungen wirkungslos werden. Im Ensemble zur Nutzung gebracht, erhöhen sich nochmals die Wirkungen. Diese allgemeinen Tendenzen spiegeln sich am deutlichsten in den Arbeitsprozessen wider, wobei es nicht um einzelne Tätigkeitsmerkmale oder Berufsgruppen geht, sondern um generalisierungsfähige Erscheinungen. Der Computer ist auf dem Wege, sich zu dem am meisten genutzten Arbeitsmittel in fortgeschrittenen Industriestaaten zu entwickeln. Unter seinem Einfluß ändern sich Arbeitsmethoden, Arbeitsinhalte und Arbeitsbedingungen des Berufstätigen. Informationstechnik ist darüber hinaus auch Bestandteil der meisten Ausrüstungen, die sich der Mensch schafft - von der Werkzeugmaschine bis zum Kraftwagen. Jedwede Automatisierung nutzt die Möglichkeiten moderner Informationstechnik.

Weniger spektakulär, aber nicht weniger wirkungsvoll dringt die Informationstechnik in die außerberufliche Sphäre menschlichen Daseins ein. Zählte man vor zwanzig Jahren noch die in einem Haushalt potentiell eingesetzten Elektromotore als Basis für Niveaueinschätzungen (man kommt jetzt wohl im Durchschnitt auf ca. 40), so wird es in zehn Jahren irgendein Maß an elektronischen Geräten sein.

Die Entwicklungsfortschritte in der Mikrobiologie, insbesondere die auch die Allgemeinheit interessierenden Fakten zum Komplex Erbinformationen, haben schließlich die universelle Bedeutung der Kategorie Information in der objektiv realen Welt deutlich gemacht. Unter dem Einfluß solcher Entwicklungen ist es einfach zwingend, Wissen über Mittel und Methoden zum Umgang mit Informationen zum Grundbestand der Allgemeinbildung eines jeden Bürgers zu rechnen und daraus Konsequenzen für alle Bildungsstufen zu ziehen. Es sei nicht verschwiegen, daß der Weg zu solcher Schlußfolgerung beschwerlich war, die Schlußfolgerung selbst auch noch lange nicht das Konzept für begründetes Vorgehen impliziert. Vorbehalte hielten sich wohl insbesondere deshalb so beharrlich, weil einseitig der Computer mit Informatik identifiziert wurde und man ein Werkzeug des Menschen nicht so hoch zu werten wagte, seine Beherrschung als notwendige Allgemeinbildung zu erklären.

2. Informatik und Informationstechnik als Wissenschaftsdisziplinen und Lehrgegenstand

Jegliche Lehrveranstaltung setzt geordnetes Wissen, möglichst ein allgemein akzeptiertes Bild einer Wissenschaftsdisziplin voraus.

Informatik und Informationstechnik sind noch sehr junge Wissenschaftsdisziplinen; das Wissen zur Sache erweitert sich ständig und wird unter verschiedenen Aspekten, oft auch subjektiv motiviert, systematisiert. In der DDR gibt es z. B., wie auch in anderen Ländern, noch unterschiedlichste Auffassungen darüber, was unter Informationstechnik und was unter Informatik zu verstehen ist und wie die Beziehungen beider zueinander zu gestalten sind. Dessen ungeachtet findet man, dem Zwang der praktischen Erfordernisse folgend, für die Gliederung von Forschungs- und von Lehrprogrammen immer wieder mehrheitlich akzeptierte Lösungen, ohne den Meinungsstreit um Ordnungskriterien und Begriffe zum Abschluß bringen zu können. Meines Erachtens sollte man sogar noch einen Schritt weitergehen und in Zweifel stellen, ob es überhaupt eine objektiv motivierbare, eindeutige Struktur der sich auf Informationen beziehenden Wissenschaft oder Wissenschaftsdisziplinen geben kann. Zweifellos wird jetzt allgemein akzeptiert, daß die Kategorie Information gleichrangig zu solchen Kategorien wie Stoff und Energie ist, wobei informationelle Prozesse mit energetischen und stofflichen Prozessen verbunden sind, auch wenn diese Beziehungen in allgemeinster Form (noch) nicht beschrieben werden können. Niemand käme, glaube ich, auf die Idee, nach einer in sich geschlossenen, eindeutig und wohlstrukturierten Wissenschaft von der Energie zu fragen. Man sollte daher auch für den mit dem Begriffen Informatik und Informationstechnik (oder wie auch immer) belegten Wissenschaftskomplex eine sich in ständiger Entwicklung befindliche Menge von Wissenschaftsdisziplinen mit einer relativen Stabilität zwischen ihnen akzeptieren. Guntau folgend /1/ könnte man zur Kenntnis nehmen, daß unterschiedliche Einflußgrößen auch unterschiedliche Entwicklungen einzelner Disziplinen oder Teilgebiete bewirken; auch die Existenz von mehr oder minder stark besetzten Lehrstühlen an Universitäten bis hin zur Herausbildung von Schulen an diesen Einrichtungen sowie produzierende, methodische, kollektionierende, kommunikative und dirigierende Institutionen spielen dabei ein Rolle.

Bezogen auf die Gestaltung der Lehre ist festzustellen, daß man dann die wenigsten Probleme zu Inhalt und Systematik hat, wenn man vor Studenten des letzten Studiensemesters eine Spezialvorlesung zu Themen des eigenen Arbeitsgebietes halten kann. Ähnlich verhält es sich bei Kursen in der Wirtschaft, bei denen es letztlich um zielgerichtete Arbeitsunterweisungen geht. Schwieriger ist schon die Gestaltung einer Grundlagenvorlesung in einer sich stürmisch entwickelnden Fachdisziplin, da es hier nicht nur um Wissensvermittlung, sondern auch um die Erschließung von prinzipiell neuen Ansätzen für zukünftige Entwicklungen geht. Am kompliziertesten betrachte ich die Entwicklung eines für ein ganzes Land verbindlichen Lehrplanes für die allgemeinbildende Schule in solch einem Fach wie Informatik, da hierbei der Stand der Wissenschaft und die Prognose ihrer Entwicklung nur den Rahmen für die Entscheidung über das, was Allgemeinbildung sein sollte, darstellen.

Aus den letztgenannten beiden Aufgabenstellungen leitet sich ab, daß es schon einen gewissen Bedarf gibt, sich allgemein zu dem Gegenstandsbereich einer Wissenschaftsdisziplin bzw. einer Menge von Disziplinen zu verständigen, auch wenn man die spezielle Strukturierung und Wertung einzelner Gebiete außer acht zu lassen bereit ist. Insbesondere geht es bei solchen Einigungen darum, einengende Begrenzungen im Interesse zukünftiger Entwicklungen zu vermeiden und sich zu grundlegenden Erneuerungen (oder Streichungen) traditionell gewachsener, inhaltlich jedoch nicht zukünftigen Erfordernissen entsprechender Lehrgebiete zu verständigen.

Dazu Beispiele:

In der DDR wurden dank des Wirkens von N. J. Lehmann an der damaligen Technischen Hochschule Dresden bereits ab 1956, später auch an anderen Bildungseinrichtungen den Mathematikern Informatik-Kenntnisse vermittelt. Die so Qualifizierten verstehen sich auch heute noch in der Regel als Mathematiker. Vor 20 Jahren wurde an der Technischen

Universität Dresden eine Sektion Automatisierte Informationsverarbeitung gegründet, das Ausbildungsziel war und ist Diplom-Ingenieur. Die Informatik etablierte sich damit in der DDR an den Universitäten und Hochschulen als eine "technische Wissenschaft" /2/. Würde man konsequent dabei bleiben, so würde sich die Analyse der von der Natur oftmals in hervorragender Weise gestalteten informationellen Prozesse, die Aufdeckung entsprechender Gesetzmäßigkeiten und die Ableitung von Schlußfolgerungen daraus neben einer technik-wissenschaftlich begrenzten Informatik ("Naturinformatik" provokativ genannt) herausbilden, denn die Wissenschaftsentwicklung macht an subjektiv definierten Grenzen nicht halt. Bezogen auf die Forschungsorganisation bevorzuge ich sogar Wege der Neugründung, da sich zukunftsträchtige Gebiete in neuen, ihr eigenen Formationen weit besser und schneller entwickeln lassen als in schon gereiften und dadurch zuweilen zu Starrheit neigenden Rahmenbedingungen der Wissenschaft und Wissenschaftsorganisation. Wenn man jedoch ein Informatik-Lehrprogramm mit allein technik-wissenschaftlicher Orientierung schafft und dafür den Anspruch "Informatik an sich" erhebt, weitet man nicht das sich entwickelnde Denken und Wissen der Hörer für zukünftige Wege und hemmt damit die Entwicklung.

Auch formal gibt es Probleme: Verbleibt die Informatiker-Ausbildung generell bei Technischen Universitäten und Hochschulen, oder wird auch einer Hochschule ohne technische Fakultäten (z. B. Karl-Marx-Universität Leipzig) das Recht auf die Ausbildung von Informatikern zuerkannt? Bleibt es beim akademischen Grad Diplom-Ingenieur oder wird in der DDR, wie bereits anderenorts, der Diplom-Informatiker (analog zum Diplom-Mathematiker, Diplom-Physiker usw.) geschaffen? Wenn man die Empfehlungen des Wissenschaftsrates der BRD zur Informatik an den Hochschulen, die Empfehlungen der Gesellschaft für Informatik (GI) e. V. der BRD zur Lehrerbildung im Bereich der Informatik /3/ und andere Empfehlungen (/4/, /5/, /6/, /7/) liest, gewinnt man den Eindruck, daß auch in der BRD die auf Beherrschung des Computers gerichteten Lehrinhalte in der Ausbildung, mit Ausnahme des Informatik-Unterrichts in der Sekundärstufe I vielleicht, dominieren.

Ein noch schwieriger zu klärendes Problem ergibt sich dann, wenn es um Konsequenzen aus der Wissenschaftsentwicklung für die Abgrenzung von Lehrgebieten und die Erneuerung komplexer Programme geht, da sich daraus meist Konsequenzen für das Wirken erfahrener Wissenschaftler ergeben. Ein nahezu fundamental zu nennendes Problem ist aus dem schnellen Wachstum der Informatik und ihrer Etablierung als selbständige Wissenschaftsdisziplin, der durch die rasante Entwicklung der Mikroelektronik bedingten und sich in verschiedenen Gerätelinien umsetzenden Wandlungen der Elektronik zur Informationstechnik sowie aus der Nutzung von Mitteln und Werkzeugen der Informationstechnik in nahezu allen Automatisierungsrichtungen und dem bedeutsamen allgemeinen Schub in Richtung auf Automatisierung entstanden: Wie ordnet man Informatik, Informationstechnik, Nachrichtentechnik, Automatisierungstechnik unter den Bedingungen einer Ausbildung für das nächste Jahrtausend? Zentrales "Streitobjekt" ist dabei meist der Computer - er wird in allen Gebieten als ein systembestimmendes Element betrachtet.

In der DDR gibt es bedeutsame Unterschiede bei der Strukturierung der Forschungspro-
gramme einerseits und der Strukturierung der Lehrgebiete andererseits. Über 90 % der
Forschungsarbeiten werden in der DDR an den Instituten der Akademie der Wissenschaften
und an Universitäten/Hochschulen realisiert. Mitarbeiter der Akademie der Wissenschaften haben Lehrverpflichtungen nur in Ausnahmefällen und dann als Honorardozenten an
Universitäten; Angehörige von Universitäten und Hochschulen haben das Ziel, mindestens
30 % ihrer Jahresarbeitszeit für Forschungsarbeiten einzusetzen. Die Akademieinstitute
und Hochschuleinrichtungen arbeiten arbeitsteilig an einem einheitlichen Forschungsprogramm, insgesamt sind die eingesetzten Potentiale etwa gleich groß; Akademie-Einrichtungen haben größere Konzentrationsmöglichkeiten und bearbeiten in der Regel
komplexere Aufgaben. Aus dem bis zum Jahr 2000 vorgezeichneten Programm der naturwissenschaftlichen und technischen Grundlagenforschung der DDR, welches Hauptrichtun-
gen und Fördergebiete enthält, ist das Forschungsprogramm Mathematik/Informatik/Auto-
matisierung abgeleitet, welches sich wieder in 16 Hauptforschungsrichtungen gliedert.
Als Hauptforschungsrichtungen zählen

- die mathematische Informatik (einschließlich mathematischer Grundlagen der rechnergestützten Ingenieurarbeit);

- die Rechnerarchitektur mit der Erarbeitung von Methoden für den Entwurf von VLSI-
  Schaltkreisen, der Erarbeitung von Rechnerkern- und Rechnersystemarchitekturen in
  Einheit von Hardwarelösung und Betriebssystem, Grundlagenarbeiten (bis zur Schaffung
  von Prototypen) zur Gestaltung fehlertoleranter Multiprozessor-/Multirechnerlösungen
  einschließlich zugehöriger Systemsoftware für Pioniereinsatzfälle u. a. m.;

- die Kommunikationstechnik (einschließlich Funktechnik) und Kommunikationstechnologien, z. B. mit Grundlagenarbeiten für die herstellende Industrie und für die Anwendung zu lokalen als auch weiträumigen Netzen, einschließlich Prototyplösungen für
  spezielle Nutzungen, wie z. B. in CIM-Vorhaben, für Dispatcherkonferenzen (be-
  reichsübergreifend Industrie/Transport/Handel);

- Methoden und Werkzeuge der Softwaretechnologie;

- Datenverwaltung und Datenbanken, einschließlich Nicht-Standard-Datenbanken und
  Grundlagenarbeiten zur Produktdatenmodellierung und zum Produktdatenaustausch (z. B.
  in Anlehnung an STEP);

- die künstliche Intelligenz mit mehreren bestimmten Vorzugsrichtungen, z. B. KI-
  Sprachen, Bildverarbeitung, Computergrafik, Expertsysteme, Beiträgen zur Wissensverarbeitung);

- Automatisierung mit der Orientierung auf den prozeßnahen Bereich und den dort an-
stehenden Problemen bezüglich Signalverarbeitung, Steuerung und Regelung, Meßtech-
nik/Sensortechnik;

- Neuroinformatik, z. B. Arbeiten zu parallelen Algorithmen auf der Grundlage von
Replikatornetzen, Evolutionsstrategien, genetischen Algorithmen.

Weitere Hauptforschungsrichtungen sind auf Gebieten der Mathematik definiert. Die
Forschungsarbeiten beinhalten disziplinorientierte Anteile, sind aber zu etwa 60 -
80 % projektorientiert angelegt; zu mehr als 60 % finanziert die Wirtschaft die
Forschung. Die Akademie-Einrichtungen haben mit der Strukturierung ihrer Potentiale
keine Probleme; die Struktur richtet sich nach den Aufgaben, wobei eine bestimmte
Kontinuität für die Beherrschung der Disziplin Voraussetzung bleibt.

Die Lehre muß von anderen Systematisierungsaspekten ausgehen - von solchen, bei denen
die Entwicklung der Disziplinen und ihre Überdeckungs- bzw. Wechselwirkungsbereiche
dominieren. Zur Disziplin Informatik gibt es dabei weitgehend einheitliche Auffassungen bei Grundfragen. Bedenkt man die perspektivische Entwicklung der weiteren Compute-
risierung und informationstechnischen Vernetzung mit ihren Wirkungen auf die Automatisierung in den verschiedensten Richtungen, so scheinen mir jedoch die auf die Gestaltung von Systemen mit verteilter Verarbeitung gerichteten Lehrveranstaltungen, sowohl
die Systemarchitektur als auch die Werkzeuge (z. B. zur Projektierung von Vorhaben wie
CIM) betreffend, nur unzureichend berücksichtigt. Bei solcher Forderung lasse ich mich
davon leiten, daß der gebildete Informatiker selbst dann, wenn es uns gelungen sein
sollte, Computernetze von SNA-Lösungen über alle Typen von LAN, über DATEX-P und
DATEX-L bis ISDN nutzertransparent zu gestalten und Zugriffe auf entfernte Datenbanken
expertensystemgestützt abzuwickeln, eine Modellvorstellung von der Wirkung solcher
Systeme besitzen muß. Bildung kann sich nicht nur auf die Beherrschung der für die
eigene Arbeit notwendigen geistigen und manuellen Tätigkeiten beschränken, sie
schließt das Verständnis für das Wesen der real ablaufenden Prozesse mit ein. Diese
Forderung kann durch eine ganze Liste von Argumenten motiviert werden; neben den rein
sachlich-fachlichen sind darunter auch solche zu nennen, die sich auf die Würde des
Menschen und seine Rolle als bewußter Gestalter der Zukunft beziehen.

Aus ähnlichen Erwägungen heraus soll auch hier nochmals auf das vorn behandelte Problem des Defizits an allgemeineren Aussagen zur Information und zur Informationsverarbeitung, -speicherung sowie -übermittlung in Natur und Gesellschaft verwiesen werden,
solche könnten z. B. bei der Behandlung der KI angesiedelt werden.

Betrachtet man die als Nachbardisziplinen zu bezeichnenden Gebiete der Informationstechnik und der Automatisierung/Automatisierungstechnik, dann ist die Zahl divergie-
render Auffassungen schon erheblich. Ich halte dies u. a. deshalb für bedenklich, weil
dadurch auch Hemmnisse bei perspektivischen Entwicklungen zustande kommen. Als

Beispiele seien hier die Vernachlässigung der Lösungen für die Echtzeitverarbeitung und die bedauerlichen Defizite bei ISDN-Endgeräten und noch mehr bei entsprechenden nutzerseitigen Anwendungen, sprich vernünftigen Architekturkonzepten, genannt.

Besonderes Beharrungsvermögen zeigen in mehreren Staaten die Nachrichtentechniker, die sich auf die These vom bleibenden 90 %-Anteil des Fernsprechens in der weiträumigen Kommunikation im Denken und Handeln stützen und damit die Nebenbei-Daten-Kommunikation auch nebenbei behandeln. Umbenennungen der Nachrichtentechnik in Telekommunikationstechnik ändern am Wesen der Sache nichts.

Es scheint mir bei der weiteren Entwicklung zweckmäßig, davon auszugehen, daß

- die Informationstechnik als übergreifende Disziplin betrachtet wird, die unter Nutzung von Grunderkenntnissen der Physik, der Informatik und anderer Disziplinen Mittel und Methoden zur Entwicklung und Produktion von Geräten zur Informationsverarbeitung, Informationsspeicherung und Informationsübertragung bereitstellt. Die Informatik befaßt sich mit der Architektur, d. h. mit Struktur und Funktionsprinzipien sowie Leistungsparametern der betrachteten Einheit (in der Computerentwicklung im logisch-funktionellen Konzept fixiert), die Informationstechnik mit den Grundlösungen und Verfahren zur hardwareseitigen Realisierung (in der Computerentwicklung im technisch-technologischen Entwurf als Umsetzung des logischen Entwurfes festgelegt).

- die Informationstechnik Grundlegendes bereitstellt und darüber hinaus Spezielles für bestimmte Ausprägungen. Solche Ausprägungen sind sowohl zweckorientiert als auch durch technisch-technologische Spezialisierungen sowie physikalische Wirkprinzipien bedingt. Der Begriff Computertechnik ist hier z. B. nicht voll aussagefähig, da es technisch bei der Zentraleinheit um ganz andere Probleme geht als z. B. in der optischen Speichertechnik oder bei den Sichtanzeigen. Die Physik biete hier ein Vorbild, wie man einen solch komplexen Stoff auch lehrseitig beherrschen kann.

- die Automatisierung wie die Informationstechnik sich mit allgemeinen Lösungen befaßt, die in bestimmten Anwendungsrichtungen wirksam werden. Natürlich liegt es nahe, daß sich der Maschinenbauer seine eigene Theorie der Automatisierung schaffen möchte. Bei Forschungsarbeiten zu CIM stoßen wir auf solche Bemühungen. Ist man jedoch bis zum Leitstand vorgedrungen, zeigt sich schon die Zweckmäßigkeit, Wissen und Erfahrungen anderer zu nutzen, erst recht bei der Gestaltung von Informationsnetzen und Automatisierungslösungen im Bürobereich.

So, wie in der Praxis CIM-Vorhaben im Team-work-Stil projektiert und realisiert werden, sind auch die Ergebnisse der einzelnen Wissenschaftsdisziplinen bausteinförmig zu entwickeln und zu nutzen. Auf das Defizit an Werkzeugen zur Projektierung komplexer informationstechnologischer Systeme, ihre Modellierung und Bemessung wurde schon verwiesen. Wo dann die Grenze zur Projektierung von Betriebsanlagen liegt, ist beim Stand der Dinge eine Ermessensentscheidung.

3. Bildungsprogramme zur Informatik
3.1. Übersicht

In der DDR ist ein einheitliches, staatliches Bildungssystem realisiert, welches (vereinfacht dargestellt) folgende Stufen und Teile enthält:

- Zehnklassige, allgemeinbildende polytechnische Oberschule für alle Kinder vom 6. bis 16. Lebensjahr.

  Einige dieser Schulen sind als Spezialschulen ausgebildet, in denen besondere Begabungen und Interessen gezielt gefördert werden (Mathematik, Naturwissenschaften, Sprachen, Musik, Sport).

  Nach Abschluß dieser Bildungsmaßnahme gibt es im Prinzip zwei unterschiedliche weitere Bildungswege:

- Berufsausbildung zum Facharbeiter (in der Regel 2 Jahre)

- Erweiterte Oberschule (Klassen 11 und 12 mit dem Abschluß Abitur = Hochschulreife.) Auch hier existieren wieder Spezialschulen.

- Technikerausbildung, Vorbedingung abgeschlossene Berufsausbildung; Dauer 3 Jahre

- Hochschulstudium (in der Regel 4 oder 4,5 Jahre)

Die Weiterbildungsmaßnahmen sind in sehr verschiedenen Formen möglich.:

- Lehrgang am Schulungszentrum des VEB Kombinat Robotron speziell zu Produkten dieses Kombinates und ihrer Nutzung, jedoch auch allgemeinen Charakters.

- Lehrgänge an den Weiterbildungsakademien der Kombinate und Institutionen. Sie dienen im Prinzip der für den Arbeitsprozeß notwendigen allgemeinen Weiterbildung, sind in der Regel jedoch allgemein fachlich bildend angelegt. Z. B. werden auch perspektivische Fragen der Entwicklung der Informatik vorgetragen.

- Weiterbildungsveranstaltungen der Gesellschaft für Informatik, der Kammer der Technik (ähnlich VDI), der Wissenschaftlichen Gesellschaft für Meßtechnik und Automatisierung, der Volkshochschulen.

- Zusatzstudien an Universitäten, Hoch- und Fachschulen (z. B. Schaltkreisentwurf).

- Führungskaderlehrgänge an gesondert dazu eingerichteten Schulen bzw. Instituten an Hochschulen. Die Teilnahme an Lehrgängen von etwa 4 Wochen Dauer aller drei bis vier Jahre ist Pflicht.

Alle diese Bildungs- und Weiterbildungsmaßnahmen sind für den Teilnehmer kostenlos.

Zur Gestaltung der Bildungsprogramme gibt es eine entsprechende staatliche Ordnung. Wissenschaftlergremien stehen den entscheidungsbefugten Leitern beratend zur Seite. Für die Hoch- und Fachschulen ist dies der Wissenschaftliche Beirat für Informatik, im Bereich der Volksbildung die Arbeitsgruppe Informatik beim Präsidenten der Akademie der Pädagogischen Wissenschaft.

Die Gesellschaft für Informatik der DDR, der zur Zeit 1 700 Mitglieder angehören, trägt mit wissenschaftlichen Veranstaltungen (z. B. "COMBI 88" - Computer im Bildungswesen Leipzig 1988 /8/), der Weiterleitung von Empfehlungen (z. B. /9/) und Veröffentlichungen zur Standpunktbildung bei. Die an Bildungsprozessen interessierten Informatiker haben sich innerhalb der GIDDR in der Fachsektion Aus- und Weiterbildung organisiert.

3.2. Allgemeine Konsequenzen für das Bildungsprogramm

Bildungsmaßnahmen zur Beherrschung der Rechentechnik wurden bedingt durch die Initiative von der neuen Technik Begeisterter relativ früh in der DDR organisiert. An der damaligen Technischen Hochschule Dresden wurde bereits 1956 ein Institut für maschinelle Rechentechnik gegründet, auch an Ingenieurschulen wurden Anfang der sechziger Jahre Lehrveranstaltungen zur Nutzung der Rechentechnik aufgenommen /10/, und an der Heinrich-Hertz-Oberschule in Berlin wird seit über 20 Jahren im Fach "numerische Mathematik und Rechentechnik" unterrichtet. 1964 wurde von der Regierung das erste Datenverarbeitungsprogramm der DDR verabschiedet, in dessen Umsetzung eine systematische Weiterbildung und danach auch Ausbildung für EDV-Organisatoren, Programmierer, wirtschaftsleitende Kader und Lehrkräfte organisiert wurde. Es wurde der Beruf Facharbeiter für Datenverarbeitung geschaffen, seitdem wurden 30 000 solcher Facharbeiter ausgebildet.

Parallel zur Vorbereitung des sich nunmehr schrittweise vollziehenden breiten Einsatzes von arbeitsplatzbezogenen Computern, PC's und Workstations wurde von der Regierung der DDR im November 1985 ein Beschluß zu Konsequenzen aus der projektierten Entwicklung der Informatik für das Bildungswesen gefaßt. Damit wurden Maßnahmen in aller Breite und über alle Bildungsstufen hinweg eingeleitet, die zu einem durchgängigen, abgestimmten Bildungsgang von der 9. Klasse der allgemeinbildenden polytechnischen

Oberschule angefangen bis zur Hochschulausbildung führen werden. Den Wünschen erfahrener Lehrer folgend, wurde ein den Belangen der Volksbildung entsprechender spezieller, kostengünstiger Bildungscomputer konzipiert; das Pflichtenheft wurde vor den Pädagogen verteidigt, die Serienproduktion wird in diesem Jahr aufgenommen. An allen Schulen werden Computerkabinette eingerichtet. Dieser tief eingreifende Wandlungsprozeß ist im vollen Gange und soll 1995 zum Abschluß gebracht sein. Parallel dazu gilt es, die angesammelte Erfahrung auszuwerten und ein weiterführendes Programm zu konzipieren.

Zu den bisherigen Ergebnissen kann folgendes gezählt werden:

- In den Spezialschulen mit mathematisch-naturwissenschaftlichen und technischen Richtungen wurde ab 1986 für die Klassen 9 und 10 ein Fach Informatik als obligatorischer Unterricht eingeführt. Ein Teil der Schüler der 11. und 12. Klassen dieser Schulen kann bei entsprechenden Interessen sein Wissen auf diesem Gebiet schrittweise vertiefen. Es gibt 11 solcher Spezialschulen mit insgesamt etwa 2 000 Schülern.

- An den allgemeinbildenden Oberschulen wurde in den 9. bzw. 11. Klassen mit Informatik-Lehrprogrammen begonnen.

- In der Berufsbildung kann noch nicht durchgängig auf die in der allgemeinbildenden polytechnischen Oberschule künftig zu vermittelnden Kenntnisse aufgebaut werden. Daher wurde ein Grundkurs Informatik im Umfang von 72 bzw. 36 Stunden, abhängig von der Ausbildungsrichtung, eingeführt. An mehr als 400 der ca. 750 Berufsbildungseinrichtungen existieren inzwischen eigene Computerkabinette. Auf die im Grundkurs vermittelten Kenntnisse setzt eine Spezialbildung auf (z. B. Speicherprogrammierbare Steuerungen), die sich am Berufsbild orientiert.

Wesentlich für die weitere Gestaltung von Bildungsprogrammen scheint mir die Forderung, die Veränderungen der Bildungsinhalte, die sich aus dem wissenschaftlich-technischen Fortschritt ergeben, nicht auf Ergänzungen bestehender Programme, auf Domestikationen zu beschränken. Wenn der Umgang mit Informationen den erwartet hohen Stellenwert im nächsten Jahrhundert erlangt, dann dadurch, daß er global objektiv erforderlich ist und diese Notwendigkeit erkannt und zum Bedürfnis wird. Wenn dem so ist, dann geht es nicht nur um ein Fach Informatik, es geht um die Erkenntnis der Rolle der Information in der Biologie, um die Mittel der Computergrafik und Computeranimation in der Kunsterziehung, um Technologien der Darstellung in der Geometrie. Wenn dem Werkzeug Computer der Mensch seine Instruktionen in sprachlicher Form mitteilen kann, dann muß er seine Anweisungen sprachlich präzis formulieren können. Solche Fähigkeiten kann nicht die Informatik herbeiführen, man kann dazu beispielsweise exaktes Beschreiben bei geometrischen Konstruktionen lernen. Sequentielle Folgen, Verzweigungen, Sprünge,

Baumstrukturen oder Hecken sind doch keine Erfindungen der Informatik oder Computertechnik. Wenn man heute Programmiersprachen lehrt, so hat man bei Anfängern oft erhebliche Schwierigkeiten, wenn man nicht beim "Handwerk" bleibt.

Wenn sich der Deutschunterricht einem vertieften Verständnis für die Grammatik verschreiben würde, vielleicht sogar mit Blick auf die Informatik, könnte dies eine Hilfe sein. An Fragestellungen, die sich auf die Erfassung des Aspektes der Pragmatik in der deutschen Sprache beziehen oder mit Blick auf die Zukunft auf die Wissenshandhabung, könnte man ebenfalls denken.

3.3. Das Bildungskonzept für die Hochschulausbildung

Das Bildungskonzept für die Informatik-Ausbildung an Universitäten und Hochschulen geht davon aus, daß drei unterschiedliche Klassen von Bedürfnissen zu befriedigen sind; es werden folgende Kategorien von Hochschulabsolventen benötigt:

(1) Informatik-Spezialisten in den Fachrichtungen

* Theoretische Informatik
* Systemsoftware
* Angewandte Informatik
* Rechnersystemgestaltung
* Technologie des Rechnerbetriebes

Vorstehend genannte Spezialisten werden in der Grundstudienrichtung Informatik ausgebildet, in der Regel an den Sektionen für Informatik.

* Wirtschaftsinformatik
  Die Ausbildung erfolgt im Rahmen der Grundstudienrichtung Wirtschaftswissenschaften (u. a. soll die Befähigung zur Entwicklung anspruchsvoller, komplexer Anwendersoftware erreicht werden).

* Mathematische Informatik
  Die Ausbildung erfolgt im Rahmen der Grundstudienrichtung Mathematik. (Ausbildungschwerpunkte sind u. a. formale Sprachen, Wissensverarbeitung, Computeranalytik, Computeralgebra, Berechnungstheorie).

(2) Absolventen der technischen, ökonomischen, agrarwissenschaftlichen, naturwissenschaftlichen und medizinischen Grundstudienrichtungen mit einer "entwicklerorientierten" Informatik-Ausbildung. Etwa 20 % aller Studenten dieser Fachrichtungen sollen eine solche Informatik-Ausbildung erhalten mit dem Ziel, daß sie die

Entwicklung fachspezifischer Anwendersoftware beherrschen, zweigspezifische Informationsverarbeitungssysteme einführen und warten sowie Nutzer schulen können.

(3) Von allen Hochschulabsolventen wird erwartet, daß sie Mittel und Methoden der Informatik in ihrem Arbeitsprozeß nutzen können. Dazu erhalten sie eine Grundausbildung in der Informatik und in der Fachausbildung die Orientierung über Möglichkeiten und Grenzen rechnergestützter Arbeit im konkreten Fall.

Mit der Bildung von Sektionen für Informatik an weiteren Universitäten wird sich eine gewisse Verschiebung in Schwerpunkten ergeben, neue Fachrichtungen werden hinzukommen. Das vom Minister für Hoch- und Fachschulwesen der DDR auf Vorschlag des wissenschaftlichen Beirates für Informatik beschlossene Grundkonzept ist hinreichend flexibel.

Zusammenfassend kann man sagen, daß auch in der Bildung bezogen auf die Informatik die Emanzipationsphase bewältigt ist und die Konsolidierungsphase begonnen hat. Es gibt in der DDR ein durchgängig geschlossenes, für Erweiterungen jederzeit offenes Bildungsprogramm. Letztendlich aber verbleibt die Feststellung, daß wir erst am Anfang eines noch langen und hoffentlich weiter begeisternden Weges stehen.

Quellennachweis

/1/ Guntau, M.: Zur Herausbildung wissenschaftlicher Disziplinen in der Geschichte (Thesen); Rostocker Wissenschaftshistorische Manuskripte, Heft 1, 1978

/2/ Ministerium für Hoch- und Fachschulwesen, Wissenschaftlicher Beirat für Informatik: Thesen zur Wissenschaftlich-methodischen Konferenz Informatik Dresden, 24./25. Februar 1989, Eigenverlag

/3/ Gesellschaft für Informatik (GI) e. V.: Empfehlungen zur Lehrerbildung im Bereich der Informatik; Beilage zu LOG IN 7 (1987), Heft 5/6, R. Oldenbourg Verlag

/4/ Gesellschaft für Informatik (GI) e. V.: Empfehlungen zur Integration der Informatik in Studiengänge an wissenschaflichen Hochschulen; Informatik-Spektrum (1988) 11, S. 167 - 170

/5/ Gesellschaft für Informatik (GI) e. V.: Rahmenempfehlungen für die Informatik im Unterricht der Sekundarstufe 1; Informatik-Spektrum (1986) 9. S. 141 - 143

/6/ Gesellschaft für Informatik (GI) e. V.: Integration der Informatik in die Ingenieur-Studiengänge an wissenschaftlichen Hochschulen; Informatik-Spektrum (1986) 12, S. 207 - 210

/7/ Gesellschaft für Informatik (GI) e. V.: Empfehlungen zur Integration der Informatik in Ingenieur-Studiengänge an Fachhochschulen; Informatik-Spektrum (1988) 11, S. 277 - 280

/8/ Gesellschaft für Informatik der DDR: COMBI 88; Eigenverlag der Karl-Marx-Universität Leipzig, 1988

/9/ Merkel, G.; u. a.: Wissenschaftlich-methodische Konferenz Informatik 1989; GI-Mitteilungen 4 (1989) H. 1, S. 1 - 6

/10/ Merkel, G.: Auswirkungen der verstärkten Einführung des maschinellen Rechnens auf die Fachschulen; DIE FACHSCHULE Heft 2/1963, S. 55 - 59

INFORMATIONSTECHNOLOGIEN IN DER FACHAUSBILDUNG DER HAUSWIRTSCHAFTLICHEN BETRIEBSLEITERINNEN/-LEITER

Erwin Protsch
Berufsbildende Schule 21, Hedwig-Heyl-Schule
Kirchröder Straße 13, D-3000 Hannover 61

1. Einleitung

Eine hauswirtschaftliche Betriebsleiterin führt den hauswirtschaftlichen Großbetrieb, z.B. ein Alten- oder Kinderheim, eine Tagungsstätte, eine Kantine oder Bereiche im Krankenhaus und betreut in diesen Einrichtungen häufig die Betriebsbereiche Verpflegung, Hauspflege/Reinigung sowie Textil/Wäsche.

Die Ausbildung zur staatlich geprüften Hauswirtschaftlichen Betriebsleiterin wird an der Zweijährigen Fachschule Hauswirtschaft absolviert, ca. 99% der Absolventen sind Frauen.

Auch in diesem Beruf haben die neuen Informationstechniken Einzug gehalten, sei es um den zu betreuenden Personen eine ausgewogene Ernährung zu verschaffen, Beschaffung und Lagerhaltung zu optimieren oder Organisationsaufgaben zu lösen.

Die Notwendigkeit, die neuen Informationstechniken in die Ausbildung zu intergrieren um die berufliche Qualifikation und damit auch die Einstellungschancen gegenüber vielen Mitbewerbern zu verbessern, ist man in Niedersachsen durch einen Modellversuch angegangen. Dieser Modellversuch, vom Bund und vom Land Niedersachsen gefördert, hat von 1984 bis 1988 an der Hedwig-Heyl-Schule in Hannover stattgefunden. Seine inhaltlichen Schwerpunkte waren "Beschaffung und Lagerhaltung", "Menüplanung" und "Arbeitsablaufplanung".

Die Ziele des Modellversuches waren u.a. Empfehlungen für Lerninhalte und Lernziele für den Lehrplan zu geben, ihre Einbindung in die Stundentafel und ihre Vermittlung im Unterricht zu beschreiben. Auch waren Aussagen über die notwendigen Lehr- und Lernmittel zu treffen.

Vom Modellversuch wurden zwei umfangreiche Materialienbände für den Unterrichtseinsatz in der Fachschule entwickelt, sie sind vom Niedersächsischen Kultusminister veröffentlicht worden. Die Erfahrungen aus dem Modellversuch schlagen sich derzeit in der Neugestaltung der Lehrpläne für die Ausbildung nieder.

Der Modellversuch wurde im Herbst 1988 durch eine überregionale Fachtagung der Öffentlichkeit und einem interessierten Fachpuplikum vorgestellt. Über 150 Teilnehmer aus Betrieben, Schulen, Schulverwaltungen, Lehrerfortbildungseinrichtungen und Ministerien bundesweit haben die Tagung besucht. Dieser große Besucherandrang auf der ersten Tagung dieser Art dokumentiert das große Interesse am Einsatz von Computern im Berufsfeld Hauswirtschaft.

2. Beschaffung und Lagerhaltung

Warum setzt der hauswirtschaftliche Großbetrieb EDV zur Lagerhaltung ein? In diesem Betrieb sind erhebliche Mittel im Bereich des Lebensmittellagers gebunden, so daß es das Ziel ist, eine Optimierung von Einkauf und Lagerhaltung zu erreichen. Verbrauchs- und Wertanalysen können z.B. die Verhandlungsposition gegenüber den Lieferanten stärken, ergeben optimale Bestellmengen, also letzlich geringere Wareneinsatzkosten.

Um die Ausbildung der zukünftigen hauswirtschaftlichen Betriebsleiterinnen möglichst realitätsnah, also betriebsnah zu gestalten, ist es notwendig, bereits den Betrieb in die Schule zu bringen. Die Voraussetzungen für Schule als Betrieb sind an der Hedwig-Heyl-Schule besonders günstig. In ihr werden an 6 verschiedenen Orten Verpflegungsprodukte hergestellt, z. B. produziert die Großküche pro Tag etwa 150 Mittagessen. Für Einkauf, Lagerhaltung und Warenausgabe existiert an der Schule eine hauswirtschaftliche Verwaltung mit 3 Vollarbeitsplätzen. Die Arbeitskräfte, zwei Hauswirtschaftsleiterinnen, eine Lagerarbeiterin, sind Angestellte der Stadt Hannover. Das Lager an der Schule hat einen jährlichen Umsatz von etwa 100 000 DM.

Im Rahmen des Modellversuches wurde nun ab Herbst 1986 auf Datenverarbeitung umgestellt. Das Lager führt etwa 1000 Artikel, das alle zur Speisenproduktion notwendigen Artikel umfaßt. Es werden alle Artikel, die die Mengen- und Preiskalkulationen beeinflussen, also von den Konserven bis zu den Frischwaren berücksichtigt. Aufgrund der unterschiedlichen Aufgabenstellungen in der Schule, einerseits der Verbrauch in der Großküche, andererseits Produktionen mit Kleinstmengen, ergibt sich der große Sortimentsumfang im Lager.

Da den Schülerinnen die Aufgaben für den Verpflegungsbereich von den Lehrkräften vorgegeben werden und zudem Aufgaben in der Schule unter anderen Bedingungen als im Betrieb ablaufen (z.B. "aus Fehlern wird gelernt"), sind die vorher angesprochenen Verbrauchsprognosen für einzelne Artikel nur bedingt großbetriebliche Realität.

Wie vorher aufgezeigt, kann in der Hedwig-Heyl-Schule das Lagerhaltungsprogramm also nicht nur zur Reduzierung des Wareneinsatzes dienen. Es muß ebenso die schulischen Belange wie auch pädagogische Gesichtspunkte berücksichtigen. Die Ausbildung in der Schule soll trotzdem betriebsnah erfolgen. Die Schülerinnen sollen einerseits Betriebsabläufe kennenlernen und organisieren, also Beschaffung und Lagerhaltung theoretisch und praktisch kennenlernen, andererseits mit Datenverarbeitung praktisch umgehen und die Möglichkeiten und Grenzen der Datenverarbeitung erkennen. Die Datenverarbeitung wird so gleichzeitig Unterrichtsmittel und Unterrichtsgegenstand.

Wie wird nun Beschaffung und Lagerhaltung mittels Datenverarbeitung in der Hedwig-Heyl-Schule durchgeführt? Eine Grundvoraussetzung für die Einführung der Datenverarbeitung war die, daß alle Vorgänge um das Lager über Datenverarbeitung ablaufen sollen, so daß auch im Theorieunterricht auf reale Datenbestände zurückgegriffen werden kann und keine Simulationen erforderlich sind. Ferner sollen die Vorgänge, welche die Schülerinnen bisher durchzuführen haben, um Artikel aus dem Lager zu erhalten, ebenfalls über den Computer laufen.

Bisher erstellten die Schülerinnen handschriftlich Bestellzettel, welche die hauswirtschaftliche Verwaltung auswertete und Bestellungen bei den Lieferanten durchführte. Die Waren wurden am Zubereitungstag bereitgestellt. Beschaffungen waren so auf verschiedene Weise möglich: Einerseits langfristig geplante durch die Verwaltung beim Großhandel, andererseits auch Spontaneinkäufe am Produktionstag direkt durch die

Schülerinnen - zur Rettung der Aufgabenstellung - im Laden um die Ecke. Mengenmäßige Umsätze wurden für wenige Artikel einigermaßen erfaßt, die Preiskalkulationen beruhten auf Zahlen, welche von der Verwaltung gelegentlich aktualisiert wurden. Welche Veränderungen hat die Datenverarbeitung mit sich gezogen?

Für die Schülerinnen und Lehrkräfte wurde die Warenanforderung an das schuleigene Lager in eine Vor- und Nachkalkulation aufgesplittet. Der Ablauf sieht folgendermaßen aus:

Die Schülerinnen erhalten die Aufgabe ca. 14 Tage vor Ausführung der Aufgabenstellung. Sie führen dann eine Menüoptimierung und Nährwertberechnungen am Computer durch. Danach erstellen sie eine Vorkalkulation mit dem Lagerhaltungsprogramm, wobei das Rezept nach Mengen und Kosten kalkuliert wird. Ein Durchschnittspreis von 3,50 DM/Verpflegungsteilnehmer ist annähernd einzuhalten. Die Vorkalkulation wird auf einer Diskette abgespeichert und mehrfach ausgedruckt. Die Verwaltung erhält die Diskette zur Auswertung, am Stichtag Mittwoch werden alle eingegangenen Disketten ausgewertet. Das Programm faßt alle Vorkalkulationen nach Artikeln, Tagen und Warengruppen zusammen und führt Bestandsabfragen durch. Daraus ergeben sich Bestellvorschlagslisten für die Lieferanten, die diese z.T. direkt erhalten.

Entsprechend dem Ausdruck der Vorkalkulation stellt dann die Verwaltung der einzelnen Schülerin die Artikel am Tage der Produktion bereit. Der Warenverbrauch wird während der Produktion beobachtet und handschriftlich registriert. Nachforderungen und Rückgaben sind möglich.

Nach der Durchführung und der Speisenausgabe wird eine Nachkalkulation am Computer durchgeführt. Alle Veränderungen werden festgehalten und die Vorkalkulation wird durch das Programm in eine nunmehr unveränderliche Nachkalkulation überführt und entsprechend auf der Diskette registriert. Diese Nachkalkulation mit dem tatsächlichen Warenverbrauch und den aktuellen Kosten wird wiederum der Verwaltung übergeben. Hier erfolgt jetzt die tatsächliche Abbuchung vom Lager und es werden bestimmte Daten auf Kostenkonten abgespeichert.

Durch diesen besonderen Ablauf wird in der Schule gegenüber dem
realen hauswirtschaftlichen Betrieb pädagogischer Freiraum geschaffen,
der die schulische Situation berücksichtigt: Die Schülerinnen dürfen
in der Vorbereitung Fehler machen. Kalkulationsfehler, die
pädagogische Maßnahmen erfordern, müssen nicht bereits von vornherein
ausgeschlossen werden.

Das Lagerverwaltungsprogramm enthält für die gesamte Verwaltung
des Lagers selbstverständlich weitere Programmodule. Die wichtigsten
sind außer dem bisher angesprochenen Kalkulationsteil und den
zugehörigen Auswertungsroutinen noch Module für die Artikel- und
Lieferantenstammdaten, den Lagerzugang, einen besonderen Lagerabgang,
den Paßwortschutz und ein Modul zur Feststellung und graphischen
Aufbereitung von Umsatzdaten für einen Zeitraum von 2 Jahren.

Ein derartiges Programmsystem, das voll die örtlichen schulischen
Belange berücksichtigt und kommerziellen Ansprüchen genügt, war
selbstverständlich nicht am Softwaremarkt vorhanden. Die
Programmentwicklung erfolgte durch den Modellversuch in Zusammenarbeit
mit einer Fachschule für Informatik. Die Programmierung wurde im
Rahmen einer Abschlußarbeit von mehreren Absolventen durchgeführt.
Das Programm stieß in der Öffentlichkeit auf ein starkes Interesse.
Deshalb entwickelte einer der beteiligten Programmierer das Programm
in seiner Softwarefirma zur vollen kommerziellen Reife weiter. Es
enthält jetzt zusätzlich einen Menükalkulationsteil mit
Nährwertberechnungen, welche z.B. bei den Vor- und Nachkalkulationen
automatisch erstellt werden. Ferner ist ein Bestellwesen integriert,
das z.B. direkte Bestellisten für die Lieferanten produziert. Ferner
ist das Programm jetzt netzwerkfähig.

Zurück zu Lagerhaltung an der Hedwig-Heyl-Schule: Seit dem Herbst
1986 erhalten also die ca. 100 Schülerinnen und natürlich auch die
Lehrkräfte ihren Warenbedarf mittels Datenverarbeitung. Lehrkräfte und
Schülerinnen mußten natürlich geschult werden. Nach den üblichen
Anfangsschwierigkeiten (Fehlbedienungen, Wartezeiten, nicht
ausreichende Druckerkapazität) läuft das System inzwischen recht
reibungslos ab.

Was haben wir gewonnen? Zunächst entwickelten die Schüler Routine
im Umgang mit dem Computer und Programmen. Sie werden jedoch auch
innerhalb der sogenannten Betriebsorganisation als Verwaltungskräfte
eingesetzt. Sie führen dann die Aufgaben der hauswirtschaftlichen
Verwaltung aus, verbuchen nämlich Zu- und Abgänge, werten Vor- und

Nachkalkulationen aus, nehmen neue Artikel auf und lernen das
Bestellwesen praktisch kennen. Die Schülerin lernt also
Datenverarbeitung in der betrieblichen Realität. Diese Erfahrungen im
Umgang mit dem Programm und die genaue Kenntnis seiner Programmodule
befähigt die Schülerin dazu, im Rahmen des Theorieunterrichtes der
Betriebswirtschaftslehre die Leistungsfähigkeit des Programmes zu
beurteilen und Vergleiche mit anderer Software durchzuführen.
Andererseits kann die Schülerin in die Lage versetzt werden, später
eigene betriebliche Anforderungen an Software zu formulieren und
betriebsgerechte Software einzusetzen.

3. Menüplanung

Im Betriebsbereich Verpflegung ist die hauswirtschaftliche
Betriebsleiterin verantwortlich z.B. für die bedarfsgerechte Ernährung
der zu betreuenden Personen, die Speisenplanung, die
ernährungsphysiologisch richtige Zubereitung der Speisen, die
Beschaffung und Lagerung der Lebensmittel, die Geschirreinigung u.a.
mehr.

Bei der Auswahl der Inhalte, bei denen Datenverarbeitung
eingesetzt werden sollte, wurde im Modellversuch einerseits der
berufliche Einsatz der Betriebsleiterin berücksichtigt und
andererseits die Frage, in welchen Bereichen Datenverarbeitung
sinnvoll und arbeitserleichternd ist. Die folgenden Inhalte wurden
ausgewählt:

- Nährwertberechnungen bezogen auf möglichst viele
  Inhaltsstoffe

- Vergleich zwischen Soll- und Istwerten in Mahlzeiten für
  verschiedene Personengruppen

- Optimierung von Einzelmenüs und Tageskostplänen (Alter,
  Beschäftigung) sowie von Kostformen und Diäten

sowie die

- Speisenplanung

So ist z.B. für eine bedarfsgerechte Ernährung die richtige
Aufteilung der Energie- und Nährstoffzufuhr wichtig, auch bereits bei
einer Einzelmahlzeit, wie sie in einer Kantine eingenommen
wird.Besonderen Vorteil bietet die Datenverarbeitung bei der
Zusammenstellung von Speisenplänen, wenn ausreichend viele Rezepte in
einer Datei vorhanden sind. Ein weiterer Schwerpunkt im Modellversuch
war die gleichzeitige bedarfsgerechte Ernährung von unterschiedlichen
Personengruppen, wie sie z.B. in einem Mutter-Kind-Kurheim auftritt.
Auch in der Bewertung von besonderen Kostformen wie Vollwertkost und
Reduktionskost bietet die Datenverarbeitung sinnvolle Möglichkeiten
und Arbeitserleichterungen.

4. Arbeitsablaufplanung

In der Führung eines hauswirtschaftlichen Großbetriebes sind
zahlreiche allgemeine, wie auch bereichsbezogene Organisationsaufgaben
zu lösen. Allgemeine Aufgaben sind z.B. Dienstpläne für das Personal
oder die Planung von besonderen Veranstaltungen. Bereichsbezogene
Planungen sind für die Speisenproduktion oder für die Hausreinigung
z. B. notwendig und sinnvoll.

Der Modellversuch hat sich mit Zeit- und Arbeitsplanungen im
Verpflegungsbereich, mit Personaleinsatzplanungen und der Planung und
Ausführung einer Projektwoche Vollwertkost beschäftigt. Diese
Planungen wurden mit dem Projektplanungsprogramm "TIME LINE" von Markt
u. Technik durchgeführt.

Während in den Schwerpunkten Lagerhaltung und Menüplanung der
Einsatz der Datenverarbeitung von den Betroffenen uneingeschränkt
positiv gesehen wurde, muß der Einsatz von Projektplanungssoftware
differenziert beurteilt werden. Projektplanungssoftware erfordert
einerseits aufgrund seiner Konzeption, Konstruktion und Komplexität
bestimmte Fachkenntnisse der Projektplantechnik (Netzplantechnik).
Andererseits wird einiges an Erfahrung und Bedienerfertigkeit im
Umgang mit kommerzieller Software und Erfahrung benötigt, wie die
Projekte überhaupt bearbeitet werden sollen.

Die unterrichtlichen Erfahrungen für einen positiven Einsatz sind die, daß ein konkreter Praxisbezug vorliegen muß, daß eine laufende Einübung und Schulung erfolgen muß und daß nicht das zeitaufwendige Erstellen neuer Projekte im Vordergrund stehen darf. Besonders interessant waren für die Schülerinnen die vielfältigen Auswertungs- und Bearbeitungsmöglichkeiten bestehender Projekte. Wie z.B. mit wenig Aufwand Teilpläne für Arbeitskräfte, Maschinenauslastungen oder Kostenkalkulationen durchgeführt werden können.

5. Zusammenfassung

Die neuen Informationstechniken in der Ausbildung der hauswirtschaftlichen Betriebsleiterin erhöhen die Qualifikationen in Sinne beruflicher Anforderungen fördern die individuelle Handlungskompetenz der Betroffenen. Dies soll kurz an zwei Beispielen angesprochen werden:

Fachkompetenz wird z.B. ausgebildet durch das Verständnis für die Möglichkeiten und Grenzen der Datenverarbeitung. Sozialkompetenz durch die Fähigkeit und Bereitschaft zur Kommunikation mit anderen, z.B. Verhandlungen mit den Verplegungsteilnehmern, der Betriebsleitung und Lieferanten.

NICHTPROZEDURALE SPRACHEN IM INFORMATIKUNTERRICHT DER OBERSTUFE

Friedrich Gasper
Regino-Gymnasium Prüm
Hahnplatz, D-5540 Prüm

Zusammenfassung

Mit LISP und PROLOG werden, auch im Hinblick auf zu erwartende Leistungskurse, neue Sprachkonzepte eingeführt und die Sprachunabhängigkeit von Algorithmen exemplarisch aufgezeigt. Durch das komfortable Listenverarbeitungskonzept dieser Sprachen wird ohne aufwendige Zeigerverwaltung ein einfacher Zugang zu komplexen Datenstrukturen möglich. Als interaktive Sprachen zeigen sie alternative Wege der Benutzerführung auf.

1. Einleitung

Informatik beschäftigt sich in der Schule vor allem mit effizienten Methoden zur Lösung von Problemen. Hierzu gehört unter anderem die Verwendung von virtuellen Maschinen, welche am Beispiel der Inferenzmaschine von Prolog gut demonstriert werden kann. Einen umfangreichen Katalog weiterer relevanter Informatikmethoden findet man in dem Bericht über die Bundeswettbewerbe Informatik[2].

Bei den für die Schule relevanten Informatikinhalten[3] kommt der Sprache eine herausragende Bedeutung bei der Lösung von Problemen zu (Abb. 1). In folgendem Beitrag sollen durch den Vergleich von prozeduralen, funktionalen und prädikativen Lösungen eines Problems unterschiedliche Sprachkonzepte exemplarisch verdeutlicht werden. Außerdem soll gezeigt werden, daß Algorithmen unabhängig von der Sprache sind, in der sie formuliert werden.

Abb. 1.

STADIUM DER PROBLEMLÖSUNG	SPRACHE
Problembeschreibung	Umgangssprache
Formale Spezifikation	formale Sprache
Algorithmusentwurf	formale Sprache oder grafische Symbole
Programm Text Code	höhere Programmiersprache Maschinensprache

In einigen Lehrplänen, z.B. in Rheinland-Pfalz[8], steht vor allem eine prozedurale Betrachtensweise im Vordergrund der ersten Halbjahre. Trotz aller Bemühungen um sprachunabhängige Algorithmusbeschreibungen wird dabei häufig eine Sprache verwendet, die sich an die später verwendete Programmiersprache anlehnt. Nicht selten findet man sogar formale Spezifikationen, die in einer Art "Pseudo-Pascal" formuliert sind. Zumindest aber werden die Probleme so ausgewählt und aufbereitet, daß sie später leicht in die Programmiersprache übertragen werden können. Diese Vorgehensweise in den ersten Halbjahren ist sicher notwendig um die Schüler an das strukturierte Programmieren heranzuführen, nachdem sie oft schon seit Jahren auf ihren Heimcomputern recht unstrukturierte Programme in BASIC erstellt haben. Sie schränkt aber auch die Welt der Informatik auf die Ausdruckswelt einer einer speziellen Sprache ein. Die Unterrichtsreihe, die ich im folgenden beschreiben will, soll nun weitere Methoden der Problemlösung aufzeigen. Die verwendeten Sprachen LISP(2)[9] und PROLOG(1) werden dabei nicht um ihrer selbst willen, sondern als Vertreter ihrer Klasse und damit letztlich als neue Betrachtensweise von Problemen und Lösungen sowie deren sprachlichen Formulierung eingeführt.

Die strukturierte Problemlösung nach der TOP-DOWN-Methode legt die Programmierung eines Menübaumes zur Benutzerführung nahe. Dabei können Eingabefehler leicht abgefangen und damit Laufzeitfehler vermieden werden, welche bei Pascalprogrammen meistens zum Verlust wichtiger Daten führen. Diese Vorgehensweise schränkt aber den Anwender auf die Benutzung allgemeiner Arbeitsabläufe ein und läßt wenig Raum für individuelle Anpassungen. Für den Unterricht bedeutet dies, daß entweder nur Probleme angegangen werden, deren Lösungen keine große Flexibilität erfordern oder aber, daß viel Zeit in die Planung der Benutzerführung investiert werden muß. Diese Planung setzt eine sehr genaue Kenntnis der Arbeitsweise des Anwenders voraus und kann in der Schule eigentlich nur für solche Programme durchgeführt werden, die von den Schülern selbst benutzt werden. Mit den interaktiven Sprachkonzepten lernen die Schüler eine andere Art der Benutzerführung kennen (Abb. 2).

Abb. 2

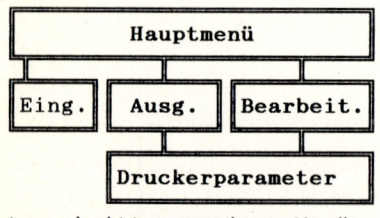

Ausschnitt aus einem Menü-
baum, wobei der Aufruf der
Prozedur "Druckerparameter"
an verschiedenen Stellen
erfolgen kann.

In der Menütechnik entscheidet der Programmierer, von welchen Programmteilen aus die Druckerparameter gesetzt werden können. Bei einer interaktiven Benutzerführung entscheidet der Benutzer, wann er Druckerparameter setzen will. Er hat außerdem die Möglichkeit eigene Prozeduren zum Setzen von Druckerparametern zu schreiben, um zum Beispiel die Blattlänge in cm, statt in inch eingeben zu können. Statt eines Menübaumes wird dem Anwender ein Grundwortschatz zur Verfügung gestellt, den er seinen Wünschen entsprechend erweitern und in jeder Phase des Arbeitsablaufes benutzen kann. Hierbei wird ein Teil der Verantwortung für den fehlerfreien Programmablauf vom Programmierer auf den Anwender übertragen.

Eine Diskussion der Vor- und Nachteile beider Konzepte sollte dabei zu der Einsicht führen, daß zur Problemanalyse auch die Überlegung gehört, welche Sprache für dieses Problem angemessen ist. Die Einführung einer Teilmenge von LISP oder PROLOG zeigt, daß die prozeduralen Sprachen nicht die einzige Möglichkeit der Problembeschreibung sind. Durch den Vergleich werden einige Vorzüge und Nachteile der jeweiligen Konzepte exemplarisch verdeutlicht. Vieles muß dabei propädeutisch bleiben. Das ist aber kein Nachteil. Gerade die stärkeren Schüler werden dadurch angeregt, sich mit diesen weiterführenden Fragestellungen zu beschäftigen und verschwenden ihre Zeit nicht mehr darauf, weitere prozedurale Sprachen zu erlernen, wie zur Zeit C.

Die folgenden Aspekte scheinen mir besonders wichtig:

1. Zur Lösung eines Problems gehört auch die Wahl einer angemessenen Sprache.

2. Zeiteffizienz bezieht sich nicht nur auf das Laufzeitverhalten, sondern auch auf die Entwicklungszeit eines Programmes.

3. Der Übergang von einer prozeduralen Sprache zu einer anderen Sprache dieses Typs bringt keine grundsätzliche Erweiterung der Fähigkeiten.

4. Starre Benutzerführung durch Menüs erhöht zwar die Sicherheit, schränkt aber die flexible Nutzung stark ein.

5. Durch Backtracking wird die Menge aller Lösungen produziert. Dieses Verfahren ist nicht nur auf PROLOG beschränkt. Entsprechende Algorithmen können auch in PASCAL und LISP nachgebildet werden.

6. Die Lineare Liste ist eine universelle Datenstruktur, mit der man alle Datenstrukturen, auch die von PASCAL, nachbilden kann.

2. LISP

Bei der Einführung von LISP als funktionale Sprache kann man direkt an das aus dem Unterricht der ersten Halbjahre bekannte EVA-Prinzip anknüpfen (Abb. 3). Der Algorithmus wird als Abbildung von der Menge der zulässigen Eingabedaten E in die Menge der Ausgabedaten A betrachtet[4].

Abb. 3

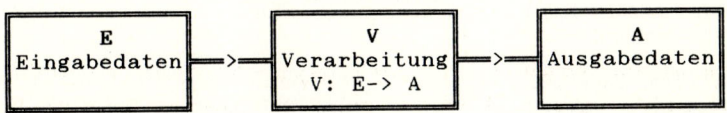

Wie universell die Datenstruktur "Liste" ist, wird unter anderem dadurch verdeutlicht, daß Funktionen wie Daten als Listen dargestellt werden. Dadurch entfällt die Beschränkung des Typs der Funktionswerte auf Standardtypen. Es ist sogar möglich Funktionen zu programmieren, die selbst wieder Funktionen erzeugen. Selbstverständlich können auch Funktionen als Parameter an andere Funktionen übergeben werden.

Außerdem kann man in LISP einem Objekt Eigenschaften zuordnen. Ich werde darauf in den Beispielen noch zurückkommen. Auf weitere objektorientierte Konzepte speziell von XLISP(2)[9] will ich in dieser Unterrichtsreihe nicht eingehen.

3. PROLOG

Die Bedeutung von prädikativen Sprachen für die Lösung von Problemen der "Künstlichen Intelligenz" ist alleine schon Grund genug sich in der Schule mit PROLOG zu beschäftigen.

Im Informatikunterricht lernen die Schüler durch Prolog neue Problemlösungsmethoden kennen. So ist der Prologinterpreter ein gutes Beispiel für die Verwendung virtueller Maschinen. Als weitere Methoden seien "Backtracking" und "Unifikation" erwähnt. Ein interessantes Anwendungsgebiet für diese Methoden ist das "Symbolische Differenzieren"[5][6].

Da bei Prologklauseln nicht mehr zwischen Eingaben und Ausgaben unterschieden und die Verarbeitung nicht explizit beschrieben wird, gilt auch das EVA-Prinzip nicht mehr. So kann die Klausel: **vater(adam,abel).** zur Beantwortung der folgenden drei Fragen benutzt werden:

"Wer ist der Vater von Abel?"   vater(X,abel).
"Wessen Vater ist Adam?"   vater(adam,X).
"Wer ist wessen Vater?"   vater(X,Y).

4. Beispiele
4.1. Quicksort für lineare Listen

Beispiel für: Sprachunabhängigkeit von Algorithmen

     Umgang mit linearen Listen in PASCAL, LISP und PROLOG

     Ablaufsteuerung in funktionalen und prädikativen Sprachen

imperative Sprache

Die unsortierte Liste L wird in die Liste 'kl', das Pivot-Element 'p' und die Liste 'gr' aufgeteilt, wobei gilt: x in kl $\Rightarrow$ x < p   und   x in gr $\Rightarrow$ x $\geq$ p. 'kl' und 'gr' werden, wenn nicht leer, nach der Quicksort-Methode sortiert. Dann wird aus 'kl','p' und 'gr' die sortierte Liste 'L' gebildet: kl $\rightarrow$ p $\rightarrow$ gr

```
type zeiger    = ^element;
     element   = record key:integer; next:zeiger; end;
var kopf       : zeiger;
```

```
procedure teile(var l,p,kl,gr:zeiger);
var h1,h2:zeiger;
begin
 p:=l; h1:=l^.next; p^.next:=nil; kl:=nil; gr:=nil;
 while h1<>nil do
```

```
begin
  h2:=h1; h1:=h1^.next;
  if h2^.key<p^.key   then begin h2^.next:=kl;   kl :=h2 end
                      else begin h2^.next:=gr;   gr:=h2 end;
  end;
end;


procedure append(var kl,p,gr,l:zeiger); {anhängen}
var h:zeiger;
begin
  p^.next:=gr;
  if kl=nil then kl:=p
            else begin
                 h:=kl;
                 while h^.next<>nil do h:=h^.next;
                 h^.next:=p;
                 end;
  l:=kl;
end;


procedure sort(var l:zeiger);
var p,kl,gr:zeiger;
begin
  teile(l,p,kl,gr);
  if kl<>nil then sort(kl); if gr<>nil then sort(gr);
  append(kl,p,gr,l);
end;
```

funktionale Sprache

Wenn L höchstens 1 Element hat, dann ist L sortiert. Sonst wird L in die Vereinigung der Teillisten von L überführt. Die Teillisten von L sind ein Tripel (KL, P, GR), wobei das Pivot-Element P der Kopf von L ist. KL und GR sind eine Verteilung der restlichen Elemente von L, wobei KL die Elemente enthält, die kleiner als P sind und GR die übrigen. Die rekursive Funktion 'Verteilung' überführt das Quadrupel (Rest, KL, P, GR) in das Tripel (Sortliste(KL), P, Sortliste(GR)). Die übrigen LISP-Funktionen werden im Anhang erklärt.

```
(defun Sortliste (L)      (if (< (length L) 2) L (Vereinigung (Teillisten L))))

(defun Teillisten (L)     (Verteilung (cdr L) () (car L) ()))

(defun Verteilung (Rest KL P GR)
   (if   (= (length Rest) 0)
         (list (Sortliste KL) P (Sortliste GR))
         (if   (< (car Rest) P)
               (Verteilung (cdr Rest) (cons (car Rest) KL) P GR)
               (Verteilung (cdr Rest) KL P (cons (car Rest) GR)))))

(defun Vereinigung (Teile)
   (append (car Teile) (cons (cadr Teile) (caddr Teile))))
```

prädikative Sprache

Eine leere Liste bzw. eine Liste mit nur einem Element ist sortiert. S ist die sortierte Liste von U, wenn P das Pivot-Element von U und UKL bzw. UGR eine Aufteilung der übrigen Elemente von U in Elemente kleiner bzw. größer als P sind und SKL bzw. SGR die sortierten Listen von UKL bzw. UGR sind und S die Vereinigung von SKL, P und SGR ist.

```
sortiert([],[])          :- ! .
sortiert([K],[K])        :- ! .
sortiert(U,S)            :- pivot(P,U,R), aufteilung(UKL,UGR,P,R),
                            sortiert(UKL,SKL), sortiert(UGR,SGR),
                            vereinigt(SKL,P,SGR,S) .

pivot(K,[K¦R],R) .

vereinigt([],[],[])          :- ! .              /* 3-stellig */
vereinigt([],L,L)            :- ! .              /* 3-stellig */
vereinigt([K],L,[K¦L])       :- ! .              /* 3-stellig */
vereinigt([K¦R],L,[K¦R1])    :- vereinigt(R,L,R1) .   /* 3-stellig */

vereinigt(L1,P,L2,L)         :- vereinigt(L1,[P¦L2],L) .   /* 4-stellig */

aufteilung([],[],P,[])          :- ! .
aufteilung([K],[],P,[K])        :- K<P, ! .
aufteilung([],[K],P,[K])        :- K>=P, ! .
aufteilung([K¦KL],GR,P,[K¦R])   :- K<P, aufteilung(KL,GR,P,R) .
aufteilung(KL,[K¦GR],P,[K¦R])   :- K>=P, aufteilung(KL,GR,P,R) .
```

4.2. Abzählreim[7][10]

Beispiel für: Übertragung von Alltagsalgorithmen in Programmiersprachen

                       Behandlung von Ringlisten in PASCAL, LISP und PROLOG

                       Darstellung von Schleifen durch Rekursionen

Eine Menge von Kindern (ANTON, BERTA, CHRISTOPH, DORIS und EMIL) werden im Kreis aufgestellt (Abb. 4). Mit einem Abzählreim wird solange ausgezählt bis nur noch ein Kind übrig ist. Für das Abzählen ist natürlich nur die Anzahl N der Silben im Abzählreim von Bedeutung. Die folgenden Lösungen in PASCAL, LISP und PROLOG ahmen den Vorgang des Abzählens nach.

Abb. 4

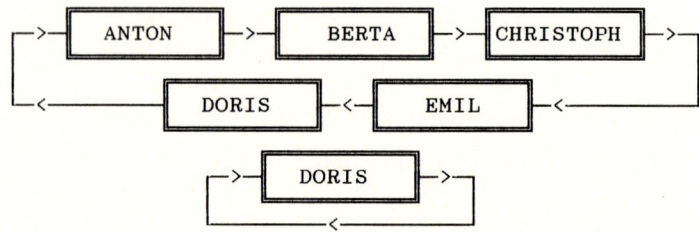

PASCAL

```
TYPE   zeiger = ^kind; kind=RECORD name:string; next:zeiger END;
VAR    aktuell : zeiger; N:integer;

Procedure Liste_aufbauen; { Aufbau einer Ringliste wie in Abb.3 }
var h:zeiger; i:integer;
begin
 new(aktuell); aktuell^.next:=aktuell; readln(aktuell^.name);
 for i:= 1 to N-1 do
 begin new(h); readln(h^.name); h^.next:=aktuell^.next; aktuell^.next:=h end;
end;

PROCEDURE abzaehlen;
var i:integer;
BEGIN
```

```
REPEAT
  for i:= 1 to N-1 do aktuell:= aktuell^.next;
  aktuell^.next:= aktuell^.next^.next;
UNTIL aktuell^.next = aktuell;
writeln('Sieger ist ',aktuell^.name);
END;
```

Im Beispiel (Abb. 4) ist DORIS Siegerin für N = 11 . Bei der Prozedur **'abzaehlen'** wird der Speicherplatz, der von den ausgeschiedenen Kindern belegt wird, noch nicht zurückgegeben. Hierzu ist eine eigene Speicherplatzverwaltung notwendig.

LISP
```
(defun Sieger (Kinderliste N)
    (if   (= (length Kinderliste) 1)
          (car Kinderliste)
          (Sieger (Rest Kinderliste N) N)))

(defun Rest (Kinderliste N)
    (if   (= N 0)
          (cdr Kinderliste)
          (Rest (append (cdr Kinderliste) (list (car Kinderliste))) (- N 1))))
```

In der Funktion **'Rest'** wird durch **'(append (cdr Kinderliste) (list (car Kinderliste)))'** das erste Element der Liste am Ende wieder angefügt und **'Rest'** für diese Liste und N-1 aufgerufen. **'(car Kinderliste)'** übernimmt in LISP die Rolle des PASCAL-Zeigers **'aktuell'**. Als Funktionswert wird der Rest der Liste ausgegeben, wenn N=0 ist. **'Sieger'** wird solange rekursiv für die, um das ausgeschiedene Kind verminderte, Liste (Ergebnis von **'Rest'**) aufgerufen, bis nur noch ein Kind übrig ist.

PROLOG
```
sieger([Sieger],N,Sieger):- ! .
sieger([Kind¦Restliste],N,Sieger):- rest([Kind¦Restliste],N,R), sieger(R,N,Sieger).

rest([Kind¦Restliste],1,Restliste):- ! .
rest([Kind¦Restliste],N,R):- N1 is N-1, append(Restliste,[Kind],L1), rest(L1,N1,R).

append([],L,L):-!.
append([K¦R],L,[K¦R1]):-append(R,L,R1).
```
'append(Restliste,[Kind],L1)' übernimmt das zyklische Vertauschen. Wie in LISP ist auch in PROLOG der Kopf der Liste wieder der aktuelle Zeiger.

4.3. ISA-Struktur

Beispiel für: Aufbau und Behandlung einer Wissensbasis

Reduzierung des Schwierigkeitsgrades durch Auswahl einer Sprache, die dem Problem angemessen ist

ausgewählte Probleme der KI

Seiteneffekte in LISP

Operatoren in PROLOG

Der Begriff 'ISA-Struktur' stammt aus dem Buch 'Introduction to Artifical Intelligence'[1] und steht für 'is a'. Es sei der folgende kleine Ausschnitt aus einer ISA-Struktur mit den Attributen **'ist'**, **'hat'** und **'kann'** gegeben (Abb. 5), wobei außerdem die folgenden Regeln gelten sollen:

1. Für jedes Objekt X gilt: X ist   X
2. Aus X ist   Y und Y ist   Z folgt: X ist   Z
3. Aus X ist   Y und Y hat Z folgt: X hat   Z
4. Aus X hat Y und Y hat Z folgt: X hat   Z
5. Aus X hat Y und Y ist   Z folgt: X hat   Z
6. Aus X ist   Y oder X hat Y und Y kann Z folgt: X kann Z

Abb. 5

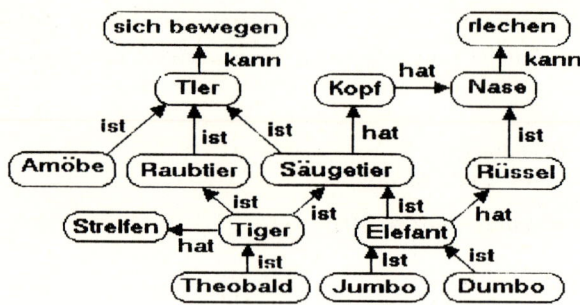

Das System soll die Fragen "Was kann man aus X folgern?" (X ist, hat oder kann was? X steht links!) und "Woraus kann man X folgern?" (Was ist, hat oder kann X? X steht rechts!) beantworten. Im Beispiel gilt für Jumbo: Jumbo ist Jumbo, Elefant, Säugetier und Tier, hat Rüssel, Kopf und Nase und kann riechen und sich bewegen. Für Nase gilt entsprechend: Kopf, Säugetier, Elefant, Tiger, Jumbo, Dumbo und Theobald hat Nase und Rüssel ist Nase. Die Grenzen des Modells kann man leicht zeigen, wenn man die Regel: "Aus X kann Y und Y ist Z folgt : X kann Z" und das Faktum "sich bewegen ist gesund" einführt und dann daraus folgert: "Jumbo kann gesund".

PROLOG
```
     operator(ist,      lr,100) .
     operator(hat,      lr,100) .
     operator(kann,     lr,100) .

     jumbo      ist    elefant .
     dumbo      ist    elefant .
     elefant    ist    säugetier .
     säugetier ist    tier .
     rüssel     ist    nase .
     theobald   ist    tiger .
     tiger      ist    säugetier .
     tiger      ist    raubtier .
     amöbe      ist    tier .
     raubtier   ist    tier .

     isa(X,X)    .
     isa(X,Y)    :-  X ist Z, isa(Z,Y) .

     elefant    hat    rüssel .
     tiger      hat    streifen .
     säugetier hat    kopf .
     kopf       hat    nase .

     hata(X,Y) :- isa(X,Z), Z hat U, (isa(U,Y); hata(U,Y)) .
```

```
tier        kann    sich_bewegen .
nase        kann    riechen .

kanna(X,Y)          :- (isa(X,Z); hata(X,Z)), Z kann Y .

isalist1(X,[X])     :- not X ist Y .
isalist1(X,[X¦R])   :- X ist Y, isalist1(Y,R) .

isalist2(X,[X])     :- not Y ist X .
isalist2(X,[X¦R])   :- Y ist X, isalist2(Y,R) .
```

'isa(name,L)' produziert alle Lösungen auf die Frage 'X ist was?'. 'isa(L,name)' produziert alle Lösungen auf die Frage 'Was ist X?'. Entsprechendes gilt für 'hata' und 'kanna'.

'isalist1(X,L)' beschreibt alle Pfade, die von X ausgehen. 'isalist1(theobald,L)' liefert die beiden Lösungen: **[theobald, tiger, säugetier, tier]** und **[theobald, tiger, raubtier, tier]** . 'isalist2(X,L)' beschreibt entsprechend alle Pfade, die in X enden.

LISP

In Prolog kann man aus 'X ist Y' von X auf Y und von Y auf X schließen. In LISP werden dazu jedem Objekt die beiden Attribute **'ist>'** und **'>ist'** zugeordnet. Der Wert der Attribute ist jeweils eine lineare Liste von Objekten. **'ist>'** entspricht dabei 'X ist was' und **'>ist'** 'was ist X' (siehe PROLOG). Entsprechende Attributpaare sind **'hat>, >hat'** und **'kann>, >kann'**. Die folgende Funktion **'enter'** kann zur Eingabe der Fakten verwendet werden:

```
(putprop 'ist    'ist>   'a>)
(putprop 'ist    '>ist   '>a)
(putprop 'hat    'hat>   'a>)
(putprop 'hat    '>hat   '>a)
(putprop 'kann   'kann>  'a>)
(putprop 'kann   '>kann  '>a)

(defun enter (S A O)
   (putprop S (append (get S (get A 'a>)) (list O)) (get A 'a>))
   (putprop O (append (get O (get A '>a)) (list S)) (get A '>a)))
```

'enter' fügt das Objekt O in die Liste 'a>' des Attributs A des Subjekts S und das Subjekt S in die Liste '>a' des Attributs A des Objekts O ein. **(enter 'theobald 'ist 'tiger)** fügt der Liste ist> von **theobald** den Wert **tiger** und der Liste >ist von **tiger** den Wert **theobald** hinzu. (In PROLOG wird diese Aufgabe vom System übernommen.) 'enter' und 'putprop' sind Funktionen, bei denen der Seiteneffekt wesentlicher als der Funktionswert ist. Man kann sie deshalb eher mit Prozeduren in PASCAL vergleichen und dabei verdeutlichen, daß auch funktionale Sprachen nicht ganz ohne prozedurale Konzepte auskommen.

Die Funktionen **'ist_was'**, **'hat_was'**, **'kann_was'**, **'was_ist'**, **was_hat'** und **'was_kann'**, von denen hier nur **'ist_was'** und **'was_ist'** vorgestellt wird, dienen der Beantwortung von Anfragen.

```
(defun ist_was (x) (append (list x) (xisa (get x 'ist>))))

(defun xisa (L)
   (if (= (length L) 0)    L (append (ist_was (car L)) (xisa (cdr L)))))
```

```
(defun was_ist (x) (append (list x) (isax (get x '>ist))))

(defun isax (L)
   (if (= (length L) 0) L (append was_ist (car L)) (isax (cdr L)))))
```

PASCAL

In PASCAL wird eine entsprechende Zeigerstruktur aufgebaut. Da hier die Objekt-
namen nicht direkt zugänglich sind, muß zusätzlich zur Verknüpfung der Objekte
auch eine Objektliste gespeichert werden (Abb 6).

Abb. 6 Ausschnitt aus der Zeigerstruktur für 'ist'

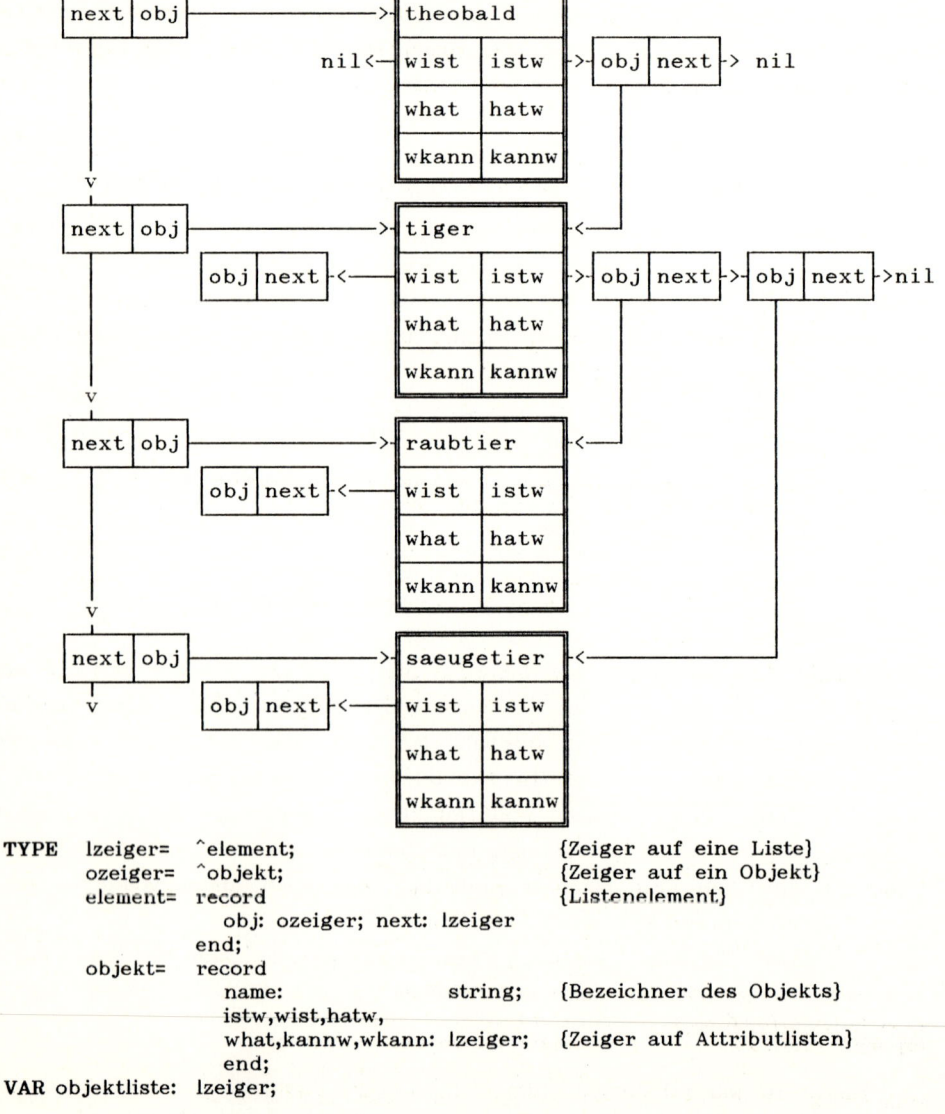

```
TYPE   lzeiger=   ^element;                          {Zeiger auf eine Liste}
       ozeiger=   ^objekt;                           {Zeiger auf ein Objekt}
       element=   record                             {Listenelement}
                     obj: ozeiger; next: lzeiger
                  end;
       objekt=    record
                     name:                  string;  {Bezeichner des Objekts}
                     istw,wist,hatw,
                     what,kannw,wkann: lzeiger;       {Zeiger auf Attributlisten}
                  end;
VAR objektliste: lzeiger;
```

'istw' (ist_was) entspricht dem 'ist>' und 'wist' (was_ist) dem '>ist' von LISP. Entsprechendes gilt für die übrigen Attribute. Die Prozedur zum Einfügen neuer Fakten muß zunächst prüfen, ob das Subjekt bzw. Objekt schon in der **objektliste** existiert und diese gegebenenfalls ergänzen. Erst dann können die Listen **istw, wist, hatw** usw. aktualisiert werden. Entsprechend muß bei Anfragen erst das Objekt in der **objektliste** gesucht werden, bevor man auf die Attribute zugreifen kann. Das bedeutet aber, daß eine sehr komplizierte und aufwendige Zeigerverwaltung programmiert werden muß. Dabei besteht die Gefahr, daß die schwächeren Schüler überfordert werden. Deshalb wird in dieser Unterrichtsreihe kein vollständiges PASCAL-Programm zur Lösung dieses Problems geschrieben. Statt dessen wird an einigen ausgewählten Prozeduren verdeutlicht, daß die Schwierigkeiten durch die Wahl einer angemessenen Sprache reduziert werden können. Hier ein Beispiel: Es soll geprüft werden, ob ein Faktum, z.B. 'jumbo ist elefant', in der Wissensbasis vorhanden ist.

PROLOG   LISP
   jumbo ist elefant .   (consp (member 'elefant (get 'jumbo 'ist>)))
   > yes   >T

PASCAL
```
    function istxy(x,y:string):boolean;
    var s,o: ozeiger; l:lzeiger;
       function member(o:ozeiger; l:lzeiger):boolean;
       begin
       if l=nil then member:=false
               else if l^.obj=o   then member:=true
                               else member:=member(o,l^.next);
       end;
       procedure such(start:lzeiger; namen:string; var zeiger:ozeiger);
       begin {sucht den Objektzeiger zum vorgegebenen Namen}
       if start=nil  then zeiger:=nil
                   else if start^.obj^.name=namen
                         then zeiger:=start^.obj
                         else such(start^.next,namen,zeiger);
       end;
    Begin
       such(objektliste,x,s); such(objektliste,y,o);
       if (s=nil) or (o=nil)  then istxy:=false {Objekte nicht vorhanden}
                            else istxy:=member(o,s^.istw);
    End;
```

ANHANG

I. Erklärung der verwendeten XLISP-Funktionen

'Ausdruck	(quote Ausdruck) Ausdruck unausgewertet:
	'(- 3 1) → (- 3 1) (- 3 1) → 2
(< Ausdruck Ausdruck)	T(true) bzw. nil(false): (< 1 2) → T (< 2 1) → nil
	(gilt nur für numerische Ausdrücke)
(= Ausdruck Ausdruck)	T bzw. nil: (siehe <)
(- Ausdruck Ausdruck)	Differenz (- 3 1) → 2
(append Teillisten)	Konkatenation der Teillisten:
	(append '(1 2) '(3 4)) → (1 2 3 4)
(car Liste)	1. Element der Liste: (car '(1 2 3)) → 1
(cadr Liste)	(car (cdr Liste)) (2. Element der Liste)
(caddr Liste)	(car (cdr (cdr Liste))) (3. Element der Liste)

(**cdr** Liste)	Rest der Liste: (cdr '(1 2 3)) → (2 3)
(**cons** Element Liste)	Konkatenation des Elementes und der Liste: (cons 1 '(2 3)) → (1 2 3)
(**consp** Liste)	T wenn die Liste nicht leer ist, sonst nil: (consp '(1 2 3)) → T (consp ()) → nil
(**defun** name (Parameter) Ausdrücke)	definiert eine neue Funktion (Hier ist der Seiteneffekt wesentlich.)
(**if** Bedingung Ausdruck1 Ausdruck2)	Wenn die Bedingung erfüllt ist, wird Ausdruck1 berechnet, sonst Ausdruck2
(**get** Symbol Attribut)	Wert des Attributes: (get 'jumbo 'ist>) → (elefant)
(**length** Liste)	Länge der Liste (Zahl der Elemente)
(**list** Elemente)	Liste aus den Elementen: (list 1 2 3) → (1 2 3)
(**member** Element Liste)	Teilliste ab dem Element oder nil: (member 2 '(1 2 3)) → (2 3) (member 3 '(1 2)) → nil
(**putprop** Symbol Attribut Wert)	weist dem Attribut des Symbols den Wert zu

II. Software

(1) MPROLOG Vers. 2.1. (c) 1987 by epsilon, Berlin

(2) XLISP Version 1.5 b und 1.7 (c) 1985 und 1986 by D. M. Betz, Peterborough, NH, USA, als Shareware erhältlich bei: Kirschbaum-Software, Emmering. XLISP ist ein Dialekt von LISP, der um objektorientierte Konstrukte erweitertert wurde.

III. Literatur

[1] E. Charniak, D. McDermott, "Introduction to Arificial Intelligence", ADDISON-WESLEY Puplishing Company, 1985

[2] V. Claus, A. Schwill, "Informatikkenntnisse von Jugendlichen, untersucht am Beispiel der drei Bundeswettbewerbe Informatik", Informatikspektrum, Band 9 Heft 5, Springer-Verlag, Berlin, Oktober 1986

[3] V. Claus, "Was sollte von Informatik in der Schule vermittelt werden?", Fachberichte Informatik 129, Informatik-Grundbildung in Schule und Beruf, GI-Fachtagung Kaiserslautern September/Oktober 1986, Springer-Verlag, Berlin

[4] V. Claus, "Schülerduden: Die Informatik", Dudenverlag Mannheim, 1986

[5] W. F. Clocksin, C. S. Mellish, "Programming in Prolog" Springer-Verlag, Berlin, 1987

[6] R. Cordes, R. Kruse, H. Langendörfer, H. Rust, "PROLOG, eine methodische Einführung", Vieweg-Verlag, Braunschweig, 1988

[7] Chr. Heidemann, V. Heidemann "Algorithmen und Datenstrukturen", Bausteine Informatik, Dümmler-Verlag, Bonn, 1986

[8] Kultusministerium Rheinland-Pfalz, "Lehrplan Informatik, Grundfach in der Oberstufe des Gymnasiums (Mainzer Studienstufe)", Mainz, 1983

[9] J. Leckebusch, "XLISP", Systhema-Verlag, München, 1988

[10] H. Schauer, "PASCAL für Fortgeschrittene", Oldenbourg-Verlag, München, 1980

Die Krise des Informatikunterrichts in den neunziger Jahren

Rudolf Peschke
Hessisches Institut für Bildungsplanung und Schulentwicklung
Bodenstedtstraße 7
6200 Wiesbaden

Die Prognose, daß der Informatikunterricht in eine Krise gerät, bezieht sich in erster Linie auf die Perspektive des Schulfaches Informatik. Davon zu unterscheiden ist die Möglichkeit einer Integration von Inhalten der Informatik in die Fächer der allgemeinbildenden und beruflichen Schulen. Gegenüber einer Integration bin ich skeptisch, obwohl sie dem - und das nehme ich vorweg - interdisziplinären Gegenstand der Informatik entsprechen würde. Zu groß und damit unrealistisch wären allerdings die notwendigen Anstrengungen zur fundierten Qualifizierung von bundesweit fast 100.000 Lehrerinnen und Lehrern, zur Materialentwicklung, Softwareentwicklung, Computerausstattung von Schulen, um nur einige Schwerpunktaufgaben zu nennen. Die bildungspolitische Dimension einer ernstgemeinten und fachlich fundierten Integration der Informatikinhalte durchgängig etwa von der Jahrgangsstufe neun bis dreizehn ginge noch über die der informationstechnischen Grundbildung hinaus.

Schon diese Überlegungen zeigen an, daß ich von einem Bildungsangebot Informatik ausgehe, das die Einführung eines eigenen Faches, beginnend in der Mittelstufe rechtfertigt. In der Tat sehe ich die Notwendigkeit, ein "Stellvertreterfach" in der Schule zu etablieren, das sich wissenschaftsorientiert mit grundlegenden gesellschaftlichen Veränderungen in Folge der neuen Technologien befassen kann. Dabei gilt meine Sorge der Zukunft des bereits etablierten Faches Informatik. Dieses Bildungsange bot könnte, ja müßte meiner Ansicht nach im gegenwärtigen technischen und sozialen Wandel eine tragende Rolle spielen. Vorausgesetzt, Informatik kann sich als ein Fach präsentieren, das sich dieser Aufgabe überzeugend stellen kann.

Das Schulfach Informatik erlebt aber derzeit - nach einer Phase der Konsolidierung bis Mitte der achtziger Jahre - inhaltliche und bildungspolitische Erschütterungen. Der bei Eltern, Lehrern, Schülern und in der Öffentlichkeit schon vorhanden gewesene breite Konsens für Informatik als zukunftsweisende Bildungsaufgabe droht abzubröckeln. Wo liegen die Ursachen dieser "Rückwärtsbewegung"?

1. Sachstand des Faches Informatik

Die Ursachen dafür liegen teilweise im bisherigen Erscheinungsbild der Informatik selbst begründet.

Um den Informatikunterricht in allgemeinbildenden Schulen ist es seit etwa vier Jahren ruhig geworden. Die stürmische "Innovation von seiten der Basis", wie man die Entwicklung der Arbeitsgemeinschaften in der Mittel- und Oberstufe -vorab jeder administrativer Regelung- charakterisieren könnte, ist durch bildungspolitisch (ver-)geordnete Lehrpläne und Regelungen im Schulverwaltungsgesetz abgelöst worden. Weder nennenswerte Kritik noch "interne" bildungspolitische Diskussionen stellen derzeit die Position und die Aufgaben des Informatikunterrichts in Frage. Für ein dynamisches Gebiet wie Informatik scheint mir diese "Ruhe" doch bedenklich zu sein.

Wie ist der Sachstand des Informatikunterrichts in der Bundesrepublik[1] tatsächlich?

• Als Fach ist Informatik nur in der gymnasialen Oberstufe ausgewiesen, sieht man von einigen Lehrgängen mit der Bezeichnung Informatik in beruflichen Schulen ab. In der Mittelstufe, also dort, wo alle Jugendlichen erreichbar wären, ist an eine Einführung des Faches im Pflichtunterricht vorerst nicht zu denken. Lediglich in Bayern gibt es Ansätze in der zehnten Jahrgangsstufe als Additum in Gymnasien.

• Nicht einmal in allen Ländern (Bayern nur in Integrationsfächern und nicht in Baden-Württemberg) kann Informatik als 3. oder 4. Abiturprüfungsfach gewählt werden, wobei das Fach noch einem ungünstigen Anrechnungsmodus für das Abitur unterliegt. Ein Grundkurs Informatik ersetzt in der Regel keine Naturwissenschaft in der Wertung für das Abitur und bleibt für Schüler zumindest in den Jahrgangsstufen 12 und 13 eine erhebliche Zusatzbelastung, was sich auch in deren Abwahlverhalten ausdrückt.

• Als Leistungsfach kann Informatik im Saarland und neuerdings in Nordrhein-Westfalen und eingeschränkt auch in Hessen angeboten werden. In den anderen Ländern wird an eine Einführung eines Leistungskurses derzeit nicht gedacht.

• In fast allen Ländern gibt es Wahlangebote Informatik in der Mittelstufe, die aber nur interessierte Jugendliche erreichen können.

Der Stellenwert der Informatik ist also in der Schule insgesamt und selbst in der gymnasialen Oberstufe bundesweit uneinheitlich und nicht durchgängig gefestigt.

Die Qualität des Unterrichts wird vor allem durch die Ausbildung der Lehrerinnen und Lehrer, durch die vorhandenen Materialien, Schulbücher sowie Hard- und Software bestimmt. Wenn auch hier gegenüber dem früheren "naturwüchsigen Curriculum" seit einigen Jahren eine deutliche Verbesserung eingetreten ist, so bleiben dennoch nach wie vor viele Anforderungen offen, die an ein eigenes Fach Informatik gerichtet werden müssen:

• Eine Lehrerausbildung fehlt noch immer in den meisten Ländern. Sie wird selbst bei einer Etablierung in den Hochschulen auf längere Sicht wegen der fehlenden Einstellungsmöglichkeiten von Lehrern zumindest bis zum Jahr 2000 nur eine geringe schulpraktische Bedeutung erlangen können. Aufgrund der schlechten Chancen von Absolventen zur Übernahme in den Schuldienst und wegen der fehlenden Ressourcen für neue Ausbildungsgänge zögern die Hochschulen ohnehin mit der Einrichtung von Lehramtsstudiengängen für Informatik.

- Für die Lehrer im Schuldienst sind in allen Ländern zwar verstärkt Fort- und Weiterbildungsangebote eingerichtet worden. Sie tragen auch zu einer breiten Qualifizierungsmaßnahme und damit zu einer deutlichen Niveauverbesserung im Unterricht bei. Dennoch bleibt auf Dauer ein gewisses Unbehagen. Die Dignität eines Faches und die Qualität von Unterricht bleiben in hohem Maße von der Qualität der Ausbildung und Fortbildung abhängig. Wenn hier anstelle von grundständiger Hochschulausbildung das Prinzip vom "Autodidakten" (anfangs der achtziger Jahre) zum "Umschüler" (Ende des Jahrzehnts) beibehalten werden muß, kann dies dem Fach Informatik auf Dauer nicht gerecht werden.

- Die Austattung der Schulen und insbesondere der Gymnasien ist in allen Ländern weit vorangeschritten. Für den Informatikunterricht gibt es auf dem Markt geeignete und preiswerte Geräte und Programme. Dennoch sind die Unterschiede in der Aktualität und Qualität der Hard- und Software von Schule zu Schule sehr unterschiedlich. Darüberhinaus werden die Schulverwaltungen durch die mit 5 bis 7 Jahren relativ kurzen "Lebenszyklen" der Computerausstattungen bei der Finanzierung der Ersatzbeschaffungen und Modernisierungen vor große Probleme gestellt.

Erstes Fazit: Der Stellenwert und die Qualität des Faches Informatik geben den Befürwortern keinen Anlaß zur Zufriedenheit. Informatik hat als Fach zwar Fuß fassen können, ist aber von einer Verankerung in der Mittelstufe weit entfernt. Anstelle von einer zu erwartenden wachsenden Bedeutung des Faches ist Stagnation getreten. Selbst in der gymnasialen Oberstufe zeigt sich nach 17 Entwicklungsjahren ein uneinheitliches Bild. Mit der Einführung eines Leistungskurses ist die Divergenz zwischen einzelnen Ländern sogar wieder größer geworden. Die Rahmenbedingungen für einen qualifizierten Informatikunterricht bessern sich nur langsam und behindern eine positive Selbstdarstellung des Faches.

2. Bildungsmodelle der Informatik haben zu wenig Bestand

Die bisher vorgetragenen immanenten Bildungsmodelle der Informatik unterliegen derart schnellen Veränderungen, daß eine sinnstiftende Etablierung dieser Disziplin in der Allgemeinbildung, in der beruflichen Bildung und auch in der Erwachsenenbildung erheblich erschwert wird.

Bis Mitte der achtziger Jahre dominierte in der Lehrplanarbeit und in der Schulpraxis eine enge Anlehnung an (unterstellte) fachwissenschaftliche Vorgaben. Die der Hochschulinformatik entlehnten Modelle reichten allerdings schon zehn Jahre zurück. Da sich dort Informatik in den siebziger Jahren im Kern als Wissenschaft "vom Umgang mit Algorithmen und deren maschineller Realisierung" (Schmitt) präsentierte, sind folgerichtig allgemeine "Bildungswerte" über den Fundamentalbegriff Algorithmus herausgearbeitet worden. Beispielsweise sah Schmitt in der kunstsprachlichen Darstellung von Information, in der Darstellung von Algorithmen und in deren Abwicklung auf Rechnern die grundlegenden Bildungsinhalte eines Informatikunterrichts.[2]

Dieses "Zentrum" von Zielen und Inhalten ist auch in den Empfehlungen der Gesellschaft für Infformatik[3] formuliert worden (allerdings nicht nur) und hat für das Fach über zehn Jahre hinweg eine zukunftsweisende, orientierende und vor allem integrierende Funktion gewonnen. Die in den frühen achtziger Jahren entstandenen Lehrpläne für Informatik in der gymnasialen Oberstufe wiederspiegeln diese Bildungsziele und haben denn auch nach außen eine kontinuierliche Weiterentwicklung dieser Denkanstöße mit einem breiten Konsens vermitteln können. Heute ist dieser Konsens in der Diskussion um das Fach Informatik jedoch erneut aufgekündigt worden.

- Beispielsweise kann durch problem- und benutzernahe Softwarekonzepte wie den **Standardsoftware-Werkzeugen**, die heute für die meisten Schulen verfügbar sind, ein stärker anwendungsorientierter unterrichtlicher Ansatz erschlossen werden. Sie drängen das "klassische Programmieren" teilweise in den Hintergrund. In einigen Ländern ist diese Software ein willkommener Anlaß, im Informatikunterricht einen breiteres Überblickswissen zu vermitteln, als dies mit dem Einsatz einer Programmiersprache allein möglich war. So werden in Hessen und Bremen Ansätze gefördert, im Informatikunterricht der Jahrgangsstufe 11 eine "informatische Grundbildung" zu fördern und erst in den Jahrgangsstufen 12 und 13 systematisch in algorithmische Problemkreise einzuführen. Allerdings entstehen mit diesem Ansatz erhebliche Probleme durch die kaum vermeidbare Wiederholung von Informatikinhalten und -methoden, wenn diese bereits in Wahlangeboten der Mittelstufe unterrichtet werden.

- Der Umfang, die Tiefe und die Auswahl von **Methoden des Software-Engineerings** differieren in Bildungsangeboten gleichen Anspruchs in einem nicht mehr vertretbaren Ausmaß. Während die Orientierung an Software-Entwurfsverfahren sehr deutlich im Berliner Curriculum betont wird, erhält sie in den meisten anderen Lehrplänen eine geringere Gewichtung. Unterrichtende Lehrerinnen und Lehrer verzichten oft völlig auf eine Ausrichtung des Unterrichts an einem (eher kommerziell) entfalteten Software-Produktionsmodell. Bei der in diesem Jahr abgeschlossene Überarbeitung der "Einheitlichen Prüfungsanforderungen Informatik" (EPA) von 1981 sind die Phasen einer angenommenen systematischen Softwareentwicklung zwar in den fachlichen Inhalten der Informatik berücksichtigt worden, ohne aber daraus Vorgaben für die Didaktik des Unterrichts ableiten zu wollen.[4]

- Sprachen mit prozeduralen, prädikativen oder funktionalen Konzepten bieten innerhalb des "Problemlösens" qualitativ verschiedene Alternativen des Software-Entwurfs und der zu vermittelnden Abstraktionsmodelle. Mit welchem Sprachkonzept soll denn nun im Informatikunterricht unterrichtet werden? Dort, wo Leistungskurse angeboten werden, gibt es eine einfache Lösung. Neben der prozeduralen ist auch eine zweite, nichtprozedurale Programmiersprache zu unterrichten. Doch nach welchen Leitzielen soll sich der Lehrer sonst richten, der Prolog einsetzen möchte? Ihm ist mit dem Hinweis auf das zu vermittelnde Grundverständnis zum Entwurf von Algorithmen und deren Umsetzung auf Rechnern mit Hilfe von "Kunstsprachen" wenig gedient. Er könnte viel gezielter ein Verständnis zu Grundlagen der Wissensrepräsentation und Wissensverarbeitung fördern, die heute im Zusammenhang mit Expertensystemen und neuen Rechnergenerationen diskutiert werden. Ihm wäre folglich eine Begründung der Programmiersprache nach ihren Einsatzgebieten hilfreicher. Aber warum gibt er sich nicht mit früheren Begründungen für die Sprache Pascal zufrieden, die aus formalen Aspekten wie Einfachheit, Korrektheit, und Verständlichkeit (einfache Dokumentierbarkeit) als Lehrsprache favorisiert wurde. Um dem Unterrichtenden wirklich Antworten geben zu können, ist auf den Stellenwert von Programmiersprachen und Sprachkonzepten im Unterricht nach inzwischen fünfzehn Jahren Hochschulinformatik neu einzugehen. Denn es fehlt eine aktuelle fachwissenschaftlich begründete Erhärtung des Bildungszieles "Problemlösen mit einer Programmiersprache."

Zweites Fazit: **Der "Bildungskern" des Informatikfaches ist für Unterrichtende und für die Öffentlichkeit undeutlich geworden. Die Programmiersprache hat ihre zentrale Funktion im Unterricht eingebüßt. Zwar ist der Werkzeugcharakter des Rechners noch die zentrale Bearbeitungsperspektive, doch es mangelt an einer fachwissenschaftlichen Orientierung paralleler Ausdifferenzierungen des algorithmischen und anwendungsorientierten Zugangs in der Schulpraxis.**

3. Neue gesellschaftliche Anforderungen an ein Fach Informatik

Der "Bildungswert" des bisherigen Informatikansatzes wird durch einen Wandel im gesellschaftlichen Umfeld noch umfassender in Frage gestellt.

Die gesellschaftspolitischen Rahmenbedingen für das Fach Informatik beginnen sich in der jüngsten Zeit zu seinem Nachteil zu wandeln. Dazu zählen die artikulierten Interessen und Stellungnahmen von Eltern, Gewerkschaften, Verbänden, Firmen ebenso wie die finanzpolitischen Spielräume der Schulträger und die kulturpolitischen Strömungen in der gegenwärtigen Schul- und Bildungspolitik. Der Druck einer "Innovation von unten", der noch anfangs der achtziger Jahre im Schulsystem und in der Erwachsenenbildung zu teilweise chaotischen Bildungsangeboten geführt hat, aber den Ruf nach Informatik stark förderte, beginnt allmählich einer gewissen Ernüchterung zu weichen. Die außengesteuerten Leitbilder, die Berufsperspektiven vermitteln, verblassen trotz der vielen Unterrichtsangebote. Deren schlechte Qualität trägt zu einem Verlust ihrer Attraktivität bei und erweist sich wohl als bedrohlicher Bumerang für einen Fachanspruch für Informatik.

Die seit etwa 1984 begonnene, gesellschaftlich sehr breit geführte Diskussion um eine Neuorientierung des Bildungsbegriffs in einer durch Technik bestimmten Gesellschaft formuliert von außen Anforderungen an Bildungsangebote, denen das Fach Informatik in der bisherigen Ausprägung nicht gerecht werden kann. Verlangt wird heute eine ganzheitliche und gesellschaftsorientierte Perspektive bei der Behandlung der neuen Technologien in der Schule, unter dieser die Rolle des Informatikunterrichts erst wieder neu zu bestimmen wäre.

Bisher hat der Informatikunterricht aus der Sicht von Kritikern nur wenig für diese neue Aufgabenbestimmung beitragen können. Allerdings wurde das Fach nicht an den Lehrplänen, sondern anhand der tatsächlichen Unterrichtspraxis beurteilt, die bei allem Engagement der Unterrichtenden oft notgedrungen Anlaß zur Kritik und Sorge gab. Informatik geriet dabei unversehens in einen Diskurs um die Aufgabe von Bildung überhaupt und wurde rasch als "Prügelknabe" für eine harsche Verurteilung eines technisch-instrumentellen Unterrichtskonzeptes entdeckt, das man so nicht haben wollte. Dagegen stehen Bemühungen, das kritische Potential eines Informatikunterrichts herauszustellen und die "Fachblindheit" des bisher entwickelten Angebotes zu überwinden.[5]

Wenn sich Informatik dieser erweiterten Aufgabe stellen will, und ich meine, daß hierin ihre Verantwortung liegen sollte, dann erzwingt diese neue Sichtweise den gravierendsten Paradigmawechsel. Nicht die fachimmanenten, sondern die fachübergreifenden Grundlagen und Wissenszusammenhänge rücken in den Blickpunkt der curricularen Diskussion. Unter dieser Perspektive ist heute der Verweis auf ein Grundverständnis des Algorithmus und seiner Bearbeitung mit dem Rechner als Kern der Informatik nicht mehr ausreichend. Probleme wie "vernetzte Gesellschaft" und informationelle Selbstbestimmung, die automatisierte Fabrik und soziale Gestaltbarkeit, fehlerhafte informationstechnische Systeme und Verantwortlichkeit können über den algorithmischen Zugang nicht befriedigend behandelt werden. Es hat den Anschein, daß der Begriff Algorithmus selbst zu einer Krise der Informatik beiträgt, weil er Korrektheit und Sicherheit in programmierten technischen Systemen vorspiegelt und somit zu einer falsch verstandenen Verantwortlichkeit und Kontrolle gegenüber der Technik verleitet.

Zur Zeit mehren sich die Anzeichen, daß sich Informatiker angesichts der großen gesellschaftlichen Bedeutung ihrer Entwicklungen um eine Neuorientierung im wissenschaftlichen Selbstverständnis bemühen, wobei sie den bisherigen engen fachwissenschaftlichen Horizont der siebziger Jahre überwinden wollen.[6] Coy et al. differenzieren in dem Beitrag: "Verantwortlichkeit des Informatikers" in Werkzeuggebrauch und in Sozialverträglichkeit von Technik, und können von dieser Position aus die gesellschaftlichen Bezüge der Informationstechniken und der Wissenschaft Informatik ausweisen. Es wird sehr deutlich hervorgehoben, daß "Technik die Anwendung der Wissenschaft in gesellschaftlichem Zusammenhang" sei, und daß deshalb die soziale Dimension schon bei der Technikentwicklung und bei der Technikanwendung unverzichtbar berücksichtigt werden müßte. Interdisziplinäre Bezüge sollten deshalb per se als Gegenstand der Informatikwissenschaft anerkannt werden. Solche Argumentationslinien können sicherlich auch zu einer neuen Standortbestimmung gesellschaftlicher Auswirkungen der Informations- und Kommunikationstechniken im Informatikunterricht beitragen und die Glaubwürdigkeit erhöhen, daß solche Inhalte in diesem Fach vertreten werden können.

Drittes Fazit: Eine interdisziplinäre Anbindung des Informatikfaches ist bislang zu wenig entwickelt. Deshalb lösen fachübergreifende inhaltliche Anforderungen noch Unsicherheiten aus. Über die zu behandelnden Themen der Informatik herrscht hinsichtlich der auszuwählenden Grundlagen und der Reichweite große Un sicherheit. Um gesellschaftliche Aspekte der Informations- und Kommunikationstechniken aus der Sicht der Informatik behandeln zu können, sind neue Leitbegriffe und Grundkategorien erforderlich.

4. Die mediale Abhängigkeit der Informatik

Die Abhängigkeit bei der Auswahl der Inhalte und Methoden von dem verfügbaren medialen Instrumentarium als Lernumgebung unterwirft die Informatik dem Schlagschatten der technisch-wissenschaftlichen Entwicklung, zieht sie in den Sog des Marktes und belastet das Schulfach erheblich.

Eines der ältesten Beispiele für die Schwierigkeit, vom "pädagogischen Primat" aus Entscheidungen für die im Informatikunterricht zu behandelnden Inhalte zu treffen, zeigt sich in der Verwendung der Programmiersprache. Während der in den siebziger Jahren vom "Innovationsausschuß im Bildungswesen" eingesetzte "Arbeitskreis Schulsprache" noch zwischen verschiedenen Programmiersprachen eine pädagogisch begründete Auswahl der geeigneten Sprache für den Unterricht versuchte, Pascal empfahl und BASIC ausdrücklich als ungeeignet ablehnte, wurden mit den Mikrocomputern ab 1979 zunächst ausschließlich BASIC-Versionen in die Schulen transportiert. Erst mit den Turbo-Pascal-Versionen auf PC's hat sich diese Sprache im Informatikunterricht der Oberstufe weitgehend etablieren können.

Inzwischen zeigt sich der "Sprachenstreit" in einem neuen, wenn auch moderaten Gesicht. In vielen Schulen wird neben Pascal oder BASIC eine zweite Programmiersprache, meist Prolog eingeführt. Diese Entscheidung fällt aber nicht wegen einer fachwissenschaftlich begründeten Aussage, sondern erneut wegen der Verfügbarkeit dieser Sprache. Gegenüber objektorientierten Sprachen haben derzeit prädikative Sprachen wie Prolog den Vorzug, daß sie für PC's frühzeitig und preiswert auf den Markt gebracht wurden.

Der mediale Aspekt ist im Informatikunterricht Chance und Gefahr zugleich. Indem mit Progammiersprachen oder Standard-Software interaktiv am Rechner gelernt wird, werden auch gleichzeitig Kenntnisse zum Werkzeug Computer vermittelt. Über geeignete Simulationsprogramme oder Fallbeispiele können auch Inhalte zu Anwendungen und Auswirkungen der Informations- und Kommunikationstechniken vermittelt werden. Die Art der Software entscheidet stets auch über die Abstraktionsebene, auf der Inhalte vermittelt werden können. Schon bei der Entwicklung der Textsysteme ist ein auffälliges Anwachsen des Integrationsgrades bei der Verarbeitung von Objekten zu beobachten. Jede Abstraktionsebene, z.B. von WORDSTAR 3.3 bis WORD 5.0 zeigt wieder neue inhaltliche Möglichkeiten auf, wie das Verarbeiten von Text- und Grafikobjekten und die Vergabe von Formatattributen im Zusammenhang thematisiert werden müßten.

Mit der kontinuierlichen Weiterentwicklung der Software auf dem Markt werden immer wieder auch Produkte für Informatik offeriert, die benutzerfreundlicher, leistungsgerechter, für bestimmte Fragen einfach besser geeignet oder nur auf bestimmter Hardware lauffähig sein werden. Für die Unterrichtenden entsteht so verständlicherweise ein Sog, stets über aktuelle und in der Regel auch tatsächlich geeignetere Software zu verfügen.

Viertes Fazit: Eine Besinnung auf das Konstante, Fundamentale und Exemplarische im Informatikunterricht wird durch die mediale Bindung des Informatikunterrichts an Hard- und Software außerordentlich erschwert. Dieses Problem ist deshalb besonders schwerwiegend, weil der Informatikunterricht den interaktiven Dialog stark in den Vordergrund des Lernens stellt und eine Trennung zwischen Inhalt und Medium aufhebt.

5. Informationstechnische Grundbildung anstelle eines Faches Informatik?

Mit dem Konzept der "informationstechnischen Bildung in Schule und Ausbildung" [7] ist im Konsens der Länder ein bildungspolitischer Rahmen gesetzt worden, der den Stellenwert der Informatik als Schulfach in seinem jetzigen Status festschreibt und damit letztlich schwächt. Zwar wird Informatik der Sekundarstufe II in diesem Rahmenkonzept als "vertiefende informationstechnische Bildung" explizit ausgewiesen, doch ist die "informationstechnische Grundbildung" auf Kosten eines denkbaren Pflichtfaches Informatik eingeführt worden. Eine Anerkennung eines Faches Informatik in der Mittelstufe wird deshalb auf lange Sicht nicht erreichbar sein.

Die gegenwärtige Konzentration der Ressourcen auf die informationstechnische Grundbildung bewirkt einen Entwicklungsschub in den Ländern und leitet inhaltliche und didaktische Schwerpunktsetzungen in den Schulen ein, gegen die sich Informatik nur schwer behaupten kann. Dabei wächst - dies zeigen zum Beispiel Erfahrungen in Hessen - der Konsens der an der Grundbildung beteiligten Lehrerinnen und Lehrer über die Fachbereichsgrenzen hinweg und trägt in Schulen zu neuen Gruppierungen in den Interessensvertretungen bei der Planung und Gestaltung der informationstechnischen Bildung bei.

Mit der informationstechnischen Grundbildung werden in einigen Ländern fachübergreifende Unterrichtskonzepte gefördert, die beispielhaft einen Weg zu einer interdisziplinären Auseinandersetzung mit Anwendungen und Folgen der Informations- und Kommunikationstechniken aufzeigen. Für einen Informatikunterricht in der Mittelstufe stellt sich heute die Frage, ob er dann überhaupt noch angestrebt werden sollte und worin sein spezifischer Beitrag liegen könnte. Die Konzeptionen eines Wahlpflichtangebotes Informatik in Nordrhein-Westfalen und Hessen stützen einen Informatikunterricht, der die didaktischen Grundzüge der Grundbildung aufgreift und vertieft. Insofern ist dort eine deutliche Abkehr zu den traditionellen algorithmischen Zugängen eingeleitet worden. Positiv ausgedrückt, wird der Informatikunterricht durch die breitere Sichtweise der Grundbildung in seiner fachdidaktischen Entwicklung angeregt. Wenn aber Informatik in der Mittelstufe sein ursprüngliches Profil einzubüßen droht, dann hat es den Anschein, als könne mit Informatik heute kein "Staat" gemacht werden. Wie notwendig die Behandlung von Informatik-Grundwissen aber trotz oder gar wegen der Grundbildung auch in Zukunft bleiben wird, heben jüngere Beiträge hervor.[8] Solange die Grundbildung zeitlich mit etwa 30-40 Unterrichtsstunden auf einen "Computerführerschein" reduziert bleibt, solange können informatische Anteile nicht fundiert integriert werden. Eine (meiner Ansicht nach) notwendige Ausweitung der Grundbildung als zweistündiges Fach über zwei Unterrichtsjahre könnte langfristig ein Lösung sein.

Die Chance eines Faches Informatik liegen weiterhin in seinen Möglichkeiten zur fundierten Behandlung von unverzichtbaren informatischen Grundlagen, in der soliden Einführung in den Werkzeuggebrauch und in der Behandlung von Fragen der Sozialverträglichkeit von Technik. Die informationstechnische Grundbildung ist dann eher als innovatorischer Anstoß, denn als Verhinderer des Informatikfaches zu sehen.

Fünftes Fazit: Das Fach Informatik wird es in der Mittelstufe auf lange Sicht nicht geben. Doch die in vielen Ländern nur sehr schmal ausgelegte informationstechnische Grundbildung wird die damit verbundenen inhaltlichen Defizite nicht ausgleichen können. Auf Dauer wird der Bedarf an fundierten informatischen Grundlagen im Unterricht sogar noch wachsen, um ein Verständnis zu den neuen Technologien und deren Auswirkungen wirklich fördern zu können.

6. Konsequenzen

Zu grob und ausgehöhlt sind inzwischen didaktische Orientierungsrahmen wie "anwendungsorientierter" bzw. "algorithmenorientierter Informatikunterricht" geworden, als daß sie noch zur Ordnung für den sich abzeichnenden curricularen Wandel dienen könnten. Zu dynamisch sind die Angebote des Marktes an die Schulen, auf leistungsfähigen Rechnern unterschiedlichste Software einsetzen zu können. Zu unterschiedlich ist die reale Schulpraxis in der Gestaltung des

Informatikunterrichts, um bereits über Schulerfahrungen Tradierung absichern zu können. Zu unentwickelt und unpräzise sind didaktische Vorgaben der Hochschulinformatik, um dem Bildungsbereich Orientierungshilfen geben zu können. Noch entscheidet sich das Erscheinungsbild der Informatik deshalb vorwiegend als gesellschaftspolitische Resultante und ist weniger Ausdruck eines didaktisch ausgereiften Faches.

Das Fach Informatik gerät meiner Meinung nach in der Tat in eine Krise, wenn nicht der gegenwärtigen Entwicklung entgegengesteuert werden kann. Mit den Ausführungen in diesem Beitrag sollte verdeutlicht werden, daß der Informatikunterricht auf unterschiedlichen Ebenen in Probleme der Selbstdarstellung und des schulpolitischen Stellenwertes geraten ist. Für alle angesprochenen Bereiche gibt es aber bereits Hinweise auf mögliche neue Weichenstellungen:

- Für die fachdidaktische Diskussion und Ausgestaltung des Faches Informatik gibt es neue Orientierungsrahmen, die fachwissenschaftliche Anbindung von vornherein als interdisziplinäre Aufgabe verstehen. Dazu ist die beginnende Diskussion in Foren der Informatik (GI, FIFF) ebenso hilfreich wie die bereits vielerorts sichtbare, engagierte fachübergreifende Unterrichtsgestaltung. Solche unterschiedlichen Bearbeitungsperspektiven ermöglichen Zugänge zu den gesellschaftlich brennenden Problemen der neuen Technologien, ohne auf zentrale Grundkategorien der Informatik verzichten zu müssen.

- Bei der Erarbeitung neuer Empfehlungen für den Informatikunterricht, und dies könnte wieder die GI übernehmen, sollte von jenen Grundkategorien abgerückt werden, die unmittelbar an methodische Inhalte der Informatik angebunden sind. Falls es gelingt, die Wechselwirkung von Mensch und Technik in das Zentrum möglicher fachlicher Inhalte zu rücken, dann besteht die Chance, den Zusammenhang von Werkzeug und sozialer Dimension der Informations- und Kommunikationstechniken in einer neuen, integrierenden Sichtweise herauszuarbeiten. Anstelle von Algorithmus oder systematisches Problemlösen können dann Begriffe wie "Mensch-Maschine-Kommunikation" oder "Mensch-Vernetzte Umwelt" oder "Mensch-Maschine-Arbeit" in den Blick didaktischer Analyse rücken.

- Die Bemühungen um die bildungspolitische Stärkung des Faches Informatik sollten nicht nachlassen. Mit der informationstechnischen Grundbildung ist zwar ein Einzug der Informatik in die Mittelstufe aufgehalten worden, das Problem der Behandlung informatischer Themen im Pflichtunterricht ist damit auf Dauer aber nicht gelöst.

Mit einer kleinen, aber dennoch ernstgemeinten bildungspolitischen Utopie sollen zum Schluß die Perspektiven des Bildungsangebotes Informatik aus meiner Sicht umrissen werden. Sie setzt an einer Zielsetzung der Informatik als Wissenschaft an, wie sie im Bildungsbereich so bisher nicht aufgegriffen wurde. Informatik als technische Wissenschaft macht gesellschaftliche Prozesse, wie die Gestaltung und Organisation von Arbeit zu ihrem zentralen Gegenstand. Von dieser Position aus gewinnt Informatik als Unterrichtsangebot eine gänzlich neue Aufgabe, als sie dies mit dem "systematischen Problemlösen" bisher leisten konnte. Angesichts der Bedeutung und der weiterhin fortschreitenden Verbreitung der Informationstechnik scheint es mir legitim zu sein, die Organisation und die Automatisierung von Arbeit als zentrales Unterrichtsthema mit Fachanspruch auszuweisen. Darin läge eine Chance, ein Fach Informatik/Technik in beiden Sekundarstufen ab Jahrgangsstufe neun zu legitimieren und zu etablieren.

Anmerkungen

1) Das Sekretariat der Ständigen Konferenz der Kultusminister der Länder in der Bundesrepublik (KMK) erarbeitet wieder einen aktuellen Sachstandsbericht zu "Neue Medien und moderne Technologien in der Schule" heraus. Schon 1986 hat die KMK eine Bestandsaufnahme zur informationstechnischen Bildung in den Ländern herausgegeben.

2) Mitte der siebziger Jahre waren Hochschullehrer der Informatik maßgeblich in die Diskussion der "Bildungsziele und Richtziele" (Gunzenhäuser) eines Faches Informatik einbezogen. Vgl. auch Schmitt, A: Begutachtung eines ausgearbeiteten Curriculums für die Einführung des Faches Informatik in die Sekundarstufe II (Nordrhein-Westfalen) aus der Sicht der Hochschulinformatik. In: Hauf, A. (Hrsg.): Tätigkeitsbericht zum Projekt "Informatik in der Schule", FEoLL, Paderborn 1977

3) Brauer, W. et al.: Zielsetzungen und Inhalte des Informatik-Unterrichts. Empfehlungen der Gesellschaft für Informatik e.V. In: Zentralblatt für Didaktik der Mathematik, 1976

4) Die "Einheitlichen Prüfungsanforderungen in der Abiturprüfung Informatik" von 1981 sind auf Veranlassung der KMK überarbeitet worden. Die neuen Vorschläge liegen als Entwurf zur Beschlußfassung vor.

5) Peschke, R.: Informatik in der Schule - ein Beitrag zur Schulreform? In: Die Deutsche Schule 5, 1985, S. 342-355

6) Coy, W. et al.: Informatik und Verantwortung. In: c't, Heft 6, 1989, S. 42-52

7) Bund-Länder-Kommission für Bildungsplanung und Forschungsförderung (BLK): Informationstechnische Bildung in Schule und Ausbildung, Bonn 1984

8) Vgl. dazu das Referat von A. Hauf auf dieser Tagung sowie von Peschke, R.: "Informations- und kommunikationstechnische Grundbildung - vom Werkzeuggebrauch zum Informationsverhalten" anläßlich einer Fachtagung in Wiesbaden am 7.Juni 89. Die Beiträge auf dieser Tagung werden in einem Tagungsband vom Hessischen Institut für Bildungsplanung und Schulentwicklung (HIBS) in 1989 veröffentlicht.

Leistungskurs Informatik

- Schwerpunkte der Richtlinienentwicklung NW -

Wolfgang Pörschke

Mitglied der Arbeitsgruppe Leistungskursrichtlinien Informatik

Lohkampstraße 18, D-4800 Bielefeld 1

Diese Ausarbeitung ist in Absprache mit der Arbeitsgruppe Leistungskursrichtlinien Informatik entstanden unter
Benutzung der in diesem Rahmen erarbeiteten Materialien. Eine Konkretisierung der hier entwickelten Vorstellungen
ist in dem Beitrag "Der abstrakte Datentyp in der Praxis des Informatikunterrichts" der Kollegen Czischke und
Hahlweg im Rahmen dieser Tagung zu sehen.

1. Einleitung

Mit dem Schuljahr 1988/89 endet im Land NW ein Schulversuch zur Entwicklung von Leistungskursrichtlinien für das Fach Informatik. Damit kann das
Land NW nach Abschluß der curricularen Arbeiten als einziges Bundesland
ein umfassendes Unterrichtsangebot angefangen mit der Grundbildung in
der Sekundarstufe 1 über die Wahlpflichtkurse bis zu Angeboten von
Grund- und Leistungskursen in der Sekundarstufe 2 im Fach Informatik im
Bereich der Informationstechnologien in den allgemeinbildenden Schulen
machen. Hier sollen die Schwerpunkte der Leistungskurskonzeption vorgestellt werden.

Die Konzeption der Leistungskursrichtlinien baut auf den 1979 erarbeiteten
Grundkursrichtlinien für das Fach Informatik auf, bezieht die damit gemach-
ten positiven Erfahrungen ebenso mit ein wie neuere Entwicklungen in der
Wissenschaft Informatik, Diskussionen der Didaktik der Informatik sowie
Erkenntnisse bei der Entwicklung, dem Einsatz und der Umsetzung fortbil-
dungsdidaktischer Materialien im Rahmen einer breitangelegten Lehrerfortbildung in NW.

2. Rahmenbedingungen

Während mit den 1979 erarbeiteten Richtlinien auch das Fach Informatik erst
von einer kleinen Anzahl fachfremd unterrichtender Lehrer auf der Basis
eines langangelegten, wissenschaftlich begleiteten Schulversuchs konstituiert
werden mußte, stehen nunmehr eine große Anzahl abiturerfahrener Lehrer
mit und ohne Fakultas im Fach Informatik zur Verfügung. Natürlich haben

sich seit 1979 auch die Erwartungen der Schüler dem Fach Informatik gegenüber durch das Vordringen von Informatikanwendungen in viele Lebensbereiche und der unmittelbaren Verfügbarkeit von Hard- und Software im häuslichen Bereich der Schüler verändert. Die Leistungskursrichlinien verstehen sich daher als Ergänzung zu den existierenden Grundkursrichtlinien und versuchen durch neue Akzentuierungen, Ergänzungen und Fortlassungen den durch die Richtlinienarbeit von 1979 gesetzten Rahmen für Leistungskurse im Fach Informatik neu zu füllen. Als Anschlußarbeit sind neue Gesamtrichtlinien für das Fach Informatik in der Sekundarstufe 2 notwendig, die dann auch die unterschiedlichen Schwerpunktsetzungen sowie eigenständige didaktische Ansätze in Grund- und Leistungskursen besser deutlich machen müssen.

Das Fach Informatik wird in NW in Unterrichtssequenzen über sechs Halbjahre von 11.1 bis 13.2 angeboten. Das erste Halbjahr 11.1 hat mit einem dreistündigen Kurs Orientierungscharakter. Die jeweils sechsstündigen Leistungskurssequenzen Informatik beginnen mit 11.2. Der gewählte Informatikleistungskurs ist automatisch zweites Abiturfach. Die Lerngruppe des Leistungskurses bleibt von 11.2 bis 13.2 stabil und schreibt pro Halbjahr zwei mehrstündige Klausuren, einschließlich der sechsstündigen Abiturklausur gegen Ende von 13.2.

Wichtig im Vergleich zu anderen Bundesländern ist die Zugehörigkeit des Faches Informatik zum mathematisch-naturwissenschaftlich-technischen Aufgabenfeld, wobei von den Pflichtbindungen nur die zweite Naturwissenschaft ersetzt werden kann. Damit steht das Leistungsfach Informatik insbesondere in Konkurrenz zu den klassischen Naturwissenschaften sowohl was die Anwahl der Fächer durch die Schüler betrifft wie in Bezug auf das Anspruchsniveau. Damit Verdrängungprozesse zwischen den einzelnen Leistungskursfächern vermieden werden, ist es sinnvoll, das Leistungsfach Informatik nur bei einer hinreichend großen Oberstufe oder in Kooperation mit anderen Schulen anzubieten.

Der 1985 gestartete Schulversuch zur Entwicklung von Leistungskursrichtlinien wurde zunächst von acht Gymnasien und Gesamtschulen des Landes eingeleitet und im Laufe der Zeit auf knapp zwanzig Schulen ausgedehnt, von denen nicht immer alle Schulen auch jedes Jahr einen Leistungskurs zustande bekamen. Auf der Grundlage der in diesem Schulversuch gewonnenen Erfahrungen, die im Rahmen von mehreren Tagungen ausgetauscht wurden, werden dann Regelungen und Empfehlungen für den Unterricht in Leistungskursen des Faches Informatik von einer Gruppe von elf Fachlehrern erarbeitet.

3.Schwerpunkte der Konzeption

Während die Grundkursrichtlinien von 1979 im wesentlichen eine, in einem Schulversuch erarbeitete, mehrfach veränderte, erprobte und breit dokumentierte Unterrichtsequenz favorisiert haben, ist im Leistungskurs der Rahmen für methodische Entscheidungen des Fachlehrers sowie über die Auswahl und Anordnung der Unterrichtsinhalte sehr weit gefaßt. Der Fachlehrer erhält die Möglichkeit, von den vorgeschlagenen Kursbeispielen abzuweichen und eigene Schwerpunkte zu setzen, stoffliche Ergänzungen vorzunehmen und neue Anwendungen zu erschließen.

Die Leistungskursrichlinien orientieren sich an einigen wesentlichen Grundprinzipien, die sich für das Fach Informatik als tragend erwiesen haben. Zu den schon in den Grundkursrichtlinien formulierten und bewährten Grundprinzipien

des strukturierten Algorithmenentwurfs und

der schrittweisen Verfeinerung

treten die Prinzipien

des gesellschaftlichen Bezuges
der Informatikanwendungen,

der Software-Ergonomie,

der abstrahierenden Modellbildung,

der zeitlichen Strukturierung des
Software-Entwicklungsprozesses,

des funktionellen Entwurfs und

der Datenkapselung (Geheimnissprinzip),

Diese Grundprinzipien sollen in allen Kursteilen von Beginn an miteinander verzahnt Berücksichtigung finden.

Durch die Betonung des gesellschaftlichen Bezuges der Informatikanwendungen, durch die Ausrichtung und Orientierung vorliegender oder noch zu entwickelnder Problemlösungen an den Eigenschaften und Erfordernissen der sie einsetzenden oder mit ihnen umgehenden Menschen, soll der Rahmen für einen stärkeren Anwendungsbezug geschaffen werden.

Dieser Anwendungsbezug kann methodisch am besten in Form eines projekt-orientieren Unterrichts erarbeitet werden, die Projektmethode soll deshalb als ein wesentliches Element des Informatikunterrichts von Beginn der Leistungskurssequenz an eingesetzt werden. Für die Projektmethode geeignete Probleme ergeben sich in der Regel als Ausschnitte größerer Anwendungen der Praxis, die für die Bearbeitung im Unterricht abhängig vom Wissensstand der Schüler auf mehr oder weniger reduzierte Modelle abgebildet werden müssen. Die Erarbeitung eines Softwaresystems für ein so abstrakt beschriebenes Modell läuft dann grundsätzlich in mehreren wohl-definierten Phasen ab. Damit stellen die Prinzipien der abstrahierenden Modellbildung und der zeitlichen Strukturierung des Software-Entwicklungsprozesses eine Schnittstelle zwischen den mehr theoretisch- und den mehr anwendungsorientierten Inhalten der Informatik dar.

Als Entwicklungsinstrumente für Softwarelösungen haben sich im Unterricht der Anfangsphase der strukturierte Algorithmenentwurf und das Prinzip der schrittweisen Verfeinerung bereits bewährt. Softwareentwurf ist immer auch funktioneller Entwurf. Ausgehend von einer vorgegebenen Aufgabenstellung zusammen mit Eingabe- und Ausgabedaten wird sie schrittweise solange in Teilaufgaben und Unteraufgaben verfeinert, bis Funktionen vorliegen, die leicht in ein Programm einer im Prinzip beliebigen Programmiersprache umzusetzen sind.

Das Geheimnisprinzip resultiert in der Modularisierung einer Problemlösung. Die Datenkapsel mit ihren Datenspezifikationen, herausgereichten Prozeduren und inneren Moduln wird im Entwicklungsprozess zu einem konstruktiven Bauelement. Die Datenkapsel kann einerseits ohne Kenntnisse des internen Verhaltens in umfassende Systeme eingebaut und andererseits ohne Kenntnis seiner Einbettung entwickelt, getestet und dokumentiert werden. Die Kommunikation mit anderen Teilen des Gesamtsystems erfolgt dabei nur über die definierte Schnittstelle. Die Prinzipien des funktionellen Entwurfs und der Datenkapselung sind damit Bestandteil jeder größeren Software-entwicklung. Methodisch eröffnen diese Prinzipien einerseits die Möglichkeit, Datenstrukturen anhand grundlegender Eigenschaften zu erschließen und zu vergleichen, ohne Details der Implementation zu sehr in den Vordergrund zu stellen. Auf der anderen Seite lassen sich so auch komplexe Strukturen auf konzeptioneller Ebene behandeln und durch Vorgabe bereits implementierter oder arbeitsteilig zu entwickelder Datenkapseln beschreiben. Dadurch können auch Anwendungsprobleme wesentlich komplexer und wirklichkeitsnäher gestaltet und diskutiert werden. Zusätzlich wird eine deutliche Trennung der Entwurfs- und der Implementationsebenen erreicht.

4.Lernbereiche

Die Richtlinien für alle Fächer der gymnasialen Oberstufe in NW sind im fachlichen Teil gegliedert in eine Darstellung didaktisch begründeter und wissenschaftlich abgesicherter Lerninhalte in sogenannten Lernbereichen, einen Teil zur Lernorganisation, in dem Vorschläge für Kursbeispiele gemacht werden sowie einen Teil zur Lernerfolgsüberprüfung.

Die Unterteilung in Lernbereiche dient dabei der sachlogischen Gliederung, der Strukturierung und systematischen Beschreibung der Lerninhalte. Die Lernbereiche bilden in Verbindung mit den Lernzielen den obligatorischen Kern der Faches und müssen in ihrer Gesamtheit behandelt werden. Es muß darauf hingewiesen werden, daß sich für die unterrichtliche Behandlung aus der sachlogischen Unterteilung von Lerninhalten in Lernbereiche keine unmittelbare Festlegung von Kurssequenzen bzw. zeitliche Zuordnung zu Kurshalbjahren ableiten läßt.

Die Beschreibung der Lernbereiche auf der Ebene von Themen wird durch Angabe von Unterthemen und Gegenständen weiter differenziert und konkretisiert, beinhaltet aber gleichzeitig einen abnehmenden Grad der Verbindlichkeit für den Unterricht. Vor allem auf der Ebene der Gegenstände soll damit der Tatsache Rechnung getragen werden, daß gerade das Fach Informatik schnellen Veränderungen unterworfen ist. Gegenstände die für die Realisierung eines Lernbereichs im Unterricht als unverzichtbar erscheinen und deren Behandlung daher verbindlich vorgeschrieben wird, sind in den Übersichten durch Fettdruck hervorgehoben. Aus Platzgründen werden im folgenden die Gegenstände nicht angegeben.

Die folgenden vier Lernbereiche werden beschrieben:

Lernbereich I :   Algorithmik

Lernbereich II: Datenstrukturen

Lernbereich III: Hard- und Softwaresysteme

Lernbereich IV: Realisierung, Probleme und Auswirkungen
                  der praktischen Datenverarbeitung

Der Lernbereich I (Algorithmik) gliedert die zum algorithmischen Problemlösen gehörigen Unterrichtsgegenstände als einen Schwerpunkt des Unterrichtsfaches Informatik. Die zentrale Bedeutung, die diesem Lernbereich
zukommt, ist darin zu sehen, daß algorithmische Begriffsbildungen und
Verfahren in alle anderen Lernbereiche hineinreichen.

Themen:

1. Begriff des Algorithmus und Methoden der Algorithmenentwicklung

   1.1 Grundlegende Begriffe
   1.2 Problemanalyse
   1.3 Erstellung von Algorithmen

2. Darstellung von Algorithmen und algorithmische Grundstrukturen

   2.1 Grundlegende Begriffe
   2.2 Strukturen zur Ablaufkontrolle
   2.3 Prozedurkonzept
   2.4 Darstellungsmöglichkeiten

3. Aussagen über Algorithmen

   3.1 Korrektheit eines Algorithmus
   3.2 Bewertung
   3.3 Dokumentation und Realisation
   3.4 Theorie der Algorithmen

4. Grundsätzliche Problemlösungsverfahren der Informatik

   4.1 Klassen von algorithmischen Strategien
   4.2 Standardalgorithmen zum Suchen und Sortieren

Der Lernbereich II (Datenstrukturen) befaßt sich mit den (programmier-
sprachlich unabhängigen) Datenstrukturen und beschreibt die Themen
ausgehend von einer abstrakten Sicht bis hin zu Möglichkeiten der
Repräsentierung und Implementation in einer konkreten Programmier-

sprache.

Themen:

1. Abstrakte Datentypen

1.1 Definition des abstrakten Datentyps
1.2 Strukturen
1.3 Beschreibung abstrakter Datentypen

2. Konkrete Datentypen

2.1 Elementare Datentypen
2.2 Strukturierte Datentypen
2.3 Vergleich und Bewertung

3. Repräsentation und Implementation
von Datentypen

3.1 Spezielle Repräsentationstechniken in der
verwendeten Programmiersprache
3.2 Spezielle Implementationstechniken in der
verwendeten Programmiersprache
3.3 Bewertungskriterien

Durch die Unterrichtsgegenstände des Lernbereichs III (Hard- und Softwaresysteme) sollen vertiefte Einsichten in den Aufbau und die Funktionsweise einer Datenverarbeitungsanlage vermittelt werden. Über die obligatorischen Themen 1 und 2 wird die Realisierung von Algorithmen und
Datenstrukturen einer höheren Programmiersprache auf Maschinenebene
verdeutlicht. Hinzu kommen exemplarische Kenntnisse über Betriebsarten
und die Betriebsmittelverwaltung von Betriebssystemen sowie eine
vertiefende Behandlung entweder zum Unterthema Übersetzer,
Programmiersprachen, Anwendersysteme oder Rechnerkommunikation.

Themen:
1. Struktur und Funktionsweise eines
von-Neumann-Rechners

1.1 Architektur

1.2 Maschinenorientierte Sprache

2. Implementation von Algorithmen und
   Datenstrukturen auf Maschinenebene

   2.1 Programmstrukturen

   2.2 Codierung

   2.3 Speicherabbildung von Datentypen

3. Betriebssoftware

   3.1 Betriebssysteme

   3.2 Übersetzer

4. Weitere Themenschwerpunkte

   4.1 Programmiersprachen

   4.2 Anwendersysteme

   4.3 Rechnerkommunikation

   4.4 Vertiefung in der technischen Informatik

Im Lernereich IV (Realisierung, Probleme und Auswirkungen der praktischen Datenverarbeitung) wird der Bezug fachspezifischer Methoden, Arbeitsweisen und Möglichkeiten der Informatik zu ihren Auswirkungen auf verschiedene Bereiche der soziokulturellen Umwelt hergestellt. Die exemplarische Behandlung realer oder modellhafter Problemstellungen wird zum Anlaß genommen, Einsichten hinsichtlich der Möglichkeiten und Grenzen praktischer Datenverarbeitung zu vermitteln:

Themen:

1. Praxis der Softwareentwicklung

   1.1 Qualitätsanforderungen an Software

   1.2 Phasenmodell der Softwareentwicklung

   1.3 Prinzipien für die Softwareentwicklung

2. Strukturwandel in Industrie und Gesellschaft

2.1 Einflüsse neuer Technologien auf die Arbeitswelt

2.2 Gesellschaftliche Aspekte der Datenverarbeitung

3. Datenschutz

3.1 Grundbegriffe und Grundfragen des
Informationsrechts

3.2 Durchführung des Datenschutzes

5.Kurssequenzen

Die Struktur der gymnasialen Oberstufe sieht eine Organisation der Lerninhalte in Kursen vor, die in sich abgeschlossen und zugleich Bestandteil
eines umfassenden Ganzen in der Ausprägung einer Kurssequenz sind. Jede
Schule, jede Fachkonferenz, jeder Fachlehrer kann aus den obligatorischen
Vorgaben eigene Kurssequenzen konstruieren. In den Richtlinien sollen nur
einige Hinweise auf Randbedingungen und mögliche Konstruktionsprinzipien
Hilfestellungen geben. Die gleiche Funktion übernehmen aufgeführte Beispiele zur Sequenzierung.

Es werden drei Konstruktionsprinzipien für Kurssequenzen vorgestellt:

1. Orientierung an Lernbereichen
   Eine isolierte Behandlung von Lernbereichen in einzelnen Kursabschnitten ist nicht möglich, da ihre fachliche Verknüpfung untereinander zu eng ist. Dennoch erscheint es möglich, einzelne Kurs-
   halbjahre durch Schwerpunktsetzungen bestimmten Lernbereichen
   zuzuordnen. Dieser Ansatz ist an der fachlichen Systematik orientiert
   und war das in der Vergangenheit am häufigsten anzutreffende
   Konstruktionsprinzip.

2. Themenorientierte Sequenzierung
   Bei diesem Ansatz werden den einzelnen Kurshalbjahren oder einzelnen Kursabschnitten Themen zugeordnet und jeweils alle Lernbereiche bezogen auf dieses Thema behandelt. In bezug auf die Lernbereiche ergibt sich dadurch ein eher spiraliges Vorgehen, im Hinblick auf die Halbjahre übernehmen die Themen die Funktion des
   Leitgedankens. Dabei sollte ein Thema jeweils durch ein kleineres
   Abschlußprojekt beendet werden. Mögliche Themen lassen sich aus

den Anwendungsbereichen der Informatik bzw. innerfachlicher Schwerpunktsetzungen gewinnen. Denkbar ist auch die Wahl eines Themas als Leitgedanke für mehrere Kurse.

3. Projektorientierte Sequenzierung
   Der Unterschied zum themenorientierten Ansatz besteht darin, daß die Behandlung der Themen eng mit der Durchführung eines größeren Projekts verbunden sind. Die unterrichtliche Behandlung der einzelnen Lernbereiche orientiert sich daran, daß die erarbeiteten Inhalte zur Realisierung dieses Gesamtprojektes im Abschlußkurs der Jahrgangsstufe 13 herangezogen werden. Dieser Ansatz sollte nur von Fachlehrern gewählt werden, die genügend Erfahrung mit der Durchführung von Projekten haben und über hinreichend gehaltvolle Projektthemen verfügen.

Grobbeschreibung eines Kurssequenzvorschlags zur Erläuterung einer themenorientierten Sequenzierung:

Die im folgenden beschriebene Leistungskurssequenz versucht, drei didaktische Leitlinien sinnvoll miteinander zu verbinden. Die erste bezieht sich auf den Umgang mit Datentypen, Datenstrukturen und dazu passenden Algorithmen mit steigendem Komplexitätsgrad. Ein zweiter Strang ordnet- wo immer es möglich ist - den informatiktypischen Inhalten Anwendungsbeispiele zu, bei denen sich die gesellschaftliche Relevanz der Datenverarbeitung besonders erschließen läßt und zur kritischen Reflexion anregt. Die dritte Leitlinie bezieht sich auf die informatiktypischen Arbeitsmethoden wie Modellbildung, Modularisierung, Team- und Projektarbeitsmethoden. Im Sinne eines spiraligen Vorgehens werden derartige Arbeitsmethoden frühzeitig eingeführt und von Semester zu Semester weiter geübt und vervollkommnet. So steht in der Regel am Ende einer größeren Unterrichtsreihe oder eines Semesters ein komplexes Anwendungsproblem, das projektartig bearbeitet wird.
Im Semester 11.2 steht die Dateiverarbeitung im Mittelpunkt. Nach Einführung des Parameterkonzepts, das eine Kommunikation zwischen selbständigen Algorithmen und damit modularisierende Entwurfs- und Arbeitstechniken erlaubt, wird Schritt für Schritt an einfache Dateien und einzelne Dateiprobleme herangeführt. Es beginnt mit der Textdatei und Problemen der Textverarbeitung, geht über zu Personendateien einfachen Aufbaus und endet mit dem Projekt Warenwirtschaftssystem (Lagerhaltung,

Bestellwesen, Scannerkasssen, Kundenprofile u.ä), das alle bisherigen
Kenntnisse in größerer Komplexität vertieft und die Auswirkungen der
Datenverarbeitung in mehrfacher Hinsicht plastisch herauszuarbeiten
gestattet.

Das Semester 12.1 behandelt die dynamischen Datenstrukturen unter dem
Aspekt der Allgemeingültigkeit, abstrahiert sie von den Anwendungs-
beispielen und stellt standardisierte Werkzeuge zur Verfügung, mit deren
Hilfe Beispielaufgaben programmtechnisch gelöst werden. Zu Anfang wird
die Rekursion, die für die Behandlung der dynamischen Datenstrukturen
unversichtbar und den Schülern nur oberflächlich bekannt ist, als grundlegender algorithmischer Lösungsansatz an verschiedenen Beispielen
systematisch erarbeitet. Nach der Einführung des Verkettungsprinzips
lassen sich an einem konkreten Beispiel die Listenoperationen allgemein
festlegen, ein Listenwerkzeug definieren, zur Lösung typischer Probleme
benutzen und schließlich selbst implementieren, ggf. in besonderen
Formen. Den Abschluß bilden binäre Baumstrukturen, in deren Handhabung an einem einfachen Auskunftssystem eingeführt und die an
anderen Beispielen erweitert und vertieft werden. Mit einem geordneten
Baum besteht nun die Möglichkeit zu sortieren, und es können einfache
und höhere Sortierverfahren analysiert und in ihrem Aufwand miteinander
verglichen werden.

Das Halbjahr 12.2 beschäftigt sich mit dem Aufbau und der Arbeitsweise
von Datenverarbeitungsanlagen, wobei nicht die technisch-physikalische,
sondern die algorithmische Sichtweise im Mittelpunkt steht. Nach einem
Abriß der Datenverarbeitungsgeschichte, der die Wurzeln und auch die
Motive aufzeigt, bildet das v. Neumann-Konzept den Bezugspunkt für
einen Modellrechner und eine Modellrechnersprache, auf den die höher-
sprachlichen Techniken, Konstrukte und Datenstrukturen zu
transformieren sind. Dabei werden die Programm- und Datenstrukturen
der höheren Programmiersprache exemplarisch stufenweise reduziert und
schließlich auf der Ebene des Modellrechners und der Modellsprache
abgebildet. Der Modellrechner verwendet Laufzeitkeller. Die Prozedur-
technik, die Rekursion und die Speicherverwaltung werden dabei mit
einbezogen. Methodisch ist der Unterricht so angelegt, daß die Trans-
formationsalgorithmen erarbeitet werden, die Schüler die Verfahren
praktisch am Modellrechner ausprobieren bzw. den Modellrechner
entsprechend erweitern.

Sind im Halbjahr 12.2 die grundlegenden Algorithmen behandelt worden,
nachdenen ein Rechner funktioniert und hochsprachliche Programme

abarbeitet, so vertieft das Semster 13.1 diesen Bereich in einem ersten Projekt. Dabei stehen Probleme der automatischen Übersetzung im Mittelpunkt. Der Kurs entwickelt einen Compiler, der eine Teilmenge von PASCAL in die Modellsprache übertragen soll. Nach einer gemeinsamen Problemanalyse, der Erarbeitung von Begriffen, der Beschreibung der Syntax und weiteren Vorarbeiten werden der Scanner, der Parser und der Code-Generator von Teilgruppen getrennt entwickelt, anschließend zusammengefügt, getestet und bewertet. Ein zweites Projekt befaßt sich mit der Konzeption, Durchführung und Auswertung einer Befragung zum Thema "Problematik des Berufsfeldes Neue Technologien bei Jungen und Mädchen". Im Laufe der verschiedenen Arbeitsphasen sind als konkrete Probleme zu lösen: Materialbeschaffung, Konstruktion der richtigen Fragen, Aufbau eines maschinell auswertbaren Fragebogens mit Kontrollmechanismus, die juristische Abklärung, ob und wer wie befragt werden darf und datenschutzrechtliche Vorschriften. Die Auswertung per Programm bzw. per Datenbank ist in dieser Phase fachlich fast Routine.

Das Restsemester 13.2 bietet als Vertiefung die Beschäftigung mit speziellen Algorithmen an, die zum Teil Optimierungsprobleme lösen helfen. Dies sind das Problem des Minimalgerüstes, das 0/1-Rucksackproblem und das symbolische Differenzieren. Die dazu erforderlichen, bekannten Datenstrukturen werden noch einmal in anderen Zusammenhängen wiederholt und angewendet. Die Algorithmen werden erarbeitet und jeweils in ihrem Aufwand beurteilt. Insgesamt dient die Beschäftigung mit diesen drei Themen auch der semesterübergreifenden Wiederholung und Vorbereitung auf die Abiturprüfung.

Die Aufteilung der Kurzsequenz auf Semester ist willkürlich und soll lediglich zeitliche Orientierungspunkte in der Kursplanung setzen.

Einführung in die Technische und Theoretische Informatik im Unterricht

Hermann Stimm

Staatliches Leibniz-Gymnasium
Karolinenstraße 103, D-6730 Neustadt an der Weinstraße

Kurzfassung

Das Halbjahr 12/2 hat im Lehrplan Informatik eine ganz zentrale Stellung. Einerseits soll es einen Einblick in die verschiedenen Teilgebiete der Informatik, Praktische, Technische und Theoretische Informatik und in Anwendungen der Informatik geben. Andererseits soll es auf die Projektkurse des Schuljahres 13 hinführen.
Angesichts der zur Verfügung stehenden, knappen Zeit bedarf es daher besonderer Überlegungen, um die Schüler nicht zu überfordern und trotzdem die Inhalte in einer angemessenen Weise darzustellen. Der Vortrag gibt ein **Top-Down-Konzept** wieder, das vielfach im Unterricht in dieser Form ausgeführt wurde.
Ausgehend von einem geeigneten Pascal-Programm wird ein Programm in einer hypothetischen Maschinensprache entwickelt und auf einem geeigneten Demonstrationsrechner ausgeführt.
Exemplarisch werden dann einzelne Baugruppen dieses Gerätes herausgegriffen und analysiert. Die Funktionsweise wird getestet, und an Hand von Einzelbausteinen werden die Baugruppen nachgebaut.
Zum allgemeinbildenden Gymnasium gehört die theoretische Durchdringung des behandelten Stoffes, z. B. durch die Arbeit mit einem einfachen Automatenmodell. Es bietet sich der Endliche Automat an, denn seine Ein- und Ausgabe entspricht der Ein- und Ausgabe der Programmiersprache Pascal; seine Arbeitsweise - im wesentlichen taktweises Vorgehen - schließt eng an die Arbeitsweise von Bausteinen der Technischen Informatik an.
Weiter werden an geeigneten Stellen Vertiefungsmöglichkeiten angegeben.

Einleitung

Der Lehrplan des Landes Rheinland-Pfalz für das Grundfach Informatik [5] sieht Unterricht von der 11. bis zur 13. Jahrgangsstufe vor, und zwar drei Stunden pro Woche. Das erste Halbjahr - *Vom Problem zum Algorithmus* - befaßt sich mit Algorithmen. Insbesondere werden verschiedene Darstellungsmöglichkeiten, die Effizienz und der Test bzw. die Verifikation von Algorithmen besprochen. Es schließt sich eine Programmierphase von einem Jahr an - *Vom Algorithmus zum getesteten Programm einfacher Struktur* und *Vom Algorithmus zum dokumentierten Programm komplexer Struktur*. Verwendet wird in der Regel die Programmiersprache **Pascal**. Der volle Sprachumfang von Pascal kann in dieser Zeit behandelt werden.

Im darauffolgenden Halbjahr, dem Halbjahr 12/2, folgt eine Einführung in die verschiedenen Teilgebiete der Informatik sowie einige Anwendungen aus dem kaufmännischen Bereich - *Vom Programm zur Maschine und zur Anwendung* . Der Vortrag beschäftigt sich mit diesem Halbjahr.

Im Schuljahr 13 folgen zwei Projektkurse zur Vertiefung.

Praktische Informatik (Maschinensprache)

Wenn alle Teilgebiete, die im Halbjahr 12/2 behandelt werden sollen, ungefähr gleichgewichtig sind, so stehen bei Zugrundelegung von drei Wochenstunden etwa 10 Unterrichtsstunden für jedes Teilgebiet zur Verfügung. Damit ist es selbstverständlich, daß nicht die Maschinensprache eines realen Mikroprozessors erarbeitet werden kann. Vielmehr muß sich der Lehrer eine einfache Sprache mit allen notwendigen Befehlen gestalten und auf diese Sprache zusteuern.

Im Unterricht geschieht dies konkret dadurch, daß ein geeignetes Pascal-Programm "vereinfacht" wird. Das Programm darf nicht zu umfangreich sein, sollte aber doch strukturierte Anweisungen wie Verbundanweisung, bedingte Anweisung oder Wiederholungsanweisung enthalten. Zur Bearbeitung bieten sich natürliche Zahlen an, denn es treten keine Kodierungsprobleme auf und die Grundrechenarten sind bekannt. Im Unterricht wurde ein Programm zur Multiplikation zweier Zahlen durch fortgesetzte Addition verwendet (Programm Multiplikation_1):

```
PROGRAM Multiplikation_1;

(*******************************************************************)
(*                                                                 *)
(*  Pascal-Programm zur Multiplikation zweier nichtnegativer, gan- *)
(*  zer Zahlen durch fortgesetzte  Addition.                       *)
(*  Es soll richtige Ergebnisse liefern, falls Multiplikand,  Mul- *)
(*  tiplikator und Produkt in [0 .. MaxInt] liegen.                *)
(*  Eine Plausibilitätskontrolle der Eingabe findet nicht statt.   *)
(*                                                                 *)
(*  Verfasser: Hermann Stimm,    Stand: 29.07.1989                 *)
(*                                                                 *)
(*******************************************************************)


VAR     Multiplikand  : 0 .. MaxInt;
        Multiplikator : 0 .. MaxInt;
        Produkt       : 0 .. MaxInt;
        Hilfe         : 0 .. MaxInt;

(* ------------------------------------------------------------- *)
(* ------------------------------------------------------------- *)

(* Hauptprogramm *)
```

```
BEGIN (* Multiplikation_1 *)

(* Programmerklärung *)
Page (Output);
WriteLn; WriteLn; WriteLn;
WriteLn ('Das Programm berechnet das Produkt zweier nichtnegativer,');
WriteLn ('ganzer Zahlen,falls jede der Zahlen und ihr Produkt nicht');
WriteLn ('größer als ', MaxInt : 1, ' sind.');

(* Eingabe *)
WriteLn; WriteLn;
Write ('Bitte geben Sie den Multiplikanden ein:  ');
ReadLn (Multiplikand);
Write ('Bitte geben Sie den Multiplikator  ein:  ');
ReadLn (Multiplikator);

(* Verarbeitung *)
Hilfe := Multiplikator;
Produkt := 0;
WHILE Hilfe > 0 DO
   BEGIN
   Produkt := Produkt + Multiplikand;
   Hilfe := Pred (Hilfe);
   END (* while *);

(* Ausgabe *)
WriteLn; WriteLn;
WriteLn ('Das Produkt der Zahlen ', Multiplikand : 1, ' und ',
   Multiplikator : 1, ' ist ', Produkt : 1, '.');

END (* Multiplikation_1 *).
```

Im ersten Schritt wird es auf den eigentlichen Algorithmus reduziert, d. h. Kommentare werden beseitigt, und die Erläuterung von Ein- und Ausgabe wird weggelassen.

Im nächsten Schritt wird die Wiederholungsanweisung durch Verwendung einer Sprunganweisung "vereinfacht". Anschließend wird die Verbundanweisung ersetzt. Das Ergebnis ist als Programm Multiplikation_4 wiedergegeben. Eine Vereinfachung hat dabei insofern stattgefunden, als nicht mehr zwei verschiedene strukturierte Anweisungen sondern nur noch eine verwendet wird.

```
PROGRAM Multiplikation_4;

LABEL   1, 2, 3;

VAR     Multiplikand   : 0 .. MaxInt;
        Multiplikator  : 0 .. MaxInt;
        Produkt        : 0 .. MaxInt;
        Hilfe          : 0 .. MaxInt;
```

```
BEGIN

ReadLn (Multiplikand);
ReadLn (Multiplikator);

Hilfe := Multiplikator;
Produkt := 0;
1: IF Hilfe > 0 THEN GOTO 2;
   GOTO 3;
2: Produkt := Produkt + Multiplikand;
   Hilfe := Pred (Hilfe);
   GOTO 1;

3: WriteLn (Produkt);

END.
```

Das Beispiel enthält noch Befehle in Drei-Adreß-Form, nämlich zwei Operanden und ein Ergebnis. Hier muß der Lehrer entscheiden, ob dies seinen Vorstellungen von Maschinensprache (bzw. dem zur Verfügung stehenden Demonstrationsrechner) entspricht oder nicht. Möglich ist auch Zwei-Adreß-Form (ein Operand nimmt auch das Ergebnis auf) oder Ein-Adreß-Form, wie hier verwendet. Bei Ein-Adreß-Form findet man einen Operanden und das Ergebnis immer in einer ausgezeichneten Variablen bzw. einem ausgezeichneten Register, dem Akkumulator, das deshalb nicht angegeben werden muß. Dies ist nun eine Form, die unmittelbar in Maschinensprache angegeben werden kann (beides als Programm Multiplikation_6). Die Wahl der Wortsymbole soll ihre Bedeutung wiedergeben, ist ansonsten aber willkürlich. Aus Platzgründen kann leider die genaue Bedeutung nicht wiedergegeben werden. Aus dem gleichen Grund sind auch die Zwischenschritte entfallen.

Pascal-Programm   Mnemonisches
                                                   Maschinenprogramm


```
PROGRAM Multiplikation_6;

LABEL     1, 2, 3;

VAR       Akkumulator   : 0 .. MaxInt;
          Multiplikand  : 0 .. MaxInt;      255
          Multiplikator : 0 .. MaxInt;      254
          Produkt       : 0 .. MaxInt;      253
          Hilfe         : 0 .. MaxInt;      252
```

BEGIN

```
ReadLn (Akkumulator);                                        EIN
Multiplikand := Akkumulator;                                 SP      255
ReadLn (Akkumulator);                                        EIN
Multiplikator := Akkumulator;                                SP      254

Akkumulator := Multiplikator;                                LD      254
Hilfe := Akkumulator;                                        SP      252
Akkumulator := 0;                                            LDK     0
Produkt := Akkumulator;                                      SP      253
1: Akkumulator := Hilfe;                               1:    LD      252
   IF Akkumulator > 0 THEN GOTO 2;                           SNN     2
   GOTO 3;                                                   SPR     3
2: Akkumulator := Produkt;                             2:    LD      253
   Akkumulator := Akkumulator + Multiplikand;
ADD       255
   Produkt := Akkumulator;                                   SP      253
   Akkumulator := Hilfe;                                     LD      252
   Akkumulator := Akkumulator - 1;                           SUBK    1
   Hilfe := Akkumulator;                                     SP      252
   GOTO 1;                                                   SPR     1

3: Akkumulator := Produkt;                             3:    LD      253
   WriteLn (Akkumulator);                                    AUS

END.                                                   4:    SPR     4   (* Halt *)
```

Diese "Vereinfachung" wird nun an anderen Beispielen eingeübt. Geeignet sind Addition einer festen Anzahl von Zahlen, Addition einer einzugebenden Anzahl von Zahlen, Addition zweier Zahlen mit Übertragsbestimmung, Maximum zweier oder dreier Zahlen.

Im nächsten Schritt wird das Maschinenprogramm in einen willkürlich gewählten bzw. durch den vorhandenen Demonstrationsrechner bestimmten Dualcode übersetzt (Multiplikation_10). Es ist sehr nützlich, wenn das Ergebnis sofort ausgetestet werden kann.

Multiplikation_10

Programm zur Multiplikation zweier Zahlen durch fortgesetzte Addition

Speicher- zelle	Mnemonisches Maschinenprogramm		Dualcode	Erläuterung
0000 0000	EIN		1010	(* Eingabe *)
0000 0001	SP	1111 1111	0101	(* Multiplikand *)
0000 0010			1111	
0000 0011			1111	
0000 0100	EIN		1010	(* Eingabe *)
0000 0101	SP	1111 1110	0101	(* Multiplikator *)
0000 0110			1110	
0000 0111			1111	

```
0000 1000    LD      1111 1110    0100      (* Verarbeitung *)
0000 1001                         1110
0000 1010                         1111
0000 1011    SP      1111 1100    0101
0000 1100                         1100
0000 1101                         1111
0000 1110    LDK     0000         1100
0000 1111                         0000
0001 0000    SP      1111 1101    0101
0001 0001                         1101
0001 0010                         1111
0001 0011    LD      1111 1100    0100      (* Schleifenbeginn *)
0001 0100                         1100
0001 0101                         1111
0001 0110    SNN     0001 1100    0001
0001 0111                         1100
0001 1000                         0001
0001 1001    SPR     0011 0000    0000
0001 1010                         0000
0001 1011                         0011
0001 1100    LD      1111 1101    0100
0001 1101                         1101
0001 1110                         1111
0001 1111    ADD     1111 1111    0110
0010 0000                         1111
0010 0001                         1111
0010 0010    SP      1111 1101    0101
0010 0011                         1101
0010 0100                         1111
0010 0101    LD      1111 1100    0100
0010 0110                         1100
0010 0111                         1111
0010 1000    SUBK    0001         1101
0010 1001                         1111
0010 1010    SP      1111 1100    0101
0010 1011                         1100
0010 1100                         1111
0010 1101    SPR     0001 0011    0000
0010 1110                         0011
0010 1111                         0001
0011 0000    LD      1111 1101    0100      (* Ausgabe *)
0011 0001                         1101
0011 0010                         1111
0011 0011    AUS                  1001
0011 0100    SPR     0011 0100    0000      (* Halt *)
0011 0101                         0100
0011 0110                         0011
```

Hier wird sich eine Wiederholung von Dualzahlen kaum vermeiden lassen. Es genügt das duale Zählen, Addition und Subtraktion und das Umwandeln von Dezimalzahlen in Dualzahlen und umgekehrt.

Aufbau und Arbeitsweise des Demonstrationsrechners müssen besprochen werden. Insbesondere ist auf den Fundamentalzyklus einzugehen. Das Zusammenwirken der einzelnen Teile des Rechners, insbesondere des Befehlszählregisters, des Befehlsregisters und des Akkumulators ist dabei von Bedeutung. Hier soll darauf nicht näher eingegangen werden, da dies sehr stark vom gewählten Modell abhängt. Inhaltlich stellt dieser Teil den Übergang zur Technischen Informatik dar.

Als Vertiefung können überall mehr bzw. komplexere Beispiele verwendet werden. So könnte man mit Vektoren arbeiten. Dies geht mit den oben verwendeten Befehlen auch, allerdings muß dazu ein Programm häufig so gestaltet werden, daß es sich während des Laufs verändert. Fehlersuche ist in einem solchen Fall fast hoffnungslos. Es bietet sich an, den Befehlssatz um Befehle mit indirekter Adressierung zu erweitern. Auch könnte man die Zahl der arithmetischen Operationen oder der bedingten Sprünge erhöhen.

Weitere Überlegungen könnten dahin gehen, den Befehlssatz zu verringern, ohne daß die prinzipielle Leistungsfähigkeit eingeschränkt wird. So lassen sich unbedingte Sprünge ersetzen. Die Addition kann durch die Erhöhung einer Zahl um 1 ersetzt werden. So kann man den direkten Weg zur Theoretischen Informatik gehen, denn die verbleibende Sprache ist gerade die Sprache zur Programmierung einer unbeschränkten Registermaschine (vgl. Schnorr [8], Seite 21 ff.).

Technische Informatik (Rechnerstruktur - elementare Bausteine)

Beim Aufbau eines Computers kann man mehrere Baugruppen unterscheiden. Es wird ein Speicher benötigt, ein Rechenwerk, Zähler, Logikschaltungen zum Dekodieren und Ausführen von Befehlen und vieles andere mehr.

Wegen der zur Verfügung stehenden, kurzen Zeit muß man sich auf die Behandlung einzelner weniger, exemplarisch ausgewählter Bauteile beschränken. Die Auswahl wird nicht zuletzt von der jeweiligen Ausstattung einer Schule abhängen.

Eine Möglichkeit ist die Auswahl eines Serienaddierwerks in Drei-Adreß-Form, d. h. zwei Schieberegister für die Operanden, ein Volladdierer und ein Schieberegister für das Ergebnis. Es ist naheliegend, die menschliche Arbeitsweise bei der Addition zweier (Dual-)Zahlen nachzuvollziehen. Wir beginnen bei der letzten Stelle, addieren diese Ziffern, schreiben das Ergebnis, merken uns den Übertrag. Dann gehen wir zur vorhergehenden Stelle, addieren dort die Ziffern und den Übertrag, schreiben das Ergebnis, merken uns den Übertrag. Dies wird fortgeführt, bis die Zahlen addiert sind. Zum Schluß wird noch der letzte Übertrag hingeschrieben. Die Funktionsweise der Speicher und des Addierers sind damit vorgegeben. Man muß den Speicher mit Information versehen können, diese muß dauerhaft erhalten bleiben, und sie muß wieder abgerufen werden können. Der Volladdierer muß drei Ziffern addieren können und Summe und Übertrag bereitstellen. An Hand einer Funktionstabelle wird geprüft, ob die vorhandenen Bauteile diese Funktion erfüllen.

Funktiontabelle für einen Volladdierer

```
    a   b   c   !   Ü   S
 ----------+-------
    0   0   0   !   0   0
    0   0   1   !   0   1
    0   1   0   !   0   1
    0   1   1   !   1   0
    1   0   0   !   0   1
    1   0   1   !   1   0
    1   1   0   !   1   0
    1   1   1   !   1   1
```

Eine der menschlichen entsprechende Vorgehensweise ist aber nicht einfach möglich, da sie voraussetzen würde, daß der Addierer automatisch an die einzelnen Stellen des Speichers angekoppelt werden müßte. Also muß man die Zahlen verschieben - Schieberegister! Schüler stellen sehr rasch fest, daß auch der Übertrag eine gewisse Zeit gespeichert werden muß. Dies geschieht mit einem Speicher für eine Stelle, einem Flip-Flop. Das Verschieben beider Operanden und des Ergebnisses muß darüberhinaus gleichzeitig erfolgen, man benötigt einen Taktgeber. Außerdem muß der Stellenzahl entsprechend oft getaktet werden. Man benötigt also einen Zähler, der den Taktgeber zu gegebener Zeit unterbricht. Dies sollte Anlaß sein, diese Bauteile oder wenigstens einige davon vorzustellen und zu besprechen.

Es fällt den Schülern verhältnismäßig leicht, Schieberegister und Zähler modulo einer Zweierpotenz in Schaltungen mit Flip-Flops zu zerlegen, wenn deren Arbeitsweise sehr sorgfältig am Modell ausgetestet wurde.

Zähler - vielleicht möchte man bis 6 zählen und nicht bis 8 - bieten nun den Anlaß, sich mit Und- und Oder-Verknüpfungen und mit Negationen zu beschäftigen. Man wird an dieser Stelle frühere Ergebnisse aus der Aussagenlogik oder Booleschen Algebra auffrischen müssen.

Danach ist es nicht schwierig, an Hand der Funktionstabelle z. B. einen Volladdierer in seine Teile zu zerlegen. Statt dessen bietet sich auch die Zerlegung eines Halbaddierers an und dann die Zerlegung des Volladdierers in Halbaddierer.

Als Abschluß kann der Prinzipaufbau eines Flip-Flops mit Takteingang stehen.

Bezüglich der Schaltbilder sei auf die Literatur verwiesen, z. B. Goldschlager / Lister [1], Seite 140 ff. oder Modrow [7].

Als Vertiefung wird man komplexere Schaltungen verwenden, z. B. Multiplikation zweier Zahlen durch fortgesetzte Addition oder unter Ausnutzung des einfachen Verdoppelns und Halbierens (Linksschieben bzw. Rechtsschieben). Weiter kann man versuchen, Schaltungen zu vereinfachen und dazu geeignete Verfahren besprechen (vgl. dazu etwa Klar [4], Seite 79 ff. oder Whitsitt / Stumpf [9], Seite 24 f.). Technisch bedeutsam ist, daß man die drei Typen von Bausteinen, nämlich Und- und Oder-Verknüpfung und Negation, durch einen einzigen Typ, nämlich Nicht-Und- oder Nicht-Oder-Verknüpfung ersetzen kann.

Theoretische Informatik (Endliche Automaten)

Will man sich von der Zufälligkeit einer immer fehleranfälligen Technik befreien, um korrekte Aussagen über Algorithmen zu bekommen, muß man mathematische Modelle konstruieren. Automaten sollen solche Modelle für reale Datenverarbeitungsanlagen sein. Sie müssen daher zumindest prinzipiell gestatten, die Programmabarbeitung in einem Computer nachzuvollziehen. Für den Unterricht ist es wichtig, dabei schon bekannte Prinzipien zu verwenden. Dazu wählen wir eine möglichst einfache Gestalt der Algorithmen, nämlich Eingabe - Verarbeitung - Ausgabe (EVA-Prinzip).

Für die Eingabe wählen wir eine sequentielle Datei, in der Zeichen aus einem endlichen Zeichenvorrat stehen. In Pascal, das den Schülern bekannt ist, ist nämlich die Eingabe genauso realisiert. Ein älteres Modell wäre ein Lochstreifen.

Entsprechend kann man die Ausgabe realisieren als sequentielle Datei. In der Literatur ist häufig von "Eingabeband" bzw. "Ausgabeband" die Rede.

Die Verarbeitung erfolgt in der Zentraleinheit des Rechners. Ein Algorithmus wird dadurch abgearbeitet, daß abhängig von der aktuelle Belegung von Speichern, Registern u. ä. und der Eingabe eine neue Belegung der Speicher und Register erfolgt, abstrakt: ein Zustand wird in einen anderen überführt. Ein Algorithmus beschreibt nun gerade, wie diese Überführung stattfindet. Üblicherweise geht ein Computer beim Einschalten auch in einen definierten Anfangszustand.

Von der technischen Gestaltung abgesehen erhält man damit das Modell eines Automaten, einen Endlichen Automaten (Transduktor). Zur Definition vgl. Herschel [2], Seite 29 ff. oder Maurer [6], Seite 108 ff.

Bildlich wird der Automat oft wie folgt dargestellt:

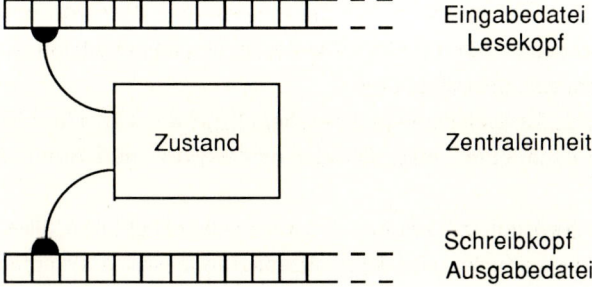

Eingabedatei
Lesekopf

Zentraleinheit

Schreibkopf
Ausgabedatei

Für die Arbeitsweise wird ein wesentliches Merkmal aus dem Bereich der Technischen Informatik, nämlich das taktweise Arbeiten, wieder aufgegriffen. Der Automat liest nun das unter dem Lesekopf stehende Zeichen, geht in Abhängigkeit von diesem Zeichen und seinem jeweiligen Zustand gemäß dem Algorithmus (der Überführungsfunktion) in einen neuen Zustand über und gibt etwas aus. Dieser Vorgang wiederholt sich so lange, bis der Lesekopf das Ende der Eingabedatei erreicht hat. Die Ausgabe ist gerade der Inhalt der Ausgabedatei zu diesem Zeitpunkt. Die formale Beschreibung der Arbeitsweise ist in der Literatur zu finden. Beispiele zur Beschreibung können in Anlehnung an den bisherigen Unterricht gefunden werden, also im Umgang mit natürlichen Zahlen, oder völlig fremden Bereichen entnommen werden. Bewährt haben sich die Addition zweier natürlicher Zahlen. Dabei erfolgt die Zahldarstellung einer Zahl n durch n Striche ("Bierdeckelnotation"). Weiter sind möglich die Multiplikation mit einer Konstanten und die ganzzahlige Division durch eine Konstante.

Mit den Beispielen werden auch verschiedene Darstellungen eines Endlichen Automaten geübt wie Tabellenform und Graph.

Weiter läßt sich sehr einfach aus der Darstellung eines Serienaddierwerks die Addition zweier Dualzahlen realisieren. Dabei ist zu berücksichtigen, daß die Zahlen abwechselnd von hinten eingegeben werden. Die kürzere muß mit führenden Nullen aufgefüllt sein und für den letzten Übertrag müssen zwei Nullen nachgeschoben werden. Das Ergebnis muß dann noch umgedreht werden. Im Vortrag soll das Beispiel erläutert werden.

Dieses Beispiel stellt eine der Grenzen des Endlichen Automaten als Transduktor dar. Die übliche Addition, nämlich Schreiben der ersten Zahl, stellenrichtiges Schreiben der zweiten Zahl und anschließende Addition stellenweise von hinten ist nicht mehr möglich, wenn die Zahlen beliebig groß werden dürfen.

Als Einstieg könnte auch ein Fahrkartenautomat dienen. Das Beispiel ist fast beliebig komplex zu gestalten, als Anfang genügt die Eingabe von zwei Sorten Münzen und die Rückgabe der Fahrkarte, wenn der Fahrpreis erreicht ist, wobei keine Rückgabe von überzahltem Geld erfolgt.

Im Unterricht dient dieses Beispiel zum Übergang vom Transduktor zum Akzeptor. Bei diesem Automat ist nämlich nur interressant, ob eine Fahrkarte kommt oder nicht, ob also eine bestimmte Folge von Münzen akzeptiert wird oder nicht.

Der Akzeptor wird nun eingeführt. Zur Definition vgl. Herschel [2], Seite 14 ff. oder Maurer [6], Seite 84 ff. Gleichfalls wird beschrieben, was die von einem Endlichen Automaten als Akzeptor akzeptierte Menge ist.

An sehr einfachen Beispielen wird nun zu zeigen versucht, was Akzeptoren alles leisten können, z. B. werden Akzeptoren erarbeitet, die nichts akzeptieren, die alles akzeptieren, die ein festes Wort akzeptieren.

Sehr einfach ist es, Automaten zu konstruieren, die Vereinigung bzw. Durchschnitt zweier von Automaten akzeptierter Mengen akzeptieren. Auch für das Komplement ist leicht ein Automat zu finden. Am Beispiel $L_1 = \{1^n \mid n \text{ aus } \mathbf{N}_0\}$ vereinigt mit $L_2 = \{1^n 0 \mid n \text{ aus } \mathbf{N}_0\}$ sollen die Schüler zeigen, daß in der Regel ein Endzustand nicht ausreicht.

Nach den bisherigen Beispielen sind die Schüler leicht geneigt anzunehmen, daß es für jede Menge einen Automaten gibt, der dies Menge akzeptiert. Dem muß durch ein weiteres Beispiel, etwa $L = \{1^n 0^n \mid n \text{ aus } \mathbf{N}_0\}$, entgegengewirkt werden. Ein formaler Beweis überfordert oft die Schüler, aber der Grund, die endliche Speicherfähigkeit des Endlichen Automaten, ist leicht plausibel zu machen.

Dies kann nun Anlaß sein, das Automatenmodell zu erweitern. Eine Möglichkeit ist die, einen Speicher anzufügen.

Je nach Arbeitsweise und Größe des zusätzlichen Speichers erhält man den Kellerautomaten, den linear beschränkten Automaten oder die Turingmaschine. Eine Vertiefung in dieser Richtung geht aber sicher über den Lehrplan des Halbjahres 12/2 hinaus.

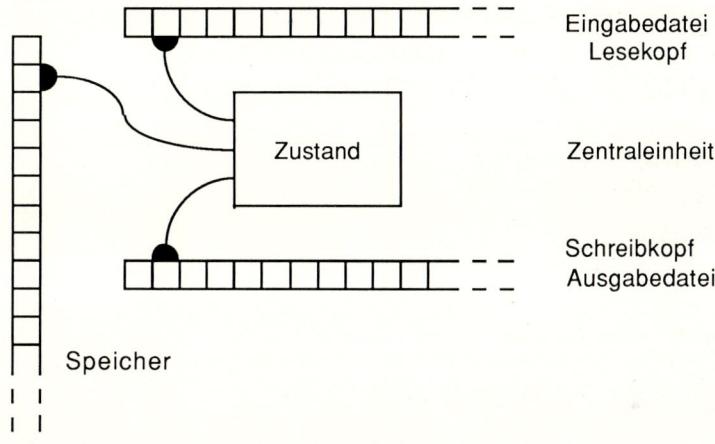

Dennoch sollten zum Abschluß Überlegungen nicht fehlen, daß Algorithmen und Automaten prinzipielle Grenzen gesetzt sind. Dazu gibt es zwei Ansätze. Einmal kann man mit Anzahlen argumentieren: Die Menge aller Teilmengen einer abzählbaren Menge ist überabzählbar, aber es gibt nur abzählbar viele Automaten oder Algorithmen. Im zweiten Ansatz wird das Halteproblem, etwa für Algorithmen in Form von Pascal-Programmen, formuliert und plausibel gemacht.

Damit ist man wieder zum Ausgangspunkt zurückgekommen.

Literaturverzeichnis

[1]   *Les Goldschlager / Andrew Lister*
        Informatik - Eine moderne Einführung
        Carl Hanser Verlag, München - Wien, 1986[2]

[2]   *Rudolf Herschel*
        Einführung in die Theorie der Automaten, Sprachen und Algorithmen
        R. Oldenbourg Verlag, München - Wien, 1974

[3]   *John E. Hopcroft / Jeffrey D. Ullman*
        Formal Languages and their Relation to Automata
        Addison-Wesley Publishing Co., Reading - London, 1969

[4]   *Rainer Klar*
        Digitale Rechenautomaten
        Walter de Gruyter, Berlin - New York, 1983^3

[5]   *Kultusministerium Rheinland-Pfalz (Herausgeber)*
        Lehrplan Informatik
        Grundfach in der Oberstufe des Gymnasiums
        Kultusministerium, Mainz, 1983

[6]   *Hermann Maurer*
        Theoretische Grundlagen der Programmiersprachen
        Bibliographisches Institut, Mannheim - Wien, 1977

[7]   *Eckart Modrow*
        Automaten, Schaltwerke, Sprachen
        Ferd. Dümmlers Verlag, Bonn, 1988

[8| *Claus Peter Schnorr*
        Rekursive Funktionen und ihre Komplexität
        B. G. Teubner, Stuttgart, 1974

[9]   *J. Eldon Whitesitt / Botho Stumpf*
        Einführung in die Boolesche Algebra
        Friedr. Vieweg + Sohn, Braunschweig, 1973^2

Einführung rekursiver Denkschemata zur Problembeschreibung- und lösung am Beispiel einer Robotersimulation

Ein Beitrag zur Didaktik und Methodik der Einführung in die Informatik in der Sekundarstufe II

Dieter Stobbe
Archigymnasium Soest
Niederbergheimer Str. 9, D-4770 Soest

Schwierigkeiten im Umgang mit Rekursionen

Rekursive Algorithmen werden von Schülern, die eine imperative Sprache wie Pascal lernen, häufig als schwierig und undurchschaubar angesehen. Ein wesentlicher Grund hierfür liegt in der Tatsache, daß beim Erlernen solcher Sprachkonzepte lineare und kausale Denkweisen weiter unterstützt werden und ein ganzheitliches Denken und Planen in Wirkungszusammenhängen mit Rückkopplungseffekten wenig gefördert wird.

Moderne Sprachkonzepte, wie sie in den prädikativen Programmiersprachen anzutreffen sind, verlangen jedoch eine Abkehr vom linearen Denken und eine strukturell andersartige Problembeschreibung und Problemlösung. Rekursive Algorithmen bzw. Problemlösungsbeschreibungen erfordern ein Umdenken und eine Neuorientierung bei der Problemanalyse und Definition. Die von Schülern geäußerten Schwierigkeiten beim Umgang mit rekursiven Strukturen potenzieren sich, wenn beispielsweise Sprachkonzepte wie Prolog eingeführt werden.

In Fachlexika findet sich wenig Substantielles zu dem Begriff der Rekursion. So wird z.B. in dem Duden zur Informatik formuliert:
" Rekursion: Definition eines Problems, einer Funktion oder eines Verfahrens durch sich selbst." und weiter "Rekursive Problemlösungen dienen in erster Linie der Einsicht in das Problem".
Solche Erläuterungen bringen dem Lernenden keine Einsicht in rekursive Lösungsansätze. Auch Beispiele, welche unmittelbar aus mathematischen Definitionen abgeleitet sind, erwecken eher den Eindruck, daß ein Problem bereits rekursiv definiert sein muß, um einen entsprechenden Algorithmus zu finden oder aber, daß rekursive Algorithmen eher intuitiv konstruiert werden, ohne daß die Entwicklung der Lösungsidee transparent wird.

Aspekte beim Einsatz rekursiver Lösungsverfahren

Rekursive Verfahren beinhalten zwei wichtige Aspekte, die didaktisch umgesetzt und methodisch aufbereitet schon zu einem
frühen Zeitpunkt in den Einführungskurs Informatik eingebracht
werden können:

a) Das Prinzip der Problemreduktion
   Rekursionen sind einerseits immer dann erfolgreich einsetzbar, wenn sich ein Problem auf strukturgleiche Teilprobleme
   zurückführen läßt. Strukturgleich bedeutet in diesem Zusammenhang, daß entweder der Algorithmus gleichartig auf iden-
   tifizierten Teilproblemen operiert, oder daß die Objekt-
   struktur rekursiv beschreibbar ist. Als Beispiel sei das
   bekannte Problem der "Türme von Hanoi" genannt. Ein Teilpro-
   blem besteht darin, eine Scheibe von einem Platz auf einen
   anderen zu transportieren und diesen Vorgang solange zu
   wiederholen, bis der Turm komplett auf einem anderen Platz
   steht.
   Andererseits sind Datenstrukturen wie Felder, Listen, Bäume
   oder Dateien typische Objekte, die sich rekursiv definieren
   lassen. Solche Objekte lassen sich als Ganzes bearbeiten,
   indem Operationen auf einer Objektkomponente durchgeführt
   und iterativ auf die Gesamtstruktur fortgesetzt werden.

   Im beiden Fällen bedeutet rekursives Problemlösen das
   Identifizieren eines Elememtarproblems bzw. das Arbeiten auf
   einer Grundstruktur, indem das Ausführen von Elementaropera-
   tionen bzw. das Bearbeiten einer Komponente einer komplexen
   Struktur beschrieben wird. Man könnte diese Fälle durch die
   Begriffe **"Prozeßrekursion"** und **"Strukturrekursion"** charakterisieren. In der Praxis treten häufig Mischformen auf wie
   z.B. beim binären Suchen in einem geordneten Feld.

b) Das Prinzip der Lösungsorganisation durch die Maschine
   Bei modernen Sprachkonzepten nimmt die maschineninterne
   Repräsentation und Verwaltung von Strukturen und Algorithmen
   dem Programmierer Detailarbeit ab und ermöglicht die Beschränkung auf die deskriptive Problemlösung. Die verschiedenen Inkarnationen von Prozeduren und lokalen Datenräumen
   bleiben verborgen. Prädikative Sprachen wie Prolog nehmen
   dem Programmentwickler fast sämtliche Verwaltungsarbeit ab
   und organisieren den Lösungsprozeß selbständig. Dieses Prinzip kann bei Verwendung rekursiver Algorithmen auch bei imperativen Sprachen wie Pascal genutzt werden und führt zu
   einer Programmiertechnik, die eher als deskriptiv zu bezeichnen ist und die Dualität zwischen Problemdefinition und

Algorithmus ausnutzt.

Um diese Aspekte methodisch im Informatikunterricht umsetzen zu können, sind dem Lernenden Analyse- und Entwurfsverfahren für rekursive Lösungsansätze zu vermitteln. Hierbei kommt es darauf an, Rekursion nicht als schwierigen Spezialfall für Lösungsmethoden anzusehen, sondern als Handwerkszeug, welches den Problemanalyseprozeß unterstützt (Stepwise Refinement) unter Ausnutzung vorhandener Sprachkonzeptionen bei der Lösungsdurchführung.

Alltagsprobleme - rekursiv beschrieben und gelöst

Obwohl die Umgangssprache unpräzise ist und Mehrdeutigkeiten bei einer Objektbeschreibung auftreten können, sollen einige Beispiele deutlich machen, wie Struktur- und Prozeßrekursionen zur Problemdefinition- und lösung eingesetzt werden können.
Als Mittel der Beschreibung wird die Form der **Liste** gewählt, wobei eine Liste als eine Sequenz von Grundelementen zu verstehen ist, welche problembezogen zu definieren sind.
Ein Stau auf der Autobahn kann strukturell beschrieben werden als

$$
\text{Stau} ::= \begin{cases} () \quad \text{d.h. leer, falls kein Auto steht} \\ (\text{Auto}, \text{Stau}), \text{ sonst} \end{cases}
$$

Sprachlich ausgedrückt bedeutet dies, daß ein Stau, so er nicht leer ist, aus einem Auto besteht, hinter dem sich Autos stauen.

Das Auflösen eines Autostaus kann definiert werden mit

$$
\text{Stau\_auflösen} ::= \begin{cases} () \text{ , keine Aktion, falls kein Stau} \\ \quad\quad\quad \text{vorhanden} \\ (\text{Auto\_fährt\_an}, \text{Stau\_auflösen}), \text{ sonst} \end{cases}
$$

Umgangssprachlich ausgedrückt bedeutet dies, daß ein Stau aufgelöst wird, indem das erste Auto anfährt und sich der Stau in gleicher Art und Weise weiter auflöst.

In der ersten Definition wird ein Stau strukturell beschrieben und dual hierzu durch die zweite Definiton ein Prozeß definiert.

Ein zweites Beispiel, welches unten nochmals aufgegriffen wird, beschreibt rekursiv eine Treppe und eine Operation auf dieser:

$$
\text{Treppe::=} \begin{cases} () \quad \text{leer, falls keine Stufe vorhanden} \\ \\ (\text{Stufe, Treppe}), \quad \text{sonst} \end{cases}
$$

$$
\text{Treppe\_steigen::=} \begin{cases} () \quad \text{keine Aktion, falls keine Stufe da} \\ \\ (\text{Stufe\_steigen, Treppe\_steigen}), \quad \text{sonst} \end{cases}
$$

Sowohl im ersten als auch im zweiten Beispiel sind jeweils die Grundelemente, d.h. die strukturkonstituierenden Grundobjekte (hierbei: Auto, Stufe) bzw. die prozeßkonstituierenden Grundoperationen (Auto_fährt_an, Stufe_steigen) zu definieren.

Das oben genannte Beispiel der "Türme von Hanoi" läßt sich ebenfalls derart aufbereiten:

$$
\text{Hanoiturm ::=} \begin{cases} () \quad \text{leer, falls kein Turmelement vorhanden} \\ \\ (\text{Hanoiturm, Scheibe}), \quad \text{sonst} \end{cases}
$$

d.h. ein Hanoiturm existiert nicht oder besteht aus einem Hanoiturm, welcher auf einer Scheibe steht. Der Prozeß des Turmumbaus läßt sich dual hierzu beschreiben.

$$
\text{Turm\_umbau::=} \begin{cases} () \quad \text{keine Operation, falls Turm leer} \\ \\ (\text{Turm\_umbau,Scheibe\_umsetzen}), \quad \text{sonst} \end{cases}
$$

d.h. bevor die unterste Scheibe umgesetzt werden kann, muß der obenstehende (Rest-) Hanoiturm auf eine Hilfsposition gesetzt werden, erst dann kann die unterste Scheibe auf die Zielposition gelegt werden. Als Algorithmus formuliert für n Scheiben:

```
Turm_umbau (n, Ausgangsposition, Hilfsposition, Zielposition)
 Falls n )0 dann
    Turm_umbau(n-1,Ausgangsposition, Zielposition,Hilfsposition)
    Scheibe_umsetzen(Ausgangsposition, Zielposition)
    Turm_umbau(n-1, Hilfposition, Ausgangspostion, Zielposition)
```

Hierbei ist lediglich die Grundoperation Scheibe_umsetzen zu definieren. Die letzte Anweisung dient dazu, den (Rest-)Turm auf die Zielposition zu transportieren.

Rekursion am Beispiel der Robotersimulation NIKI

Anhand einer Robotersimulation "NIKI der Roboter" soll gezeigt werden, wie rekursive Denkschemata in einer Modellumgebung vermittelt und als Handwerkszeug für den Prozeß der Problemanalyse, -definition und -lösung eingesetzt werden können.

NIKI wurde erstmals in der Lehrerfortbildung in Nordrhein-Westfalen eingesetzt als ein Unterrichtsmodell zur variablen- und parameterfreien Einführung in die Programmierung sowie zur Vermittlung informatiktypischer Arbeitstechniken wie etwa der Projektmethode.

NIKI ist die Bildschirmsimulation eines mobilen Transportroboters, der in einem abgeschlossenen Feld von 15 mal 10 Positionen Transportarbeiten durchführen kann. NIKI (Symbol: >) kann maximal 99 Objekte mitführen (Vorrat) und an jeder Position können bis zu 9 Objekte abgelegt werden. Innerhalb der Roboterwelt können mit Hilfe von Hindernissen Arbeitsfelder konstruiert werden, und etwa als Lager- oder Fabrikhallen interpretiert werden.

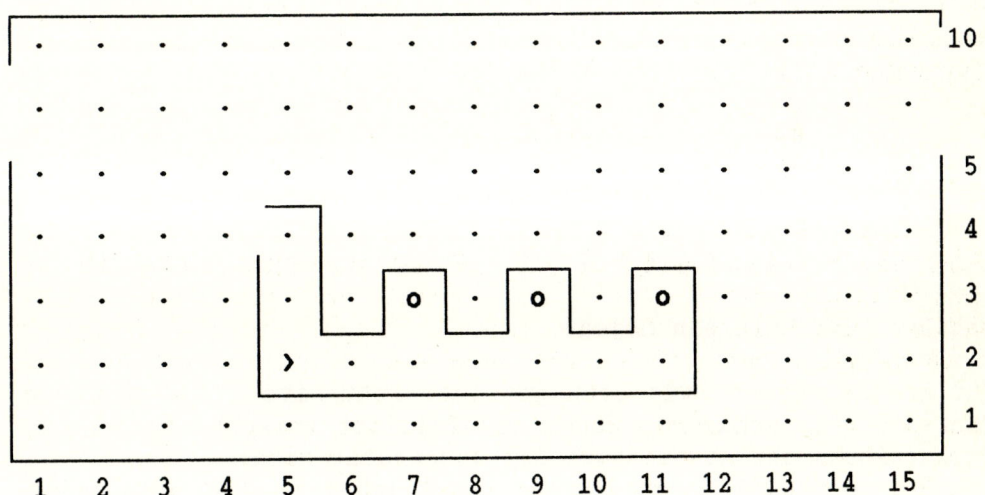

Abb.1 : NIKI in der Lagerhalle

Zu jedem Arbeitsfeld wird ein Arbeitsauftrag formuliert. In der Abb. 1 ist NIKI Transportroboter in einer Lagerhalle und hat Container, die an den Positionen (7/3), (9/3) und (11/3) lagern, einzusammeln und am Lagerausgang (5/4) abzulegen. Als Grundoperationen stehen die Anweisungen vor, nimm_auf, gib_ab und drehe_links zur Verfügung.

NIKI ist mit Tastsensoren ausgestattet (implementiert als Funktionen mit Ergebnistyp Boolean), welche abgefragt werden können und melden, ob in Laufrichtung bzw. links oder rechts des Roboters ein Hindernis ist (vorne_frei, links_frei, rechts_frei) oder ob an der Position des Roboters ein Objekt liegt (Platz_belegt) bzw. der Roboter Objekte mit sich führt (hat_Vorrat).
Zur Programmierung des Roboters dient eine Sprache, die als reduziertes PASCAL mit Abstraktem Datentyp Roboter zu bezeichnen ist, mit Prozedurkonzept sowie den Kontrollstrukturen "Entscheidung" (IF .. THEN ... ELSE...) und "Wiederholung" (REPEAT ... UNTIL .. und WHILE .. DO ...).

Aufgrund der variablenfreien Programmierung ist es möglich, Probleme zu definieren, die ausschließlich rekursiv lösbar sind. Diese Tatsache gibt Anlaß zu Überlegungen, wie rekursive Lösungsansätze systematisch vermittelbar sind, welche Denkstrukturen und Problemanalysemethoden einzusetzen sind. In Abb.2 soll NIKI eine Scheibe, die an beliebiger Position (x/2, x>3) rechts von seiner Position (4/2) oder an dieser Position liegt, finden, aufnehmen und an seine Ausgangsposition zurückkehren. NIKI führt keinen Vorrat mit (etwa um den zurückgelegten Weg zu markieren).

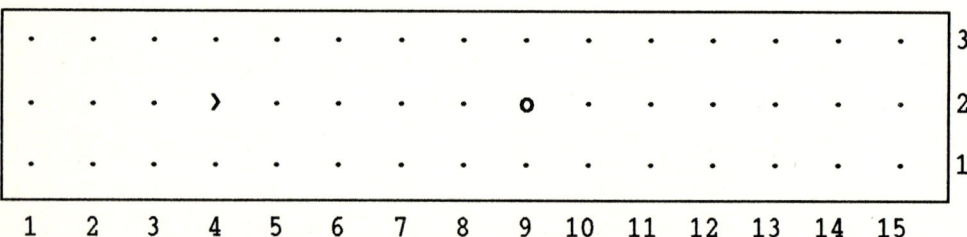

Abb.2 : NIKI holt ein Objekt

Zur Lösung werden, wie oben gezeigt, rekursive Strukturen und Prozesse unterschieden, wobei die Dualität zwischen beiden zur Beschreibung der Anweisungsfolge ausgenutzt wird.
Der Weg, den NIKI insgesamt zurückzulegen hat, läßt sich rekursiv beschreiben mit:

$$\text{Weg ::=} \begin{cases} \text{() leer, falls die Scheibe an NIKI's Position liegt} \\ \text{(Schritt, Weg, Schritt), sonst} \end{cases}$$

Die Aktion, welche der Roboter auszuführen hat, um die gestellte Aufgabe zu lösen, läßt sich definieren mit:

$$
\text{Scheibe\_holen} ::= \begin{cases} \text{(Aufnehmen, Umdrehen), falls die Scheibe an} \\ \text{NIKI's Position liegt} \\ \\ \text{(Schritt\_machen,Scheibe\_holen, Schritt\_machen)} \\ \text{sonst} \end{cases}
$$

Aus dieser rekursiven Prozeßdefinition läßt sich schematisch eine rekursive Prozedur Hole_Scheibe entwickeln:

```
PROCEDURE Hole_Scheibe;
BEGIN
  IF Platz_belegt THEN
  BEGIN
    nimm_auf;
    drehe_links;drehe_links;
  END
  ELSE
  BEGIN
    vor;
    Hole_Scheibe;
    vor;
  END
END;
```

Man beachte, wie die prozessuale Definition sich direkt umsetzen läßt in eine Rekursion. Hieraus läßt sich allgemein eine **Übersetzungsschablone** von der rekursiven Prozeßdefinition (Liste) zur rekursiven Prozedur entwickeln:

$$
\text{Anweisung} ::= \begin{cases} \text{(Aktion}_W\text{), wenn eine Bedingung erfüllt ist} \\ \\ \text{(Aktion}_V\text{, Anweisung, Aktion}_N\text{), sonst} \end{cases}
$$

Aktion$_W$ – Anweisung, **wenn** eine Bedingung erfüllt ist
Aktion$_V$ – Anweisung, **bevor** eine Bedingung erfüllt ist
Aktion$_N$ – Anweisung, **nachdem** eine Bedingung erfüllt ist

```
PROCEDURE Anweisung;
BEGIN
  IF Bedingung THEN Aktionw
  ELSE
  BEGIN
    Aktionv;
    Anweisung;
    Aktionn;
  END
END;
```

Diese Übersetzungsschablone ist bei Problemstellungen innerhalb
der Roboterwelt erfolgreich einsetzbar. Prinzipiell reduziert
sich die Aufgabe darin, eine Problembeschreibung zu finden, bei
der die drei in der Schablone auftretenden Aktionsformen zu bestimmen sind, wobei je nach Problemstellung gewisse Aktionen
auch leere Anweisungen sein können. Auf jeden Fall muß die
Aktionν zu einer Erfüllung der Abbruchbedingung führen.

Das oben erwähnte Beispiel des Treppesteigens soll nochmals
aufgegriffen und erweitert werden:

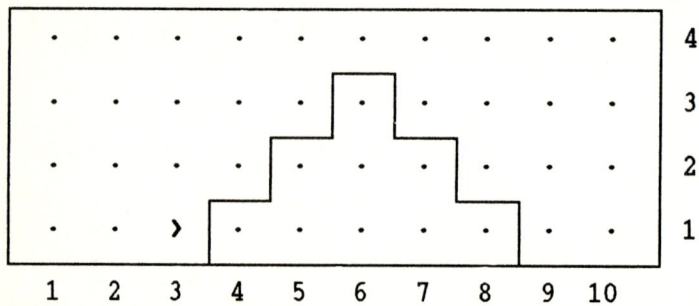

Abb.4 : NIKI übersteigt eine Treppe

NIKI übersteigt die symmetrische Treppe, wenn die Grundaktionen
Stufe_auf und Stufe_ab bekannt sind. Aus der prozessualen Rekursion läßt sich mit Hilfe der Übersetzungsschablone leicht
eine rekursive Prozedur formulieren:

```
                        ⎡ (), falls NIKI auf der obersten Stufe
                        ⎢      steht (bzw. auf einer Ebene)
Treppe_uebersteigen::= ⎨
                        ⎢ (Stufe_auf,Treppe_uebersteigen,Stufe_ab)
                        ⎣      sonst
```

Ein letztes Beispiel verdeutlicht, wie rekursive Denkschemata
auch in komplexen Situationen einfache Lösungsansätze hervor-
bringen:
NIKI steht am Ausgang eine Labyrinths und soll ein Objekt,
welches an beliebiger Stelle im Labyrinth steht, zum Ausgang
bringen. Um zunächst nur das Objekt zu finden, muß der Roboter
das Labyrinth nach einer Strategie durchsuchen. In diesem Fall
lautet die einfachste Strategie: Gehe immer an der rechten Wand
entlang.

```
              ⎡ () leer, falls Objekt erreicht
Weg::=       ⎨
              ⎣ (Teilschritt, Weg), sonst
```

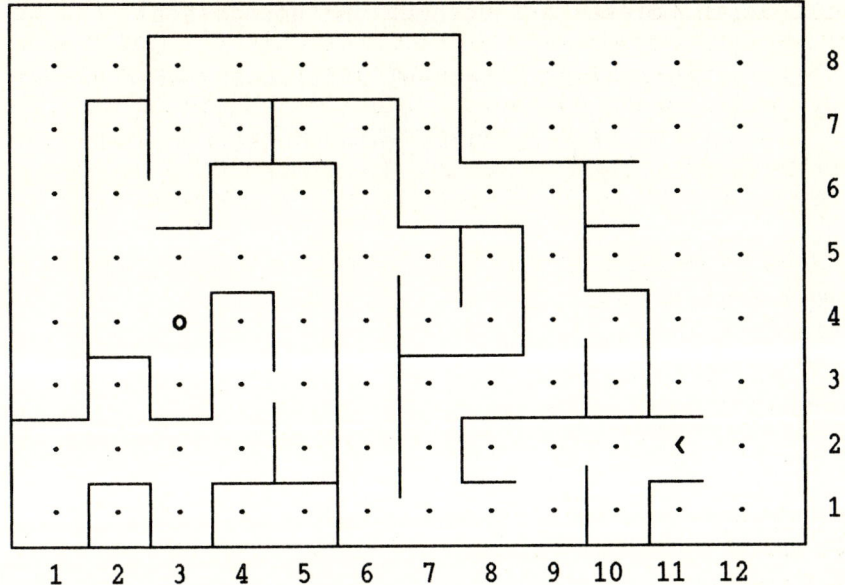

Abb.5 : NIKI im Labyrinth

Ein Teilschritt besteht darin, entsprechend der vorgegebenen
Strategie den nächsten Schritt in die richtige Richtung zu
machen.
Als Prozedur formuliert:

```
PROCEDURE An_der_rechten_Wand_entlang_zum_Objekt;
BEGIN
  IF NOT Platz_belegt THEN
  BEGIN
    IF rechts_frei THEN          ─┐
    BEGIN                         │
      drehe_rechts;vor; (*)       │
    END                           │
    ELSE                          ├─ nächsten Teilschritt suchen
      IF vorne_frei THEN          │
        vor;           (*)        │
      ELSE                        │
        drehe_links;   (*)       ─┘
    An_der_rechten_Wand_entlang_zum_Objekt;
  END;
END;
```

Der rekursive Aufruf kann auch bei jeder Fallunterscheidung
einzeln erfolgen (*), was bei der Gesamtlösung zu Vereinfachun-
gen bei der Umkehr des Weges führt.
Um den Weg vom Objekt zurück zum Ausgang des Labyrinths wieder-
zufinden, wird jeder Teilschritt symmetrisch umgekehrt durchgeführt. Die Aktion des Roboters (Prozeß) beim Auffinden des Ob-

jekts besteht darin, dieses aufzunehmen und umzudrehen:

$$
Objekt\_holen ::= \begin{cases} (Aufnehmen,\ Umdrehen)\ ,\ falls\ Objekt\ erreicht \\[1em] (Schritt\_vor, Objekt\_holen, Schritt\_zurück), \\ \hspace{8em} sonst \end{cases}
$$

```
PROCEDURE Hole_das_Objekt;
BEGIN
  IF NOT Platz_belegt THEN
    IF rechts_frei THEN
    BEGIN
      drehe_rechts;
      vor;
      Hole_das_Objekt;
      vor;
      drehe_links;
    END
    ELSE
      IF vorne_frei THEN
      BEGIN
        vor;
        Hole_das_Objekt;
        vor
      END
      ELSE
      BEGIN
        drehe_links;
        Hole_das_Objekt;
        drehe_rechts
      END
  ELSE              (* Objekt erreicht *)
  BEGIN
    nimm_auf;
    drehe_links;
    drehe_links; (* umdrehen *)
  END
END;
```

Zusammenfassung und Ausblick

Rekursive Schemata als "Denkzeuge", zu einem frühen Zeitpunkt
im Informatik-Unterricht eingeführt, bieten die Chance, Problemstellungen aus einer andersartigen Perspektive zu sehen und
Lösungsansätze zu entwickeln, welche die Lösungsorganisation

weitgehend der Maschine überlassen. Die Einführung rekursiver
Denkschemata mit Hilfe einer Modellumgebung wie NIKI gewährleistet, daß für den Lernenden im Anfangsunterricht die notwendige Transparenz der Arbeitsweise von Rekursionen gegeben ist,
ohne daß maschinenspezifisches Wissen im Vordergrund stehen
muß. Implementationsdetails bei der Abarbeitung von rekursiven
Anweisungen bleiben im Anfangsunterricht verborgen zugunsten
eines Konstruktionsschemas, welches allgemeingültig auf vielfältige Problemstellungen anwendbar ist und mit Hilfe der Übersetzungsschablone eine elementare Umsetzung in Anweisungen
einer Programmiersprache ermöglicht. Die Problemanalyse besteht
damit zunächst immer aus der Untersuchung und Definition struk-
turkonstituierender Grundelemente und prozeßkonstituierender
Grundoperationen. Als Darstellungsmittel dient die Form der
Liste, welche als sequentielle Aufzählung von Grundelementen
und Listen zu verstehen ist und als ein universelles Hilfsmittel zur Beschreibung von Strukturen dient.

Die Wahl der Liste als Darstellungsmittel bei der Definition
rekursiver Prozesse erfolgt in Anlehnung an Sprachen wie LISP,
LOGO oder PROLOG, wo die Liste als einfache aber universelle
Struktur dem Programmierer zur Verfügung steht.
Bei imperativen Sprachen wie PASCAL läßt sich diese Struktur
bei sequentiellen Dateien und dynamischen linearen Listen na-
türlich sofort wiedererkennen und die nach dem vorgestellten
Konzept gelernten Problemlösemethoden sind übertragbar.

Aber auch bei höheren Strukturen wie z.B. binären Bäumen bringt
diese Sichtweise Erleichterungen bei der Strukturananlyse sowie
der Formulierung rekursiver Lösungen. Allein aus den drei möglichen Formen der strukturellen Beschreibung eines Binärbaumes
lassen sich die Durchlaufvarianten (preorder, inorder, postor-
der) ableiten, z.B. die preoder-Struktur und -Bearbeitung aus:

$$
\text{Binärbaum::=}
\begin{cases}
\text{() leer, falls kein Inhalt} \\[1em]
\text{(Wurzel,Binärbaum,Binärbaum), sonst}
\end{cases}
$$

$$
\text{pre\_op(Baum) ::=}
\begin{cases}
\text{(), keine Operation, falls Baum leer} \\[1em]
\text{(Bearbeite\_Wurzel,pre\_op(left(Baum)),} \\
\text{pre\_op(right(baum))), sonst}
\end{cases}
$$

Als weitere wesentliche Programmiertechnik sei im Zusammenhang
mit Rekursionen auf die funktionale Darstellung von Objektope-
rationen verwiesen. Insbesondere bei höheren Strukturen unter-

stützt die funktionale Sichtweise die Umsetzung der in diesem Beitrag vorgestellten Darstellungsmethoden, so daß dieses Konzept sich durchgängig spiralförmig auf verschiedenen Ebenen im Informatikunterricht wiederfindet.

Software

K.Dingemann, NIKI der Roboter, eine Programmierumgebung, Klett Verlag, Stuttgart 1988

Literatur

V.Claus, A.Schwill, Duden Informatik, Ein Sachlexikon für Studium und Praxis, Dudenverlag Mannheim u.a. 1988

A.Hermes, D.Stobbe, Informatik Eins, Klett Verlag, Stuttgart 1988

A.Hermes, D.Stobbe, Informatik Zwei, Klett Verlag, Stuttgart 1989

Der Informatikunterricht in der Sekundarstufe II
wird Mädchen nicht gerecht

Beobachtungen, Erfahrungen, Ergebnisse

Hiltrud Westram, St.-Michael-Gymnasium, 5108 Monschau

Nach mehreren Jahren Unterricht des Faches Informatik in der gymnasialen Oberstufe stelle ich immer mehr fest, daß der Unterricht, zumindest so wie er in NW konzipiert ist, zwar den Neigungen und Interessen der Jungen Rechnung trägt, aber keine Rücksicht auf die Bedürfnisse der Mädchen nimmt, bzw. ihre besonderen Zugangsweisen nicht beachtet. Er geht nicht auf ihre legitimen Forderungen ein, sodaß Mädchen sich zum großen Teil schon nach kurzer Zeit aus dem Informatikunterricht verabschieden. Trotz großen Engagements meinerseits gelingt es mir nicht, den Anteil der Mädchen hier entscheidend zu vergrößern.

1. Der Wissensvorsprung, den viele Jungen mitbringen, wirkt frustrierend auf Mädchen.

9% der Frauen, aber 20% der Männer äußerten über alle Altersgrenzen hinweg den Wunsch, zu Hause einen Computer zu besitzen [2]. 41% der 14-19jährigen Mädchen gaben Ängste an vor der technischen Entwicklung gegenüber 15% der Jungen [2]. Der Anteil der Mädchen mit Zugriffsmöglichkeit auf einen häuslichen Computer ist nicht einmal halb so groß wie der der Jungen [4]. Insgesamt besitzt nur ein kleiner Teil der jungen Frauen einen eigenen Computer [1]. Bei der Einschätzung ihrer Computerkenntnisse zeigen die Mädchen weniger Selbstbewußtsein [4].

An meiner Schule besaßen im Frühjahr 1989 schon knapp ein Drittel der 10 bis 12jährigen einen eigenen Computer; aber es waren 44% der Jungen und 17% der Mädchen. In der Jg.stufe 11 sind die Jungen, die Informatik als Grundkurs belegt hatten, schon zum überwiegenden Teil mit eigenen Computern ausgestattet, während Mädchen nicht gleichziehen (können) (1988 in Aachen: 73% der Jungen gegenüber 29% der Mädchen in der Jg.st.11 [4] / 1986 in Münster: 43% der Jungen, 12,9% der Mädchen [9]).

Die bisher vorhandenen Untersuchungen zeigen ein deutliches Übergewicht in Computerbesitz, -anwendung und -kenntnis der Jungen gegenüber den Mädchen, wenn sie in 11,1 mit Informatik beginnen. Dementsprechend bringen sie mehr oder weniger fundierte Vorkenntnisse ein, sei es, daß ihnen Grundbefehle des Betriebssystems bekannt sind, sie mit unterschiedlichen Anwenderprogrammen vertraut sind oder den Wortschatz von BASIC in unterschiedlichsten Stufen beherrschen.

Doch nicht allein die mangelnde Praxis und Gelegenheit zur Übung, der fehlende Computer zu Hause machen den Mädchen zu schaffen. Vor allem wissen sie um die Überlegenheit vieler Jungen, die schon vorher lautstark verkünden, wozu sie den Rechner privat einsetzen.

Mit diesen gesellschaftlichen Vorbedingungen beginnen Mädchen (deutlich weniger als Jungen, die anderen versuchen es garnicht) mit dem Unterricht in Informatik. Sie kennen und erleben die ungleichen Chancen und nehmen von Anfang an eine unsichere, mißtrauische Haltung ein gegenüber Mitschülern, Geräten und den (fast immer männlichen) Lehrkräften. Aber:

"Außerdem geht für viele Schüler von den Geräten eine starke Motivation aus: Die Schüler möchten in den ersten Stunden an die Rechenanlage. Diese Motivation sollte nicht verspielt werden." [6]

Das stimmt zweifellos für viele Jungen. Sie sind kaum zu bremsen, wenn sie die ersten Stunden Informatik in 11,1 haben und verhehlen ihre Enttäuschung nicht, wenn Themen theoretisch behandelt werden und die Rechner nicht eingesetzt werden. Ganz im Gegenteil zu Mädchen: Sie nehmen die "Trockenübung" mit Genugtuung wahr und sind skeptisch gegenüber der Arbeit an den Rechnern.

Doch eigentlich ist alles "bestens in Ordnung", denn Jungen sind im Informatik- unterricht äußerst hilfsbereit gegenüber dem "schwächeren Geschlecht": Sie neigen dazu, den Mädchen zu "helfen", sie scheuen keine Mühe, nehmen die Tastatur an sich, erklären, ohne zu ermüden, was noch in das Programm eingebaut werden kann, wie es absturzsicher gemacht werden muß und geizen dabei nicht mit ausführlichen Erklärungen in "Computerchinesisch".

Zwar werden Mädchen dadurch Erfahrungsmöglichkeiten im Umgang mit dem Computer, das Herausfinden eigener Strategien zur Lösung von Problemen verwehrt und ihnen die Möglichkeit des in der Schule notwendigen Erfolgserlebnisses genommen, doch "die ausschließliche und einzige Hauptsache, die zählt", ist, daß das Programm läuft!

Danach möchten die Jungen dringend etwas Neues kennenlernen. Schließlich konnten sie sich am Nachmittag davor Stunden vor den häuslichen Rechner setzen und alle Variationen durchprobieren.

Das einzige Mädchen meines letztjährigen Informatikkurses in 11,2 setzte sich trotz erheblicher Bedenken meinerseits zu einem der besten Jungen des Kurses. Beide vermittelten ernsthaft den Eindruck von optimalen Lernbedingungen und hatten als Leistungskurse Mathematik und Physik gewählt. Das Mädchen, mit dem Berufsziel Toningenieurin wollte jedenfalls Informatik bis zum Abitur belegen. Der Junge, schon seit dem 12. Lebensjahr mit eigenem Computer ausgestattet, erklärte bereitwillig alles, was das Mädchen nicht verstanden hatte, wie er schon zusätzlich die Programme erweitert hatte und nachdem er die gestellte Aufgabe gelöst hatte, ließ er auch das Mädchen an die Tastatur. Er half, die Fehler zu finden und zu verbessern. Es war einfach ein ideales Team – bis das Mädchen das Handtuch warf!

Durch den großen Wissensvorsprung vieler Jungen ist in den ersten, entscheidenden Stunden Informatik keinerlei Selbstvertrauen, geschweige denn Selbstsicherheit bei den Mädchen vorhanden, wenn der Lehrer oder die Lehrerin das Kommando gibt: "Computer anschalten."

Aber: Leistungen hängen entscheidend vom Zutrauen in die eigenen Fähigkeiten, aber auch einer bestärkenden Haltung der Eltern und Lehrkräfte ab. Außerdem ist ein positives Arbeitsklima im Kurs entscheidend für die Leistungsfähigkeit von Schülerinnen und Schülern. Wenn diese Voraussetzungen nicht gegeben sind, müssen sie geschaffen werden.

2. Das Erlernen einer Programmiersprache in 11,1 ist für viele Mädchen zu früh.

Mädchen der 1. Klasse zeigen gleich großes Interesse wie Jungen am Programmieren, in der 6. Klasse ist das Verhältnis 1:2, in der 9.Klasse 1:4 [2]. Zwischen der 8. und 12. Klasse entscheiden sich doppelt so viele Jungen wie Mädchen für einen Programmierkurs als Wahlfach [2]. Ein primär aufs Programmieren bezogener Unterricht entspricht kaum den Interessen der Mädchen [1]. Eine Teilnehmerin des 4. Bundeswettbewerbs Informatik: "Merkwürdigerweise war die Quote von denjenigen, die absprangen, als wir nur programmiert haben, höher, als da, wo wir also echt an den Aufbau und die Arbeitsweise und an die Theorie drangingen."

[7] sieht für den Einführungskurs in Jahrgangsstufe 11 als Kurslernziele u.a. vor:

"Algorithmen in eine problemorientierte Programmiersprache zu übertragen Algorithmen in Programmform auf die verfügbare Datenverarbeitungsanlage zu bringen"

Zwar geben Mädchen an, daß das Erlernen einer Programmiersprache stärker im Unterricht angesprochen werden sollte, doch gilt diese intensivere Behandlung für 7 von 10 Themenbereichen [4]. Es darf also angenommen werden, was schon unter Punkt 1 festgestellt wurde: Insgesamt werden zuviele Inhalte in zu kurzer Zeit vermittelt oder richtiger, es wird zuviel vorausgesetzt.

Schon die ersten hier aufgeführten Beispiele (Drucken einer Visitenkarte oder Berechnung der Abmessungen für eine Konservendose) sollen programmiert werden:

"Dabei werden die Eingabe- und Ausgabeobjekte bestimmt und dann die Begriffe Variable und Konstante, die Wertzuweisung und die erforderlichen Ein-/Ausgabeanweisungen behandelt. ... Dann werden die erforderlichen Programmbefehle in der verfügbaren Sprache eingeführt, der Algorithmus wird kodiert und nach Besprechung der notwendigen Systembefehle von den Schülern am Rechner ausprobiert." [7]

"Den Schülern soll die Algorithmik als Methode und Werkzeug zur Problemlösung bei der konkreten Arbeit mit dem Computer nahegebracht werden. Dabei sind allgemeine Prinzipien zur Entwicklung mit dem Computer herauszuarbeiten... Zur Verwirklichung dieser Zielsetzungen ist es unabdingbar, die Rechner im Unterricht möglichst früh einzusetzen und die Schüler zu einem systematischen Umgang mit dem Rechner anzuleiten." [6]

Wegen des selteneren Computerbesitzes fehlen ihnen elementare Kenntnisse in dessen Bedienung. Sie wollen die Grundlagen verstehen, sie wünschen sich eine umfassende Einweisung in die Anwendung und den Nutzen des Computers, in das Betriebssystem, die Fachsprache und schließlich auch die Einführung in eine Programmiersprache.

Die Richtlinien sehen aber vor, daß sofort mit Programmierübungen begonnen werden soll, ohne zunächst eine solide Basis für alle, d.h. im besonderen auch für die Mädchen geschaffen zu haben. Es ist die Rede von

> *"Die verschiedenen Einheiten werden anhand des Schulrechners knapp erläutert."* [7]

Und es ist vorauszusehen, daß für die Mädchen im besonderen gilt, was in [6] lapidar angemerkt ist:

> *"Man wird ansonsten bereits nach wenigen Wochen feststellen, daß einige der Schüler immer noch nicht in der Lage sind, einfache Programme auf dem Rechner zu erstellen. Es liegt in vielen Fällen daran, daß sie in der Handhabung des Systems nicht genügend geübt sind."* [6]

Aber nach wenigen Wochen schon "Programme auf dem Rechner" erstellen und all die Voraussetzungen geschaffen zu haben, die oben aufgeführt sind, ohne auf Vorkenntnisse zurückgreifen zu können, ist nur mit enormem zusätzlichem Zeitaufwand möglich, wie er während der 3 Stunden Unterricht/Woche nicht zur Verfügung steht. Andererseits kann es nicht Sinn des Informatikunterrichts sein, einen häuslichen Computer vorauszusetzen bzw. zur Bedingung für einen erfolgreichen Durchlauf durch die Kurssequenz zu machen.

Aber auf Vorkenntnisse kann offensichtlich nicht verzichtet werden:

> *"Der Bereich Produktion mit den Schwerpunkten Steuern und Regeln, der mit seinen Auswirkungen auch sicher viele Schüler (über die Eltern) betrifft, darf ebenso wenig fehlen wie der militärische Sektor mit seinen Anwendungen. Somit muß auf Vorkenntnisse der Schüler zurückgegriffen werden."* [6]

Diese Diskrepanz ist für die meisten Mädchen nicht lösbar. Weder sind sie durch die Eltern über 'Steuern und Regeln' informiert, noch kann davon ausgegangen werden, daß sie ganz allgemein Vorkenntnisse überhaupt, geschweige denn über den 'militärischen Sektor' besitzen.

Damit zielt dieser Einführungskurs Informatik zu schnell und direkt auf den Beginn des Programmierens und verlangt auch noch Vorkenntnisse, die Mädchen kaum mitbringen (können). Die Folge davon: Überproportional viele Mädchen wählen nach 11,1 Informatik – total frustriert – ab. Das läßt sich leicht mit Zahlen belegen.

An meiner Schule schwankten die Zahlen von Schülerinnen, die Informatik nach 11,1 abwählten, zwischen 20% und 95% und lagen im Schnitt in den letzten 5 Jahren bei 50%; dagegen die entsprechenden Zahlen der Jungen: zwischen 8% und 32%, im Schnitt 21%. Noch düsterer schaut das Bild aus, wenn man die Zahlen bis zur 13 betrachtet: Immerhin 20% der Mädchen, die in 11,1 das Fach gewählt hatten, blieben bis zum Abitur dabei und erreichten damit einen Anteil von 16% der gesamten Kursgruppe.

Damit liegen diese Zahlen über denen von Münster, wo Mädchen in höherem Maße Informatik von der 11 bis zur 13 abwählten: Während in der 11 das Verhältnis von Jungen zu Mädchen 2:1 war, sank es in der 12 auf 10:1 und in der 13 auf 25:1 ab. Gleichzeitig sank die Zahl der Kursteilnehmer(innen) von einem Jahr zum nächsten um jeweils zwei Drittel.

3. Die Interessen der Mädchen sind weiter gestreut.

Die Auswertung des Fragebogens in Aachen ergab unter den Jugendlichen, die Informatik gewählt hatten, daß Jungen zum großen Teil (40%) Leistungskurse aus dem math.-nat. Aufgabenfeld wünschten, während sich die Mehrheit der Mädchen (56%) für eine Kombination des 3. mit einem anderen Aufgabenfeld aussprachen.

Die Neigungen und Interessen der Mädchen weisen nicht so eindeutig und ausschließlich in eine Richtung wie bei vielen Jungen. Und: Jungen beschäftigen sich mit dem Computer im Schnitt so lange wie Mädchen im Höchstfall [9]. Jungen mit Informatikunterricht unterscheiden sich bzgl. der Lieblingsfächer wesentlich mehr von Jungen ohne Informatikunterricht als diese von Mädchen mit oder ohne Informatik [4].

Gerade aber hier müßten die Mädchen ansetzen, um mit den Jungen konkurrieren zu können. Sie müßten zugunsten der Informatik andere Fächer vernachlässigen, Hobbys beiseite schieben, Neigungen und Interessen zurückstellen. Da sie dazu nicht willens sind, gibt es für sie nur einen Ausweg: Sie wählen ab.

Zwar sind sie durchaus bereit, über einen begrenzten und überschaubaren Zeitrahmen für Informatik zusätzlich Stunden außerhalb des Unterrichts zu investieren, doch nicht mit der Ausschließlichkeit vieler Jungen.

4. Die Koedukation fördert Jungen und diskriminiert Mädchen.

35% der Studentinnen in Chemie kommen von reinen Mädchenschulen, obwohl insgesamt nur knapp 4% dort ihr Abitur ablegen. Für Informatik an der RWTH Aachen ist der entsprechende Anteil sogar noch höher. In der 1. Runde des 4. Bundeswettbewerbs Informatik beteiligten sich unter 1109 Teilnehmern 23 Mädchen. Von den 17, die 1986 zu einem Interview in das BMBW kamen, besuchten 10 reine Mädchenschulen [1]. Für ein Computercamp, das die Fa. Siemens Schülern und Schülerinnen von 5 Münchner Schulen anbot, kamen Mädchen nur von Mädchenschulen; die koedukativen Schulen schickten nur Jungen [3].

Ein beträchtlicher Anteil der Männer hält an geschlechtsspezifischen Begabungsprofilen fest, aber schlimmer noch, ein noch größerer Anteil der Frauen ebenso: 35% der Frauen und 30% der Männer meinen, daß Männer besser geeignet sind, mit Computern umzugehen. Allerdings verschieben sich die Zahlen bei den 14- bis 19jährigen ganz entscheidend: Nur noch 12% der Mädchen glauben daran, aber jeder dritte Junge [2].

Informatik hat mittlerweile eine geschlechtsspezifische Kompetenzzuschreibung. Seit 1980 sinken die Anteile der Studentinnen in Aachen von 18,5% auf 15%, in Dortmund von 17% auf 14%, in Darmstadt von 16% auf 10,5% [5]. Knapp 50% der Mädchen geben als Grund für die Abwahl von Informatik das Erkennen von Diskriminierung an [4]. Seit Informatik an Schulen verstärkt und inzwischen nahezu flächendeckend eingeführt ist, geht der Anteil der Informatikstudentinnen zurück. Kausale Zusammenhänge müssen noch nachgeprüft werden.

Was für Physik festgestellt wurde, kann auch für Informatik beobachtet werden: Das Interesse an diesen Fächern ist vor Eintritt der Pubertät deutlich höher als danach: 56% der Mädchen äußern am Ende des 5. Schuljahrs ein "großes" oder "sehr großes" Interesse am "Computer" und an "Elektronik" [8].

Die Mädchen erfahren auch heute noch im familiären Kreis durch die Rollenverteilung unter den Eltern, daß ihr Interesse für Informatik nicht dem "Normalverhalten" von Frauen entspricht [1]. Dementsprechend erfahren sie kaum Unterstützung von der Mutter, denn diese steht den neuen Technologien nur in Ausnahmefällen aufgeschlossen gegenüber – am ehesten bei eigenem beruflichem Kontakt mit ihnen. Wenn überhaupt, zeigt der Vater Verständnis für die Neigung seiner Tochter.

Bei Mädchen wird im Gegensatz zu den Jungen weniger Interesse an Aktivitäten geweckt, die für den Erwerb von Kompetenzen im math.-naturwissenschaftlichen Bereich bedeutsam sind. Mädchen wird vermittelt, daß eine subjektive Distanz zu diesem Bereich Bestandteil der weiblichen Geschlechtsrolle ist. Die Mitschüler tragen in vielfältiger Weise zur Verstärkung geschlechtsspezifischer Prägungen bei. Durch eintrainiertes Durchsetzungsvermögen verdrängen Jungen leicht Mädchen [2].

Das spüren Mädchen. Frauen sind eher skeptisch bei den Zukunftsperspektiven, wogegen Männer optimistisch und positiver in die Zukunft blicken (bezogen auf die neuen Technologien). Dabei klafft diese geschlechtsspezifische Schere bei 14- bis 19jährigen am weitesten auseinander (38% der Mädchen gegenüber 80% der Jungen sehen die Zukunft im Zusammenhang mit den neuen Technologien positiv [3]).

Auch in der Schule erfolgt eine Kompetenzzuschreibung durch Lehrer, wo sowohl Lehrerinnen in Informatik kaum anzutreffen sind und somit keine Vorbildfunktion wahrnehmen können als auch durch Diskriminierung der vorhandenen Lehrerinnen selbst.

Vor diesem Hintergrund, der von den jungen Mädchen nur teilweise bewußt wahrgenommen wird, heißt es dann: "Rechner anschalten." Nun ist folgendes zu beobachten: Mädchen werden physisch von den Jungen verdrängt oder garnicht an den Computer gelassen. Den Mädchen wird demonstriert, daß die Jungen bereits "alles können" usw.

Viele Mädchen lassen sich von solchem Verhalten beeindrucken, glauben an die

Überlegenheit der Jungen und nehmen deren Sprüche für bare Münze. Doch sich dagegen wehren, erfordert sowohl mindestens ebenbürtige Kenntnisse als auch gesundes Selbstbewußtsein. Wenn beides nicht vorhanden ist, ziehen Mädchen den kürzeren. Andererseits zeigen viele Jungen gerade im Anfangsunterricht ein ausgesprochenes Konkurrenzverhalten, ganz im Gegensatz zu Mädchen, die sich auch in dieser Phase kooperativ verhalten.

Trotz intensiver Bemühungen und Thematisierung der Zusammenhänge meinerseits kristallisieren sich bisher immer erst bis zur Jg.st. 13 die Teams heraus, die schon in der 11 wünschenswert wären und für ein die Mädchen ermutigendes Klima sorgen würden. Bis dahin haben die meisten Jungen und die wenigen noch ausharrenden Mädchen zu gegenseitiger Respektierung und Anerkennung gefunden. Dann allerdings können die Mädchen an einer Hand abgezählt werden.

5. Forderungen und mögliche Ansätze für größere Chancen von Mädchen.

Zunächst sollte bei der Diskussion nicht außer acht gelassen werden, daß das oben Gesagte auch auf manchen Jungen zutrifft. Ich habe das vorher angedeutet. Darüber hinaus sollte die extrem hohe Abwahl (von Jungen und Mädchen) in Informatik Grund genug für eine intensive Auseinandersetzung mit Didaktik und Methodik des Informatikunterrichts sein.

Folgende Vorschläge sollten diskutiert und versuchsweise in die Praxis umgesetzt werden:

a) Anbieten eines Anfängerkurses, für den keinerlei Voraussetzungen notwendig sind, als sogenannten Vorbereitungskurs vor dem eigentlichen Informatikunterricht.

In vielen Gesprächen mit Mädchen der Oberstufe wurde mir immer wieder bestätigt, daß sie sich unter diesen Bedingungen viel eher Chancen ausrechnen würden. Auch Mädchen, die das Fach nach einem halben Jahr abwählen, stehen ihm trotzdem noch aufgeschlossen gegenüber. Sie sind immer wieder in Freistunden im Informatikraum zu finden, wo sie sich mit einem speziellen Problem beschäftigen, eher fertige Programme anwenden als selbst programmieren, aber auch mit Interesse die programmierende Mitschülerin verfolgen.

Ob diese Kurse koedukativ oder nicht angeboten werden sollen, muß noch untersucht werden. Vieles spricht für eine zumindest teilweise Aussetzung der Koedukation, u.a. der enorme Zulauf, den Kurse, die sich speziell an Mädchen und Frauen wenden, haben (Z.B. der Zeitschrift BRIGITTE: Computercamp für Mädchen in den Ferien).

b) Gründliche Vermittlung der theoretischen Zusammenhänge, früheren und stärkeren Bezug zu Anwendungen und von Anfang an Betonung von gesellschaftsrelevanten Unterrichtsthemen; Verschieben des Erlernens einer Programmiersprache auf einen späteren Zeitpunkt (z.B. 11,2).

[7] verfolgt einen problemorientierten Algorithmikansatz, d.h. die Algorithmik als Methode und Werkzeug zur Problemlösung steht im Vordergrund. Damit könnte, wenn der Nachsatz "bei der konkreten Arbeit mit dem Computer" eingeschränkt würde, ein nach meinen Erfahrungen gravierendes Problem gemildert werden können.

Da außerdem eine Vielfalt von Programmiersprachen vorhanden und ständig weiter entwickelt wird, sollte überlegt werden, ob die Algorithmik zunächst unabhängig von einer konkreten Programmiersprache eingeführt werden könnte.

Mädchen stellen den Nutzen des Computers viel stärker in den Vordergrund und sehen in ihm weniger ein faszinierendes Spielzeug. Es gilt also nicht *"geht ...von den Geräten eine starke Motivation aus.."* Sie sind auch nicht bereit, "wochenlang ein Dateiprogramm zu schreiben, zu verbessern, zu ergänzen" [1], da sie um die eigene Unzulänglichkeit sehr wohl wissen. Sollten sie eines benötigen, würden sie ohnehin ein gutes, von Fachleuten erstelltes, einsetzen.

Erwiesenermaßen sind Mädchen für gesellschaftliche Aspekte aufgeschlossener als Jungen. Diese Themen sind auch im Informatikunterricht NW vorgesehen, doch im wesentlichen erst in der Jg.st. 13 – wenn kaum mehr Mädchen daran teilnehmen. Diese Bereiche sollten also schon sehr viel intensiver als bisher vorgesehen in den Einführungskurs aufgenommen werden.

c) Eine frühe Grundbildung, vor Eintritt der Pubertät, könnte die geschlechtsspezifische Komponente wesentlich abschwächen.

Kinder der Klassen 5 und 6 gehen völlig unvoreingenommen an die Rechner und setzen sie als Werk- oder Spielzeug ein, je nach den Vorgaben. Keinerlei Unterschiede, Hemmungen oder Beeinträchtigungen einer Schüler(innen)gruppe kann dabei beobachtet werden. Möglicherweise kann durch gelegentlichen, aber systematischen Rechnereinsatz eine Gewöhnung erreicht werden, die den Computer auf den Stellenwert reduziert, der ihm als Werkzeug im Unterricht zukommt. Wird er darüber hinaus auch in anderen Fächern benützt, so könnte der Effekt gefestigt und sogar gestärkt werden. Das später fehlende Selbstvertrauen ist bei 10- bis 11jährigen Mädchen noch eher vorhanden und könnte somit zu einer positiven Grundeinstellung beitragen.

d) Die inhaltlichen Schwerpunkte müssen sowohl den Bedürfnissen der Jungen als auch der Mädchen entsprechen.

Beispielhaft erwähne ich die Behandlung der Inhalte "Datenschutz" und "gesellschaftliche Folgen", die sich mehr als die Hälfte der Mädchen wünschen [9]. Sie werden aber, wenn überhaupt, erst in der Jg.stufe 13 behandelt. Auch in der Lehrerfortbildung in NW nehmen diese Themen nur einen geringen Platz ein. An Universitäten wird erst neuerdings über "Gesellschaftliche Aspekte der Informatik" nachgedacht. Andererseits werden diese Bereiche in der Öffentlichkeit, im besonderen in den Medien, stark diskutiert. Eine kritische Reflexion im Unterricht bleibt dem einzelnen Lehrer bzw. der Lehrerin überlassen.

Schlußbemerkung

Soll in Zukunft nicht die Hälfte der jungen Menschen dauerhaft und erfolgreich aus der Entwicklung der neuen Technologien, aus Zukunftsperspektiven und beruflichen Chancen ausgegrenzt werden, müssen Didaktik und Methodik des Faches Informatik gründlich reflektiert und überarbeitet werden und dabei sowohl die Interessen und Neigungen der Jungen als auch der Mädchen berücksichtigt werden.

Die von mir zitierten Aussagen aus [6] und [7] stehen exemplarisch für eine Fülle anderer, die von mir genau so gut hätten ausgewählt werden können.

Literatur:
[1]   Faulstich-Wieland, H.: Pionierinnen oder Außenseiterinnen? - Mädchen und Informatik
[2]   Schiersmann, Chr.: Zugangsweisen von Mädchen und Frauen zu den neuen

Technologien – Eine Bilanz vorliegender Untersuchungsergebnisse

[3] Schiersmann, Chr.: Frauen, Männer und Computer – Ergebnisse einer repräsentativen Untersuchung über die Einstellungen zu neuen Technologien

[4] Möller, M.: Mädchen und Jungen im Informatikunterricht – Ergebnisse aus 2 Befragungen an gymnasialen Oberstufen in Aachen und Münster

[5] Schinzel, B.: Auswirkungen der weiblichen Sozialisation auf die Entwicklung der Frauen in Naturwissenschaft und Technik

[6] Lehrerfortbildung in NW: Neue Technologien – Informatik in der gymnasialen Oberstufe und im Differenzierungsbereich des Gymnasiums, H.1.1

[7] Richtlinien für die gymnasiale Oberstufe in NW – Informatik

[8] Hoffmann,L. & Lehrke,M.: Untersuchung über die Veränderung von Schülerinteressen an Naturwissenschaften und Technik vom 5. bis 10. Schuljahr; IPN Kiel

[9] Sander,W.: Schüler und Computer – Eine Untersuchung zum Informatikunterricht an Münsteraner Gymnasien

TECHPLAN - Ein Innovationsplanspiel

Regina Aumüller und Hans-Peter Fischer
Mercedes-Benz AG, Werk Gaggenau

1 Unsere Kernidee

Im Techplanspiel wird der Abschluß der Planungsaufgaben und die Inbetriebnahme einer
mit neuer Technologie ausgerüsteten Fabrikhalle über den Zeitraum von 1,5 Jahren in
vier Tagen simuliert. Aufgabe der Teilnehmer am Techplanspiel ist es, den extremen
Wandel der Fertigungsstrukturen und der organisatorischen Abläufe, den die Einführung
neuer Technologien mit sich bringt, zu bewältigen.
Diese Simulation scheint uns ein wirkungsvoller Weg zu sein, Organisationen auf die
in hohem Maße komplexen und unbestimmbaren Veränderungsprozesse vorzubereiten, die
der Einsatz neuer Technologien erfordert.
Da traditionelle Lösungsmuster und altbewährte Strategien bei der Intensität einer
solchen Umstrukturierung nicht ausreichen, sondern neue Bewältigungsformen von typi-
schen Situationen in Veränderungsprojekten gesucht und erprobt werden sollen, bezeichnen wir Techplan als Innovationsplanspiel.

2 Veränderung der Anforderungen durch neue Technologien

Über die Frage, ob und in welchem Maß sich die Anforderungsstruktur von Arbeitsplätzen durch die Einführung neuer Technologien ändert, gab es sehr kontroverse Ansichten
und Hypothesen (z. B. GIZYCKI und WEILER, 1980, S. 78 f; DOSTAL, 1982, S. 99 ff.,
ZEDLER, 1985, S. 20 f; CORSTEN, 1986, S. 209 f.). Neue Technologien können in verschiedenen Arbeitsorganisationsformen realisiert werden und stellen dann auch unterschiedliche Anforderungen an die damit arbeitenden Mitarbeiter. Typische Veränderungen der Qualifikationsstruktur sind:

Psychomotorische Leistungen	- Die Bedeutung manueller Eingriffe in den Bear-beitungsprozess wird geringer. - Die Bedeutung sensomotorischer (v.a. grobmoto-rischer) Anforderungen sinkt. - Bestimmte feinmotorische Anforderungen (z.B. Tastaturbedienung) steigen.

Kognitive Leistungen	- Abstraktes Denken und Fähigkeit zum Umgang mit formalisierter Information und Symbolen nimmt an Bedeutung wesentlich zu, anschauliches Denken ab. - Die Bedeutung von multipel einsetzbarem Grundlagenwissen steigt. Als Voraussetzung für die Entwicklung planender Strategien sind vertiefte Arbeitsmittel-, Material- und Prozesskenntnisse erforderlich (HACKER, 1978).
Planerische Leistungen	- Dispositive, planerische und programmgestaltende Vorbereitungen des Arbeitsprozesses nehmen an Bedeutung zu. Systematisch-vorbedenkendes Handeln wird bei der Problembearbeitung und bei der Organisation des Arbeitsablaufes wesentlich.
Kooperation- und Kommunikationsfähigkeit	- Bei Fehlerdiagnose, Störungsbewältigung und anderen, nicht-routinemäßigen Ereignissen ergeben sich hohe Anforderungen an Kommunikations- und Kooperationsbereitschaft.

Abb. 1: Zusammenfassung zu erwartender Veränderungen in den Qualifikationsanforderungen bei der Implementierung neuer Technologien

Wenn die neuen Fertigungstechnologien jedoch in relativ wenig arbeitsteiligen und gruppenorientierten Organisationskonzepten realisiert werden, zeigen sich deutlichere Veränderungen in der Anforderungsstruktur. Neben fachlichen Kenntnissen im Sinne eines höheren Hintergrund- und eines besseren Zusammenhangswissens sind jedoch vor allem methodische und soziale Qualifikationen betroffen wie:
- vorausschauendes und planendes Denken, hohe Gesamtübersicht und große Eingriffssicherheit, Improvisationsfähigkeit, Problemlösungsfähigkeit, selbständiges und eigenverantwortliches Handeln (SONNTAG, 1985 und 1985 b, KERN und SCHUMANN, 1986, FISCHER, 1984)
- Kommunikations- und Kooperationsfähigkeit, Flexibilität gegenüber variablen und situationsabhängigen Zuständigkeiten (SONNTAG, 1985 und 1985 b, KERN und SCHUMANN, 1986)
- Lernfähigkeit und Lernbereitschaft.

Neben den Arbeitsplätzen direkt im Produktionsbereich sind vor allem betroffen:
- der instandsetzende Bereich durch neue Formen der Arbeitszuteilung
- die planenden und steuernden Bereichen durch höhere Anforderungen im Bereich von Projektsteuerungs- bzw. Projektmanagementkompetenzen, aber auch Organisationsveränderungs- und Organisationsentwicklungskompetenzen (z. B. BULLINGER und TRAUT, 1986)
- die betroffenen Führungskräften durch Veränderungen ihrer Rolle
- die Verwaltungsbereiche durch die Einführung neuer Informations- und Kommunikationstechnologien in ähnlicher Form wie an Arbeitsplätzen mit neuer Fertigungstechnologie.

3 Planspiele als Qualifizierungsinstrument

Während für den Erwerb fachlicher Kompetenzen entsprechende Trainings zur Verfügung
stehen oder entwickelt werden können, existieren wenig Konzepte, die den
Qualifizierungsbedarf durch neue Technologien in bezug auf methodische und soziale
Kompetenzen abdecken.

In Analogie zu den Unternehmensplanspielen, bei denen auch methodische und soziale
Lernziele eine Rolle spielen, sollte ein entsprechendes Planspiel entwickelt werden.
Entwicklungsideen und -impulse stammten dabei vor allem aus der Tradition der
pädagogischen Planspiele, die vor allem im schulischen Bereich und im Bereich der
Ausbildung entwickelt wurden als Trainingsform für bestimmte Verhaltensweisen, das
Treffen von Entscheidungen, Konfliktlösung, Projektarbeit und Förderung von
Eigenverantwortlichkeit. Planspielen werden dabei z. B. von FRIEDRICH und TSCHERSIG
(1978) folgende Funktionen zugeschrieben:

Merkmal	Didaktische Funktionen
Simulation	Erlernen komplexer Zusammenhänge, gefahrlose Erprobung von Fähigkeiten und Wissen, Praxisbezug
Aktivität	Erhöhung von Entscheidungsfähigkeit und Entscheidungsbereitschaft, Selbstbestimmung des Lernprozesses
Spiel	Motivationsfunktion: Wecken bzw. Verstärken eines sachbezogenen Interesses
Rollenspiel	Erfahrung rollenabhängiger Interessenperspektiven und Handlungsorientierung, Entwickeln optimaler Handlungsstrategien
Konflikt	Erhöhung der Transparenz von Entscheidungsprozessen, Aufzeigen gesellschaftlicher Konfliktfelder
Kommunikation	Erhöhung der Fähigkeit zu Kooperation und Kommunikation

Abb. 2: Didaktische Funktionen des Planspiels (FRIEDRICH und TSCHERSIG, 1978, S. 25)

Die Grundstruktur pädagogischer Planspiele ist dabei gekennzeichnet durch:
- Fallbeschreibungen der Ausgangslage, die den Zustand beschreiben, von dem aus sich
  das Spiel entwickeln soll
- Spielregeln, die die Handlungsmöglichkeiten der Spielgruppen und die Aufgaben der
  Spielleitung festlegen
- Spielinformationen, die ein Modell der Realität entwerfen und gleichzeitig spielgestaltend wirken, also eine umfassende Information für die Teilnehmer enthalten,
  ohne sie auf ein bestimmtes inhaltliches Verhalten festzulegen
- Rollenzuweisungen und Rollenbeschreibungen, die an die Spielgruppen zu repräsentierende Personen, Gruppen oder Institutionen zu verteilen sind und aus denen sich

Handlungsziele der einzelnen Spielgruppen ergeben
- Kommunikation, die primär sachbezogen und von den Spielern eigenverantwortlich zu
  organisieren ist
- Abschlußlage als Resultat des Planspiels
- Gewinn- oder Erfolgskriterien, die auf die Handlungsziele der Spielteilnehmer ge-
  richtet sind

(KUBE, 1977; FRIEDRICH und TSCHERSIG, 1978).

Der Ablauf eines Planspiels läßt sich in vier Phasen einteilen:

Vorbereitungs-phase	- Entwurf der Spielkonzeption - Einweisung der Teilnehmer in das Spielmodell
Informations- und Ausarbeitungsphase	- Ausgestaltung der Rollen durch die Spielgruppen - Durcharbeiten des Informationsmaterials
Spielphase	
Auswertungs-phase	- Abstraktion und Reflexion der Spielerfahrungen - Überprüfung der Planspielerfahrungen auf Gene- ralisierbarkeit

Abb. 3: Phasen eines Planspiels

Die aufgezeigten Funktionen pädagogischer Planspiele zeigen eine Reihe von Anknüp-
fungspunkten zu den mit neuen Technologien verbundenen Änderungen der Qualifikationsstruktur. Vor allem Planspiele mit einer relativ offenen und damit weitgehend von den
Spielgruppen gestaltbaren Struktur und einem spielimmanenten Planungsprojekt scheinen
geeignet zu sein, Lernziele im methodisch-planerischen Bereich, in bezug auf Selbständigkeit und Eigenverantwortlichkeit und im Bereich der Kommunikations- und Kooperationsfähigkeit zu erreichen.

4 Das Konzept 'TECHPLAN'

Im Technologieplanspiel 'TECHPLAN' wird die Einführung einer neuen Fertigungs- oder
Informationstechnologie in einem Unternehmen simuliert. Die Spielgruppen repräsentieren dabei die technologieeinführenden und die von der Einführung der Technologie
in irgendeiner Form betroffenen Bereiche.

Thema	Beispiel 1: Fertigungs-technologie	Beispiel 2: Informations-technologie
	Realisierung einer CIM-Lösung in einer Werkshalle für Getriebefertigung	Einführung eines Bürokommu-nikationssystems in den Sekretariaten

Spiel-gruppen	– Produktionsvorbereitung – Personalwesen – Rechnungswesen – Abteilungsleiter Produktion – Meister/Gruppenmeister – Maschinenführer/Einrichter – Betriebsrat	– Organisation und Datenver-arbeitung – Personalwesen – Fort- und Weiterbildung – Chefs – Sekretärinnen – Kontoristinnen – Betriebsrat

Abb. 4: Beispiele für Themen und Spielgruppen

Die Art und Weise, wie die Spielgruppen dabei innerhalb des Projektes 'System-einführung' agieren, ist Gegenstand der Reflexion und des Lernens.

Spielkonzept
- Ausgangslage: Das 'Scenario' des Technologieplanspiels enthält
  * die Ist-Situation des Bereiches, in dem die neue Technologie eingeführt werden soll
  * eine allgemeine Beschreibung der zu realisierenden neuen Technologie
  * die Projektbeschreibung und einen groben Zeitrahmen für die Systemeinführung
- Spielregeln, die die Form der Kommunikation zwischen den Spielgruppen und mit der Spielleitung regeln:
  * Die Spielgruppen können lediglich über ein Bürokommunikationssystem miteinander kommunizieren.
  * Von jeder über das System ausgetauschten Nachricht erhält die Spielleitung eine Kopie.
  * Jede Spielgruppe erhält ein festes Kontingent an Besprechungszeit. Die Bespre-chungen sind bei der Spielleitung zu buchen und zu protokollieren.
  * Keine Spielgruppe darf Setzungen über andere Bereiche machen.
  * Die Spielleitung vertritt alle im Planspiel nicht repräsentierten Gruppen, Berei-che und Institutionen.
- Spielinformationen: Neben dem Scenario erhält jede Spielgruppe spielgruppenspezi-fische, quantitativ und qualitativ sehr unterschiedliche Zusatzinformationen, die sich am wahrscheinlichen Informationsstand des repräsentierten Bereiches in einer realen Situation orientieren. Scenario und Spielinformation sind in Spielerhandbü-chern zusammengefasst.
- Rollenbeschreibungen: Die Rollenbeschreibungen orientieren sich an den Funktionen des repräsentierten Bereiches in der Realität. Zur Unterstützung wurde den Spiel-gruppen ein Teilnehmer durch die Spielleitung zugeordnet, der diese Aufgabe auch in der Realität wahrnimmt. Handlungsziele der Spielgruppen werden durch Hoffnungen und Befürchtungen angedeutet, die den Spielgruppen als mit dem Projekt aus der Sicht des repräsentierten Bereiches verknüpft vorgegeben werden.

- Kommunikation, die über das Medium 'Bürokommunikationssystem' und darin über die Softwareprodukte 'Elektronische Post' und 'Textverarbeitung' erfolgt und durch Besprechungen ergänzt werden kann.
- Gewinn- und Erfolgskriterien: Das Projekt wird dann als erfolgreich abgeschlossen bezeichnet, wenn die entsprechende Technologie implementiert ist und von den Betroffenen akzeptiert wird.

Lernziele

Lernziele des Technologieplanspiels werden im Bereich methodischer und sozialer Kompetenzen gesehen.

```
Lernfeld 1: Planungs- und Entscheidungsprozesse
- Planungs- und Entscheidungskompetenz in bezug auf komplexe, umbestimmte
  Aufgaben erwerben oder vertiefen
- Planungs- und Entscheidungsprozesse begleiten, steuern lernen
- Phasen und kritische Aspekte von Technologieeinführungsprozessen
  kennenlernen

Lernfeld 2: Handlungsspielraum und Gestaltungsanspruch
- Den eigenen Handlungsspielraum in einer Organisation und in Projekten als
  selbstreferentielle Systeme definieren, abgrenzen und nützen lernen
- einen Gestaltungsanspruch in bezug auf das eigene Tätigkeitsfeld entwik-
  keln und umsetzen lernen

Lernfeld 3: Teamfähigkeit
- teamorientierte Problemlösefähigkeiten entwickeln
- Intra- und Intergruppenkooperation entwickeln und realisieren
- personale Komponenten bei Technologieimplementierungsprozessen einschät-
  zen und beachten lernen

Lernfeld 4: Informationsmanagement
- komplexe, unvollständige und "weiche" Informationen strukturieren, bewer-
  ten und in Entscheidungen umsetzen lernen
- Informationsstrategien entwickeln und erproben
- Neue Informationstechnologien effizient einsetzen
```

Abb. 5: Lernebenen des Konzepts 'TECHPLAN'

Ein weiteres Lernziel im methodischen Bereich war es, sich eine neue Informationstechnologie möglichst schnell selbst anzueignen. Da das Spiel über ein Bürokommunikationssystem abgewickelt wurde, mußten die Teilnehmer sich in die Bedienung des Systems einarbeiten. Unterstützung dafür erhielten sie lediglich durch eine kurze Einweisung zu Beginn des Spiels und durch Teilnehmer in jeder Spielgruppe, die das System bereits bedienen konnten. Diese hatten jedoch den Auftrag, nicht selbst die Bedienung zu übernehmen, sondern lediglich als Multiplikatoren zu wirken.

Spielstruktur

Das Planspiel 'TECHPLAN' ist in folgende Abschnitte aufgeteilt:

1. Tag	Einführung, Gruppenwahl	60 ′	Plenum
	Einführung in das Bürokommuni-kationssystem	30 ′	Spielgruppe
	Spielrunde 0 Zielsetzung, Rollenfindung, Planung des eigenen Vorgehens	120 ′	Spielgruppe
	Spielrunde 1 Reflexion * Auswertung Spielrunde 1 * Tagesbilanz	90 ′ 60 ′	Spielgruppe Spielgruppe
2. Tag	Spielrunde 2 Reflexion * Auswertung Spielrunde 2	120 ′ 30 ′	Spielgruppe Spielgruppe
	Spielrunde 3 Reflexion * Auswertung Spielrunde 3	105 ′ 30 ′	Spielgruppe Spielgruppe
	Spielrunde 4 Reflexion * Auswertung Spielrunde 4 * Tagesbilanz	120 ′ 30 ′	Spielgruppe Spielgruppe
3. Tag	Spielrunde 5 Reflexion * Auswertung Spielrunde 5	120 ′ 30 ′	Spielgruppe Spielgruppe
	Spielrunde 6 Reflexion * Auswertung Spielrunde 6 * Spielbilanz * Auswertung in meiner Spiel- gruppe als Lerngruppe	120 ′ 60 ′	Spielgruppe Spielgruppe
4. Tag	Rundgang durch andere Gruppen	60 ′	Besuch bei anderen Spielgruppen
	Gruppendiskussion	60 ′	Spielgruppe
	Einführung in den Informations-markt Informationsmarkt Abschlußauswertung Reflexion * Lernbilanz	30 ′ 90 ′ 60 ′ 30 ′	Plenum wechselnde Gruppen Plenum einzeln

Abb. 6: Ablauf des Planspiels 'TECHPLAN'

Für die Reflexion und Auswertung sind damit etwa 40 % der Gesamtzeit vorgesehen.

Auswertung

Zur Auswertung der Lernerfahrungen sind im Konzept 'TECHPLAN' verschiedene Ansätze entwickelt worden:

- spielbegleitende Auswertungs- und Reflexionsphasen
- die Zusammenfassung und Interpretation der Ergebnisse in einem Informationsmarkt
- auf das gesamte Lerndesign bezogene Auswertungen.

<u>Spielbegleitende Auswertungs- und Reflexionsphasen</u> finden nach jeder Spielrunde und nach Abschluß der eigentlichen Spielphase statt.

ASPEKT	VERFAHREN	FORM DER AUSWERTUNG
1. Standpunkt unserer Gruppe im Konflikt-scenario	rating auf 6-teiliger Skala in Spielrunde 0 und in Spielrunde 6 (Gruppenwert) und Be-gründung	Infomarkt: Rückmeldung der beiden Punktwerte
2. Selbstbild für die eigene Spielgruppe	rating auf den Dimensio-nen Zufriedenheit, Akti-vität, Standpunkt je Gruppenmitglied für die eigene Gruppe nach je-der Spielrunde 1 - 6 und Begründung	Infomarkt: Rückmeldung des Verlaufs der Gruppen-mittelwerte
3. Fremdbild für die anderen Spielgruppen	rating auf den Dimensio-nen Wirkung, Aktivität, Standpunkt je Gruppen-mitglied für jede andere Gruppe nach jeder Spiel-runde 1-6	Informarkt: Rückmeldung des Verlaufs des Mittel-werts aller Fremdein-schätzungen
4. Persönliche Tagesbilanz	Fragebogen mit offenen Fragen am Ende des 1. und 2. Spieltages für jeden Teilnehmer	persönliche Bilanz - keine Auswertung
5. Persönliche Spielbilanz	Fragebogen mit offenen Fragen nach Ende der 6. Spielrunde	persönliche Bilanz - keine Auswertung
6. Gruppenbild	von jeder Spielgruppe gemeinsam gestaltetes Bild zur Situation der Gruppe über das Plan-spiel hinweg	Veröffentlichung im Infomarkt
7. Rundgang durch Gruppenräume	Kommentierung: "Was ich noch sagen/fragen wollte" (Metaplanabfrage)	Veröffentlichung einer Zusammenfassung im Infomarkt
8. Ergebnisse aus der Sicht der Spiel-gruppe	Gruppendiskussion	Bilanz der Gruppe - keine Auswertung

Abb. 7: Zusammenfassung der spielbegleitenden Auswertungselemente im Pilotseminar 'TECHPLAN'

Diese Aussagen der Teilnehmer und Spielgruppen bilden die Basis für die <u>Zusammenfas-</u>
<u>sung und Interpretation der Ergebnisse</u>, die in Form eines Informationsmarktes präsen-
tiert werden. Der Informationsmarkt am letzten Tag des Planspiels ist in folgenden
Schritten konzipiert:

1. Schritt: Einführung	Lernziele Konzept eines Projektes	Plenum
2. Schritt: Rückmeldung an die Gruppen	Ausgangssituation Gruppenbild Rückmeldung des Systems (Auswertung der Selbst- und Fremdbilder) Rückmeldung der Spiel- leitung	Informationsstand je Spielgruppe
3. Schritt: Fragensammlung	Fragen an andere Gruppen Fragen an die Spiel- leitung	Kartenabfrage im Plenum
4. Schritt: Information über andere Gruppen	Ausgangssituation Gruppenbild Rückmeldung des Systems Rückmeldung der Spiel- leitung	Besuch bei anderen Gruppen
5. Schritt: Ergebnisse aus der Sicht der Spiellei- tung in Form von Thesen	Präsentation der Thesen Beantwortung offener Fragen	Plenum

Abb. 8: Konzept des Informationsmarktes als Auswertungsinstrument

Für jede Spielgruppe wird im Informationsmarkt ein Stand aufgebaut, der
- die eigene Einschätzung der Spielgruppe (Selbstbild),
- die Rückmeldungen der anderen Spielgruppen (Fremdbild) und
- eine Rückmeldung der Spielleitung
enthält.

Diese Auswertungen des Agierens der einzelnen Spielgruppen im Projekt werden ergänzt
durch Thesen, die sich aus der Sicht der Spielleitung aus dem Spielverlauf ergeben
haben und die auf die Praxis und das Agieren der Teilnehmer in Systemeinführungs-
und anderen Veränderungsprozessen in der Realität übertragbar scheinen:

Ergebnisthese 1 Gruppen scheinen auch in relativ unbestimmten und komplexen Situationen davon auszugehen, daß der andere weiß, was man selber weiß - bzw. nicht alles wissen darf. Konsequenz 1 Schnelle Entscheidungsfindung und hohe Akzeptanz von Entscheidungen setzt aktive Information und eine breite gemeinsame Informationsbasis voraus.

Ergebnisthese 2
Je geringer die Verzahnung zwischen den Bereichen ist, desto größer ist die
Gefahr isolierter Einzellösungen, unauflösbarer Widersprüche und gegenläu-
gegenläufiger Handlungen.
Konsequenz 2
Zwischen den beteiligten Bereichen ist ein Netzwerk der Kommunikation und
Entscheidungfindung aufzubauen - über die Hierarchien hinweg.

Ergebnisthese 3
In unbestimmten und komplexen Situationen scheinen Gruppen dazu zu neigen,
ihre Standpunkte und Strategien starrer, inflexibler und stark von unge-
prüften Hypothesen geleitet zu vertreten.
Konsequenz 3
Unbestimmtheit tolerieren und dem Drang nach einfachen Lösungen widerstehen
zu können, sind wichtige Voraussetzungen für die Lösung komplexer Probleme.

Abb. 9: Beispiele für Ergebnisse aus der Sicht der Spielleitung

In bezug auf das gesamte Lerndesign wurden die Lernbilanzen der Teilnehmer (qualitativ) ausgewertet und über verschiedene Instrumente Einstellungs- und Meinungsände-
rungen der Teilnehmer zu zentralen Begriffen und Lerninhalten erhoben (z. B. mit Hilfe eines Semantischen Differentials).

5 Bewertung des Konzeptes 'TECHPLAN'

Das Konzept 'TECHPLAN' wurde bisher in den beiden Versionen 'Einführung der Fertigungstechnologie CIM' und 'Einführung eines Bürokommunikationssystems' mit den Ziel-
gruppen technische Auszubildende, kaufmännische Auszubildende, Ausbilder, Trainer in
der Fort- und Weiterbidung, Führungskräfte des Bildungswesens, Lehrer berufsbildender
Schulen, Fachausbilder und Mitarbeiter systemeinführender und betroffener Bereiche
gespielt.

Erfahrungen

- Die Teilnehmer schätzen in ihren abschließenden Lernbilanzen ihren Lernerfolg in
  bezug auf die formulierten Lernziele zum großen Teil als sehr hoch ein.
- Eine Aussage zum Transfer der Erfahrungen ist schwierig zu machen. Zwischenbilanzen
  würden es ermöglichen, zumindest einen Transfer auf eine zweite Spielphase zu eva-
  luieren. Eine Einbindung des Konzepts in eine längerfristige Qualifizierungsmaßnahme z.B. für angehende Projektleiter ließe auch den Transfer in die Praxis bestimmen.
- Dieser Lernerfolg ist entscheidend von der Qualität der Auswertung abhängig. Die
  Auswertung muß sehr intensiv erfolgen, um die Erlebnisse der Spieler in Lernerfahrungen für die Teilnehmer umsetzen zu können.
- Die Vorbereitung der Scenarien, Rollbeschreibungen und Spielinformationen ist sehr

zeitaufwendig.

- Das Planspiel wird von den Teilnehmern als sehr komplex erlebt. Sie müssen daher genügend Zeit zur Rollenfindung haben.

- Die Spielleitung sollte sich mit Interventionen in das Spielgeschehen weitgehend zurückhalten. Die Dramaturgie des Planspiels muß sich aus den Spielinformationen und Rollenbeschreibungen ergeben. Weitere Eingriffe der Spielleitung führen zu Überkomplexität des Spiels für die Spielgruppen.

- Die Spielgruppen neigen sehr stark zu einer 'Simulation' der realen Gegebenheiten. Gründe für dieses Verhalten und dessen Konsequenzen müssen gründlich ausgewertet und alternative Verhaltensweisen diskutiert werden.

'TECHPLAN' erscheint aufgrund der bisherigen Erfahrungen ein sinnvolles Konzept zur Vorbereitung auf geänderte methodische und soziale Anforderungen zu sein. Im Vordergrund steht allerdings stärker die Diagnose dieser Fähigkeiten bei den Mitspielern und das Schaffen eines Problembewußtseins in bezug auf die Prozesse der Einführung neuer Technologien.

LITERATURANGABEN

BULLINGER, H.J. und TRAUT, L.: Die Fabrik der Zukunft. In: Zeitschrift für FB/IE (Fortschrittliche Betriebsführung und Engineering), 1986, 1, S.4-12

CORSTEN, H.: Auswirkungen der Automatisierung auf die Mitarbeiter. In: Wirtschaftwissenschaftliches Studium, 1986, 4, S.209-210

DOSTAL, W.: Bildung und Beschäftigung im technischen Wandel. In: BeitrAB, 1982, 65

FRIEDRICH, H. und TSCHERSIG, R.: Das Planspiel als Hochschullehrveranstaltung. Beispiel 'Konzertierte Aktion'. Hamburg, 1978

GIZYCKI, R.v. und WEILER, U.: Mikroprozessoren und Bildungswesen. München, 1980

HACKER, W.: Allgemeine Arbeits- und Ingenieurpsychologie. Berlin, 1978, 2. Auflage

KERN, H. und SCHUMANN, M.: Das Ende der Arbeitsteilung? München, 1986, 3. Auflage

KORNDÖRFER, V.: Qualifikationsanforderungen und Qualifizierung beim Einsatz von Industrierobotern. In: SONNTAG, K.: Neue Produktionstechniken und qualifizierte Arbeit. Köln, 1985

KUBE, K.: Spieldidaktik. Düsseldorf, 1977

SONNTAG, K.: Qualifikationsanforderungen im Werkzeugmaschinenbereich. In: SONNTAG, K.: Neue Produktionstechniken und qualifizierte Arbeit. Köln, 1985 a
SONNTAG, K.: Erforderliche Qualifikationen beim Tätigkeitsvollzug in der flexiblen automatisierten Fertigung. In: Zeitschrift für Arbeitswissenschaft, 39, 1985b, 4, S. 193-200

ZEDLER, R.: Technik und Bildung. Grundwissen: Technik und Gesellschaft, Band 17, Köln, 1985

DATENVERARBEITUNG IN HAUSWIRTSCHAFTLICHEN SCHULEN
MODELLVERSUCH IN BADEN-WÜRTTEMBERG

Marlies Dotterweich   Enno Burkhardt
Landesinstitut für Erziehung und Unterricht, Stuttgart

1.   Einleitung

Die Bund-Länder-Kommission für Bildungsplanung   und   Forschungsförderung
hat im Dezember 1984 ein Rahmenkonzept verabschiedet, das die Einführung
einer informationstechnischen Bildung für alle Schüler der Sekundarstufen
I und II vorsieht. Entsprechend diesem Konzept hat   das Ministerium für
Kultus und Sport in Baden-Württemberg zwei Schwerpunkte gesetzt,

- die Entwicklung einer umfassenden Konzeption   zur Behandlung   der neuen
  Technologien im Unterricht der berufsbildenden Schulen,

- die Überarbeitung und laufende Anpassung der Lehrpläne an die technologische Entwicklung.

Das Rahmenkonzept hierzu wurde 1984 für alle allgemeinbildenden und beruflichen Schulen vom Ministerium erarbeitet und in   der Informationsschrift
Nr. 5 der Reihe "Dokumentation Bildung, Neue Medien und moderne Technologien in der Schule - Stand, Ziele, Maßnahmen" vorgestellt.

2.   Organisation des Modellversuchs

Zur Umsetzung des Rahmenkonzepts wurden eine Zentrale Projektgruppe Daten-
verarbeitung/-Computertechnik,   eine   Oberschulamts-Arbeitsgruppe   und ein
Modellversuch "Übertragung betrieblicher Anwendungsmöglichkeiten von com-
putergesteuerten Informationssystemen in den Unterricht der berufsbezogenen Fächer, insbesondere der Berufsschule" am Landesinstitut für Erziehung
und Unterricht in Stuttgart eingerichtet.

Die Zentrale Projektgruppe und die Oberschulamts-Arbeitsgruppe arbeiteten mit der Leitungsgruppe des Modellversuchs zusammen. Sie stellten die Verbindung zu den Lehrplankommissionen her, um hier bei der Überarbeitung der Lehrpläne und der laufenden Anpassung an die neuen Technologien beratend tätig zu sein.

Der Modellversuch wurde in allen drei Schultypen - dem gewerblichen, dem kaufmännischen und dem hauswirtschaftlichen - in allen Schularten und Klassenstufen durchgeführt und endete nach vierjähriger Dauer mit dem Schuljahr 1988/89.

In den verschiedenen Schularten und Klassenstufen arbeiteten im hauswirtschaftlichen Bereich etwa 10 bis 15 Lehrer an acht Versuchsschulen in dem Projekt mit. In der Regel unterrichteten diese Lehrer hauswirtschaftliche Fächer. Sie hatten zu Beginn der Versuchsdurchführung selbst eine Ausbildung in Datenverarbeitung erhalten.

3. Ziele des Modellversuchs

Als Ergebnis des Modellversuchs wurden Antworten auf folgende Fragen erwartet:

- Welche Unterrichtsinhalte der berufsbezogenen Fächer eignen sich für die Anwendung von Datenverarbeitung?
- Wie sollen die geeigneten Unterrichtsinhalte unter Einsatz eines Computers vermittelt werden?
- Nach welchen Kriterien sind Programme für den Einsatz an Schulen zu entwickeln?
- Nach welchen Gesichtspunkten sind kommerzielle und selbst entwickelte Programme für den Unterrichtsgebrauch zu beurteilen?
- In welcher Weise sollen Schulen mit Unterrichtscomputern ausgestattet werden?
- Mit welchen Programmiertechniken müssen Schüler umgehen können?
- Über welche Kenntnisse und Fähigkeiten müssen Lehrer verfügen?
- Wie kann die Fort- und Weiterbildung der Lehrer organisiert werden?
- Wie lassen sich Lernergebnisse der Schüler sichern und überprüfen?

- Wie wirkt sich das Arbeiten und Lernen mit dem Computer auf Wissen, Einstellungen und Persönlichkeitsbildung der Schüler aus?

Es wird im folgenden nur auf die ersten zwei Fragen eingegangen, und zwar nur soweit sie die Versuchsarbeiten im Berufskolleg für Hauswirtschaft und Textilarbeit betrafen.

4. Auswahl der Ergebnisse des Modellversuchs für das zweijährige Berufskolleg für Hauswirtschaft und Textilarbeit

4.1 Für die DV-Anwendung geeignete Unterrichtsinhalte der berufsbezogenen Fächer

Die Oberschulamts-Arbeitsgruppe hatte einen Lehrplanentwurf für das Fach Datenverarbeitung am Berufskolleg für Hauswirtschaft und Textilarbeit vorgelegt, der im wesentlichen die Einarbeitung in Anwenderprogramme aus der Berufspraxis der Hauswirtschaftsleiterin vorsieht.

Die im Lehrplan vorgesehenen Anwenderprogramme decken die für die DV-Anwendung geeigneten Unterrichtsinhalte der berufsbezogenen Fächer ab: Menüplanung, Kostenrechnung, Buchführung, Schriftverkehr, Lagerhaltung und Ablaufplanung. Geeignete Programme können einer Programmsammlung entnommen werden, auf die im Lehrplan hingewiesen wird. In ihr sind Programme angegeben, die an Versuchschulen getestet wurden und die sich zum Unterrichtseinsatz eignen.

Wie eine informelle Befragung von 70 hauswirtschaftlichen Betrieben im Rahmen der Versuchsarbeit über den Einsatz eines Computers in Betrieben im Frühjahr 1987 ergab, entspricht die Auswahl der Programme im Lehrplan, wenn auch anders gewichtet, dem Einsatz in der Praxis (Abb.1).

4.2 Computerunterstütztes Unterrichten mit Hilfe von Handreichungen

Zum Lehrplanentwurf wurde im Rahmen des Modellversuchs eine Handreichung erstellt, die didaktische und methodische Überlegungen zu den Einsätzen der Programme, kurze Programmbeschreibungen und Anleitungen enthält, wie sich die Unterrichtsinhalte computerunterstützt vermitteln lassen. Als Beispiel sei hier das Lehrplanthema "Anlegen, Verwalten und Auswerten einer Lagerdatei" herausgegriffen. Im folgenden Vorschlag wird das Datenbanksystem dBASEIII verwendet. Beim unterrichtenden Lehrer werden Kenntnisse dieses Datenbankprogramms vorausgesetzt, die im DV-Aufbaukurs vermittelt werden.

Anlegen, Verwalten und Auswerten einer Lagerdatei

Auszug aus der Handreichung H-88/20 zum Lehrplan L-87/1496 des Faches Datenverarbeitung am Berufskolleg für Hauswirtschaft und Textilarbeit

Didaktische und methodische Vorüberlegungen

Eine automatisierte Lagerhaltung, die allen Anforderungen entspricht, be-

Abb.1   Einsatz des Arbeitsplatzrechners
(Werte für 1984 aus gv-praxis 3/84)

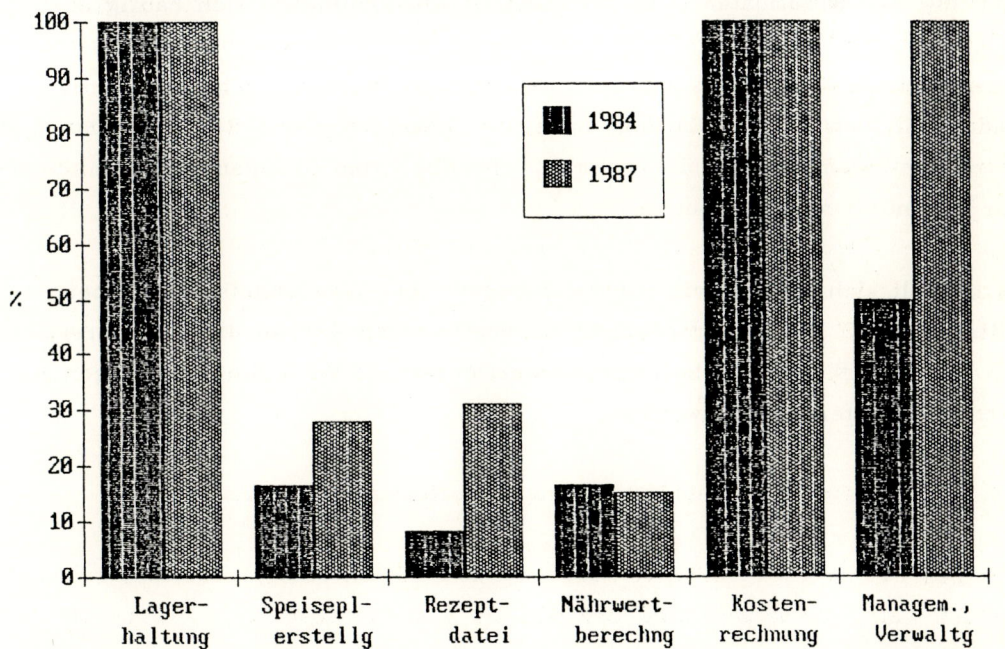

dingt ein außerordentlich kompliziertes System von Datenbanken und Programmen mit vielfältigen wechselseitigen Beziehungen.

Es ist daher nicht daran gedacht, daß die Schüler ein einsatzfähiges Lagerverwaltungsprogramm erstellen. Es sollen vielmehr anhand von einfachen Datenbanken mit überschaubaren Verknüpfungen einige wesentliche Aspekte der Lagerhaltung sowie die Einsicht in die A wendbarkeit eines Datenbanksystems vermittelt werden. Diese Aspekte finden sich auch im Lehrplan des Faches Wirtschaftslehre des Haushalts des Berufskollegs für Hauswirtschaft und Textilarbeit.

Es lag nahe, an die in der Schule bisher übliche Praxis, das Lager mit Hilfe von Karteikarten zu verwalten, anzuknüpfen, da die Arbeit damit den Schülern vertraut ist.

Wesentliche Inhalte der Karteikarten sind die Bezeichnung des Artikels, der Lagerort, der Mindestbestand, evtl. Meldebestand sowie die Zu- und Abgänge, jeweils mit Datum, Lieferant bzw. Abnehmer, der aktuelle Bestand, der Warenwert.

Die Karteikarte enthält Daten, die sich nicht oder nur selten ändern, das sind die sog. Stammdaten (z.B. Artikelname) und Daten, die sich häufig ändern, die sog. Bewegungsdaten (z.B. Bestand). Die Übertragung aller Daten einer Karteikarte in einen Datensatz, würde den Datensatz sehr umfangreich und unhandlich machen. Es liegt nahe, die Stammdaten und Bewegungsdaten in getrennte Datenbänke zu übernehmen, die über eine Gruppennummer miteinander verknüpft werden können.

Es handelt sich hier um ein zentrales Lager, das lagerungsfähige Lebensmittel enthält, die im Großeinkauf besorgt werden und an die Fachlehrer, die das Fach Nahrungszubereitung unterrichten auf Bestellung und gegen Berechnung weitergegeben werden.

Die Stammdaten-Datei

Die Stammdaten werden in eine Datenbank mit dem Namen STAMM übernommen mit einer Struktur, die mit den Schülern erarbeitet werden soll. Ein Ergebnis könnte sein:

```
Datenbankstruktur      : C:stamm.dbf
Anzahl der Datensätze :     107
Letztes Änderungsdatum: 25.02.89
```

Feld	Feldname	Typ	Länge	Dez
1	GRPNR	Zeichen	4	
2	ORT	Zeichen	2	
3	FARBE	Zeichen	1	
4	ARTIKEL	Zeichen	50	
5	AE	Zeichen	10	
6	GPROAE	Numerisch	5	
7	MBSTINAE	Numerisch	4	
8	PRSPROAE	Numerisch	6	2
9	BSTINAE	Numerisch	4	
10	DATUM	Datum	8	
** Gesamt **			95	

Der Inhalt eines Datensatzes ist z.B.:

GRPNR	BW01	GPROAE	50
ORT	KR	MBSTINAE	5
FARBE	G	PRSPROAE	1.53
ARTIKEL	Belegkirschen rot	BSTINAE	9
AE	Päckchen	DATUM	17.02.89

Das Feld GRPNR (GRuPpenNummeR) enthält ein Kennzeichen mit eineindeutiger Beziehung zum Artikelnamen ARTIKEL , über das die Datenbanken miteinander verknüpft werden können. Die Gruppennummer setzt sich zusammen aus einer Bezeichnung für die Lebensmittelgruppe (z.B. BW für Backwaren) und einer Ziffer, die das Lebensmittel aus dieser Gruppe kennzeichnet, z.B:

```
BW01 - Belegkirschen rot
BW07 - Orangeat
GK07 - Spargel, Brechspargel
```

Das Feld ORT beschreibt den ORT im Lager, an dem der Artikel aufbewahrt wird (z.B. KR für Kühlraum, 32 für Regal 3, Etage 2). Da das Lager nicht von heute auf morgen auf DV umgestellt werden soll, sondern parallel mit Hand über Karteikarten und mit dem neuen System, gibt das Feld FARBE eine Beziehung zu den Karteikarten, die für unterschiedliche Gruppen unterschiedliche FARBEn haben (z.B. G für gelb).

Das Feld AE enthält die AbgabeEinheit, das Feld GPROAE die Menge der Abgabeeinheit in Gramm (Gramm PRO AbgabeEinheit). Es ist zugleich die kleinste Menge, die an die Fachlehrer abgegeben wird (z.B. ein Päckchen zu 50g). MBSTINAE ist der MindestBe-STand IN AbgabeEinheiten, der im Lager vorrätig sein soll (z.B. 5 Päckchen zu 50g) , PRSPROAE ist der PReiS PRO AbgabeEinheit in DM (z.B. 1.53 DM pro Päckchen zu 50g), der den Fachlehrern berechnet wird, BSTINAE (z.B. 9 Päckchen zu 50g) ist der Lagerbestand zum Zeitpunkt DATUM (z.B. 17.02.89). Die beiden letzten Felder sind eigentlich überflüssig, da ihre Information auch in der Bewegungsdatei (s.u.) enthalten ist. Sie wurden hier jedoch aufgenommen, um Aufgaben auch auf einfachem Weg lösen zu können, ohne Datenbanken miteinander verknüpfen zu müssen.

Die Lebensmittelgruppen - Datei

Die Abkürzungen für die Lebensmittelgruppen sind in einer gesonderten Datenbank mit dem Namen GRUPPEN festgelegt, da in einigen Listen nicht die Abkürzung sondern der volle Name erscheinen sollte:

```
Datenbankstruktur        :  C:gruppen.dbf
Anzahl der Datensätze    :  12
Letztes Änderungsdatum   :  24.02.89
Feld   Feldname   Typ        Länge
   1   GRPNR      Zeichen       2
   2   LM GRUPPE  Zeichen      21
 * Gesamt **                   24
```

z.B. mit dem Inhalt:
```
GRPNR        BW
LM GRUPPE    Backwaren
```

Die Bewegungsdaten-Datei

Die ZU- und ABgänge im Lager werden in einer weiteren Datei mit dem Namen
ZUAB geführt. Ihre Struktur wird mit den Schülern erarbeitet, das Ergebnis
könnte sein:

Datenbankstruktur : C:zuab.dbf

Anzahl der Datensätze : 240

Letztes Änderungsdatum: 24.02.89

Feld	Feldname	Typ	Länge	Dez
1	GRPNR	Zeichen	4	
2	ART	Zeichen	50	
3	DATUM	Datum	8	
4	LIEFERANT	Zeichen	2	
5	ABNEHMER	Zeichen	2	
6	ZGINAE	Numerisch	4	
7	ABGINAE	Numerisch	4	
8	PRSGESAMT	Numerisch	6	2
9	MWST	Numerisch	3	
10	BESTAND	Numerisch	4	
** Gesamt **			88	

_as Feld GRPNR entspricht dem in der Stammdatei und dient zur Verknüpfung.
Das Feld ART entspricht dem Feld ARTIKEL in der Stammdatei. Es ist hier
überflüssig, wurde aber aufgenommen, um Aufgaben ohne Datenbankverknüpfun-
gen lösen zu können.

Das Feld DATUM enthält das Datum des Vorganges, LIEFERANT die Abkürzung des LIEFERANTen, wenn es sich um einen Zugang handelt, ABNEHMER
die Abkürzung des ABNEHMERs, wenn es sich um einen Abgang handelt. Das
Feld ZGINAE enthält den ZuGang IN AbgabeEinheiten, ABGINAE den AbGang IN
AbgabeEinheiten, PRSGESAMT den PReiS für die GESAMTe Lieferung bzw. Abgabe. Bei einem Zugang ist die MehrWertSTeuer (Feld MWST) zu addieren. Das
Feld BESTAND schließlich enthält den LagerBESTAND nach diesem Vorgang.

Der Datensatz eines Abganges sieht dann z.B. so aus:

GRPNR	BW09	ZGINAE	0
ART	Sultaninen	ABGINAE	1
DATUM	12.01.89	PRSGESAMT	0.85
LIEFERANT		MWST	0
ABNEHMER	LO	BESTAND	52

der Datensatz eines Zuganges:

GRPNR	BW09	ZGINAE	25
ART	Sultaninen	ABGINAE	0
DATUM	14.02.89	PRSGESAMT	19.75
LIEFERANT	ED	MWST	7
ABNEHMER		BESTAND	49

Zwei weitere Dateien, die die Schüler erarbeiten können, sind die Liefe-ranten-Datei und die Abnehmer-Datei.

Es folgen in der Handreichung vielfältige Aufgaben mit unterschiedlichsten Schwierigkeitsgraden, die sich mit Hilfe der Dateien lösen lassen, z.B.:

1. a) Erstellen Sie eine Liste aller Backwaren aus der Stammdatei.
    b) Erstellen Sie eine Preisliste aller Waren, alphabetisch sortiert.
    c) Bestimmen Sie die Anzahl der Artikel.
    ....
9. Kopieren Sie von der Bewegungs-Datei alle Vorgänge, die im Jahre 1988 stattgefunden haben, in eine gesonderte Datei mit Namen ZUAB88.
    ....
13. Am 28.02.89 sind folgende Bestellungen von den Abnehmern eingegangen:

Abnehmer BA :	BW11 -	1 AE	Abnehmer HI :	BW15 -	2 AE
	BW16 -	2 AE		GW08 -	3 AE
	FT04 -	2 AE		MP02 -	4 AE

Ermitteln Sie zunächst aus der Stamm-Datei die dazugehörigen Preise und ob die bestellten Mengen vorrätig sind.

Bei weiteren Aufgaben geht es um die Berechnung der Lagerkennziffern, die Lehrplaninhalt des Faches Wirtschaftslehre des Haushalts sind. Dazu wird dem Schüler ein Programm vorgegeben, das die Lagerkennziffern berechnet. Dabei wird dem Schüler sehr deutlich, welche Erleichterung die Anwendung eines Programms zur Auswertung von Lagerdaten bedeutet. Wichtig ist dabei, daß der Schüler diese Kennziffern zunächst "per Hand" gerechnet hat und er das Zustandekommen der Daten im Programm nachvollziehen kann.

Die Erarbeitung der Dateien und die Lösung der Aufgaben vermitteln dem Schüler einen Einblick in die Zusammenhänge und Probleme einer Lagerhaltung, - gleichzeitig lernt er, die Möglichkeiten und Grenzen des DV-Einsatzes einzuschätzen.

5.   Allgemeine Ergebnisse und Erfahrungen aus der Versuchsarbeit

Für die verschiedenen hauswirtschaftlichen Schularten - Berufsschule bis berufliches Gymnasium - wurden für 42 Lehrplaneinheiten Handreichungen geschrieben, mit denen an Modellschulen und auf Fortbildungslehrgängen gearbeitet wurde.

Der computerunterstützte Unterricht verlief nach übereinstimmenden Berichten der Versuchsschulen sehr anregend und motivierend für die Schülerinnen, an mehreren Schulen nahm die Zahl der Schülerinnen zu, die Wahlkurse in Datenverarbeitung belegen wollten. Günstig wirkte sich nach den ersten Beobachtungen aus, daß unter den Versuchsschullehrern die Hälfte Lehrerinnen waren. Vermutlich verstärkt sich die Einstellung der Schülerinnen zur Technik positiv, je mehr sie sich mit der Rolle einer fähigen Lehrerin identifizieren können.

Leider ist in nur wenigen Lehrplänen der berufsbezogenen Fächer der Computereinsatz obligatorisch vorgesehen. Häufig wird er fakultativ ausgewiesen. Das ist bedauerlich, denn die Mehrzahl der Lehrer an den Schulen haben zwar durch die Grund- und Aufbaukurse informationstechnische Grundkenntnisse, aber bisher keine Erfahrungen in Anwenderprogrammen. Es besteht also die Gefahr, daß die Lehrer den Lehrplan auch ohne mühseliges

Selbsterarbeiten eines Anwenderprogramms nach der bisherigen Methode erfüllen.

Es ist deshalb nicht sicher, daß das bisher erreichte Niveau gehalten werden kann, wenn sich nicht eine weitere Fortbildung anschließt, die in die berufsbezogenen DV-Anwendungen einführt. Diese Fortbildung konnte von den bisherigen Multiplikatoren - DV-erfahrenen Naturwissenschaftlern - nicht befriedigend erfolgen. Ein Konzept, das für jede Schule einen DV-Schulbebeauftragen für Hauswirtschaft vorsah, der hauswirtschaftliche Fächer unterrichtet und vor allem Anwenderprogramme kennen sollte, scheiterte bisher aus verschiedenen Gründen.

Für die weitere Arbeit, die nach Ende des Modellversuchs durch die Zentrale Projektgruppe fortgeführt wird, ist deshalb vorgesehen, daß der Multiplikatorengruppe zur Hälfte Lehrer der berufsbezogenen Fächer angehören, die die Fortbildungen im Anwendungsbezug übernehmen.

Der Modellversuch hat dazu beigetragen, daß das Fach Datenverarbeitung in den meisten hauswirtschaftlichen Schularten und die DV-Anwendung in den Lehrplänen der berufsbezogenen Fächer aufgenommen wurde. Er hat Voraussetzungen dafür geschaffen, daß die Lehrpläne in ihrer technologischen Ausrichtung umgesetzt werden können. Die Umsetzung hängt weitgehend davon ab, ob auch in Zukunft genügend Lehrer bereit sind, mit hohem persönlichem Einsatz und Ausdauer das bildungspolitische Konzept des Landes Baden-Württemberg im Schulalltag zu verwirklichen.

Alternativen für den Einsatz der EDV in der Ausbildung
von Industriekaufleuten bei VW

Peter Egger
Volkswagen AG
Kaufmännische Berufsausbildung

Gliederung

Ausbildungskonzeption bei Volkswagen

Struktur der Ausbildung

Ausbildungsphasen

Lernarrangements

Einsatz der EDV in der Ausbildung

Alternativen im Umgang mit den NIKT

Alternative A: Simulation echter Betriebssysteme

Alternative B: Arbeiten mit Microsoft-Produkten

Konsequenzen unseres Lernkonzeptes für die Ausbildung

Lernortentsprechende Vermittlung neuer Techniken

Erkenntnisse der Auszubildenden

Ausblick

Ausbildungskonzeption bei Volkswagen

Seit 1985 wird bei Volkswagen im Rahmen eines Modellversuches daran gearbeitet, die Ausbildung für Industriekaufleute zukunftsorientiert zu gestalten.

Unser Leitbild ist dabei der "sich fachlich, personal und sozial zu beruflicher Handlungsfähigkeit entfaltende junge Mensch im Bedingungsfeld neuer
Informations- und Kommunikationstechnologien".

Fachliche Qualifikation bezieht sich auf die Kenntnis betriebswirtschaft-
licher Inhalte zur Ausbildung und das Begreifen betrieblicher Zusammenhänge.

Personale Qualifikation kennzeichnet die Entwicklung jedes Auszubildenden,
d.h. die individuelle Verhaltensänderung im Verlauf der Ausbildung.

Soziale Qualifikation bezieht sich auf das Miteinanderumgehen während der
Ausbildung, zum Beispiel das Arbeiten in Gruppen.

Für die Umsetzung der Leitideen sind folgende Rahmenbedingungen bei der
Umgestaltung der kaufmännischen Ausbildung bei Volkswagen zu beachten:

- jedes Jahr beginnen 66 Auszubildende als Industriekaufmann/-frau ihre
  Ausbildung bei Volkswagen

- eine Einteilung in Klassen wird vorgenommen

- die Vorbildung der Auszubildenden ist unterschiedlich:
  Realschulabschluß, Höhere Handelsschule, Abitur

- die Klassen werden nach ihrer Vorbildung gemischt, wenn es der Ausbildungs-
  verlauf zuläßt

- die Ausbildungszeit beträgt je nach Vorbildung 2 - 3 Jahre

- der Berufsschulunterricht erfolgt im Block von 4 - 6 Wochen.

Struktur der Ausbildung

Die Ausbildung zum Industriekaufmann/-frau wird bei VW in Anlehnung an die
Rahmenrichtlinien und Ausbildungspläne in die nachfolgend abgebildeten Abschnitte gegliedert.

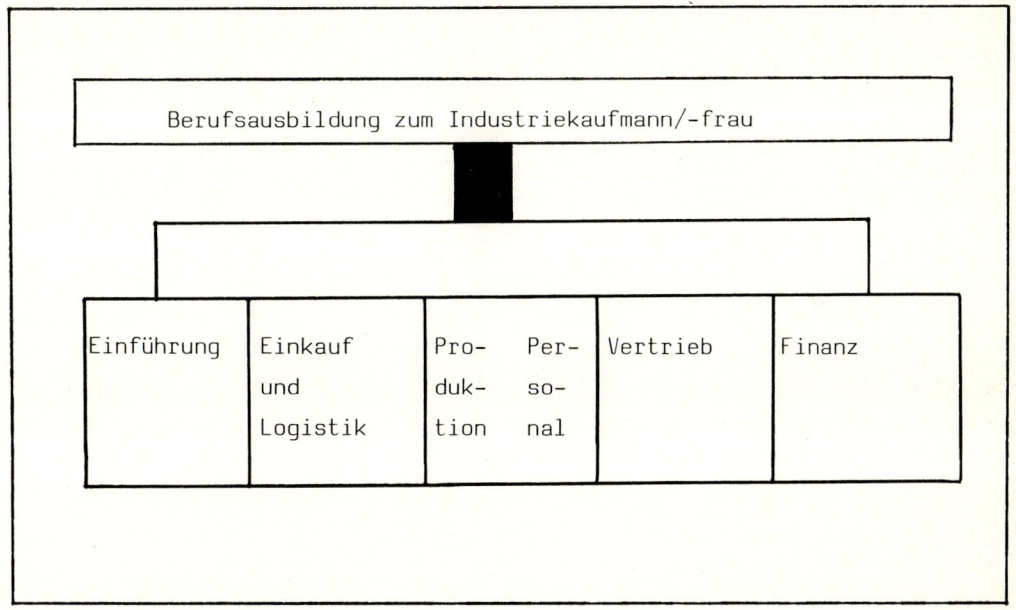

- Die Einführungsphase nimmt eine Sonderstellung ein. Innerhalb der ersten
  Woche im Betrieb lernen die Auszubildenden Mitarbeiter im Bildungswesen,
  wichtige Inhalte zur Ausbildung und das Unternehmen VW kennen. Sie ist
  besonders als Übergang von der Schule in den Betrieb konzipiert.

- Die Phasen Personal und Produktion sind aus betrieblichen Gründen zusammengefaßt.

- Eine Phase, mit Ausnahme der Einführungsphase, dauert zwischen 15 und
  18 Wochen.

Ausbildungsphasen

Am Beispiel einer Ausbildungsphase wird das Zusammenwirken der unterschiedlichen Lernorte erklärt. Exemplarisch soll hier die Phase Vertrieb anschaulich
dargestellt werden:

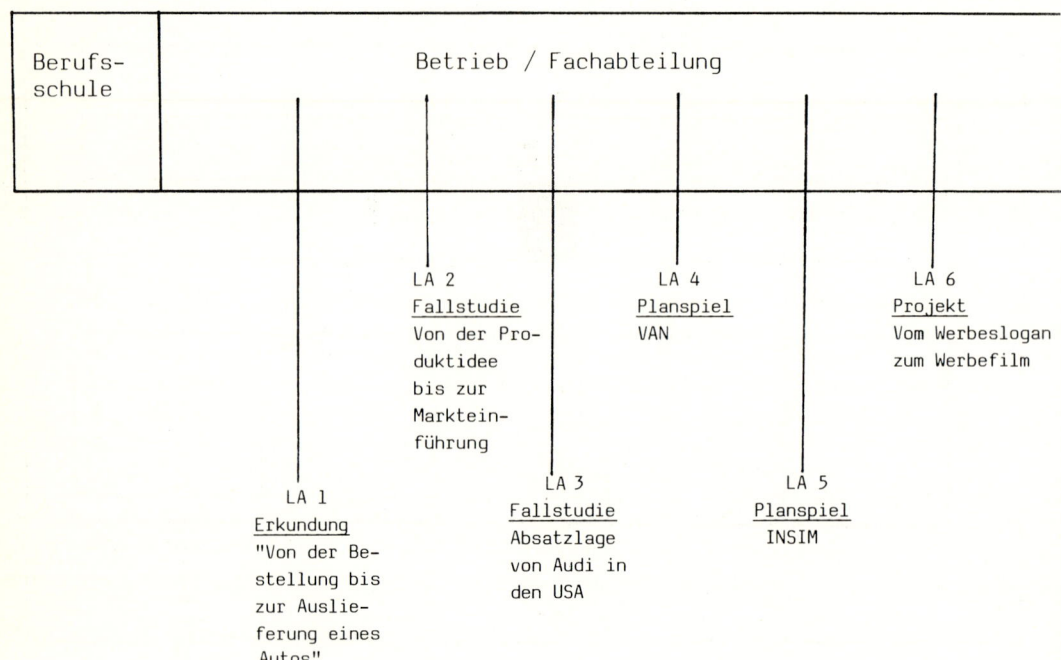

Die Auszubildenden gehen nach dem Berufsschulblock in die unterschiedlichen
Abteilungen des Fachbereiches Vertrieb. Diese Zeit an den betrieblichen
Ausbildungsplätzen wird unterbrochen, wenn die Auszubildenden zur Bearbei-
tung eines Lernarrangements ins Bildungswesen kommen.

Unter Lernarrangements verstehen wir Projekte, in denen die Auszubildenden
selbständig ausgewählte Aufgaben-/Problemstellungen bearbeiten, um betriebliche Zusammenhänge besser zu verstehen.

Für das Arbeiten mit Lernarrangements sind unterschiedliche Medien, Personalcomputer und Programme sowie geeignete Räumlichkeiten erforderlich. Diese
Voraussetzungen sind bei uns in der kaufmännischen Berufsausbildung gegeben.

Lernarrangements implizieren offene Lernprozesse, in denen die Auszubildenden häufig auf Ansprechpartner in den Fachabteilungen zurückkommen.
Während der betrieblichen Ausbildungsphase findet somit ein aktiver Informationsaustausch zwischen Fachabteilung und Ausbildungswesen statt.

Aus diesem Grunde ist eine Abstimmung zwischen den Lernorten besonders wichtig
Die Auszubildenden müssen in jeder Ausbildungsphase die entsprechenden theoretischen Inhalte vermittelt bekommen, damit Zusammenhänge fachbezogen erarbeitet werden können. Die Lernarrangements im Betrieb müssen auf den in
der Berufsschule vermittelten Kenntnissen aufbauen.

Lernarrangements

Sechs Aspekte sind bei der Lernarrangementskonstruktion von besonderer Bedeutung.

Ziel:	Unser Leitbild ist der mündige Mitarbeiter, der selbständig Probleme unter Einbeziehung der neuen Techniken lösen soll.
Inhalt:	Neben den fachlichen Inhalten werden NIKT-Aspekte und Schlüssel- qualifikationen vermittelt.
Abstimmung:	Die Inhalte und Aktivitäten der Lernorte sollen aufeinander abgestimmt sein.
Medien und Materialien:	Vielseitiges Medien- und Materialienangebot für Ausbilder und Auszubildende zur Bearbeitung und Präsentation von Themen.
Methoden:	Lernaktivität der Auszubildenden steht im Mittelpunkt des Lern- arrangements.
Ausbilder- rolle:	Veränderung der Ausbilderrolle vom Unterweiser zum Lernberater, der den Lernprozeß der Auszubildenden gezielt fördert.

Lernarrangements sind besonders wichtig, wenn betriebliche Zusammenhänge nicht ausreichend am Arbeitsplatz vermittelt werden können, so z. B. wenn der Einsatz der EDV ursprünglich sichtbare Zusammenhänge verdeckt.

Durch Lernarrangements können die theoretischen Inhalte mit den praktischen Abläufen kombiniert und zu einem logischen Bild oder Ablauf zusammengefügt werden.

Das Arbeiten mit Lernarrangements verknüpft die drei wichtigen Elemente: Fachliche Inhalte, NIKT und Schlüsselqualifikationen.

NIKT heißt "Neue Informations- und Kommunikationstechniken". Im nächsten Gliederungspunkt wird beschrieben, welche Wege wir im Umgang mit den NIKT im Rahmen unseres Lernarrangementkonzeptes beschritten haben.

Einsatz der EDV

Im Umgang mit der EDV, wir sprechen von neuen Informations- und Kommunikationstechnologien (NIKT), sind insbesondere zwei Arbeitsschwerpunkte herauszustellen:

1. ... **mit NIKT umgehen**

   - Kennenlernen und Anwendung der Softwarewerkzeuge
   - Arbeiten mit echten Systemen als Spielversion

2. ... **über NIKT sprechen**

   - Möglichkeiten der Bürokommunikation erörtern
   - Datenschutzaspekte diskutieren
   - CIM-Konzeptionen analysieren
   - Systemabläufe durch Erkundungen visualisieren

Unter Beachtung des Tagungsthemas werden nachfolgend die Erfahrungen und Erkenntnisse beschrieben, die mit dem ersten Punkt: "mit NIKT umgehen", gewonnen wurden.

Alternativen im Umgang mit den NIKT

Seit Beginn des Modellversuches haben wir unterschiedliche Schwerpunkte
bei dem Einsatz der NIKT gesetzt.

In der ersten Phase haben wir die NIKT in den Mittelpunkt der Ausbildung
gestellt und wollten, daß die Auszubildenden über den Umgang mit den im
Betrieb genutzten Systemen betriebliche Zusammenhänge erkennen und verstehen
(Alternative A).

In der zweiten Phase bezogen wir das Arbeiten mit Microsoft-Produkten, verbunden mit der Lösung wirtschaftlicher Problemstellungen, stärker in unser
Ausbildungskonzept ein (Alternative B).

Die Erkenntnisse, die mit den unterschiedlichen Schwerpunktsetzungen bei
den NIKT gewonnen wurden, werden nachfolgend ausführlich beschrieben.

Alternative A: Simulation echter Systeme

Die Simulation echter Systeme wurde in zwei Funktionsbereichen geplant,
durchgeführt und ausgewertet:

In der Phase Personal wurde die Lohnabrechnung mit einer für die Berufsausbildung abgebildeten Fassung des echten Personalverwaltungssystems Pedatis
durchgeführt.

Die wichtigsten Bildschirmmasken wurden uns als Übungsmasken von der zuständigen Systemabteilung zur Verfügung gestellt. Durch die Vernetzung unseres
EDV-Raumes an den Großrechner konnten wir Lohnabrechnungen und die dafür
erforderliche Erfassung der tatsächlichen Arbeitsstunden durchführen. Den
erforderlichen Datenbestand haben wir uns aufgebaut, in dem Mitarbeiter
mit unterschiedlichen Altersstrukturen, Bildungsqualifikationen, Familien-
verhältnissen etc. "entworfen" wurden.

In der Phase Vertrieb wurde die Bestellabwicklung simuliert, die im Unternehmen durch das neu eingeführte System Newada abgewickelt wird. Auch hierfür mußten Bildschirmmasken entwickelt und aufeinander abgestimmt werden. Ein Datenbestand von zu disponierenden Fahrzeugen mußte aufgebaut werden.

Da die Erfahrungen in den beiden Phasen vergleichbar sind, wird nachfolgend nur über das simulierte System im Vertrieb berichtet.

Beispiel Vertrieb "Bestellabwicklungssystem Newada"

Planung/Vorüberlegungen

Wir wollten eine Übungsversion unseres echten Bestellabwicklungssystems Newada einrichten, damit die Auszubildenden Bestellungen anhand von verschiedenen Bildschirmmasken bearbeiten können. Die Auszubildenden sollten die Rolle von Händlern spielen, und die Bestellungen prüfen, weiterleiten an VW und Korrekturen sowie mögliche Rückmeldungen bearbeiten.

Durch das Arbeiten mit unterschiedlichen Masken sollten Gesamtzusammenhänge deutlich werden. Außerdem sollte die Anwendungssicherheit mit Systemen gefördert werden.

Um die Übungsversion von Newada aufzubauen, mußte die Systemabteilung die Bildschirmmasken aufbauen. Wir überlegten uns unterschiedliche Käufertypen mit verschiedenen Kundenwünschen, damit die Auszubildenden einen ausreichenden Datenbestand hatten.

Zudem mußten wir uns in das System einarbeiten, und ein Großrechneranschluß mußte in unseren Räumen installiert werden.

Erfahrungen bei der Durchführung

Betriebliche Zusammenhänge werden durch Bearbeiten der Bestellungen am Bildschirm nur wenig deutlich. Es handelt sich um einfache Systemabfragen, die keine Anregungen zum vertieften Arbeiten geben. Technische Probleme mit dem System erschwerten zudem das Projekt; ohne das know-how der Mitarbeiter in der Systemanalyse konnte das Lernarrangement nicht durchgeführt werden.

177

Auswertung/Ergebnis

Für uns ist grundsätzlich die Frage nach dem Lernzuwachs der Auszubildenden maßgebend für die Bewertung eines Projektes. Bei der Simulation echter Systeme ist der Lernzuwachs im Hinblick auf das Verstehen betrieblicher Zusammenhänge gering. Das aktive Element, die Selbständigkeit der Auszubildenden beim Bearbeiten von Vorgängen, ist wenig ausgeprägt.

In bildungsökonomischer Sicht ist das Projekt der Simulation echter Systeme nicht rentabel. Der hohe Aufwand an Mitarbeiterschulungen, Aufbau und Pflege des Systems steht in keinem Verhältnis zum Lernertrag.

Da die Übungsversion von Newada technisch noch nicht ausgereift ist, bedarf es einer Projektbegleitung durch Mitarbeiter der Systemanalyse.

Alternative B: Arbeiten mit Microsoft-Produkten

Während die Simulation echter Systeme die Kooperation der Fachbereiche mit der Ausbidungsabteilung erforderte, muß beim Einsatz von Microsoft-Produkten eine Abstimmung zwischen Berufsschule und Ausbildungsabteilung erfolgen.

Im Bildungswesen finden die folgenden Programme Anwendung:

Textverarbeitung (Word)
Grafikprogramm (Chart)
Tabellenkalkulation (Multiplan)
Datenbanksystem (R-base)

Bei der Anwendung der Microsoft-Produkte soll folgendes Groblernziel erreicht werden: Die Auszubildenden sollen am Ende ihrer Ausbildung für ein bestimmtes ökonomisches Problem das geeignete Microsoft-Produkt anwenden können.

Um zum Beispiel die Umsatzentwicklung des Ausbildungsbetriebes zu analysieren, sollten die Auszubildenden bestimmte Funktionen des Grafikprogramms anwenden können.

Aufbauend auf den in der Berufsschule vermittelten Grundlagen der EDV verfolgen wir ein vierstufiges Konzept zur Erreichung unseres eben beschriebenen Lernziels. Die vierte Stufe muß nicht von allen Auszubildenden erreicht werden.

1. Einführung in das Arbeiten mit Microsoft-Produkten
2. Vertiefende Anwendung
3. Selbstgesteuertes Arbeiten mit mehreren Produkten
4. Projektgestaltung mit Microsoft-Produkten

Die vier Stufen werden nachfolgend kurz durch Anwendungsbeispiele erläutert.

1. Einführung in das Arbeiten mit Microsoft-Produkten

Ziel:

Zahlen einer ABC-Analyse sollen mit Hilfe von Chart grafisch dargestellt werden.

Vorgehensweise:

Zuerst wird die betriebsbezogene Aufgabe zur ABC-Analyse kaufmännisch gelöst. Anschließend wird eine einfache Grafik mit Chart erstellt. Nach und nach wird diese Grafik verfeinert und verbessert.

Der Einstieg in das Arbeiten mit Chart erfolgt durch eine Broschüre "Einführung in Chart", die von Lehrern und Auszubildenden erstellt worden ist sowie durch Beratung der Lehrer.

2. Vertiefende Anwendung

Ziel:

Ein kaufmännisches Problem (Analyse von Absatzzahlen) soll unter Anwendung von Chart selbständig gelöst werden.

Vorgehensweise:

Zu Beginn werden Statistiken aus dem Vertrieb über verkaufte Autos sowie deren Ausstattungen zur Verfügung gestellt. Aus diesem Zahlenmaterial sollen anschließend aussagekräftige Darstellungen entwickelt werden.

Aus den entwickelten Grafiken werden Trends abgeleitet. Z. B. wird der VW Jetta meist als CL-Version verkauft und ist gut ausgestattet. Diese Grafiken bilden die Grundlage für weitere absatzpolitische Entscheidungen.

3. Selbstgesteuertes Arbeiten mit mehreren Produkten

Ziel:

Im Anschluß an ein Planspiel soll ein Geschäftsbericht erstellt werden, in dem die wichtigsten unternehmerischen Entscheidungen enthalten sind.

Vorgehensweise:

Während des Planspiels über absatzpolitische Entscheidungen im Unternehmen werden die wichtigsten Maßnahmen protokolliert.

Sie werden anschließend in einem selbstgestalteten Geschäftsbericht möglichst überzeugend dargestellt. Die Auszubildenden müssen die Form des Geschäftsberichtes, die einzelnen Seiten, die Kombination von Grafiken, Texten und anderen Bildern selbst arrangieren. Der selbst erstellte Geschäftsbericht wird anschließend in einer simulierten Vorstandssitzung vorgestellt.

4. Projektgestaltung mit Microsoft-Produkten

Ziel:

Die Auszubildenden erhalten die Möglichkeit, sich im Bildungswesen außerhalb der Lernarrangementszeiten zu treffen, um intensiv an ausgewählten Problemstellungen zu arbeiten.

Vorgehensweise:

Drei Auszubildende haben ein Aktions-Planspiel über das Bestellabwicklungssystem Newada ausgearbeitet. Bei diesem Spiel müssen Auszubildende zwei Tage in die Rolle von Autohändlern schlüpfen und Kundenwünsche mit Hilfe von Karten, Tabellen, Preislisten, Kalkulationshilfen, Transportkostentabellen und Buchungsbelegen bearbeiten. Das Ziel dieses Planspiels besteht darin, den besten Händler zu ermitteln.

Bei diesem Planspiel "VAN" (Vertrieb - Alt - Neu) werden die Zusammenhänge der Bestellabwicklung deutlich. Die Microsoft-Produkte wurden von der Spielleitung bei der Disposition der Fahrzeuge und von den Mitspielern bei der Kalkulation ihrer Verkaufspreise eingesetzt.

Konsequenzen unserer Lernarrangementkonzeption
für die Ausbildung

Lernortentsprechende Vermittlung neuer Techniken

Aus den unterschiedlichen Ansätzen zum Einsatz der neuen Techniken haben
wir die Erkenntnis gewonnen, daß die NIKT gezielt einzusetzen sind. In der
Berufsschule sollen die Grundlagen der EDV gelegt werden und die Einführung
in das Arbeiten mit Microsoft-Produkten erfolgen.

In den Fachabteilungen sollten die Auszubildenden die im Betrieb verwendeten
Systeme kennenlernen, indem sie mit bestimmten Bildschirmmasken arbeiten.

In der kaufmännischen Berufsausbildung sollen die betrieblichen Zusammenhänge
erarbeitet und mit Hilfe der NIKT dargestellt werden. Darüber hinaus wenden
die Auszubildenden ihre Anwenderkenntnisse bei weiteren Aufgaben und Problemstellungen an.

Erkenntnisse der Auszubildenden

Die Auszubildenden stellen fest, daß nur ein kontinuierliches Arbeiten mit
Anwenderprogrammen den gewünschten Erfolg bringt. Aus diesem Grund fördern
wir das integrative Arbeiten an wirtschaftlichen Themen mit den NIKT.

Ausblick

Das Arbeiten mit unseren Lernarrangements zahlt sich in der Regel erst nach
Monaten aus. Zuerst müssen sich die Auszubildenden, die zuvor meist das
rezeptive Lernen kennengelernt haben, an das offenere Arbeiten gewöhnen.
Das selbständige Arbeiten fördert die personale Kompetenz.

Das Präsentieren von Arbeitsergebnissen vor anderen Auszubildenden schließt
die soziale Qualifikation und das Erreichen der Schlüsselqualifikationen
wie Kreativität, Denken in Zusammenhängen, Problemlösungsfähigkeit, Flexibilität und Kommunikationsfähigkeit ein.

Wichtig ist für die zukünftige Gestaltung der Ausbildung, den Auszubildenden
adäquate Lernanlässe in Form interessanter, komplexer Themenstellungen anzubieten, die eine Integration der neuen Techniken berücksichtigt.

EINKAUFS- UND LOGISTIK-ENTSCHEIDUNGEN
COMPUTERSIMULATION IN DER AUSBILDUNG VON INDUSTRIEKAUFLEUTEN
BEI DER VOLKSWAGEN AG IN WOLFSBURG (1)

Ulrich Getsch

Seminar für Wirtschaftspädagogik, Universität Göttingen
Platz der Göttinger Sieben 7, D-3400 Göttingen

Vorbemerkung

Am Beispiel eines Bereichsplanspiels zu Einkaufs- und Logistik-Entscheidungen (EULE) wird ein Lernarrangement und dessen Einordnung in den betrieblichen Ausbildungsprozeß von Industriekaufleuten vorgestellt. Dieses Planspiel soll Logistikkonzeptionen in Großunternehmen partiell simulieren, die
bislang auf anderen Wegen den Auszubildenden aufgrund der Komplexität,
Vernetztheit und Unanschaulichkeit der real existierenden Abläufe nur sehr
unzureichend vermittelt werden konnten.

1. Logistik als umfassende Strategie moderner Unternehmensführung

Der Wandel vom Verkäufer- zum Käufermarkt, die zunehmende Marktsättigung in
vielen Industriebereichen und die sich insgesamt verschärfende Wettbewerbs-
situation zwingen die Industriebetriebe dazu,
- flexibel auf sich verändernde Marktanforderungen zu reagieren,
- verstärkt neue Produkte in kürzeren Zeiträumen auf den Markt zu bringen,
- eine steigende Variantenvielfalt anzubieten,
- kurze Lieferzeiten zu gewährleisten,
- eine hohe Produktqualität zu garantieren und
- ein günstiges Preis-/Leistungsverhältnis zu erreichen.
Die Notwendigkeit der Industriebetriebe, sich rechtzeitig auf sich verändernde Märkte einzustellen und mit geeigneten Strategien und Konzepten zu
reagieren bzw. am Markt zu agieren, führt zu neuen Unternehmensstrategien,
die als "systemische Rationalisierung" (BAETHGE/OBERBECK 1986) charakteri-
siert werden können. Zur Bewältigung der oben genannten Aufgaben reichen
Rationalsierungs- und Verbesserungsmöglichkeiten in einzelnen Unternehmens-

---

1) Das Planspiel EULE ist ein Produkt aus dem Modellversuch WOKI - "Wolfs-
   burger Kooperationsmodell für den Ausbildungsberuf Industriekaufmann/-
   kauffrau unter besonderer Berücksichtigung neuer Technologien". Der Modellversuch ist Teil des "Aktionsprogramms Neue Technologien in der Beruflichen Bildung", das 1985 vom Bundesministerium für Bildung und Wissenschaft vorgelegt wurde. Der schulische Teil des Modellversuchs wird
   an den Berufsbildenden Schulen I in Wolfsburg, der betriebliche Teil
   wird bei der Volkswagen AG durchgeführt. Für die Ausbildungsphase Einkauf und Logistik ist Herr Gerhard Strohmenger vom Bildungswesen der VW
   AG (Kfm. Berufsausbildung) verantwortlich, dem ich für die Mitarbeit zu
   Dank verpflichtet bin.

bereichen nicht mehr aus. Notwendig ist heute eine ganzheitliche Optimierung der Informations- und Materialflüsse über alle Funktionen eines Fer-
tigungsbetriebes.

Die neue Qualität der modernen Unternehmensstrategien liegt darin, die betrieblichen Ablaufprozesse in ihrer Komplexität, Dynamik und Vernetztheit
angemessen zu berücksichtigen und zu optimieren. Ziel ist die parallele Optimierung des Material- und des Informationsflusses. Fortschritte auf den
Gebieten der Produktionstechnik und der Informations- und Kommunikationstechnik ermöglichen diese neuen Strategien und treiben sich gleichzeitig
voran (vgl. SPUR 1986).

Im nationalen wie internationalen Marktwettbewerb sind Produktindividuali-
tät und Variantenvielfalt in Verbindung mit kurzen Lieferzeiten und hohem
Qualitätsstandard nur noch mit einem hohen Grad an Integration und Kooperation zwischen den Unternehmen der Roh- und Grundstoffindustrie, der Kompo-
nentenhersteller sowie der verarbeitenden Industrie zu gewährleisten. Die
Logistik nimmt deshalb neben der eigentlichen Fertigungstechnologie in den
Unternehmen einen sehr hohen Stellenwert ein.

In der Automobilindustrie - wie auch in anderen Wirtschaftsbereichen - ori-
entierte sich das logistische Denken zunächst fast ausschließlich an den
betrieblichen Problemen der Absatzseite. Heute wird die Logistik als eine
bereichsübergreifende Querschnittsfunktion betrachtet, die das gesamte Unternehmen einschließlich seiner Beziehungen zum Absatz- und zum Beschaf-
fungsmarkt umfaßt.

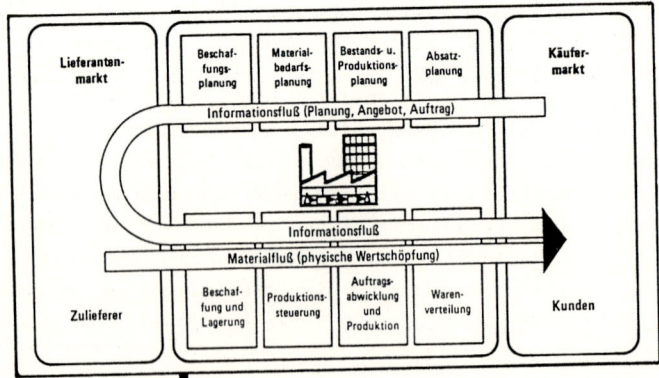

Abb. 1: Die Querschnittsaufgabe der Logistik
        Quelle: Fraunhofer-Institut für Transporttechnik und Warendistri-
        bution (in: Logistik im Unternehmen, Jan./Febr. 1988, S. 8)

"Die Unternehmenslogistik beinhaltet die ganzheitliche unternehmerische Führung aller Bewegungs- und Lagerungsprozesse von realen Gütern mit dem Ziel, sie von ihren Entstehungsorten weg in richtiger Menge, Zusammensetzung und Güte zum richtigen Zeitpunkt an die richtigen Bedarfsorte zu minimalen Kosten und mit optimalem Liefererservice zu führen. Ihre Teilaufgaben im Betrieb sind neben den Grundfunktionen Lagern, Transportieren, Handhaben, Verteilen, Kommissionieren insbesondere auch die Funktionen Informieren, Organisieren und Steuern" (JÜNEMANN 1987, S. 6).

Die Information ist für die Logistik der zentrale Produktionsfaktor. Aus der Information bezieht die Logistik ihr Potential für Produktivitätsfortschritt, Leistungs- und Effizienzsteigerung, die in einer Senkung der Bestände und in einer Verkürzung der Durchlaufzeiten ihren Ausdruck finden. Es hat sich die Erkenntnis durchgesetzt, daß Materialbeschaffung, Fertigung und Vertrieb einen gemeinsamen übergeordneten Regelkreis bilden, der in sich weitere, enger begrenzte Regelkreise einschließt. Die organisatorischen und technischen Abläufe in jeder der drei Bereiche erfassen sowohl die Zulieferer als auch die Abnehmer.

Diesem ganzheitlichen bzw. systemtheoretischen Ansatz liegt die Erkenntnis zugrunde, daß nur die Betrachtung der gesamten logistischen Kette den wirtschaftlichen Erfolg nachhaltig zu verbessern vermag. Die logistischen Zielgrößen verändern sich vom kapazitäts- und verrichtungsorientierten Denken hin zu flußorientierten Organisationskonzepten. "Just-in-Time" wird zum Handlungsmotto für die gesamte logistische Kette (vgl. WILDEMANN 1986; SEMMELROGGEN 1988).

Logistik besitzt eine integrierende Funktion. Dieser ganzheitliche Charakter wird an den eingesetzten EDV-Systemen deutlich. So wird bei der VW-AG das integrierte Fertigungs- und Beschaffungssystem FEBES eingesetzt, mit dem fünf Funktionsbereiche verknüpft werden (siehe Abb. 2):

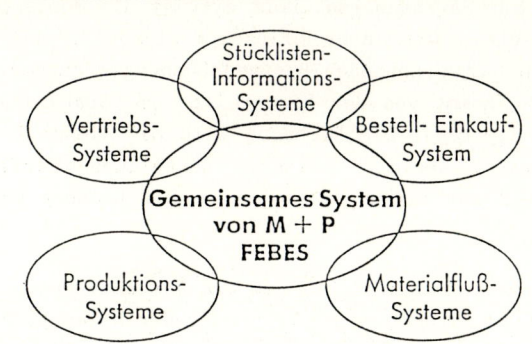

Abb. 2   FEBES

Die Umsetzung moderner Logistikkonzepte wie "Just-in-Time" führen zu einer veränderten Ablauforganisation im Betrieb und u.U. auch zur Modifikation der Aufbauorganisation. Diese Veränderungen haben Konsequenzen für die kaufmännische Berufsausbildung am Lernort Betrieb. Die Notwendigkeit einer Neugestaltung der Organisationsformen, Inhalte und Methoden beruflicher Erstausbildung soll an einer vereinfachten Darstellung der Einkaufs- und Beschaffungsvorgänge eines modernen rechnergestützten Industriebetriebes, wie es die VW-AG verkörpert, aufgezeigt werden.

2. Möglichkeiten und Grenzen der Ausbildung am Arbeitsplatz

Anhand eines Beispiels sollen Möglichkeiten und Grenzen der Ausbildung am Arbeitsplatz diskutiert werden:

Aufgrund des Logistikkonzeptes beginnt die Festlegung des vorläufigen Produktionsprogramms viele Monate vor dem Fahrzeugbautermin. Nehmen wir einmal an, es sollten SR-Reifen (155 SR 13) für den Golf beschafft werden.
Das System BASYS (Baugruppensystematik) des Vorstandsbereichs Forschung und Entwicklung liefert die Daten, welche Typen freigegeben sind.
Der Einkäufer erhält von der Logistik den Jahresbedarf als Grundlage für den Rahmenvertrag. Er erhält zudem Vorschläge für die Liefereinteilungen. Als weitere Informationsquellen stehen dem Einkäufer noch Hinweise der Abteilung "Beschaffungsmarktanalyse" zur Verfügung.
Der Computer druckt ein fertiges Formblatt für den Lieferer aus, welches diesem übersandt wird. Der Lieferer trägt hier den Stückpreis ein.
Es folgen Preisverhandlungen, die die Grundlage für die Inhalte des Rahmenvertrages darstellen. Diese Informationen werden in das System eingegeben.
Die Disposition ruft die Reifen beim Lieferer ab, wobei das System optimale Abrufgrößen (Auslastung der Transportkapazität) vorschlägt.
Bei On-line-Verbindungen mit dem Lieferer hat dieser noch eine Reaktionszeit bis zur Anlieferung von 9 Tagen (sonst 6 Tage). Der LKW mit den Reifen trifft im Werk ein. Weil nur mit vertraglich festgelegten Gebietsspediteuren gearbeitet wird, kennen sich die Fahrer in der Regel im Werk gut aus. Sie fahren zur Warenannahme. Dort erfolgt die Mengenprüfung.
Der Lieferschein wird über Klarschriftleser in das System eingegeben. Es erfolgen die entsprechenden Bestandsbuchungen automatisch durch das System. Die Rechnung kommt von der Poststelle zum Vorstandsbereich Controlling und Finanz (Kreditoren). Die Rechnung wird bei diesem Produkt durch das System geprüft (autom. Abgleich zwischen Bestellung, Lieferschein und gelesener Rechnung) und zur Zahlung angewiesen. Die Buchung erfolgt wieder durch das System.

Dieses Beispiel verdeutlicht, daß dem Auszubildenden viele typische klassische Beschaffungsfunktionen nicht mehr durch den Arbeitsprozeß transparent gemacht werden können. Ein weiteres Problem stellen die sensiblen Daten des Einkäufers (Preisgeheimnis wegen Konkurrenz) dar. Auszubildende erhalten somit keine Möglichkeit, an Preisverhandlungen teilzunehmen.

Es kann festgestellt werden, daß sich durch die praktische Arbeit bei der Ausbildung in den Fachabteilungen nicht alle notwendigen Inhalte vermitteln lassen. Das gilt insbesondere für den P-Einkauf, der für die Beschaffung aller produktionsabhängigen Teile verantwortlich ist.

Aus unserer Sicht wird eine effektive Berufsausbildung an den meisten Arbeitsplätzen im modernen Industriebetrieb zunehmend erschwert:

1. Durch den Rechnereinsatz und die voranschreitende Komplexität und Vernetzung der EDV-Systeme wird es für die Auszubildenden immer schwieriger, die Tätigkeiten an den einzelnen Arbeitsplätzen zu durchschauen und deren Einbindung in betriebliche Abläufe zu erfassen. Die Anforderungen an gedankliche Abstraktionsleistungen nehmen zu.

2. Der Einsatz moderner Informations- und Kommunikationstechnik im Betrieb führt dazu, daß den Auszubildenden immer seltener und immer weniger Aufgaben übertragen werden (können), die zu wichtigen Lernprozessen und zum Aufbau von Handlungskompetenz führen könnten. Auszubildende werden in vielen Fachabteilungen oftmals mit einfachen Routinetätigkeiten beschäftigt, von denen kein positiver Ausbildungseffekt zu erwarten ist. Eigenständiges und selbstverantwortetes Handeln wird den Auszubildenden aufgrund der Arbeitsstrukturen in den meisten Fachabteilungen kaum ermöglicht.

Wenn diese Einschätzung als weitgehend zutreffend anerkannt wird, dann liegt die Überlegung nahe, außerhalb der Handlungszwänge der betrieblichen Arbeitsplätze Lernumgebungen so zu arrangieren, daß signifikante Lernprozesse initiiert und Handlungskompetenzen aufgebaut werden können. Derartige Lernarrangements können in Form von Planspielen, Rollenspielen und Erkundungsprojekten konstruiert werden. Ihr Ziel besteht darin, betriebliche Realität modellhaft abzubilden, Entscheidungssituationen zu simulieren und Problemlöseverhalten herauszufordern. Zur Bewältigung der gestellten Aufgaben ist von den Auszubildenden das zuvor erworbene Fachwissen problemorientiert anzuwenden und auf die Handlungssituation zu übertragen. Den gewählten Problemlösestrategien kommt hinsichtlich des Transfereffekts auf vergleichbare Handlungssituationen eine besondere Bedeutung zu. Ihnen muß bei der Durchführung und insbesondere bei der Nachbereitung des Lernarrangements besondere Bedeutung zugemessen werden.

Wenn der Anspruch, Schlüsselqualifikationen zu fördern, mehr als eine Wunschvorstellung sein soll, dann muß durch eine konkrete didaktisch-methodische Konstruktion von Lernsituationen bzw. Lernarrangements sichergestellt werden, daß eine Ganzheitlichkeit von Denken und Handeln möglich und systemisches Denken gefördert wird.

An einem Beispiel soll nun gezeigt werden, wie im Rahmen des Modellversuchs WOKI versucht wird, durch die Konstruktion von Lernarrangements die Ausbildung zum Industriekaufmann zu verbessern.

3. Einordnung der Lernarrangements in die Ausbildungsphase Einkauf und
   Logistik

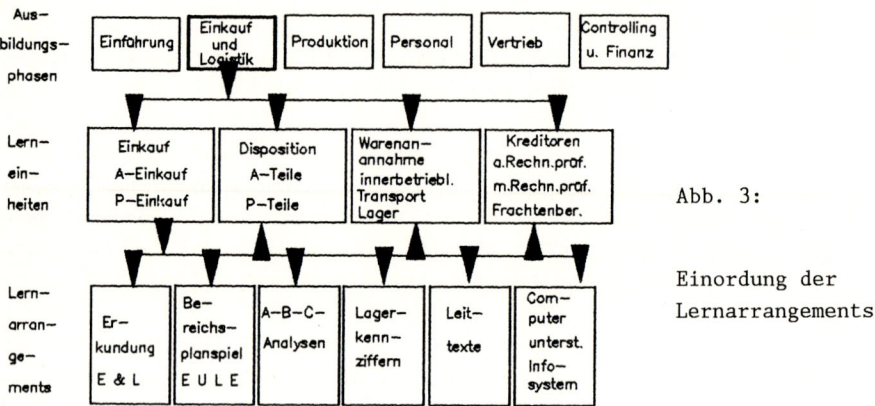

Abb. 3:

Einordung der
Lernarrangements

Vor dem Einsatz in der Fachabteilung wird vom Bildungswesen (kaufmännische
Berufsausbildung) das Erkundungsprojekt "Reifen" durchgeführt (Zeitbedarf:
3 Tage). Ziel dieses Lernarrangements ist es, u.a. den Vorstandsbereich
Einkauf und Logistik kennenzulernen und hierbei die komplexen betrieblichen
Zusammenhänge zu verdeutlichen. (2) Um die Transparenz zu erhöhen, wird eine Vorgangskette ausgewählt, die sich vom Einkauf bis zu den Kreditoren
verfolgen läßt.

Im Anschluß daran lernen die Auszubildenden Beschaffungsentscheidungen anhand des ausbildungsbegleitenden Bereichsplanspiels EULE (Einkaufs- und logistische Entscheidungen) kennen (vgl. unten). Wenn die Auszubildenden mit
dem Umgang des Planspiels vertraut sind, verlassen sie das Bildungswesen
und werden an ihrem Ausbildungsplatz in der Fachabteilung eingesetzt. Dazu
erhalten sie Leittexte. Als eigenständiges Projekt aus den Fachabteilungen
folgt dann die Erstellung einer ABC-Analyse für die Disposition. Der praktische Umgang mit der ABC-Analyse ist bei VW insofern besonders wichtig,
weil diese Analyse bei verschiedenen Fragestellungen eine große Rolle
spielt.

Die Berechnung von Lagerkennziffern erfolgt mit Hilfe eines Tabellenkalkulationsprogramms. In diesem Zusammenhang lernen die Auszubildenden im Rahmen des betriebsinternen Unterrichts auch, was JUST-IN-TIME und KANBAN für
VW und für die Konkurrenz aus Japan bedeuten. Im Berufsschulunterricht wird
eine Unterrichtseinheit "Moderne Logistikkonzepte: Merkmale, Ziele, Auswir-

2) vgl. bibb Informationen zur Ausbildungspraxis aus Modellversuchen. Modellversuchs-Information Nr. 4.

kungen" durchgeführt, mit deren Hilfe die grundlegenden Sachkenntnisse vermittelt werden.

Zum Schluß der Ausbildungsphase Einkauf und Logistik kommen die Auszubildenden für 3 Tage ins Bildungswesen, um mit Hilfe des Autorensystems UNISON einen INFO-POOL anzulegen bzw. zu pflegen. (3)

4. Das Planspielmodell EULE (4)

Das vorliegende computerunterstützte Unternehmensplanspiel wurde von der wissenschaftlichen Begleitung des Modellversuchs WOKI konzipiert und auf dem PC implementiert. Neben den Programmdisketten und Datendisketten steht noch ein Spielerhandbuch zur Verfügung.

4.1 Kurzbeschreibung des Simulations- und Steuerungsmodells

Bei dem entwickelten Planspiel handelt es sich um ein Bereichsplanspiel, das die Abteilung "Einkauf und Logistik" eines Reifenherstellers simuliert. Das Ziel besteht darin, die durchschnittlichen Herstellkosten je Stück der zwei hergestellten Reifentypen zu minimieren, und zwar im Durchschnitt über alle Perioden. Jede Teilnehmergruppe des Planspiels simuliert ein Unternehmen, das im Wettbewerb mit den Unternehmen der übrigen Planspielteilnehmer steht. Die Herstellkosten setzen sich zusammen aus Materialeinzelkosten (4 Einsatzstoffe; variable Lagerkosten) und Materialgemeinkosten (fixe Lagerkosten; Schwund) sowie fest vorgegebenen Produktionskosten (für alle Unternehmen identisch), die lediglich durch eine von 100 % abweichende Kapazitätsauslastung (ca. +/- 20 Prozentpunkte) und innerbetriebliche Transportkosten (je nach Mietlagernutzung) von Unternehmen zu Unternehmen schwanken.

Die Spielgruppen entscheiden jede Periode über die Produktionsmengen der beiden Reifentypen (SR und HR), wobei eine feste und zunächst für alle Unternehmen gleiche Auftragsmenge von der Spielleitung ("Großkunde") vorgegeben wird. Weiterhin sind die Bestellmengen der vier Einsatzstoffe unter Berücksichtigung der sachlichen Bedingungen (Stücklisten, Lagerbestände, Lagergröße und Vorgaben für Eiserne Bestände) sowie der betriebswirtschaftlichen Faktoren (Lieferantenkonditionen, Lagerkosten, Transportkosten, Konventionalstrafen usw.) zu planen. Ebenso sind An- und Verkäufe von Einsatzstoffen zwischen den Unternehmen möglich. Zu einem späteren Zeitpunkt im Spielverlauf können noch Entscheidungen über den freien Verkauf eines Winterreifentyps am Markt und über Finanzierungsentscheidungen getroffen werden.

---

3) vgl. bibb Informationen zur Ausbildungspraxis aus Modellversuchen. Modellversuchs-Information Nr. 3.

4) vgl. die graphische Darstellung im Anhang.

Die bei den Entscheidungen zu berücksichtigenden Einzeldaten sind vielfältig vernetzt. So führt z.B. eine hohe Bestellmenge zu einem größeren Rabatt, dafür fallen dann aber auch höhere Lagerkosten an. Reicht die Produktionslagerkapazität nicht aus, muß ins Mietlager eingelagert werden, wodurch zusätzlich Fixkosten, aber auch Transportkosten für den späteren Transport ins Produktionslager entstehen. Hierbei wird die Dynamik wirtschaftlichen Handelns deutlich: Planungen und Entscheidungen müssen Wirkungsfolgen in späteren Spielperioden berücksichtigen. Rohstoffpreise können steigen oder fallen, Lieferengpässe der Lieferanten können die Produktion behindern, Mehrnachfrage bei einzelnen Lieferanten führt zu Preissteigerungen usw. Außerdem können längere Lieferzeiten bei den Einsatzstoffen und/oder unerwartete Absatzschwankungen bei den eigenen Produkten wiederholte Planrevisionen erforderlich machen.

Um den Rechenaufwand für die Auszubildenden zu minimieren, hat es sich als zweckmäßig erwiesen, ab der 3. oder 4. Spielrunde ein Kalkulationsprogramm (wird durch das Menü von dem Planspielleiter ausgewählt) zuzusteuern. Dieses Programm ermittelt den Bedarf an Einsatzstoffen und es überprüft, ob die Lagerkapazität im Produktionslager für die Bestellmengen ausreicht.

Die Handlungssituation ist für die Spielteilnehmer relativ komplex und erscheint auch leicht intransparent. Die Spielleitung kann das Planspiel aber flexibel steuern und so den Schwierigkeitsgrad dosieren und auf die Lernvoraussetzungen der Teilnehmer abstellen. Aufgabe der Spielleitung ist es auch, die Teilnehmer beim Erkennen der Modellbeziehungen zu unterstützen. Das Begleitmaterial liefert einen wesentlichen Beitrag dazu, die Transparenz der Handlungs- und Entscheidungssituation zu erhöhen und die Beziehungen der Variablen zu klären.

Insgesamt kann der Spielleiter 270 Einzelparameter verändern. Eine Globalsteuerung über 3 unterschiedliche Schwierigkeitsgrade ist möglich.

4.2 Didaktische Gesichtspunkte des Planspieleinsatzes

Es ist daran gedacht, das Planspiel im betriebsinternen Unterricht während der ganzen Ausbildungsphase "Materialwirtschaft" einzusetzen. Die Phase dauert bei der VW-AG ca. 10-12 Wochen. Es soll dann in jeder Woche eine Entscheidungsrunde durchgeführt werden, wobei im Zeitablauf die Komplexität ständig zunimmt. An die Entscheidungen werden spezielle Lernarrangements mit konkreten betrieblichen Inhalten angegliedert. Dies sind Reflexions- sowie Informations- und Erkundungsphasen. In den Phasen der Reflexion wird eine vom Planspielleiter gesteuerte Analyse der Unternehmensergebnisse vorgenommen. An diese Analyse schließen sich Informations- und Erkundungsphasen an, in denen die aus den Planspiel gewonnenen Erkenntnisse (Lernen im Modell) mit den realen Tätigkeitsvollzügen des ausbildenden Unternehmens verglichen werden (Lernen am Modell).

Das Planspiel kann aber auch durchgehend an 5 Tagen gespielt werden. Auch hierbei haben wir beim Einsatz bei der Volkswagen AG gute Erfahrungen sammeln können.

Das Planspiel wurde in 4 Phasen eingeteilt. In der Spielperiode 1-3 steht die Just-in-Time-Produktion im Vordergrund. Lagerbestände sind nur für geringe eiserne Bestände aufzubauen. Spielperioden 4-6 sind gekennzeichnet durch starke Preissteigerungen des Naturkautschuks, bedingt durch Wechselkursveränderungen, politischer Krisen in Südamerika und durch Mißernten. Diese Prognosedaten sollen die Auszubildenden berücksichtigen, indem sie entsprechende Lagervorräte für diesen Rohstoff aufbauen. Hierzu ist es notwendig, daß die Auszubildenden die zusätzlichen Lagerkosten ermitteln. In den Spielperioden 7-9 steht das Problem der Bestellungskonzentration auf den preisgünstigsten Lieferer im Vordergrund. Hier werden Gefahren der höheren Gewalt diskutiert und es fallen einige Lieferer wegen Streik, Brand, Wasserschäden ganz oder teilweise aus. In den Spielperioden 10-12 wird die Produktion des Winterreifens aufgenommen. Die Produktionsmengen und den Preis für diese Reifen legen die Auszubildenden selbst fest. Ob alle produzierten Winterreifen verkauft werden, hängt vom Preisverhalten der Mitanbieter ab.

Weiterhin sollen die informationstechnischen Fähigkeiten der Auszubildenden gefördert werden. Aus diesem Grund muß jeder Spielgruppe ein Computer zur Verfügung stehen. Die Spieler geben ihre Entscheidungen selbst ein. Es wäre sinnvoll, wenn die Auszubildenden bereits eine Einführung in die Microsoft-Produkte erhalten hätten. Dann könnten sie für ihre Planungen den PC mit der entsprechenden Software nutzen. Ansonsten bietet sich die Gelegenheit, sich problem- und handlungsbezogen in die Softwarenutzung einzuarbeiten. Endbenutzerwerkzeuge wie Multiplan und Chart werden für die Ergebnispräsentation, die ca. 45 Minuten für jede Spielgruppe in Anspruch nimmt, benötigt. Bei der Präsentation sollen die Auszubildenden ihre Entscheidungen mit den entsprechenden Wirkungen auf Lagermengen, Kosten und Finanzen erläutern.

Wir versprechen uns durch den Planspieleinsatz u.a. auch eine gezielte Förderung von folgenden Qualifikationen:

- Kommunikations- und Kooperationsfähigkeit durch Gruppenarbeit bzw. Gruppenentscheidungen, sowie durch gezieltes Verhandlungstraining beim Verkauf von überschüssigen Einsatzstoffen.
- Problemlösungs- und Entscheidungsfähigkeit durch die methodische Ausgestaltung des Planspiels und vor allem durch die häufige Anwendung. Dies geschieht durch die Simulation veränderter problemhaltiger Situationen und der ständigen Notwendigkeit, am Ende der Spielperiode eine Entscheidung zu treffen.
- Wirtschaftliches Denken und Handeln in übergreifenden Zusammenhängen. Im Planspiel sind alle Faktoren miteinander verknüpft. Es ist deshalb erforderlich, alle relevanten Zusammenhänge in die Entscheidungen miteinzubeziehen (vgl. 2.).

- Eigenverantwortliches treffen von Entscheidungen. Hierzu gehört die selbständige Informationssuche und -aufbereitung für die Entscheidungsfindung sowie die kritische Reflexion der getroffenen Entscheidungen anhand der erzielten Ergebnisse.
- Transferdenken und -handeln. Die durch das Planspiel didaktisch reduzierten realen Tätigkeitsvollzüge schaffen die Möglichkeit für die Auszubildenden, sich eine modellhafte Vorstellung ökonomischer Zusammenhänge zu erarbeiten. Dieses Modell soll nun durch die Erkundung tatsächlich ablaufender betrieblicher Prozesse weiter ausdifferenziert werden.

4.3 Organisatorische Voraussetzungen des Planspieleinsatzes

Als Zielgruppe des Planspiels kommen kaufmännische Auszubildende mit geringem kaufmännischen Vorwissen in Betracht, die weder Planspielerfahrungen noch besondere Fähigkeiten im Umgang mit dem PC benötigen. An dem Spiel können maximal fünf Spielergruppen ("Unternehmen") mit etwa je drei bis fünf Auszubildenden teilnehmen.

Zur Durchführung der Planspielrunden wird ein Spielleiter benötigt, der sowohl mit dem zugrundeliegenden Spielmodell als auch mit dem "Kalkulationsschema" eingehend vertraut sein sollte.

Es erscheint nicht erforderlich, den einzelnen Spielgruppen jeweils einen separaten Arbeitsraum zur Verfügung zu stellen. Andererseits sollte der Seminarraum von der Größe und Einrichtung her eine Aufteilung mit "Gruppenecken" ermöglichen, damit die Spielgruppen ohne gegenseitige Störungen "planen und entscheiden" können.

Von der Computerkapazität ist ein vollständiger Arbeitsplatz (PC mit 640K und Festplatte, Drucker) pro Spielgruppe sowie für den Spielleiter vorzusehen. Die Software sollte vor Spielbeginn auf den Festplatten der PCs installiert werden. Danach werden nur noch Datendisketten benötigt, um die Entscheidungs- und Ergebnisdaten der Spielgruppen mit dem Spielleiter auszutauschen (entfällt bei einem Netzwerk).

Wir denken, daß das Planspiel ca. 12 Spielrunden durchgeführt werden müßte, wobei sich der Zeitbedarf pro Spielrunde mit dem Spielfortschritt vermindern dürfte. Als Anhaltspunkt können zu Beginn etwa zwei bis drei Stunden pro Spielrunde (je nach Schwierigkeitsgrad, der vom Spielleiter gesteuert werden kann) angesehen werden. Für die Gesamtspielzeit sind allerdings zusätzlich zu den einzelnen Spielrunden die oben erwähnten Reflexions-, Informations- und Erkundungsphasen zu berücksichtigen.

4.4 Bisher gesammelte Erfahrungen mit EULE

Zuerst habe ich das Planspiel mit Ausbildern des Vorstandsbereichs Einkauf und Logistik der VW AG gespielt, um die programmtechnische und die sachliche Richtigkeit überprüfen zu lassen. Eine Gruppe arbeitete mit linearen Optimierungsmodellen und diese Gruppe hatte im Durchschnitt über alle Spielperioden auch mit den geringsten Stückkosten gearbeitet. Danach wurde EULE bisher mit drei verschiedenen Ausbildungsgruppen (jede Gruppe 22 Auszubildende) in Wolfsburg gespielt. Die schulische Vorbildung verteilt sich gleichmäßig auf Realschul-, Berufsfachschulabsolventen und Abiturienten. Alle Auszubildenden hatten vor der Durchführung des Planspiel die fünfwöchige Unterrichtsphase "Materialwirtschaft" in der Berufsschule (Berufsbildende Schule I Wolfsburg) durchlaufen.

Als Ergebnis der bisherigen Probedurchläufe kann festgestellt werden, daß die einzelnen Spielergruppen nach der Absolvierung des Planspiels das Modell in seinen Grundzügen verstanden haben und zwar unabhängig von der Vorbildung. Entscheidend für die Qualität der Gruppenergebnisse ist die Kooperation und die Kommunikation in den Spielergruppen. Das liegt daran, daß zwei Auszubildende allein unmöglich die Vielzahl von Parametern richtig in die Entscheidung miteinbeziehen können. Es muß arbeitsteilig in den Gruppen agiert werden, weil konsequent Wert auf die rechtzeitige Abgabe der Unternehmensentscheidungen (auf Diskette) gelegt werden muß, damit während des Spielablaufs keine Leerräume entstehen und die wichtigen gemeinsamen Reflexionsphasen durchgeführt werden können.

Das Planspiel EULE wurde weiterhin mit einer Gruppe von 18 Auszubildenden des 2. Ausbildungsjahres von drei Göttinger mittelständischen Betrieben im Ausbildungsverbund gespielt. In Gesprächen mit Auszubildenden und Ausbildern, die am Planspiel beobachtend teilnahmen, wurde deutlich, daß sich das Planspiel auch im Einsatz bei kleineren Betrieben bewähren kann.

5. Zusammenfassung

Neue Logistikkonzeptionen sind notwendig, um die Wettbewerbsfähigkeit der deutschen Unternehmen zu halten bzw. zu steigern. Durch die Implementierung entsprechender Programme werden die betrieblichen Zusammenhänge für die Auszubildenden noch weniger transparent. Eine reine "Beistellehre" kann die Anforderungen an neuzeitliche Berufsausbildung nicht mehr erfüllen. Das Planspiel EULE bietet die Möglichkeit, die betriebliche Realität vereinfacht (didaktisch reduziert) im Materialwirtschaftsbereich abzubilden und für Auszubildende im Ausbildungsberuf Industriekaufmann/-kauffrau transparent zu machen. Der Erfolg der Ausbildungsmaßnahmen beim Einsatz von EULE hängt auch vom durchzuführenden Planspielunterricht im Rahmen der Reflexionsphasen und von den zur Verfügung gestellten Lernmaterialien (z.B. zum Wechselkurs, zur Just-in-Time-Produktion etc.) ab.

Das Planspiel EULE ist Bestandteil einer Planspielfamilie, die zur Zeit am Seminar für Wirtschaftspädagogik der Universität Göttingen unter Leitung von Herrn Prof. Dr. Diepold entwickelt wird.

Zur Zeit liegt noch das Planspiel B-P-A (Beschaffung-Produktion-Absatz) in einer einsatzfähigen Version vor. Dieses Planspiel wird zu Beginn der betrieblichen Ausbildung eingesetzt. Die Modellierung eines Vertriebsplanspiels für Auszubildende ist abgeschlossen und es wird zur Zeit programmiert. Den Abschluß soll dann ein komplexes, alle Funktionsbereiche eines Industriebetriebes umfassendes Planspiel bilden.

Es wird ausdrücklich darauf hingewiesen, daß Planspiele den Einsatz von Auszubildenden in den Fachabteilungen nicht ersetzen, aber sinnvoll begleiten können.

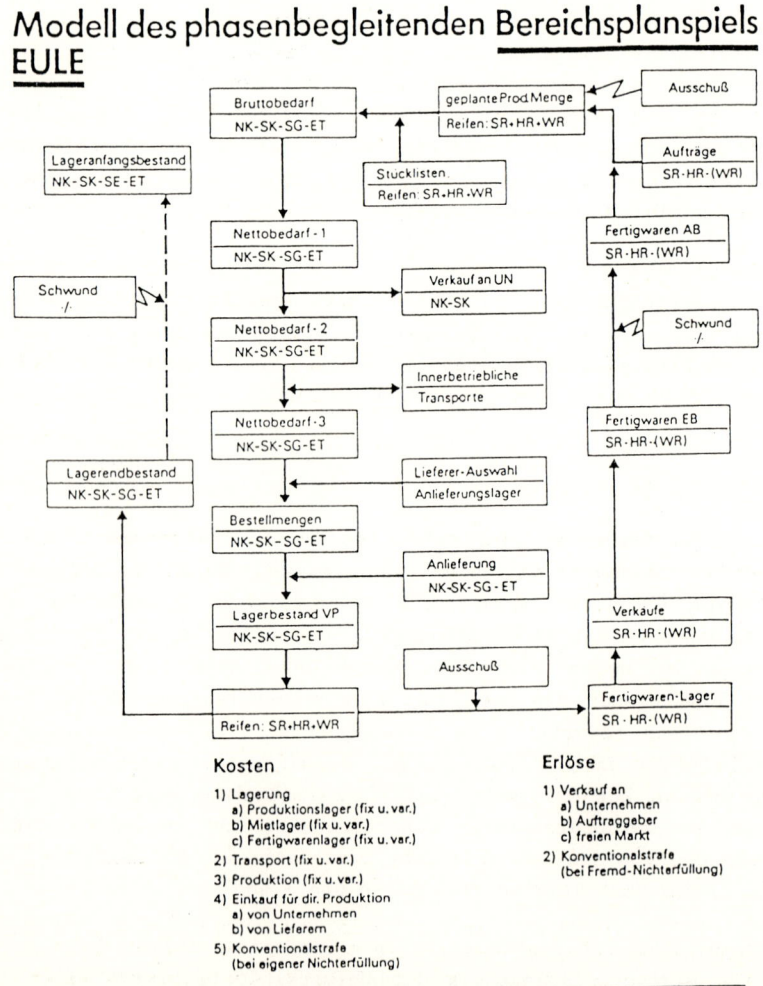

Modellversuch: Integration neuer Informationstechnologien in die Ausbildung von Industriekaufleuten

Modell des phasenbegleitenden Bereichsplanspiels EULE

Kosten

1) Lagerung
   a) Produktionslager (fix u. var.)
   b) Mietlager (fix u. var.)
   c) Fertigwarenlager (fix u. var.)
2) Transport (fix u. var.)
3) Produktion (fix u. var.)
4) Einkauf für dir. Produktion
   a) von Unternehmen
   b) von Lieferern
5) Konventionalstrafe
   (bei eigener Nichterfüllung)

Erlöse

1) Verkauf an
   a) Unternehmen
   b) Auftraggeber
   c) freien Markt
2) Konventionalstrafe
   (bei Fremd-Nichterfüllung)

VOLKSWAGEN AG   Unternehmensaufgabe Berufsausbildung

Literaturliste:

Abmeier, H.-L. (1987): Fertigungsdispositions- und Beschaffungssystem der Volkswagen AG. In: Huch, B./Stahlknecht, P. (Hrsg.): EDV-Anwendungen im Unternehmen. Frankfurt. S. 90-101.

Baethge, M./Oberbeck, H. (1986): Die Zukunft der Angestellten. Neue Technologien und berufliche Perspektiven in Büro und Verwaltung. Frankfurt/Main, New York.

bibb (1988): Informationen zur Ausbildungspraxis aus Modellversuchen. Volkswagen AG. Modellversuchs-Informationen Nr. 1: Lernortübergreifende Integration moderner informationsverarbeitender Technologien in die Ausbildung von Industriekaufleuten. Wolfsburg.

bibb (1988): Informationen zur Ausbildungspraxis aus Modellversuchen. Volkswagen AG. Modellversuchs-Informationen Nr. 2: Lernarrangement. "Erkundung in der Ausbildungsphase Vertrieb". Wolfsburg.

bibb (1989): Informationen zur Ausbildungspraxis aus Modellversuchen. Volkswagen AG. Modellversuchs-Informationen Nr. 3: Der Einsatz von einem Autorensystem in der betrieblichen Ausbildung (Gottschling/Getsch). Wolfsburg.

bibb (1989): Informationen zur Ausbildungspraxis aus Modellversuchen. Volkswagen AG. Modellversuchs-Informationen Nr. 4: Planspiele in der kaufmännischen Berufsausbildung (Getsch/Strohmenger). Wolfsburg.

Commissions of European Communities (1986): "Compendium Euro TecneT. New Informations Technologies and Vocational Training. A Network of Demonstration Projects", Maastricht (European Centre for Work and Society).

Diepold, P./Rischmüller, H. (1987): Konsequenzen der neuen Informations- und Kommunikationstechniken für Inhalte und Methoden beruflichen Lernens am Beispiel des Modellversuchs WOKI. Göttingen.

Diepold, P./Getsch, U./Rischmüller, H./Schneider, D. (1987): Lernarrangements. 2. Zwischenbericht der Wissenschaftlichen Begleitung des Modellversuchs WOKI. Göttingen.

Jünemann, R. (1987): Dem Faktor Information nutzen. In: Logistik Perspektiven. o.O., S. 6-7.

Rischmüller, H./Getsch, U. (1988): Fachdidaktische Überlegungen zur Unterrichtseinheit "Neue Technologien in der Fabrik der Zukunft - CIM: Computerunterstützter Industriebetrieb". Göttingen.

Semmelroggen, H.G. (1988): Logistik-Geschichte: Moderner Begriff mit Vergangenheit. In:Logistik im Unternehmen. Jan./Febr., S. 6-9.

Spur, G. (1986): CIM - Die informationstechnische Herausforderung an die Produktionstechnik. In: Fraunhofer Institut für Produktionsanlagen und -steuerung (IPK): Produktionstechnisches Kolloquium Berlin.

Wildemann, H. (1986): Just-in-Time Lösungskonzepte in Europa. In: Just-In-Time-Production (Loseblattsammlung). Hrsg.: Wildemann, H. Stuttgart und München. S. A1-76.

Wilhelmi, H.H./Koch, R. (1986): Berufsausbildung und neue Informationstechniken. Probleme und Stand der staatlichen Aktivitäten in der Bundesrepublik Deutschland. Bericht an die Kommission der Europäischen Gemeinschaft. Bonn und Berlin.

STANDARD-ANWENDUNGSSOFTWARE IM UNTERRICHT
DER KAUFMÄNNISCHEN BERUFSSCHULE

Gregor Kuhlmann
Geschäftsstelle des Modellversuchs IBIZAA beim
Regierungspräsidenten Münster, 4400 Münster

Forderungen an die Berufsschule

Die Diskussion der Wirtschaftsdidaktiker und Arbeitsmarktforscher darüber, wie die Entwicklungen im Bereich der Neuen Informationstechniken und ihre Auswirkungen auf Wirtschaft und Verwaltung im Curriculum der Berufsschule zu berücksichtigen seien, weist in folgenden Punkten Übereinstimmung auf:

- Der Unterricht sollte nicht hardwareorientiert sein.
- Die Vermittlung von Programmiersprachen wird für nahezu überflüssig gehalten.
- Die Arbeitssituation des kaufmännischen Sachbearbeiters, der seine Sachbearbeitung computerunterstützt erledigt, sollte der Ausgangs punkt curricularer Planung sein.
- Der Berufsschulunterricht sollte dazu beitragen, daß die Auszubildenden im jetzigen und zukünftigen beruflichen Wirkungsraum die Anwendungssoftware in den jeweiligen Funktionsbereichen sinnvoll und fachgerecht einsetzen können.
- Die DV-Anwendung ist im Fachunterricht zu integrieren. /1/, /2/, /3/, /4/

Folgerungen für das Berufsschulcurriculum

Diese Forderungen an das Berufsschulcurriculum sind sicherlich berechtigt. Sie stellen aber die Schulpraktiker, die diesen Anforderungen gerecht werden wollen, vor einige Schwierigkeiten:

1. Welche Anwendungssoftware soll herangezogen werden?

Die Anforderungen an die im Unterricht einzusetzende Software seien hier nur skizziert. Zum einen sollte es sich gemäß dem didaktischen Prinzip der Exemplarität um Standard-Anwendungssoftware handeln, da solche Programmsysteme zur Lösung typischer Problemstellungen innerhalb einer Wirtschaftsbranche (z. B. Zahnarztpraxen) oder innerhalb eines Funktionsbereichs (z. B. Finanzbuchhaltung) eingesetzt werden. Zum anderen ist bei der Auswahl neben der Praxisrelevanz vor allem auch die Eignung des Softwareproduktes für den Einsatz im Unterricht zu berücksichtigen. /5/ Falls die auf dem Markt erhältliche Standard-Anwendungssoftware in ihrem Leistungs- und Dateiumfang zu komplex ist, sollten in sog. Look-Alike-Programmen die unterrichtlich relevanten Funktionen nachgebildet werden.

2. Mit welcher Zielsetzung soll Anwendungssoftware behandelt werden?

Eine Zielsetzung könnte darin bestehen, die Berufsschüler/innen zu befähigen, ein Programmpaket perfekt bedienen zu können. Die Berufsschule würde dann eine Art Trainerfunktion für bestimmte Softwareprodukte übernehmen. Dies birgt jedoch die Gefahr in sich, daß die Berufsschule im Rahmen der dualen Berufsausbildung auf eine Anpasserfunktion an vorgegebene technologische Entwicklungen reduziert wird.

Die Anwendungssoftware kann also nicht die didaktische Leitlinie sein. Vielmehr muß der Einsatz der Software nach den didaktisch-methodischen Grundsätzen des jeweiligen Unterrichtsfaches erfolgen. /2/ Ein Beispiel aus dem Betriebswirtschaftslehre-Unterricht mag das erhellen. Wird bei der Behandlung der Lagerhaltung gezeigt und auch geübt, wie man unter Einsatz von Tastatur und Bildschirm einen Artikelsatz in die Lagerdatei eingibt, so bietet das an sich noch keinen weiteren Erkenntnisgewinn, vielleicht abgesehen davon, die Bedienweise eines Programms näher kennengelernt zu haben. Unter fachdidaktischen Gesichtspunkten ist dagegen die Behandlung des Datensatzes und seine Einordnung in den betrieblichen Systemzusammenhang wesentlich. Bei entsprechender Gestaltung des Lagerhaltungsprogramms können eine Reihe betriebswirtschaftlich relevanter Aspekte handelnd am Rechner erfahren werden. Durch diese Einordnung der Software-Behandlung in den fachdidaktischen Rahmen des entsprechenden Unterrichtsfaches wird sichergestellt, daß nicht nur die äußere Seite, die Oberflächenstruktur, sondern auch die innere Seite, die Tiefenstruktur, der Anwendersituation unterrichtlich aufgearbeitet wird. Hierzu sei auf den Tagungs-Beitrag "Branchensoftware bei Zahnarzthelferinnen" von H. Niederländer verwiesen.

3. Wie ist die Lernorganisation zu gestalten?

Der hier nur kurz angedeutete didaktisch-methodische Ansatz zur Integration von Standard-Anwendungssoftware in den Fachunterricht führt zu einer Ausweitung der im Unterricht zu behandelnden Problemstellungen. Neben dem eigentlichen Sachproblem treten nun auch Probleme auf, die aus dem Einsatz von Hardware und Software resultieren. Damit im Fachunterricht die DV-Probleme nicht dominant werden, darf den Lernenden die Handhabung des DV-Gerätes sowie das Verständnis für Programmabläufe keine großen Schwierigkeiten mehr bereiten.

Zwei lernorganisatorische Modelle bieten sich an. Erste Möglichkeit: In jedem Fach wird vor der Software-Anwendung das dv-technisch erforderliche Wissen in einem Vorspann behandelt. Zweite Möglichkeit: Die für die Anwendungen in den einzelnen Fächern erforderlichen dv-technischen und dv-organisatorischen Kenntnisse, Fähigkeiten und Fertigkeiten werden in einem gesonderten Unterrichtsgang vermittelt. Geht man davon aus, daß Standard-Anwendungssoftware in den einzelnen Fächern partiell eingesetzt wird, so ist bei dem ersten Modell nicht sichergestellt, daß die Vermittlung der erforderlichen informationstechnologische Bildung in einer hinreichend systematischen und zum Transfer befähigenden Form erfolgt. Auch aus Gründen der Unterrichtsökonomie ist es sicherlich sinnvoll, daß das für die DV-Anwendungen in den verschiedenen Fächern erforderliche dv-technische und dv-organisatorische Verständnis in einem besonderen Kurs bzw. Unterrichtsfach grundgelegt wird. /2, S. 317/ Dieser Grundlagenkurs hat dann Service-Funktion für die verschiedenen Fächer wie Wirtschaftslehre, Rechnungswesen, Abrechnungskunde etc., in die die Softwareanwendungen integriert werden. Hinsichtlich der Lernorganisation wird die anzustrebende informationstechnologische Bildung in eine Grundbildung und eine Fachbildung aufgeteilt.

DV-Grundbildung

Im Rahmen des Modellversuches "Informationstechnologische Bildung in Arzt-, Zahnarzt- und Apothekenhelferinnenklassen" (IBIZAA) wurde ein 40stündiger Grundlagenkurs entwickelt und unterrichtlich erprobt. Beim Entwurf dieses Grundlagenkurses wurde davon ausgegangen, daß die Schülerinnen keine oder nur geringe beruflich relevanten DV-Kenntnisse besitzen. Hinsichtlich der Lernorganisation des Berufsschulcurriculums wird die konventionelle Fächerorientierung als gegeben angenommen.

Der Grundlagenkurs besteht aus 5 Unterrichtseinheiten:

1. Informationsverarbeitung im Aufgabenfeld der Auszubildenden
2. Grundlagen des Hardware- und Softwareeinsatzes im Berufsfeld
3. Algorithmen als Grundlage jeder Software
4. Aufbau und Verknüpfung von Dateien
5. Rahmenbedingungen und Auswirkungen des DV-Einsatzes

Die methodischen Umsetzung der Inhalte kann man mit handlungs- und problembezogen charakterisieren. Um zu vermeiden, daß die Vermittlung der doch recht abstrakten informationstechnologischen und ablauforganisatorischen Sachverhalte den Fragen- und Interessenhorizont der Berufsschüler/innen verfehlt, erfolgt der Einstieg in eine Unterrichtseinheit oder Lernsequenz über die Anknüpfung an erfahrene oder erfahrbare Handlungssituationen ihres beruflichen oder außerberuflichen Wirkungsraums. Über die Frage: "wie und warum wird in dieser Situation so gehandelt?" wird das Problem, das durch dieses Handeln gelöst werden soll, aufgedeckt. Aus der Offenlegung der Ausgangssituation und der Beschreibung der Zielsituation sollen die Schüler/innen eigene Handlungsalternativen entwickeln - etwa nach dem Motto: "Könnte man das nicht auch so machen ..."- oder auch erkennen, daß die Handlungsabfolge bestimmten Gesetzmäßigkeiten unterliegt. Dabei sind natürlich die Gesetzmäßigkeiten näher zu erläutern oder zumindest einsichtig zu machen.

Um den für diese Unterrichtsführung notwendigen Erfahrungshintergrund im informationstechnologischen Bereich schaffen zu können, müssen den Lernenden Computer-Arbeitsplätze mit entsprechender Software zur Verfügung gestellt werden. Die Arbeit am Rechner wird, damit sie nicht in die Irre geht, jeweils in eine Problemstellung eingebunden und wird teils durch Arbeitsblätter, mündliche Anweisungen oder Demonstrationen zielgerichtet geleitet. Dabei wird den Lernenden durchaus Raum für eigene Versuche gelassen. Im Zusammenhang mit der oben skizzierten Unterrichtsführung ist also ein Wechsel von praktischem Handeln am Rechner und reflexiver Aufarbeitung für den Unterricht konstitutiv.

Da im folgenden der Schwerpunkt der Ausführung auf der Unterrichtseinheit 4: Aufbau und Verknüpfung von Dateien liegen soll, seien die übrigen Unterrichtseinheiten hier nur kurz skizziert, damit die vierte Lerneinheit besser in den curricularen Gesamtzusammenhang eingeordnet werden kann.

In der ersten Unterrichtseinheit wird das Arbeitsfeld einer Helferin untersucht und dabei herausgestellt, daß sie praktische Arbeiten und verwaltenden Tätigkeiten zu verrichten hat. Verwaltungsarbeiten sind dadurch gekennzeichnet, daß dabei Informationen verarbeitet werden. Am Beispiel einer manuell vorzunehmenden Kassenbuchabstimmung wird der Ablauf der Informationsverarbeitung untersucht. Dabei zeigt, daß sich Informationsverarbeitung stets im Rhythmus von Eingabe, Verarbeitung und Ausgabe vollzieht. Zur Einordnung der Automatisierten Datenverarbeitung bearbeiten die Schüler/innen dasselbe Sachproblem der Kassenbuchabstimmung noch einmal, nun aber unter Verwendung eines Computerprogramms. Über den Vergleich des konventionellen und des computerunterstützten Verfahrens erfahren die Schüler/innen den Computer als Instrument im Rahmen von Verwaltungsarbeiten, dessen Einsatz ebenfalls dem Grundprinzip von Eingabe, Verarbeitung und Ausgabe unterliegt.

In der zweiten und dritten Unterrichtseinheit werden die hard- und softwaremäßigen Voraussetzungen näher untersucht, die für eine computerunterstützte Problemlösung gegeben sein müssen. Im Kern soll verdeutlicht werden, daß der Computer durch Programme gesteuert werden, die speziell für bestimmte Problemstellungen entwickelt worden sind. Entspricht das Programm nicht der Problemstellung, für das es eigentlich geschrieben wurde, so taugt es nichts. Eine dv-gestützte Problemlösung ist somit kaum noch sinnvoll möglich.

Unterrichtsmethodisch wird diese Erkenntnis durch den Einsatz des Programms zur Kassenabstimmung provoziert, das nur 5 Einnahme- und Ausgabepositionen zuläßt. Bei der Analyse des Programms zur Behebung der Unzulänglichkeit erfahren die Schüler, daß zum Aufbau eines Programms letztlich nur 5 Arten von Anweisungen (Eingabe-, Ausgabe-, Wiederholungs- und Auswahlanweisung sowie Wertzuweisung) zur Verfügung stehen. Dabei soll den Auszubildenden bewußt werden, daß die Verwaltungsarbeiten, die sich nicht auf diese 5 Grundanweisungen zurückführen lassen, auch nicht computerunterstützt abgewickelt werden können. Die intensive Behandlung von Programmstrukturen soll auch die Grundlage für das bessere Verständnis der Bedienerführung in den Standard-Anwendungsprogrammen legen.

Die Entwicklung von Algorithmen erfolgt auf der Grundlage des Tabellenkalkulationsprogramms, das auch im Fach Kaufmännisches Rechnen eingesetzt wird. Anhand von Beispielen aus der Prozent- und Verteilungsrechnung lernen die Schüler das Entwickeln von Algorithmen in einem vereinfachten Dreischritt-Verfahren:

1. Welche Ausgabedaten werden verlangt?
2. Welche Daten stehen als Eingabedaten zur Verfügung?
3. Mit welchen Schritten kann aus den Eingabedaten die Ausgabedaten erzeugt werden?

Die Schüler/innen erfahren dabei zum einen eine Einführung in das algorithmische Denken. Zum anderen werden sie mit dem Problem der Repräsentation von Daten im Rechner ausschnittsweise vertraut gemacht, so daß ihnen beispielsweise beim Umgang mit der Anwendungssoftware der Unterschied zwischen numerischen Feldern und Zeichenfeldern präsent ist.

Behandlung von Standard-Anwendungssoftware

Der Aufbau und die Verknüpfung von Dateien in der vierten Unterrichtseinheit werden anhand der Standard-Anwendungssoftware behandelt. Es ist nicht beabsichtigt, dateiorientierte Algorithmen zu entwickeln. Das wurde in der ersten Erprobungsphase unter Verwendung eines Datenbanksystems versucht. Dieses Konzept scheiterte, weil die Schüler/innen in dieser Form des Unterrichts nicht ihre berufliche Alltagssituation wiederfanden. Vielmehr wird dieses Thema unter dem Aspekt behandelt, daß die Schüler/innen in ihrem jetzigen und zukünftigen beruflichen Wirkungsraum mit recht hoher Wahrscheinlichkeit unter Benutzung einer Standard-Anwendungssoftware mit dem inhaltlichen Aufbau und der Fortschreibung von Stamm- , Bewegungs- und Hilfsdateien betraut werden.

Die Betrachtung von Standard-Anwendungssoftware kann aus verschiedenen Blickwinkeln erfolgen. Da sich diese Unterrichtsreihe auf Berufsschüler/innen bezieht, die i. d. R. (zunächst) die Position eines Sachbearbeiters anstreben, sollte die Standard-Anwendungssoftware unter Berücksichtigung der Anwendersituation eines Sachbearbeiters / einer Sachbearbeiterin behandelt werden.

Der Anwender sollte wissen, welche Funktion die Anwendungssoftware im Rahmen der betrieblichen Informationsverarbeitung erfüllt. Ferner sollte er neben der Bedienweise des Programms auch die Bedeutung der Daten, die er eingibt, für die weiteren Schritte der Informationsverarbeitung kennen. Schließlich sollte er erfahren, daß Standard-Anwenderprogramme nicht fest programmiert sind, sondern über Parameter an betriebliche Gegebenheiten angepaßt werden können.

Für die Behandlung der Standard-Anwendungssoftware ergeben sich somit 4 Schwerpunkte:

1. Ablauforganisatorische Einordnung
2. Datenorganisation
3. Bedienweise
4. Parametersteuerung

Um einen Einblick in die unterrichtliche Behandlung von Standard-Anwendungssoftware zu vermitteln, wird der Gang des Unterrichts, wie er in einer Zahnarzthelferinnen-Unterstufe im Rahmen des Modellversuchs IBIZAA durchgeführt worden ist, hier näher skizziert.

1. Lernsequenz: Ablauforganisatorische Einordnung

Unter Anwendung des Prinzips der Erfahrungsbezogenheit wird im Unterrichtsgespräch nach der Arbeitssituation im Verwaltungsbereich gesucht, in der die Helferinnen den größten Streß empfinden. Aufgrund eigener praktischer Erfahrungen nennen die Schülerinnen hier fast einstimmig die Quartalsabrechnung. Um die Gründe für die Hektik und den Streß näher zu umreißen, wird der Arbeitsablauf bei konventioneller Erstellung der Quartalsabrechnung in einem Arbeitsablaufdiagramm skizziert.

Diesem konventionellen Arbeitsgang wird die Erstellung der Quartalsabrechnung mittels eine Zahnarztpraxisprogramms (ZAP) gegenübergestellt. Dazu erhalten die Schülerinnen den Auftrag, das ZAP zu starten und das Menü aufzusuchen, in dem die Quartalsabrechnung behandelt wird. Lehrergeleitet rufen die Schülerinnen die Programme auf, mit denen die Abrechnungsdaten vor der endgültige Abwicklung der Quartalsabrechnung kontrolliert werden, um einen ersten Einblick in die vom System gespeicherten Daten zu erhalten. Aus unterrichtspraktischen Gründen läßt der Lehrer die für die Quartalsabrechnung erforderlichen Daten von drei Patienten auf den Krankenschein(aufkleber) drucken.

Aus dem Vergleich zwischen dem konventionellen und dem computergestützten Arbeitsgang zur Quartalsabrechnung wird abgeleitet, welche Arbeiten vom Programmsystem übernommen werden und welche noch beim Menschen verbleiben. Bei dieser ablauforganisatorischen Einordnung des Computersystems in den Arbeitsgang der Quartalsabrechnung wird herausgearbeitet, daß der Rechner wohl feststellen kann, ob alle benötigten Daten vorhanden sind, nicht aber, ob sie inhaltlich korrekt sind. Dafür ist und bleibt das Praxispersonal bzw. der Zahnarzt verantwortlich. Mit dieser Feststellung wird der instrumentelle Charakter des Computersystems betont.

2. Lernsequenz: Datenorganisation

Anhand der Krankenscheine, auf denen die erbrachten zahnärztlichen Leistungen computergesteuert aufgedruckt worden sind, werden die abrechnungsrelevanten Daten analysiert. Die Schülerinnen erhalten die Aufgabe, im ZAP die Menüpunkte bzw. Programmfunktionen zu suchen, in denen diese Daten behandelt werden. In der Phase der Reflexion werden die Daten kategorisiert nach Patientenstammdaten, Bewegungsdaten (Behandlungsdaten) und Praxisstammdaten. Als Kriterium für die Unterscheidung zwischen Stamm- und Bewegungsdaten wird die zeitliche Relevanz der Daten herausgestellt. Nach Abschluß der Quartalsabrechnung werden die Behandlungsdaten nämlich auf einen anderen Datenträger (Diskette oder Magnetband) übernommen, da sie abrechnungstechnisch i. d. R. für das neue Quartal nicht mehr

relevant sind. Ferner wird akzentuiert, daß es zur besseren Aufgabenabgrenzung in
der Praxis sinnvoll ist, die Programme zur Verwaltung der Praxisdaten und der
Patientendaten strikt zu trennen.

Der Zusammenhang der Dateien wird in einer Graphik festgehalten.

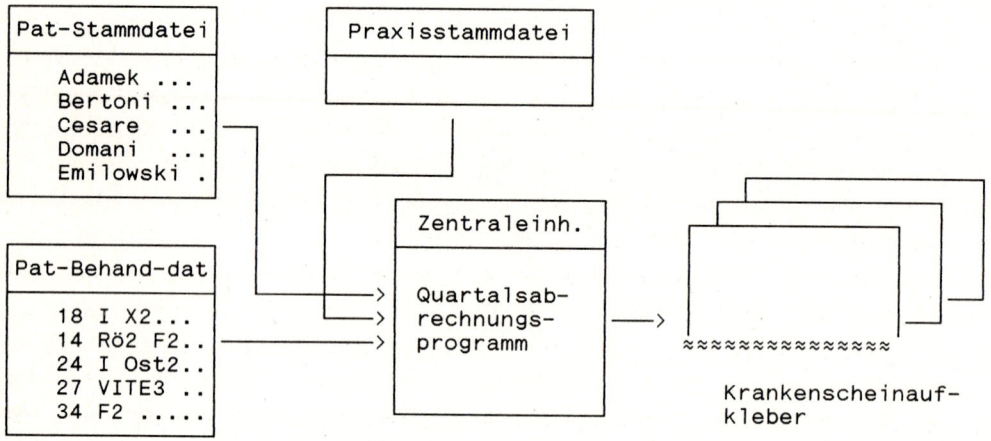

Aus der Graphik, in der in vereinfachender Weise die für die Quartals-abrechnung benötigten Dateien zusammengestellt worden sind, wird die Frage abgeleitet, wie die erbrachten Leistungen, die in der Patientenbehandlungsdatei stehen, den richtigen Patientenstammdaten zugeordnet werden können. Unter Rückbezug auf die Beobachtung,
daß sowohl in der Maske für die Eingabe der Patientenstammdaten wie auch in der für
die Erfassung der Behandlungsdaten eine Patientennummer angefordert wird, wird die
Patientennummer als Schlüssel und Verbindungsmittel für Dateizugriff und Datei-
verknüpfung erarbeitet.

Unter methodischer Ausnutzung der emotionellen Vorbehalte gegen die Verwendung
von Nummern zur eindeutigen Identifizierung von Menschen werden noch weitere Möglichkeiten der Schlüsselbildung diskutiert. Als entscheidend wird letztlich herausgestellt, daß Schlüssel, gleich wie sie gebildet werden, dv-technisch notwendig sind.
Deshalb kommt es darauf an, daß sie ein schnelles und möglichst fehlerfreies Arbeiten
erlauben.

3. Lernsequenz: Bedienweise

3.1 Auch diese Lernsequenz ist methodisch so angelegt, daß die Lernenden, angeleitet
durch einen Arbeitsauftrag, zunächst das Systemverhalten erfahren, das dann anschließend systematisiert wird.

Die Schülerinnen erhalten die Aufgabe, ihre persönlichen Daten als Patientendaten in die Stammdatei einzugeben. Anhand eines Arbeitsblattes werden sie angehalten, das beobachtete Systemverhalten zu protokollieren. Aus den Beobachtungen heraus wird die Bedienerführung systematisiert. Dabei wird herausgestellt, daß es Eingabefelder mit Zwangseingabe oder mit freigestellter Eingabe gibt. Bei den Feldern mit Zwangseingabe wird weiter unterschieden zwischen Eingabe mit oder ohne Prüfung.

3.2   Es werden Begründungen dafür gesucht, daß die Behandlung von Eingaben unterschiedlich geregelt ist. Dabei wird festgestellt, daß die Bedienlogik abhängt von der Bedeutung des Datenelementes für die spätere Auswertung und Datenausgabe. Es kommt zu einer Klassifizierung:

-   Datenelement ist nicht unbedingt wichtig,
-   Datenelement ist zwar wichtig, eine falsche Eingabe führt aber nicht zu einem absolut unbrauchbaren Datensatz,
-   Datenelement ist unbedingt wichtig und muß unbedingt korrekt sein.

3.3   Es wird nun untersucht, wie das Programmsystem den Anwender unterstützt, bei den kritischen Datenelementen eine möglichst korrekte Dateneingabe zu erreichen. Aus dem Handeln am Rechner erkennen die Schülerinnen, daß ein absolutes Absichern gegen Eingabefehler nicht möglich ist. Gegen unbeabsichtigte Fehleingaben werden vor allem folgende Mittel eingesetzt:

-   Einschränkung der Eingabemöglichkeiten auf bestimmte Tasten,
-   Verkürzung der Eingaben auf Schlüsselbegriffe, deren Übersetzung in entsprechenden Hilfsdateien hinterlegt ist.
-   Abgleich von Daten, die nach bestimmten logischen Regeln einander entsprechen müssen

Diese drei Verfahren werden auch algorithmisch in Form von Grobalgorithmen beschrieben. Das sei am Beispiel der Angabe des Versichertenstatus dargelegt. bei dem folgende Status unterschieden werden:

-   Mitglied der Versicherung
-   Familienmitglied
-   Rentner
-   Privatversichert

Diesen Statusangaben sind in dem eingesetzten Programm die Funktionstasten F1 bis F4 zugeordnet. Dieses Eingabefeld wird algorithmisch wie folgt behandelt:

```
Eingabe Funktionstaste
Solange nicht F1 oder F2 oder F3 oder F3
     Fehlermeldung
     Eingabe Funktionstaste
Wenn F2 gedrückt
     dann Eingabe der Angaben zum versicherten Mitglied
```

Die Logik der Datenprüfung mittels einer Hilfsdatei wird nicht nur algorithmisch erläutert, sondern auch praktisch durch Änderungen und Ergänzungen in den entsprechenden Hilfsdateien nachvollzogen.

Die Bedienweise wird einerseits im operativen Handeln am System erfahren. Andererseits werden die algorithmischen Strukturen dargelegt, über die die Datenerfassung gesteuert wird. Dadurch wird den Schülerinnen das Programmverhalten transparent und einsichtig gemacht.

4. Lernsequenz: Parametersteuerung

Der Schwerpunkt dieser Lernsequenz besteht darin, den Schülerinnen zu zeigen, daß ein Standard-Anwendungsprogramm mittels Parameter an be-triebliche Verhältnisse angepaßt werden kann. Bei dem im Unterricht eingesetzten Programmsystem wird das am Beispiel der Parameterdatei aufgezeigt, in der die "Übersetzung" der Funktionstasten bei der Lei-stungsdatenerfassung, getrennt nach den verschiedenen Gebührenordnungen für Kassen- und Privatpatient, hinterlegt sind.

Dieses Tastaturbeispiel mag aus Sicht der Wirtschaftsinformatik zu "schlapp" sein, um die immense Vorteilhaftigkeit der Parametersteuerung zu verdeutlichen. Das Beispiel bietet sich jedoch an, weil den Schülerinnen bei der Eingabe von zahnärztlichen Leistungen aufgefallen ist, daß dieselbe Leistung in Abhängigkeit davon, ob der Patient privat- oder pflichtversichert ist, unterschiedlich ausgewiesen wird.

Zur Erkundung der "Geheimnisse" der Parametertechnik rufen die Schülerinnen im Programmsystem die Funktion auf, über die die Parameterdatei für die Funktions-tastenbelegung verwaltet wird. Die Schülerinnen lassen sich die Parameterdatei anzeigen und analysieren deren Aufbau. Im Unterrichtsgespräch wird die Programmlogik erläutert, die unter Einbeziehung der Parameterdatei zu einem unterschiedlichen Leistungsausweis führt. Der "Beweis" für die Richtigkeit des Algorithmus wird dadurch geführt, daß an einem PC mit OH-Projektor-Anschluß demonstriert wird, wie sich eine Änderung in Parameterdatei im Rahmen der Leistungserfassung auswirkt.

Eine intensive Behandlung der Parametersteuerung mag bei speziellen Anwen-derschulungen oder bei speziellen Problemstellungen im Fachunterricht notwendig sein. Im

Rahmen eines Grundlagenkurses wird eine eingehende Vermittlung dieser Technik nicht als notwendig erachtet. Abgesehen von dem knappen Zeitrahmen ist zu auch zu beachten, daß die Schülerinnen jetzt oder auch zukünftig in der Regel an ein-gerichteten Systemen arbeiten, die sie höchstens auf unmittelbare Anweisung verändern dürfen. /1/ Trotzdem wird diese Lernsequenz für wichtig gehalten, um die Gestaltungsmöglichkeiten des Bediensystems für den Anwender transparent zu machen. Durch die Behandlung dieser Thematik werden die Auszubildenden als künftige Anwender/innen tendenziell in die Lage versetzt, in Zusammenarbeit mit dem Systembetreuer eine Optimierung der Bedienoberfläche und damit auch ihrer Arbeitsbedingungen zu erreichen.

In der abschließenden Unterrichtseinheit werden drei "Rahmenaspekte" behandelt. Zum einen wird die Notwendigkeit der Datensicherung und ihre Möglichkeiten thematisiert. Zum anderen der Datenschutz behandelt. Schließlich werden die ergonomischen Anforderungen an einen Bildschirmarbeitsplatzes behandelt.

Aufbau mentaler Modelle

Durch diese DV-Grundbildung werden bei den Auszubildenden "mentale Modelle" (Norman) aufgebaut, die sie bei der Auseinandersetzung mit Computern leiten. /6/ Dadurch ist zu erwarten, daß den Lernenden die Erschließung fremder Software, sei es im Fachunterricht, sei es in betrieblichen Anwendungen, erleichtert wird. Im Rahmen des Modellversuchs IBIZAA liegen hierzu positive Rückmeldungen der Lehrer anderer Fächer vor, in denen computerunterstützter Fachunterricht erteilt wurde.

Literatur

/1/ Albers, H.-J.: Zur Bedeutung kaufmännischer informationstechnischer Bildung, WuE 4/87

/2/ Dubs, R.: Pädagogische Überlegungen zum Informatik-Unterricht, WuE 10/85

/3/ Steinborn, H.-Chr.: Entwicklungslinien in der kaufmännischen Berufsausbildung, WuE 5/87

/4/ Zimmermann, P.: Gedanken zu Berücksichtigungsmöglichkeiten neuer Informationstechniken im Unterricht der kaufmännischen Berufsschule, WuE 4/85

/5/ Unterrichtsrelevanten Kriterien für die Auswahl von Software sind im Zwischenbericht des Modellversuchs "Informationstechnologische Bildung in Arzt-, Zahnarzt- und Apothekenhelferinnenklassen" (IBIZAA), Landesinstitut Soest

(i.Vorb.) und im 2. Zwischenbericht des Modellversuchs IBIZAA,
Regierungspräsident Münster, näher erläutert worden

/6/ Metzinger, B.: Grundlinien der Gestaltung benutzerfreundlicher Computer-
Oberflächen, in Putkamer, E. von (Hrsg): Informatik-Grundbildung in Schule und
Beruf, Berlin, Heidelberg 1986

Branchensoftware bei Zahnarzthelferinnen
Möglichkeiten einer informationstechnologischen Berufsausbildung

Hans Niederländer, Waltrop

1. Vorbermerkungen

Als Mitarbeiter im Modellversuch "Integration einer informationstechnologischen Grund- und Fachbildung in den Berufsschulunterricht von Zahnarzt-, Arzt- und Apothekenhelferinnen (IBZIAA)" wurde mir die Aufgabe gestellt, Möglichkeiten für den Einsatz von Branchensoftware in dem Unterrichtsfach "Abrechnungs- und Verwaltungskunde" für Zahnarzthelferinnen aufzuzeigen, zu erproben und in entsprechenden Arbeitspapieren zu dokumentieren. Der auf einen möglichst großen Praxisbezug hin entwickelte Ansatz soll unter dem Leitsatz "Theorie und Praxis" insbesondere die folgenden Fragen beantworten:

a. Wie kann der für den Einsatz der Branchensoftware unabdingbar notwendige Praxisbezug sinnvoll in den Berufsschulunterricht integriert werden?
b. Wie kann durch einen solchen Berufsschulunterricht eine Erhöhung der fachlichen und informationstechnologischen Qualifikation und Sozialkompetenz für alle Beteiligten erreicht werden?
c. Welche methodischen und didaktischen Prinzipien erweisen sich für den Einsatz von Branchensoftware im Berufsschulunterricht als tragfähig?

Die praktische Erprobung eines solchen Konzeptes hat an den Kaufmännischen Berufsschulen in Gelsenkirchen-Buer im Schuljahr 1988/89 stattgefunden. Eine weitere empirische Überprüfung der hier gewonnenen Erkenntnisse ist für das Schuljahr 1989/90 in Gelsenkirchen-Buer geplant.

2. Inhalt: Welche Arbeitsabläufe aus der Zahnarztpraxis können für einen informationstechnologisch gestützten Unterricht zugrunde gelegt werden?

Ausgangspunkt für alle Überlegungen muß der Arbeitsablauf in einer Zahnarztpraxis sein. Diese Voraussetzung erfordert zunächst eine Grobanalyse der zahnärztlichen Tätigkeiten in der Praxis. Ziel der Analyse soll es sein, realitätsbezogene und exemplarische Arbeitsabläufe so zu strukturieren, daß ein handlungsorientierter Unterricht gewährleistet ist (vgl. dazu Abb. 1).

Wie in jedem anderen kaufmännischen Betrieb liefert auch hier die betriebliche Tätigkeit (Behandlung der Patienten) die Ausgangsdaten für alle kaufmännischen Verwaltungsarbeiten. Eine genauere Betrachtung dieser Tätigkeiten in einer Zahnarztpraxis zeigt einen gewissen "Arbeitsrhythmus", der - hervorgerufen durch Gesetze bzw. andere Vorschriften - jede Verwaltungsarbeit prägt. Fixpunkt solcher Tätigkeiten ist der Quartalsabschluß: er umfaßt die Abrechnung aller zahnärztlichen Leistungen über die Kassenzahnärztliche Vereinigung Westfalen-Lippe auf vorgeschriebenen Formularen. Ergänzt wird dieser Quartalsabschluß durch die monatlichen Zahnersatzabrechnungen. Die Abrechnung der zahnärztlichen Leistungen mit einem Privatpatienten erfolgt in vielen Praxen zeitgleich mit der Quartalsabrechnung. Dieser sich ständig wiederholende Arbeitsrhythmus soll Ausgangspunkt für eine durchgängige Zielsetzung des unterrichtlichen Einsatzes von Branchensoftware sein. Die *Zielsetzung* kann dann wie folgt formuliert werden:

In einer Zahnarztpraxis sollen, ausgelöst durch die Anschaffung entsprechender Hard- und Software zu Beginn eines Abrechnungsquartals, alle Verwaltungsarbeiten einschließlich des Quartalsabschlusses mit Hilfe der EDV durchgeführt werden.

Anhand dieser konkreten Zielsetzung kann jetzt der Arbeitsablauf in einer Zahnarztpraxis exemplarisch strukturiert und damit auch für die Schülerinnen überschaubar gemacht werden (vgl. Abb. 2).

Dabei werden vier Schwerpunkte erkennbar, die in ihrer zeitlichen Abfolge festliegen und sich daher als Richtschnur für die Unterrichtsdurchführung anbieten:

a. *Informationstechnologische Grundbildung*: Vermittlung gewisser (fachbezogener) Grundkenntnisse über die EDV und Einarbeitung in die Grundlagen der Branchensoftware.

b. *Erstellung der Stammdateien*: Hier sind alle bereits vorhandenen Daten (Patienten, Krankenkassen, Praxis) computergerecht zu erfassen.

c. *Erstellung der Leistungsdateien*: Ausgehend von einem simulierten Praxisablauf (Modellpraxis) sind alle Leistungsdaten (= Bewegungsdaten) für jeden Patienten unter abrechnungstechnischen Gesichtspunkten zu erfassen.

d. *Ergebnisorientierte Auswertung*: Die Zusammenführung der verschiedenen Dateien und deren Auswertungen liefern die angestrebten Ergebnisse zur Realisation der beschriebenen Zielsetzungen.

Die Zuordnung dieser aus theoretischen Überlegungen abgeleiteten Unterrichtsthemen zu verschiedenen Unterrichtseinheiten mit den entsprechenden Lernsequenzen zeigt Abb. 3. Für die praktische Durchführung ist zu beachten, daß verschiedene Lerninhalte in der Praxis zeitgleich anfallen: so wird in vielen Fällen eine konservierend/chirurgische von einer prothetischen Behandlung begleitet sein. In der Unterrichtssystematik ist aber trotzdem eine nachgeschaltete Thematisierung wegen der Verschiedenheit bei der Dateneingabe und -ausgabe sinnvoll. Der dadurch zu verzeichnende Realitätsverlust ist für die Schülerinnen einsichtig und plausibel.

3. Konzeption: Welche didaktischen und methodischen Prinzipien leiten die Unterrichtsarbeit?

Die *didaktischen Intentionen* dieser Unterrichtsreihe sollen nicht nur in der Vermittlung von Fachwissen gesehen werden. Es geht hier vielmehr - neben einem operativen Handeln - auch darum, Lernziele zu realisieren, die es den Schülerinnen ermöglichen, komplexe Arbeitsabläufe und Strukturzusammenhänge in der Praxis zu erkennen, zu analysieren und eigenaktiv zu gestalten. Wie bereits dargelegt, soll als Lerninhalt die "Verwaltungsmäßige Abwicklung eines Abrechnungsquartals in einer Zahnarztpraxis" dienen. Diese Lerninhalte finden ihren Ausdruck in der Formulierung konkreter Lernziele zu den einzelnen Lernsequenzen. Zudem werden extrafunktionale Qualifikationen (z. B. Problembewußtsein,

Kritikfähigkeit, Flexibilität) angestrebt, die für eine zukunftsorientierte Berufsausbildung als wesentlich betrachtet werden.

Eine hierarchische *Einordnung der Lernziele* /3/ wird aus einer differenzierten Betrachtung der Lerninhalte abgeleitet: Auf der operativen Ebene sind die Lernziele zu realisieren, die eine reine Bedienung des Computers zum Inhalt haben. Der Übergang zu den Lernzielen auf der Anwendungsebene erfolgt durch die Formulierung von Arbeitsaufgaben, deren Lösung mit Hilfe des Computers zu erarbeiten ist (ergebnisorientiertes Vorgehen). Es schließen sich Lernziele auf der Gestaltungsebene an; diese Lernziele sollen einen Rückschluß von den Arbeitsergebnissen auf die Gestaltung des eigenen Arbeitsplatzes ermöglichen.

Die *methodische Konzeption* kann als "projektorientierte Fallstudie im Rahmen eines dynamischen Handlungsunterrichts" umschrieben werden. Die Eignung einer Fallstudie im Unterricht wird immer dann besonders deutlich, wenn Fakten analysiert, Probleme erkannt, Informationen gesammelt, ausgewertet und sich selbständig Wissen angeeignet werden soll /vgl. dazu 1, Seite 218/. Die Fallstudie dient in Verbindung mit der eingesetzten Branchensoftware der Erarbeitung konkreter, praxisbezogener Problemlösungen. Gleichzeitig tendiert diese Fallstudie aber auch zu einem Unterrichtsprojekt, da alle Lösungen, die das Branchensoftwarepaket anbietet, nicht mit einem realen Ergebnis verglichen, sondern als eigenständiges Ergebnis dieser "Modellpraxis" angesehen, diskutiert und problematisiert werden. Der dynamische Handlungsunterricht ist durch folgende Merkmale gekennzeichnet /vgl. dazu 2, Seite 74/: In einem schülerzentrierten Unterricht erfolgt das Lernen durch verantwortungsvolles Handeln in Gruppen anhand von Modellen und durch Integration von Theorie und Praxis, unterstützt durch adäquate Unterrichtsbedingungen, Medieneinsatz und Methodenflexibilität.

4. Durchführung: Wie gestaltet sich die Realisation einer solchen projektorientierten Fallstudie im Unterricht?

Die Durchführung erfolgte in einer Oberstufenklasse der Kaufmännischen Berufsschule in Gelsenkirchen-Buer. Als zeitlicher Rahmen war eine Schulstunde pro Unterrichtswoche vorgegeben. Schul- und unterrichtsorganisatorische Aspekte ließen jedoch einen 14-tägigen Unterrichtsrhythmus mit dann jeweils einer Doppelstunde als sinnvoll erscheinen. Alle Schülerinnen verfügten über die erforderlichen Kenntnisse im Fach "Abrechnung". Sie hatten keinerlei Erfahrung im Umgang mit Computern bzw. mit Branchensoftware und standen der Arbeit mit dem Computer teils skeptisch ("Vernichtung von Arbeitsplätzen", "sture Arbeit"), teils begeistert (weil fortschrittsgläubig), teils aber auch indifferent gegenüber.

Einige *"technische" Daten* sollen die Komplexität der im Rahmen der Fallstudie aufzubauenden Modellpraxis im Abrechnungsquartal I/1989 erläutern: Für insgesamt 17 Patienten (Umfang der Stammdatei "Patienten") wurden in diesem Quartal rund 450 kassenzahnärztliche Leistungen erbracht und im Rahmen der Quartalsabrechnung über 17 ausgefüllte Behandlungsscheine (abschließendes Arbeitsergebnis) abgerechnet. Ergänzt wurde dieser Leistungsumfang durch vier prothetische Behandlungsfälle (Erstellen eines Antrages, Abrechnung, Eigenanteilsrechnung) und durch die Behandlung von zwei Privatpatienten

(Privatrechnungen). Dieser Umfang erwies sich als durchaus praktikabel: er war einerseits groß genug, um aussagefähige statistische Auswertungen erstellen zu können. Er war aber gleichzeitig inhaltlich so stark reduziert, daß die Schülerinnen diese Datenmenge auch ohne Computer noch überschauen und damit Arbeitsabläufe nachvollziehen konnten.

Die *praktische Durchführung* des Unterrichts soll an einem Beispiel erläutert werden: Ausgehend von der Gesamtkonzeption der Fallstudie werden den Schülerinnen über Arbeitsblätter praxisbezogene Aufgaben gestellt. Fallstudie und Arbeitspapiere haben dabei die Aufgabe, den Arbeitsablauf in der Modellpraxis zu steuern, Arbeitsaufgaben für die Schülerinnen sinnvoll in diesen Arbeitsablauf zu integrieren und Problemsituationen aufzubauen. Diesem zentralen Teil des Projektes waren Unterrichtseinheiten vorausgegangen, die die Vermittlung informationstechnologischer Grundkenntnisse, die Darstellung des Programmaufbaues und die Erstellung der verschiedenen Stammdateien zum Inhalt hatten.

Die Abb. 4 zeigt einen *Ausschnitt aus dieser Fallstudie*: aus der Beschreibung des Praxisablaufes können wesentliche Fakten für den Unterricht entnommen werden:
(1) Die Vorgabe einer strengen zeitlichen Abfolge der Behandlungen im Abrechnungsquartal.
(2) Die Vorgabe der Patienten pro Behandlungstag, vergleichbar dem Terminkalender in der Zahnarztpraxis.
(3) Die genaue Beschreibung des Behandlungsablaufes als Basis für die Abrechnung der entsprechenden zahnärztlichen Leistungen. An dieser Stelle wird die Einbindung dieses Projektes in das Fach "Abrechnung" deutlich.
(4) Die zusätzlichen Angaben zur Vervollständigung bzw. zur Erweiterung der Stamm- bzw. Leistungsdateien. Die Angabe aus diesem Beispiel ermöglicht eine spätere Anmahnung des fehlenden Krankenscheines mit Hilfe des Computers.
(5) Bei der Leistungseingabe wird der Patient als "Privatpatient" erkannt (automatischer Wechsel des Bildschirminhaltes). Damit ist die neue Unterrichtseinheit "Erfassung privater Leistungen" praxisbezogen in den Unterricht integriert worden. Thematische Schwerpunkte werden neben der Leistungserfassung auch Erstellung der Privatrechnung nach Abschluß der Behandlung sein.

Die Abb. 5 zeigt das einführende Arbeitsblatt zu dem durch die Konzeption der Fallstudie zeitlich terminierten Unterrichtsthema "Erfassung privater Leistungen": nach einer einführenden *Situationsschilderung*, die noch einmal inhaltliche und strukturelle Zusammenhänge aufzeigen soll, werden hier die *Arbeitsaufgaben* formuliert, die im Rahmen dieses Themenkreises zu bearbeiten sind. Diese Arbeitsaufgaben sind - wenn irgend möglich - nach den folgenden Gesichtspunkten gegliedert:
a) Einordnung des Themenkreises in inhaltlich bekannte Stoffgebiete (Arbeitsaufgabe 1).
b) Anpassung bzw. Aktualisierung der Branchensoftware an die Bedingungen der Modellpraxis (Arbeitsaufgaben 2 - 5).
c) Erledigung der eigentlichen Verwaltungsaufgaben mit Hilfe des Computers (Arbeitsaufgaben 6 - 7).
d) Auswertung der Computerarbeit und Zusammenstellung der Besonderheiten (Arbeitsaufgabe 8).

Die für die Arbeit mit dem Computer notwendige *Bedienungsanleitung* für dieses Beispiel zeigt die Abb. 6: sie ist nicht zu verstehen als eine lückenlose Erläuterung aller einzelnen Bedienungsschritte, sondern sie enthält nur wesentliche Kernpunkte. Die fehlenden Passagen sollen von den Schülern selbständig erarbeitet werden. In anderen Unterrichtsabschnitten wird die Erstellung einer solchen Bedienungsanleitung zu einer Arbeitsaufgabe formuliert. Diese Vorgehensweise verfolgt das Ziel der Förderung der Selbständigkeit im Denken und Handeln bei gleichzeitiger Vermeidung eines rezeptiven Lernens.

Die Leistungseingabe nach der Vorgabe der Fallstudie wird durch den Ausdruck der Privatrechnung für den Patienten beendet (Abb. 7 als abschließendes Arbeitsergebnis dieses Unterrichtsabschnittes). Diese *Privatrechnung* wird abschließend inhaltlich überprüft: neben der Vollständigkeit der Leistungen müssen auch die bereits erarbeiteten gesetzlichen Vorschriften eingehalten worden sein. Die rein formularmäßige Gestaltung der Rechnung wird diskutiert und problematisiert. Hier zeigen sich Möglichkeiten zu einem fachübergreifenden Lernansatz: die Konzeption eines eigenen Rechnungsvordruckes und die Eingabe dieses Vordruckes über das in der Branchensoftware integrierte Textverarbeitungssystem könnten sinnvolle Zielsetzungen des Unterrichtsfaches "Textverarbeitung" sein. Bei gleichzeitiger Übernahme dieser Privatrechnung in die OP-Liste/Buchhaltung wäre im Fach "Rechnungswesen" die weitere "verwaltungsmäßige Verarbeitung" dieser Daten möglich.

Neben dieser reinen Verwaltungsarbeit mit dem Computer soll - entsprechend der Zielsetzung des Versuches - die *Vermittlung informationstechnologischer Grundkenntnisse* ein wesentlicher Bestandteil des Unterrichts sein. Die Lernziele zu diesem Themenbereich können ebenfalls im Rahmen des integrativen Ansatzes realisiert werden. Beispielhaft dazu sei auf die Abb. 8 hingewiesen: der Aufbau einer "Datei" wird nach der Eingabe der entsprechenden Stammdaten an Hand des Arbeitsergebnisses "Patientenliste" behandelt. Denkbar wäre hier auch die Vorgabe einer solchen Liste und die Behandlung dieses Themenkreises im Rahmen der einführenden Unterrichtseinheit über die "Grundlagen" der EDV.

Im Verlauf des Unterrichts wurden die *unterschiedlichen Voraussetzungen* der Schülerinnen sehr deutlich. Besonders bei der Leistungseingabe waren bereits nach kurzer Zeit die Voraussetzungen für eine Durchführung des Unterrichts im Klassenverband nicht mehr gegeben. Wenn auch dieser "Nachteil" durch einen Gruppenunterricht während der Eingabe weitgehend behoben werden konnte, muß an dieser Stelle - nach Berücksichtigung der folgenden Unterthemen - die Forderung nach einer straff gesteuerten, aber doch zielgerichteten Unterrichtsdurchführung erhoben werden. Diese Steuerung des Unterrichtsprozesses wird durch eine starke Einbindung des Unterrichtsgeschehens in die Arbeitspapiere, in die Arbeitsaufgaben und in die vorgeschriebenen Arbeitsergebnisse erreicht. Für das angesprochene Problem bei der Leistungseingabe wurde folgende Lösung gefunden: der Unterrichtsablauf wurde in drei Abschnitte (jeweils ein Monat des Quartals) gegliedert. Die für jeden Abschnitt vorzugebenden Bearbeitungszeiten konnten nicht so gewählt werden, daß von allen Schülerinnen eine lückenlose Dateneingabe realisiert werden konnte. Der Ausgleich wurde am Ende des Abschnittes durch die Überspielung einer vorbereiteten Datendiskette mit Hilfe des "Restore-Programms" vorgenommen. Sinn und Zweck eines solchen "Restore-Programms wurden bei dieser Gelegenheit unter dem Thema "Datensicherung" mit den Schülerinnen besprochen. Neben dem hier angestrebten Leistungsausgleich für die Schülerinnen kann diese Methode auch zu einer zeitlichen Straffung des Unterrichts (Abkürzung einer Übungsphase) eingesetzt werden.

Jeder EDV-Unterricht wirft immer wieder das Problem der *Anzahl der einzusetzenden Computer* auf. Für diesen Unterricht hat es sich als zweckmäßig erwiesen, jeweils zwei Schülerinnen an einem PC arbeiten zu lassen: gegenseitige Kontrolle und Motivation, eine Verringerung der Aufsichtsarbeit für die Lehrperson und damit die Förderung der Selbständigkeit sind die wesentlichen Argumente für eine solche Handhabung. Dabei ist allerdings darauf zu achten, daß beide Teilnehmerinnen eine entsprechende Sicherheit im Umgang mit dem Computer erlangen. Ein permanenter Wechsel zwischen "Arbeit an der Tastatur" und der "Kontrollfunktion" ist unverzichtbar.

5. Exemplarische Ergebnisse: Welche Erkenntnisse können nach der Erprobung des Projektes festgehalten werden?

Die Ergebnisse dieses Unterrichtsversuches können wie folgt beschrieben werden:
a. Die Unterrichtsarbeit förderte insbesondere Motivation und Eigeninitiative der Schülerinnen. Ursächlich dafür war in erster Linie die durchgängige Zielsetzung bei der unterrichtlichen Tätigkeit.
b. Durch die Verwendung von handelsüblicher Branchensoftware ergab sich zwangsläufig ein großer Realitätsbezug, der den Schülerinnen die Notwendigkeit dieses Lernens zeigte, der aber gleichzeitig auch auf die mit der Einführung der Branchensoftware erforderliche Anpassungsbereitschaft an veränderte berufliche Qualifikationen aufmerksam machte. Somit liefert ein solcher Unterrichtsansatz auch einen Beitrag zur "Flexibilität" des Schülers.
c. Die Problematisierung aller Arbeitsergebnisse anhand praktischer Arbeitsabläufe führen bei den Schülern zu einer Reflexion (Analyse) dieser Arbeitsabläufe und fördern damit die Kritikfähigkeit und die Gestaltungsbereitschaft.
d. Diese Kritikfähigkeit beinhaltet sowohl die Kritik an der Branchensoftware selbst (struktureller Aufbau, Bedienungsfehler bzw. -unlänglichkeiten) als auch eine konstruktive Kritik an den Ergebnissen.
e. In logischer Konsequenz impliziert dieser Modellansatz eine Abkehr von einer rein operativen Betrachtungsweise (Wie ist ein Computer zu bedienen?) und führt zu einem anwendungs- und ergebnisorientierten Einsatz (Was kann mit einem Computer erreicht werden?).
f. Bewährt hat sich im Unterricht ein LCD-Display, das es ermöglicht, Bildschirminhalte mittels Overhead-Projektor auf einer Leinwand darzustellen. Diese Möglichkeit erleichtert insbesondere den Unterricht im Anfangsstadium.

Unter ausbildungstheoretischen Gesichtspunkten seien insbesondere folgende Ergebnisse erwähnt:

a. Be- bzw. Erarbeitung eines umfassenden Branchensoftwarepaketes anstelle einer beispiel-
haften Betrachtung isolierter Programmbestandteile.

b. Eindeutige Charakterisierung des Computers als "Hilfsmittel" und nicht als "menschen-
ersetzende Denkmaschine".

c. Ansätze für einen fächerintegrierenden Lernansatz (neben der Textverarbeitung können
auch die Fächer "Rechnungswesen" und "Wirtschaftslehre" in einen solchen Unterricht
integriert werden).

d. Vermittlung von Lerninhalten, die an die tägliche Arbeitswelt der Beteiligten anknüpfen:
Nicht Theorie für die Praxis, sondern Theorie durch die Praxis!

e. Vermeidung einer reinen Wissensvermittlung und Förderung des exemplarischen,
kreativen Lernens.

f. Förderung eines schülerzentrierten und dynamischen Handlungsunterrichts in Verbindung mit einer Methodenflexibilität (Anpassung der Methode an die Unterrichtsgehalte)
und einem adäquaten Medieneinsatz.

6. Zusammenfassung

Die Integration des Praxisbezuges in den Berufsschulunterricht sollte über eine projektorientierte Fallstudie erfolgen. Dieser Ansatz erfordert ein neues Verständnis von "dualer"
Ausbildung. Duale Ausbildung wird als eine Einheit unter einheitlicher Zielsetzung und
nicht als eine Aufspaltung im Sinne von "Praxis und Theorie" verstanden. Voraussetzung
dabei ist eine enge Kooperation aller für die Berufsausbildung zuständigen Stellen.

Die didaktischen und methodischen Konsequenzen eines solchen Lernansatzes führen zu der
Frage nach einer Einbindung in den Lehrplan der beruflichen Schulen. Eine neue
Formulierung des Verständnisses von "Organisationslehre" könnte hier erste Anhaltspunkte
liefern.

Literaturverzeichnis:

/1/ P. Benteler, Arbeiten und Lernen im Lernbüro: Grundlagen und
Gestaltungsmöglichkeiten wirtschaftsberuflicher Bildung im Lernbüro, Bad Heilbrunn/Obb.,
1988
/2/ Halpap, Klaus, Dynamischer Handlungsunterricht - Ein handlungstheoretisches
Didaktikmodell, Darmstadt 1983
/3/ Euler, Dieter, Didaktische Konzeption einer Qualifizierung zur konstruktiven Gestaltung
von computerunterstützten Informationssystemen, erscheint in Heft 7 der Kölner Zeitschrift
für »Wirtschaft und Pädagogik«, Köln (November) 1989

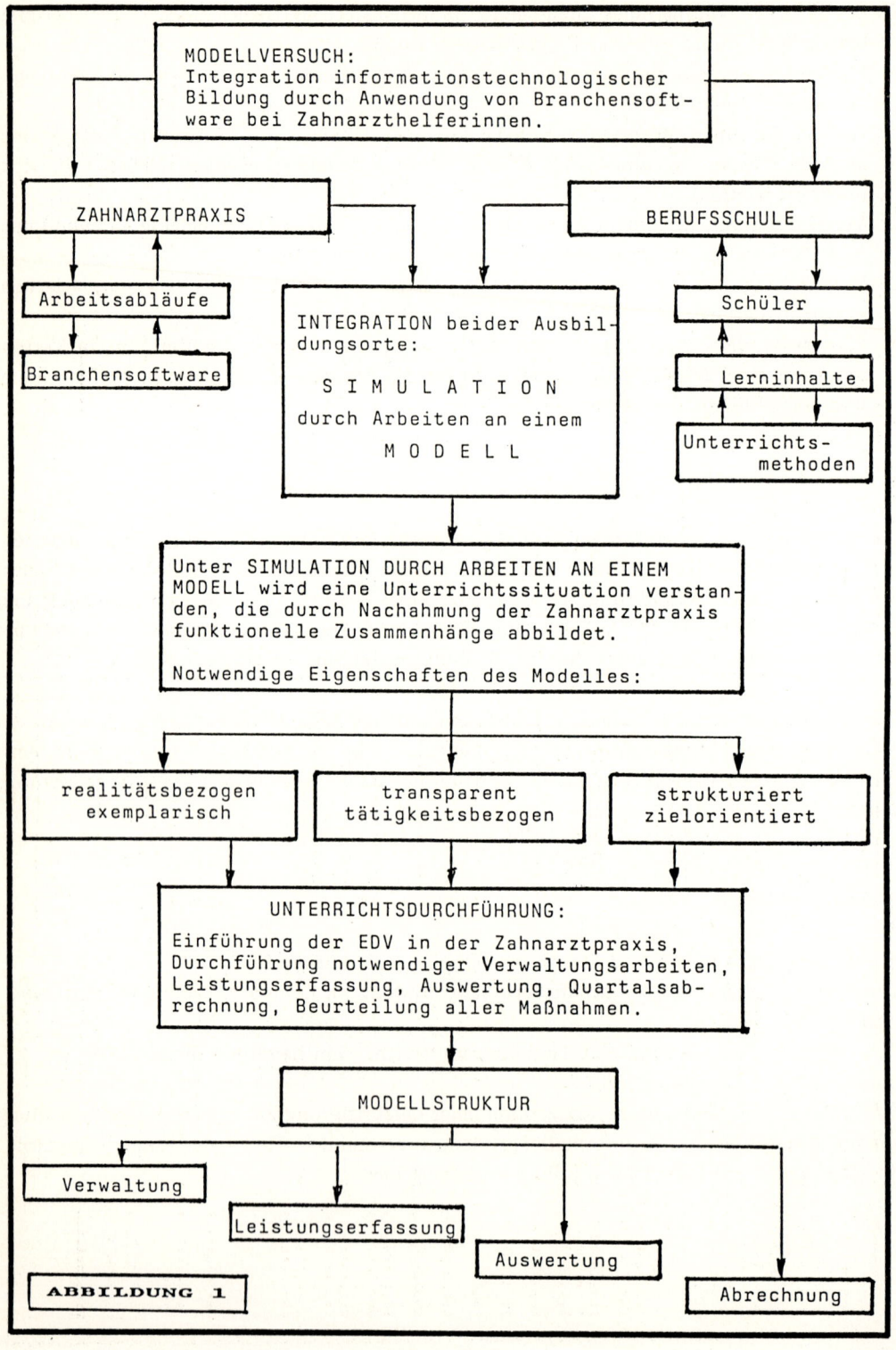

MODELLVERSUCH:
Integration informationstechnologischer
Bildung durch Anwendung von Branchensoft-
ware bei Zahnarzthelferinnen.

ZAHNARZTPRAXIS

BERUFSSCHULE

Arbeitsabläufe

Branchensoftware

INTEGRATION beider Ausbil-
dungsorte:

S I M U L A T I O N

durch Arbeiten an einem

M O D E L L

Schüler

Lerninhalte

Unterrichts-
methoden

Unter SIMULATION DURCH ARBEITEN AN EINEM
MODELL wird eine Unterrichtssituation verstanden, die durch Nachahmung der Zahnarztpraxis
funktionelle Zusammenhänge abbildet.

Notwendige Eigenschaften des Modelles:

realitätsbezogen
exemplarisch

transparent
tätigkeitsbezogen

strukturiert
zielorientiert

UNTERRICHTSDURCHFÜHRUNG:

Einführung der EDV in der Zahnarztpraxis,
Durchführung notwendiger Verwaltungsarbeiten,
Leistungserfassung, Auswertung, Quartalsab-
rechnung, Beurteilung aller Maßnahmen.

MODELLSTRUKTUR

Verwaltung

Leistungserfassung

Auswertung

Abrechnung

ABBILDUNG 1

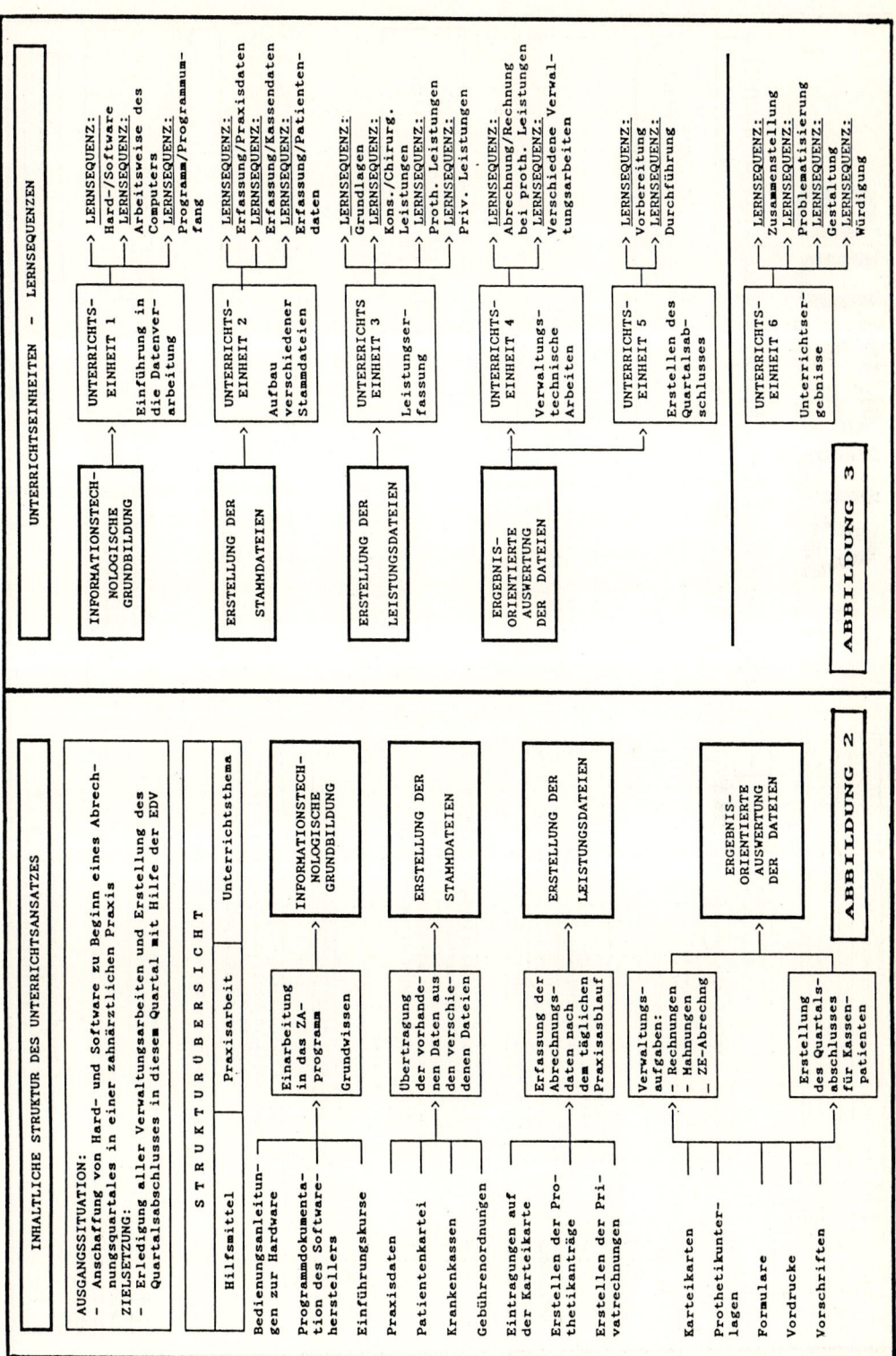

ABBILDUNG 3

ABBILDUNG 2

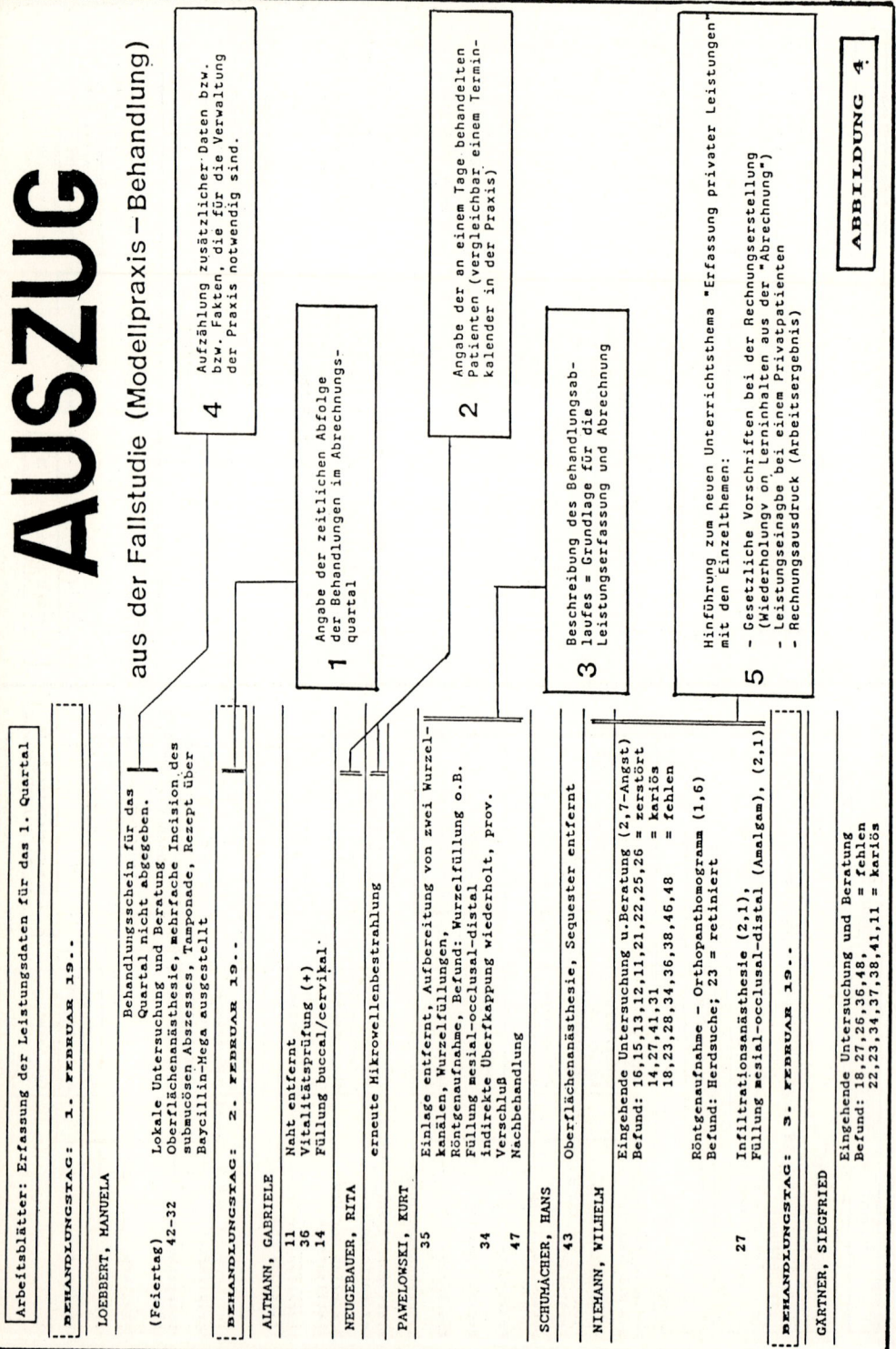

AUSZUG

aus der Fallstudie (Modellpraxis–Behandlung)

ABBILDUNG 4

| Arbeitsblatt: Situation und Aufgaben | Nr. 3.4.1 |

SITUATIONSSCHILDERUNG:
Nach der Erfassung konservierend/chirurgischer und prothetischer Leistungen bei einem Kassenpatienten soll als letzte Möglichkeit die Leistungserfassung bei einem Privatpatienten erfolgen.

Auch hier sollen bei zwei Patienten alle Arten von Leistungen erfasst und abgespeichert werden. Nach Abschluß der Behandlungen ist für jeden Patienten die Privatrechnung auszudrucken.

ARBEITSAUFGABEN:
(1) Wiederholen Sie die Vorschriften zur Abrechnung der GOZ-Leistungen und bei der Erstellung einer Privatliquidation (Arb.-Blatt Nr. 3.4.2, Fragen 1 - 5 und Arb.-Blatt Nr. 3.4.3)!
(2) Wählen Sie den Muliplikator für die GOZ-Positionen in Ihrer Praxis aus (Arb.-Blatt Nr. 3.4.2)!
(3) Vervollständigen Sie die Datei mit den GOZ-Begründungen (Arb.-Blatt Nr. 3.4.4)!
(4) Ergänzen Sie die Datei mit den Materialkosten um die in Arbeitsblatt Nr. 3.4.5 enthaltenen Angaben !
(5) Erstellen Sie sich eine Liste mit den vollständigen GOZ-Begründungen !
(6) Geben Sie mit Hilfe der Bedienungsanleitung (Arb.-Blatt Nr. 3.4.6) die Leistungsdaten der Privatpatienten (enthalten im Teil C) ein !
(7) Erstellen Sie für jeden Privatpatienten nach Abschluß der Behandlung sofort die Privatrechnung und übernehmen Sie den Rechnungsbetrag in die OP-Datei !
(8) Stellen Sie für den Themenbereich "Privatliquidation" die wichtigsten Merksätze zur Programmbedienung zusammen und tragen Sie sie diese Sätze in das folgende Schema ein:

Nr.	M e r k s ä t z e
01	
02	
03	
04	
05	
06	
07	
08	
09	

ERLÄUTERUNGEN zum Arbeitsblatt:

a. Aufgabe (1) beinhaltet eine Wiederholung von Lerninhalten aus dem Fach "Abrechnung".
b. Mit den Aufgaben (2) - (4) wird die Software den gesetzlichen Vorschriften und den Bedingungen der Modellpraxis angepaßt.
c. Aufgabe (5) ist als Ergebnis dieser Stoffwiederholung bzw. der Anpassung zu verstehen.
d. Aufgaben (6) - (7) stellen die neuen Arbeitsanleitungen zu dem neuen Themenkreis dar.
e. Eintragung der Merksätze zu Aufgabe (8) erfolgt an Hand der Vorschläge der Schülerinnen

ABBILDUNG 5

| Arbeitsblatt: Bedienung/Privatliquidation | Nr. 3.4.6 |

ERSTELLEN EINER PRIVATLIQUIDATION

Nr.		
01	Hauptmenue auf dem Bildschirm	
02	Wahl: Leistungserfassung	02
03	Patienten anwählen (Privatpatienten)	Pa.-Nr.
	Anmerkung: Nach Eingabe der Patientennummer erscheint die Eingabemaske für Privatpatienten Zweite Möglichkeit: Wahl: Rechnungswesen/OP 05 Wahl: Rechnungsaufnahme F2	
04	Faktor 1 und Faktor 2 festlegen	F1 F2
	Anmerkung: Vgl. dazu Arbeitsblatt Nr. 3.4.2 Eine andere Faktoreneingabe für jede einzelne OZ-Position ist bei Erstellung einer Privatliquidation ebenfalls möglich.	
05	Eingabe der Leistungsdaten laut Aufgabe, dabei Tagesdatum jeweils ändern.	
	Hinweis: Bei Eingabe der "BEMA-Abkürzungen" (zB.bMF) erfolgt automatisch die Umwandlung in die GOZ.Position.	
06	Beenden der Leistungseingabe	ESC
07	Wahl: Druck	F2
08	Anzahl der Kopien angeben	0
09	Wahl: Drucken	F1
10	Wahl: Drucken ohne Trennung der Behandlungsgebiete	F1
11	Übernahme in die Offenen Posten	J
12	Wahl: Speichern	F1
13	zurück zum Hauptmenue	ESC

ABBILDUNG 6

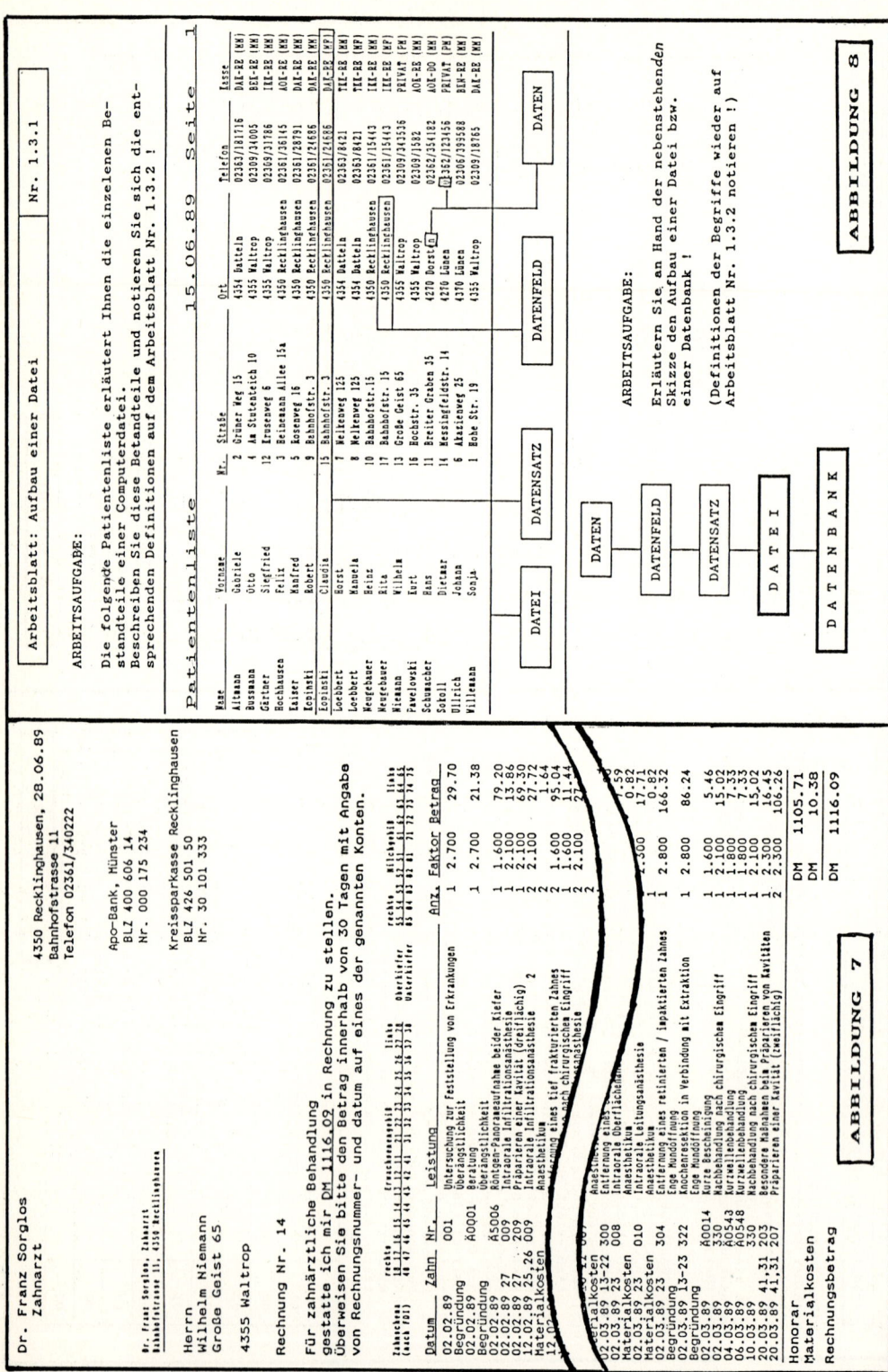

ABBILDUNG 7

ABBILDUNG 8

Programmierumgebungen in der informationstechnischen Grundbildung

Klaus Dingemann

Landesinstitut für Schule und Weiterbildung

Paradieser Weg 64, 4770 Soest

In einem vom Bund und vom Land Nordrhein-Westfalen geförderten Modellversuch wurde in den Jahren 1986 bis 1989 am Landesinstitut für Schule und Weiterbildung in Soest die Konzeption für eine informations- und kommunikationstechnologische Grundbildung entwickelt und an 24 Modellschulen erprobt. In dieser Grundbildung sollen alle Schülerinnen und Schüler der Sekundarstufe I

- Anwendungen der neuen Informations- und Kommunikationstechnologien kennenlernen,

- ihre Grundstrukturen und Funktionen untersuchen und

- ihre Auswirkungen reflektieren und beurteilen.

Die Grundbildung wird den Schülerinnen und Schülern in drei Unterrichtseinheiten vermittelt, die die Bereiche Prozeßdatenverarbeitung, Anwenderwerkzeuge sowie Modellbildung und Simulation abdecken. Ausgangspunkt jeder Unterrichtseinheit ist eine Aufgabenstellung, die sich an lebensweltlichen Problemen orientiert und zumindest in Teilen mit Rechnerunterstützung lösbar ist. Bei der Suche nach einer Lösung analysieren die Schülerinnen und Schüler das Problem und bereiten es soweit auf, bis es mit dem Computer bearbeitet werden kann. Dann erst setzen sie Anwenderwerkzeuge wie Textverarbeitungs-, Tabellenkalkulations- oder Datenbanksysteme oder spezielle Programmierumgebungen zur Problemlösung ein. Sie überprüfen, ob die Ergebnisse der Aufgabenstellung gerecht werden, setzen sich mit den Folgen auseinander und reflektieren abschließend den Beitrag der Informations- und Kommunikationstechnologien zu dem gesamten Themenbereich.

Für mehrere Unterrichtseinheiten wurden im Rahmen des Modellversuchs Programmierumgebungen entwickelt, mit denen Schülerinnen und Schülern in speziellen Anwendungszusammenhängen kleine Programme eingeben, ausführen und speichern können. Damit gewinnen sie schon in der Grundbildung einen ersten Einblick in die Prinzipien des algorithmischen Problemlösens. Da sich die zur Verfügung stehenden Programmierbefehle an der jeweiligen Anwendung orientieren, lassen sich schon mit einfachen Programmen komplexe Abläufe realisieren. In diesem Beitrag werden die Programmierumgebungen zu den Unterrichtseinheiten "Industrieroboter", "Warenhaus" und "Organische Systeme" vorgestellt.

Programmierumgebung zur Unterrichtseinheit "Industrieroboter"

In dieser Unterrichtseinheit beschäftigen sich Schülerinnen und Schüler mit den physikalisch-technischen und den gesellschaftlichen Aspekten der Prozeßautomatisierung am Beispiel des Themas Industrieroboter.

Anknüpfungspunkt ist zunächst die Erfahrung der Schülerinnen und Schüler aus Science-Fiction-Texten oder -Filmen. Anschließend lernen sie z.B. durch Filme oder eine Werksbesichtigung Einsatzbereiche von Industrierobotern sowie deren Bedeutung für die Volkswirtschaft kennen.

In einer physikalisch-technischen Phase analysieren die Schülerinnen und Schüler, wie der Mensch einen Transportvorgang ausführt und überlegen, wie eine Maschine aufgebaut sein müßte, um diesen Vorgang zu übernehmen. Sie bauen das Modell eines solchen Transportroboters auf und steuern es zunächst von Hand, dann automatisch mit Programmen, die in der Programmierumgebung ROBOT geschrieben werden. Um die Präzision des Transportvorgangs zu erhöhen, wird das Modell mit Sensoren ausgestattet, die eine exakte Positionierung ermöglichen.

In einer Reflexionsphase werden die quantitativen und qualitativen Effekte, die der Einsatz neuer Technologien in der Arbeitswelt auf die Gesellschaft und den einzelnen hat, thematisiert.

Die Programmierumgebung ROBOT kann nach entsprechender Voreinstellung vier verschiedene Interfaces, die jeweils einen 8-Bit-Eingang, einen 8-Bit-Ausgang sowie zwei analoge Eingänge haben, ansprechen. Es können Roboter-Modelle mit höchstens drei Gleichstrommotoren und einem Elektromagneten gesteuert werden. Darüber hinaus lassen sich zur Positionsbestimmung des Robotermodells die Zustände von bis zu 8 Schaltern und zwei Potentiometern, die an die Analogeingänge des Interfaces angeschlossen werden, abfragen.Die folgende Tabelle enthält den vollständigen Befehlssatz der Programmierumgebung ROBOT:

Befehl	Beschreibung
Motor (N) links, $N \varepsilon \{1,2,3\}$ Motor (N) rechts, $N \varepsilon \{1,2,3\}$ Motor (N) aus, $N \varepsilon \{1,2,3\}$	Motor N wird auf Linkslauf geschaltet. Motor N wird auf Rechtslauf geschaltet. Motor N wird ausgeschaltet.
Magnet ein Magnet aus	Der Elektromagnet wird eingeschaltet. Der Elektromagnet wird ausgeschaltet.
Warten(S), $S \varepsilon \{0,0 .. 30,0\}$	Der Computer wartet S Sekunden lang, bevor er die nächste Anweisung ausführt.
Lies Schalter (N), $N \varepsilon \{1.. 8\}$	Der Befehl dient zur Abfrage, ob der Schalter Nummer N geschlossen oder offen ist. Als Ergebnis wird eine Null für offen und eine Eins für geschlossen angezeigt.
Lies Poti (N), $N \varepsilon \{1,2\}$	Mit diesem Befehl wird abgefragt, welchen Verdrehungswinkel das Potentiometer N gerade hat. Als Ergebnis wird ein Wert zwischen 0 und 255 angezeigt.
Warte bis *Bedingung*	Der Computer wartet bis die *Bedingung* erfüllt ist, bevor die nächsteAnweisung ausführt wird. Als *Bedingungen* sind zulässig: Schalter(N) = W, $N \varepsilon \{1,..,8\}$, $W \varepsilon \{0,1\}$ Poti(N) = W, $N \varepsilon \{1,2\}$, $W \varepsilon \{0 .. 255\}$

Alle Befehle können wahlweise direkt nach der Eingabe oder als Anweisungen in Programmen ausgeführt werden. Für die Programmierung stehen darüber hinaus folgende Kontrollstrukturen zur Verfügung:

```
wiederhole N mal        wiederhole               wenn Bedingung
    Anweisung                Anweisung                Anweisung
    ...                      ...                      ...
ende wiederhole         bis Bedingung            ende wenn
```

Mit folgendem Programm transportiert ein einfaches Robotermodell eine Metallscheibe, von einer Anfangs- zu einer Endposition. Zunächst wird der Motor, der den Roboterarm bewegt, auf Rechtslauf gestellt. Wenn Schalter 1 geschlossen wird, hat der Roboter die Anfangsposition erreicht. Der Motor wird ausgeschaltet und der Magnet, der die Metallscheibe festhalten soll, eingeschaltet. Anschließend wird der Motor auf Linkslauf gestellt. Wenn Schalter 2 geschlossen wird, ist die Endposition erreicht. Motor und Magnet werden ausgeschaltet.

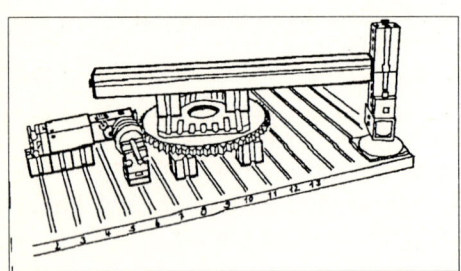

```
programm Transportiere Scheibe
    Motor(1) rechts
    Warte bis Schalter(1) = 1
    Motor(1) aus
    Magnet ein
    Motor(1) links
    Warte bis Schalter(2) = 1
    Motor(1) aus
    Magnet aus
ende programm
```

Die Programmierumgebung ROBOT erlaubt es, Programme als neue Befehle zu definieren, die anschließend direkt ausgeführt oder als Anweisungen in anderen Programmen benutzt werden können. Damit haben der Lehrer oder die Lehrerin die Möglichkeit, den zur Verfügung stehenden Befehlssatz dem Lernfortschritt und dem Leistungsvermögen ihrer Lerngruppe anzupassen. Wenn das o.a. Programm z.B. als neuer Befehl in die Programmierumgebung aufgenommen worden ist, werden mit nebenstehendem Programm drei Scheiben von der Anfangs- zur Endposition befördert.

```
programm Transportiere drei Scheiben
    wiederhole 3 mal
        Transportiere Scheibe
    ende wiederhole
ende programm
```

Die Programmierumgebung ROBOT kann auch zur Steuerung und Regelung anderer Funktionsmodelle genutzt werden. Durch die Möglichkeit, mit Hilfe von Programmen neue Befehle zu definieren, lassen sich die Befehlsbezeichnungen problemlos der jeweiligen Anwendung anpassen.

Programmierumgebung zur Unterrichtseinheit "Warenhaus"

In dieser Unterrichtseinheit lernen Schülerinnen und Schüler die Aufgaben und Funktionsweise eines modernen Warenwirtschaftssystems kennen. Mit Hilfe einer Programmierumgebung wird ein modernes Modellwarenhaus simuliert. Als "Mitarbeiter" bauen Schülerinnen und Schüler eine Warendatei auf. Sie erfassen die gekauften Waren automatisch mit einem Lesegerät. Sie stellen Kundenkarten aus und erhalten somit als Kunden die Möglichkeit, bargeldlos einzukaufen.

Sie erkennen, daß das System neben der Abrechnung auch die Lagerhaltung aktualisiert, Bestellungen vornimmt und verschiedenartige Übersichten über Waren und ihre Käufer liefern kann. Indem Schülerinnen und Schüler die Rolle des Computers im Warenwirtschaftssystem in dieser Form erleben, lernen sie die Vor- und Nachteile der Einführung eines solchen Systems aus Sicht der Kunden, Arbeitgeber und Angestellten kennen.

Zur Simulation des Modellwarenhauses wurde im Rahmen des Modellversuchs eine Programmierumgebung entwickelt, die in Benutzeroberfläche und Kontroll-strukturen mit ROBOT übereinstimmt. Mit Hilfe der Befehle der Programmierumgebung lassen sich Programme zum Aufbau von Waren- und Kundendatei sowie zur Simulation des Einkaufens eingeben und ausführen. Die Erfassung der Kunden- und Artikelnummern erfolgt wahlweise über die Tastatur oder mit Lochkarten über einen 8-Bit-Codekartenleser. Da jeder Einkauf eines Kunden in einer Datei gespeichert wird, können mit dem Be-

fehl `Auskunft` - in Verbindung mit verschiedenen Codenummern - Informationen aus Waren- und Kundendatei abgerufen werden. So kann der Lagerbestand überprüft und bei Bedarf können Waren "nachbestellt" werden. Die Namen aller Kunden, die einen bestimmten Artikel gekauft haben oder auch alle Einkäufe eines Kunden kann der autorisierte Benutzer erfragen. Damit läßt sich bei Schülerinnen und Schülern Betroffenheit erzeugen, und sie werden für Fragen des Datenschutzes sensibilisiert.

Das nebenstehende Programm simuliert das Einkaufen mit einer Kundenkarte. Zunächst wird mit dem Befehl `neues Blatt` der Bildschirm gelöscht. Die Kundenkarte muß in den Codekartenleser geschoben werden, und der Rechner über-

```
programm Einkaufen
   neues Blatt
   Kundennummer lesen
   wenn nicht Stopptaste gedrückt
      Rechnungskopf
         Wiederhole
            Artikelnummer lesen
            wenn nicht Stopptaste gedrückt
               Artikel kaufen
            ende wenn
         bis Stopptaste gedrückt
      Abrechnung
   ende wenn
ende progamm
```

prüft, ob es sich um eine gültige Kundennummer handelt. Wenn dieser Test erfolgreich abgeschlossen wurde, und der Benutzer nicht die Esc-Taste, die die Funktion der Stopptaste hat, gedrückt hat, wird der Rechnungskopf, d.h. der Kundenname, auf den Bildschirm geschrieben. Anschließend wartet das Programm auf die Eingabe einer gültigen Artikelnummer über den Codekartenleser. Nach Identifikation einer Artikelnummer wird der komplexe Befehl `Artikel kaufen` ausgeführt. Die zur eingelesenen Nummer gehörende Bezeichnung und der Preis des Artikels werden aus der Warendatei gelesen und auf den Bildschirm geschrieben. Der Preis wird rechnerintern zur Zwischensumme addiert. Anschließend wird der Bestand des Artikels in der Warendatei um Eins reduziert sowie der Kauf des Artikels durch den Kunden in einer Datei registriert. Die Warenkarte muß nun aus dem Lesegerät entfernt und die nächste Karte kann eingeführt werden. Dieser Vorgang wiederholt sich, bis die Esc-Taste gedrückt wird. Anschließend wird durch den Befehl `Abrechnung` die Gesamtsumme auf den Bildschirm geschrieben. Parallel zur Ausgabe auf dem Bildschirm kann auch ein Kassenbon gedruckt werden.

Dieses Programm ist so komplex, daß es sich nicht in allen Lerngruppen der Sekundarstufe I erarbeiten läßt. Daher bietet auch die Programmierumgebung "Warenhaus" die Möglichkeiten, mit Hilfe von Programmen neue Befehle zu definieren und Programmierbefehle direkt auszuführen. So kann die Unterrichtseinheit auch nur mit linearen Programmen oder u.U. ganz ohne Programmierung durchgeführt werden.

Programmierumgebung zur Unterrichtseinheit "Organische Systeme"

Bei der Untersuchung organischer Systeme haben Wachstums- und Zerfallvorgänge eine besondere Bedeutung. Ausgehend von Beobachtungen zum Wachsen z.B. von Algen wird in dieser Unterrichtseinheit in die Begrifflichkeit der Modellbildung und in die Formalisierung von Modellen eingeführt. Von weiteren realen Systemen werden sodann Modelle für ungestörtes Wachsen, Wachsen auf beschränkter Fläche, Wachsen mit Selbstvergiftung, Wachsen von abhängigen Populationen oder Wachsen in Nahrungsnetzen gebildet und in Wirkungsnetzen nachgebildet.

Die Programmierumgebung ORGASYS erlaubt, die Wirkungsnetze zu programmieren. Schülerinnen und Schüler können so für sie einsichtige Programme erstellen, mit denen sie dann das Verhalten der Systeme untersuchen und Schlüsse für notwendige umweltbezogenen Reaktionen ziehen können.

Mit folgendem Programm wird das nebenstehende Wirkungsnetz für unbeschränktes Wachstum z.B. von Algen definiert und auf dem Bildschirm abgebildet:

```
programm unbegrenztes Wachstum
   Definiere Zustandsgröße (Algen)
   Definiere Zunahmerate (wAlgen)
   Definiere Wirkung(Algen, wAlgen)
   Definiere Wirkung(wAlgen, Algen)
   zeige Wirkungsnetz
ende programm
```

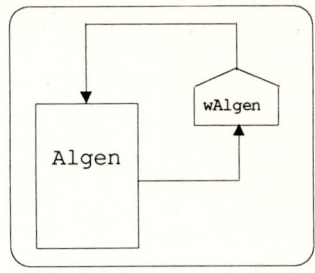

Das graphische Wirkungsnetz ist gleichwertig mit folgendem mathematischen Modell: $\text{Algen}_{neu} = \text{Algen}_{alt} + \text{wAlgen} * \text{Algen}_{alt}$, nach Zeitspanne t

Mit dem Programm wird der neue Befehl unbegrenztes Wachstum definiert. Das Modell für "unbegrenztes Wachstum" wird mit nebenstehendem ORGASYS-Progamm simuliert.

```
programm Simulation
   unbegrenztes Wachstum
   Lies Netzgrößen
   Lies Simulationszeiten
   wiederhole
      Erhöhe Zeit
      Berechne Netzgrößen
   bis Simulationszeit ende
   Zeige Graph
ende programm
```

Mit dem Befehl Lies Netzgrößen werden die Ausgangsgröße für die Anzahl der Algen sowie die Wachstumsrate pro Zeitabschnitt eingelesen. Für die Wachstumsrate kann optional auch eine Meßwerttabelle oder eine Tabellenfunktion, die zeitabhängige Wachtumsraten enthält, eingegeben werden. Der Befehl Lies Simulationszeiten erwartet die Eingabe des Zeitraumes der Simulation sowie die Zeitspanne, nach der jeweils ein neuer Wert der Zustandsgrößen berechnet werden soll. In der Schleife wird bei jedem Durchlauf zunächst die Zeit um die vorgegebene Zeitspanne erhöht und dann die Anzahl der Algen zu diesem Zeitpunkt mit Hilfe der Wachstumsrate berechnet. Nachdem die vorgegebene Simulationszeit erreicht ist, werden mit dem Befehl zeige Graph die bei der Simulation errechneten Werte auf dem Bildschirm graphisch dargestellt und auf Wunsch auch ausgedruckt.

Mit ORGASYS lassen sich komplexe Wirkungsnetze aus insgesamt bis zu 15 Zustandsgrößen, Wachstums- oder Zerfallsraten erzeugen, ohne daß ein System von Differenzen oder Differentialgleichungen eingegeben werden muß. Die folgende Abbildung enthält z.B. den Graphen der Simulation eines Räuber-Beute-Systems aus Fischen, Zoo- und Phyplankton.

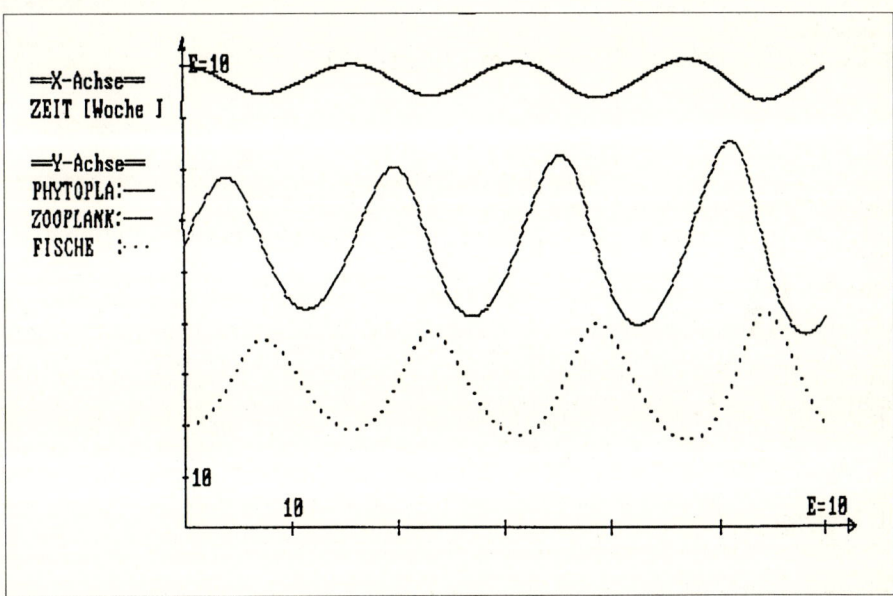

Benutzeroberfläche der Programmierumgebungen

Alle für die informations- und kommunikationstechnologische Grundbildung entwickelten Programmierumgebungen haben dieselbe Benutzeroberfläche. Wenn Schülerinnen und Schüler den Umgang mit einer Programmierumgebung erlernt haben, bereitet ihnen die Bedienung der anderen keine Schwierigkeiten mehr.Die Systemsteuerung der Programme erfolgt über konfigurierbare hierarchische Menüs. Lehrerin oder Lehrer haben die Möglichkeit, im Unterricht nicht oder erst später benötigte Systembefehle aus den Menüs auszublenden und so schrittweise in den Umgang mit der Software einzuführen.

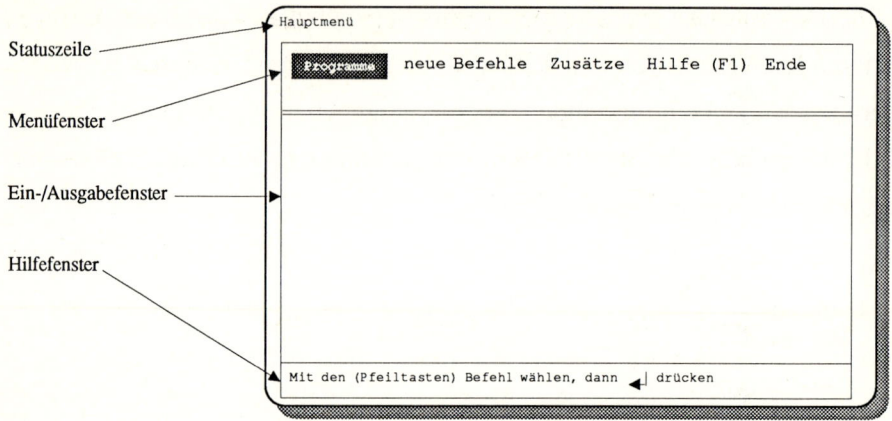

Alle Programmierumgebungen stellen kontextabhängige Benutzerhilfen zur Verfügung. Auf jeder Programmebene kann mit der F1-Taste ein Fenster mit Erläuterungen zu den aktuell verfügbaren System- und Programmierbefehlen eingeblendet werden. Die Hilfe-Texte können mit dem Editor der Programmierumgebung von Lehrerin oder Lehrer bearbeitet werden. So lassen sich die Erläuterungen den individuellen Anforderungen der Lerngruppe und dem Unterrichtsfortschritt anpassen.

Die Programmtexte werden mit einem einfach zu bedienenden bildschirmorientierten Editor eingegeben. Die syntaktische Korrektheit der Programme wird zeilenweise schon bei der Eingabe geprüft. Eine neue Programmzeile kann erst dann getippt werden, wenn die zuletzt eingegebene Zeile fehlerfrei ist. Die Überprüfung der Syntax der Programmstruktur sowie die "Compilierung" erfolgen automatisch bei Verlassen des Editors.

Programmtexte können unter beliebigen Namen gespeichert werden. Das Laden von Programmen der Programmierumgebungen erfolgt mit Hilfe der Cursortasten über ein Auswahlfenster. Programme können mit Menübefehlen der Programmierumgebungen auch gedruckt oder von der Diskette oder Festplatte wieder gelöscht werden.

Vom Benutzer neu hinzugefügte Befehle werden bei Verlassen der Programmier-umgebung auf Wunsch gespeichert und stehen in diesem Fall bei erneutem Pro-grammstart automatisch wieder zur Verfügung. So läßt sich schon bei der Unter-richtsvorbereitung der für die jeweilige Lerngruppe angemessene Befehlssatz zu-sammenstellen.

Die Programmierumgebungen erfüllen damit die Kriterien für gute Unterrichts-software.Die Erfahrungen im Modellversuch haben gezeigt, daß Schülerinnen und Schüler sich schnell in diese Software einarbeiten und nach kurzer Zeit si-cher damit umgehen können.

Warum Programmierumgebungen in der Grundbildung?

Man könnte sich fragen, warum für die informations- und kommunikationstech-nologische Grundbildung in Nordrhein-Westfalen neue Programmierumgebun-gen entwickelt wurden, obwohl gute Programmiersysteme wie Turbo-Pascal, Lo-go oder Comal in den Schulen bereits verfügbar sind. Hätte es nicht ausgereicht, z.B. in Turbo-Pascal eine Unit zu schreiben, die Prozeduren für die spezifischen Befehle der Unterrichtseinheiten enthält? In diesem Fall hätte man den Editor und Compiler des Programmiersystems nutzen können, und Schülerinnen und Schüler hätten schon in der Grundbildung erste Sprachelemente von Pascal ken-nengelernt.

Wenn man berücksichtigt, daß für die Grundbildung nur ca. 60 Wochenstunden zur Verfügung stehen und die Algorithmik nur einer von vielen anderen Unter-richtsinhalten ist, ergibt sich sofort, daß es nicht sinnvoll und in der vorgegebe-nen Zeit auch nicht möglich ist, Schülerinnen und Schüler in ein komplexes Pro-grammiersystem einzuführen. Die Benutzeroberflächen dieser Systeme wurden nicht unter didaktischen Gesichtpunkten entworfen. Es steht keine unterrichts-spezifische Hilfefunktion zur Verfügung, Menübefehle lassen sich nicht ausblenden und die Erweiterung des Befehlssatzes erfordert detaillierte Programmmier-kenntnisse, um nur einige Schwächen von professionellen Programmiersystemen gegenüber den Programmierumgebungen der Grundbildung zu nennen. Auch Lehrern und Lehrerinnen, die die Grundbildung unterrichten und die in der Regel keine Informatiker sind, ist es nicht zuzumuten, den Umgang mit einem komplexen Programmier-System zu erlernen. Die Erfahrungen in der landesweiten Lehrerfortbildungsmaßnahme zur informations- und kommunikationstechnologischen Grundbildung haben gezeigt, daß Lehrerinnen und Lehrer innerhalb kürzester Zeit sicher mit den Programmierumgebungen umzugehen lernen.

Andererseits könnte man sich fragen, ob es nicht sinnvoller gewesen wäre, für die Unterrichtseinheiten zur Grundbildung menügesteuerte Anwendersysteme zu entwickeln, die keine Programmierung erfordern. Es wäre z.B. einfacher ein Wirkungsnetz mit Hilfe von Ikonen und Maussteuerung aufzubauen, als es in ORGASYS zu programmieren.

Solche Anwendersysteme sind als Werkzeuge für den Fachunterricht, in dem ausschließlich fachliche Lernziele im Vordergrund stehen, hervorragend geeignet. In der informations- und kommunikationstechnologischen Grundbildung sollen Schülerinnen und Schüler aber auch lernen, einfache Probleme zu strukturieren und dafür Lösungsalgorithmen zu entwickeln. Auch sollen sie an einfachen Beispielen Sequenz, Iteration und Selektion als grundlegende Strukturen von Algorithmen kennenlernen. Die im Rahmen des Modellversuchs entwickelten Programmierumgebungen haben sich für diese Zielsetzungen als nützliche Software-Werkzeuge erwiesen.

Literatur

[1] Landesinstitut für Schule und Weiterbildung (LSW) Hrsg., Organische Systeme, Soest 1989

[2] LSW Hrsg., Warenhaus, Soest 1988

[3] LSW Hrsg., Industrieroboter, Soest 1988

Informationstechnische Grundbildung -
Wo bleibt denn hier die Informatik?

Annemarie Hauf

Landesinstitut für Schule und Weiterbildung

Paradieser Weg 64, 4770 Soest

Häufig, wenn diese Frage gestellt wird, schwingt eine große Portion Skepsis mit. Gemeint ist nämlich: woher nimmt man in der Grundbildung eigentlich die Berechtigung, das, was dort unterrichtet wird, als Informatik zu bezeichnen? Wo doch jeder weiß, daß in der Grundbildung niemals systematisch Programme entwickelt werden können und zudem eine ganze Menge weiterer Inhalte zu behandeln sind, wie etwa die gesellschaftlichen Auswirkungen. Und das ganze wird auch noch zum Teil in Fächern verankert wie Deutsch oder Gesellschaftslehre und von Lehrerinnen und Lehrern unterrichtet, die der Informatik von Haus aus eher "abgewandt" sind. Muß da die Informatik nicht zwangsläufig auf der Strecke bleiben?

Womöglich können die Skeptiker in ihrer Umgebung auch gute Beispiele für ihre These finden. Ich bin aber der Auffassung, daß dies nicht der Fall sein muß. In meinen Beitrag werde ich nachzuweisen versuchen, wie es im Rahmen der informations- und kommunikationstechnologischen Grundbildung unter Beibehaltung all dieser, meist als hinderlich angesehenen Randbedingungen möglich ist, auch unter fachwissenschaftlichen Kriterien angemessene Grundlagen für die Informatik zu schaffen.

Um diese Behauptung zu erläutern, ist es notwendig, zumindest in aller Kürze darzustellen, was denn die Inforamtik als Disziplin kennzeichnet und an welchen

Bedingungen sich der Unterricht zur Grundbildung orientieren muß. Danach werde ich an einigen Beispielen aufzeigen, wie sich bestimmte Prinzipien der Informatik in einem fächerübergreifenden und projektorientierten Unterricht der Grundbildung wiederfinden lassen.

Meine Überlegungen beruhen auf Erfahrungen und Ergebnissen, die wir im Laufe eines Modellversuches zur Informations- und Kommunikationstechnologischen Grundbildung in Nordrhein-Westfalen gesammelt haben. Der Modellversuch wurde vom Bundesminister für Bildung und Wissenschaft und dem Kultusminister des Landes finanziert und im Juli 1989 nach 4 1/2 jähriger Laufzeit abgeschlossen.

Zum Informatikbegriff

Die Informatik versteht sich als die "Wissenschaft von der systematischen Verarbeitung von Informationen, besonders der automatischen Verarbeitung mit Hilfe von Digitalrechnern" (Claus/Schwill, S. 238) oder kurz als die "Wissenschaft von der automatischen Verarbeitung von Informationen" (Balzert, S. 11).
Ihre Aufgabe ist die "Erforschung grundsätzlicher Verfahrensweisen der Informationsverarbeitung und der allgemeinen Methoden ihrer Anwendung in den verschiedensten Bereichen. Die Informatik befaßt sich daher mit der Struktur und mit den Eigenschaften von Informationen und Informationsverarbeitungssystemen. Die Methoden der Informatik umfassen die Analyse, die formale Beschreibung und die Konstruktion." (Balzert ebd.)
Zentraler Begriff der Informatik ist der Algorithmus: "Ein mit formalen Mitteln beschreibbares Verfahren zur Lösung einer Klasse von Problemen, das in Form eines Programms von einem Rechner übernommen werden kann. Man (...) untersucht ganz allgemein die Struktur von Algorithmen, von zu verarbeitenden Daten sowie von Sprachen, mit denen Algorithmen und Programme angemessen formuliert werden können." (Claus/Schwill, S. 238)

Man unterscheidet zwischen der sogenannten Kerninformatik und der Ange-
wandten Informatik, in der die Methoden der Kerninformatik in anderen Wissenschaften angewendet werden und Abläufe in unterschiedlichen Bereichen auf
Automatisierbarkeit durch Computer untersucht werden.

Diese Vorstellungen von Informatik als Strukturwissenschaft und Methodenlehre
mit unterschiedlichen, weitreichenden Anwendungsgebieten liegen im wesentlichen den Konzepten zum Informatikunterricht in der Sekundarstufe II zugrunde.

Informationstechnische Grundbildung

Nun gilt generell die Forderung, daß Fachwissenschaft nicht einfach als Unter-
richtsinhalt übernommen werden kann. Unterricht muß vielmehr an weiteren Bedingungen und Vorstellungen orientiert sein. Insofern gilt auch für die Grundbildung, daß fachwissenschaftliche Inhalte mindestens aus drei weiteren Perspektiven betrachtet werden müssen.

1. Grundbildung muß allgemeinen pädagogischen Zielen verpflichtet sein, d.h. einer Erziehung zu sachgerechtem, selbstbestimmtem Handeln in sozialer Verantwortung. In Nordrhein-Westfalen soll sie z.B. die Voraussetzungen für eine
   sozial und individuell angemessene Nutzung dieser neuen Technologien
   schaffen.
   Im Sinne einer human- und sozialverträglichen Technikgestaltung soll sie dazu
   beitragen, daß bei künftigen technischen Entwicklungen die Interessen Einzelner und gesellschaftlicher Gruppen artikuliert, diskutiert und einbezogen werden.

2. Schülerinnen und Schüler der Sekundarstufe I bringen alters- und entwick-
   lungsbedingte Voraussetzungen mit, die im Unterricht zu berücksichtigen sind.
   So empfehlen viele Richtlinien für diese Altersstufen beispielsweise, auf den

Erfahrungen der Jugendlichen aufzubauen, der handelnden Auseinandersetzung mit den Lerngegenständen breiten Raum zu geben und verstärkt projektorientierte Verfahren einzusetzen.

3. Nicht zuletzt sind für die praktische Umsetzung der Grundbildung auch die curricularen und organisatorischen Bedingungen ausschlaggebend. In Nordrhein-Westfalen steht z.B. kein eigenes Fach zur Verfügung. Die Grundbildung umfaßt ca. 60 Stunden, die mit Schwerpunkt in der Jahrgangsstufe 8, in den Unterricht der Fächer Deutsch, Mathematik bzw. der Lernbereiche Naturwissenschaften, Gesellschaftslehre und Arbeitslehre integriert werden. Es wird je ein Thema aus den drei Bereichen Prozeßdatenverarbeitung, Textverarbeitung/Dateiverwaltung/Kalkulation sowie Modellbildung und Simulation ausgewählt und von den Lehrerinnen und Lehrern in den thematisch affinen Fächern fächerübergreifend bzw. fächerverbindend unterrichtet.

Fachwissenschaftliche Aspekte der Informatik müssen demnach, sollten sie für die Grundbildung von Bedeutung sein, den o.g. zusätzlichen Bedingungen standhalten können. Skeptiker befürchten eben, daß hier zu wenig übrig bleibt.

Der ganzheitliche Ansatz der Grundbildung

An Beispielen aus Unterrichtseinheiten, die im nordrhein-westfälischen Modellversuch zur informations- und kommunikationstechnologischen Grundbildung entwickelt wurden, möchte ich im folgenden zeigen, was von dem zentralen Begriff der Algorithmik in verschiedenen inhaltlichen Zusamenhängen "übrig geblieben" ist. Allerdings läßt sich dieser Nachweis in der Praxis nicht so einfach führen.

Eine Angabe, etwa der Art
"Algorithmik: *Siehe Mathematik, 8. Jahrgang. Es werden Problemlösungen mit folgenden Schwierigkeitsgrad als Algorithmen formuliert und in Programme über-*

setzt. Hierfür sind maximal 15 Stunden vorgesehen".
ist an keiner Stelle zu finden, da in den Materialien ein ganzheitlicher, projektorientierter Ansatz konsequent umgesetzt wurde.

Jede Handreichung zur Grundbildung beinhaltet ein Thema, in dem eine praxisrelevante Anwendung der Informations- und Kommunikationstechnologien "grundbildungsgerecht" aufbereitet wird. Die Themen stehen exemplarisch für die drei umfassenden Bereiche, die zusammengenommen die Vielfalt der Anwendungen ansatzweise abdecken sollen.

Die Behandlung jedes einzelnen Themas gibt den Schülerinnen und Schülern Gelegenheit,
- Anwendungen der neuen Technologien kennzulernern,
- ihre Grundstrukturen zu untersuchen sowie
- Auswirkungen zu reflektieren und zu beurteilen.

Solche Anwendungen sind etwa Industrieroboter, CAD/CAM, Meßwerterfassung am Beispiel Lärm, Textverarbeitung im Zeitungsbereich, Warenwirtschaftssysteme, Verwaltungsarbeiten einer Firma, Computer-/Teleheimarbeit, Auswertung von Befragungen, Simulationen zum Erstellen von Prognosen oder zur Entscheidungsfindung.
Das Kennenlernen umfaßt je nach Beispiel Vorstellungen von Arbeitszusammenhängen und Organisationsstrukturen, Intentionen, die mit dem Einsatz der neuen Technologien verbunden sind, die Nutzung eines Computers zur selbständigen Bearbeitung eines Arbeitsauftrages, der typisch für diesen Anwendungsbereich ist, Erfahrungen mit computerunterstützten Arbeitsabläufen etc.

Indem Schülerinnen und Schüler im Zusammenhang mit bestimmten Anwendungen Aufträge mit Computerunterstützung bearbeiten, untersuchen sie Grundstrukturen und Funktionen der neuen Technologien. Unter dieses Stichwort fallen im wesentlichen die gesuchten Informatik-Anteile der Grundbildung.

Die in jedem Beispiel feststellbaren Gemeinsamkeiten sind z.B. unter strukturellem Aspekt

- das E-V-A-Prinzip, das sich sowohl auf den Aufbau einer Rechenanlage als auch auf Programmstrukturen übertragen läßt,
- die Unterscheidung von Programmen und Daten,
- der Algorithmus als eindeutige Vorschrift zur Umwandlung von Eingabe- in Ausgabedaten.

Ebensogut lassen sich in den Beispielen Aspekte der erweiterten Programmentwicklung ausmachen, etwa

- die Festlegung des Aufgabenbereiches, der mit einem Programm abgedeckt werden soll,
- die Entwicklung eines Modells, in dem reale Zusammenhänge in Form von geeigneten Datenstrukturen abgebildet werden und Vorschriften für ihre Verarbeitung entworfen werden,
- Methoden, wie die schrittweise Verfeinerung,
- die Formulierung von Arbeitsschritten mit Anweisungen, Kontrollstrukturen, die von einer Maschine abgearbeitet werden.

Auch Gesichtspunkte des Umgangs mit fertigen Programmen lassen sich behandeln, z.B. die unterschiedlichen Formen von Benutzerschnittstellen, die von engster Führung bis zu größten Freiheiten unterschiedliche Gestaltungsmöglichkeiten bieten.

Natürlich ist nicht jedes der vorliegenden Unterrichtsbeispiele geeignet, alle diese Aspekte gleichermaßen intensiv zu behandeln, dies ist aber auch nicht beabsichtigt. Durch eine vorteilhafte Zusammenstellung der drei Themen können jeweils unterschiedliche Aspekte aufgearbeitet und in einem allgemeineren, übergreifenden Informatikzusammenhang verankert werden.

In jedem Unterrichtsthema der Grundbildung finden die Schülerinnen und Schüler auch Anlässe, nachdem sie sich mit Anwendungen handelnd auseinandergesetzt haben und bestimmte Folgen selbst erfahren konnten, die Auswirkungen dieses Einsatzes der neuen Technologien zu reflektieren und zu beurteilen. So werden, bezogen auf das jeweilige Anwendungsbeispiel, Aspekte behandelt, wie
- Rationalisierung und Umgestaltung von Arbeitsplätzen und -organisation,
- Persönlichkeitsschutz durch Datenschutz,
- Verantwortbarkeit des Einsatzes.

Algorithmen in der Grundbildung

Dem ganzheitlichen, projektorientierten Ansatz gemäß, werden auch die Informatik-Inhalte integrativ und mitunter auf unterschiedlichen Abstraktionsebenen vermittelt. Ich möchte dieses am Beispiel des Algorithmenbegriffs verdeutlichen.

Betrachtet man die zeitlichen und inhaltlichen Vorgaben der Grundbildung in Nordrhein-Westfalen, kann man verstehen, daß Algorithmenerstellung und Programmierung auf Ebene einer Programmiersprache hier nicht vorgenommen werden. Problemlösungen, die ohne große Vorkenntnisse von Schülerinnen und Schülern dieser Altersgruppe in kurzer Zeit programmiert werden können, sind in der Regel trivial bzw. haben nur im weitesten Sinne Bezug zur Praxis. Sie motivieren kaum dazu, ihre Auswirkungen zu diskutieren.
Will man dennoch nicht auf den Vorgang des Algorithmisierens und der maschinellen Abarbeitung verzichten, kann man z.B. auf "problemnahe Maschinen", die sogenannten Programmierumgebungen übergehen. Darunter versteht man ein Programmpaket, das auf Themen bezogene Elementaranweisungen bereitstellt, die als Folge oder mit Kontrollstrukturen verbunden zu Programmen zusammengestellt und ausgeführt werden können. Ein solches Programm kann in die Menge der Elementaranweisungen aufgenommen werden und in weiteren Programmen Verwendung finden. Klaus Dingemann zeigt in seinem Beitrag "Program-

mierumgebungen in der informationstechnischen Grundbildung" ausführlich an den Beispielen Industrieroboter, Warenhaus und Organische Systeme, wie mit Hilfe einer solchen Software grundlegende Schritte der Algorithmenentwicklung und Prinzipien wie das Prozedurkonzept grundbildungsgerecht behandelt werden können.

Andere geeignete Anlässe, in der Grundbildung Algorithmisierung zu behandeln, ergeben sich bei der Nutzung von themenspezifischer Anwendersoftware. In der Unterrichtseinheit CAD/CAM wird z.B. eine Produktionsmaschine, die zuvor im Handbetrieb gesteuert wurde, an einen Computer angeschlossen und soll nun über ein Programm gesteuert werden. Schülerinnen und Schüler beschreiben den Bearbeitungsvorgang in einer Form, die mit Hilfe weniger Befehle, die ein vereinfachtes CNC-Programm zur Verfügung stellt, abgearbeitet werden kann.

In den Unterrichtseinheiten, in denen Standard-Anwendersysteme zur Tabellenkalkulation eingesetzt werden, läßt sich ebenfalls der Algorithmenbegriff einführen.
Man vergleicht das "elektronische Rechenblatt" mit einer herkömmlichen Tabelle und stellt fest, daß ersteres zwar auf seiner Oberfläche analog einer Tabelle auf Papier gestaltet werden kann, also mit Überschriften, Informationstexten, Zeilen und Spalten und mit den eigentlichen Daten. Daß im Hintergrund aber die Möglichkeit besteht, in Felder Vorschriften einzugeben, wie welche Daten (d.h. die Inhalte welcher Felder der Tabelle) verarbeitet werden müssen. Das Ergebnis dieser Berechnungen wird in dem entsprechendem Feld der Tabelle angezeigt.

Mitunter reicht es aber auch aus, wenn in der Grundbildung rechnerunterstützte Vorgänge nur bis zu einem Grad analysiert werden, der noch nicht in dieser Form unmittelbar von einer Maschine abarbeitbar ist.
In der Unterrichtseinheit Lärm wird z.B. ein Programm eingesetzt, das je nach gewähltem Meßverfahren automatisch Meßwerte erfaßt und in der gewünschten Form als Tabelle oder als Kurvendarstellung ausgibt. Das Programm wird ledig-

lich als Werkzeug eingesetzt und über die Menüstruktur hinaus nicht weiter analysiert. Die Schülerinnen und Schüler können aber dennoch eine Vorstellung davon entwickeln, was der Algorithmus im Prinzip leistet, da sie selbst anhand einer Verarbeitungsvorschrift aus einer Menge von Werten einer Langzeitmessung Spitzenwerte und Hintergrundgeräusche ermittelt haben.

Soviel zu den Möglichkeiten den Algorithmenbegriff auf unterschiedlichen Abstraktionsebenen im Unterricht der Grundbildung einzuführen. Ähnliches ließe sich auch für andere zentrale Begriffe der Informatik darstellen, etwa für das E-V-A-Prinzip oder für die Abbildung von Ausschnitten der Realität auf Modelle. Dies möchte ich hier aber nicht weiter ausführen.

Ausblick

Ich habe eingangs darauf hingewiesen, daß über die engere fachwissenschaftliche Sichtweise hinaus beim Unterricht zur informations- und kommunikationstechnologischen Grundbildung weitere Perspektiven berücksichtigt werden müssen. Zum Beispiel auch der Aspekt der sozialen Verantwortung. In diesem Zusammenhang habe ich den ganzheitlichen Ansatz kurz vorgestellt, in dem strukturelle Aspekte der Informatik im Rahmen von Anwendungsfällen und Auswirkungen erarbeitet und reflektiert werden.
Interessant ist, daß in der fachwissenschaftlichen Diskussion der letzten Zeit zunehmend Überlegungen zu finden sind, die in ähnliche Richtung weisen. Ich denke dabei an das Memorandum zur Ethik der Informatik, das ein Arbeitskreis der Gesellschaft für Informatik formuliert hat, um eine breitere Diskussion beruflicher und gesellschaftlicher Verantwortung unter Informatikern anzuregen. Oder an der Aufsatz von Wolfgang Coy, in dem er fordert, daß eine Ethik der Informatik die falsche Orientierung des Fachs korrigieren muß.

Im Hinblick auf diese Diskussion möchte ich sogar behaupten, daß der ganzheitliche Ansatz in der informations- und kommunikationstechnologischen Grundbildung, obwohl er zur Zeit noch gegenüber manchen Informatikern gerechtfertigt werden muß, im Augenblick einem solchen erweiterten Veständnis der Informatik näherkommt als der etablierte Informatikunterricht der Sekundarstufe II.

Literatur

1) Balzert, H.: Informatik 1, Vom Problem zum Programm. München 1976.
2) Claus, V./Schwill, A.: Schülerduden Informatik. Mannheim 1986.
3) Coy, W.: Computer als Diener der Automatisierung. In: Frankfurter Rundschau v. 18.07.1989.
4) Der Kultusminister des Landes NRW: Vorläufige Richtlinen zur Informations- und Kommunikationstechnologischen Grundbildung. Entwurf, Juli 1989.
5) "Wird die Technik zu einem sozial akzeptablen Zweck eingesetzt?" Memorandum einer Arbeitsgruppe der GI. In: Frankfurter Rundschau vom 28.12.1988 und 29.12.1988.

FORMULIERUNG UND FORMEL
INFORMATIONSTECHNISCHE BILDUNG
IM DIALOG VON DEUTSCH- UND MATHEMATIKUNTERRICHT

Adalbert Wichert

Zentralstelle für Computer im Unterricht

Schertlinstr.9, D-8900 Augsburg

Zusammenfassung:

Dem Deutschunterricht wird im Rahmen der Informationstechnischen Bildung die Funktion zugewiesen, den naturwissenschaftlichen und technischen Zugang zur elektronischen Datenverarbeitung zu ergänzen durch emotionale und kritische Dimensionen. Der Vortrag versucht, den in dieser Aufgabenverteilung liegenden Gefahren einer weiteren Polarisierung von Geistes- und Naturwissenschaften eine Konzeption entgegenzusetzen, die vom gemeinsamen Anliegen beider Bereiche ausgeht, nämlich der Erziehung zu bewußter, also rationaler Durchdringung der Realität. "Formulierung" und "Formel" stehen für zwei verwandte Möglichkeiten, Überlegungen sprachlich überlegt und allgemeinverständlich zu vermitteln.

Bei einer spontanen Schreibübung zum Thema "Ich träume vom Computer" entstanden in einer 6. Klasse folgende Texte:

"Ich habe keinen Computer, weil es mir die Eltern verbieten. Wenn ich einen Computer hätte, wäre ich bestimmt ein Computergenie. Ich würde tagelang mit meinem Computer spielen und auf meinem Tastaturbrett herumtippen. Disketten würde ich kaufen und sie in den Floppy stecken. Der Joystick würde nie kalt stehen. Ich würde immer mein Vergnügen haben. Der Bildschirm würde immer warm laufen. Arbeiten würde ich auch mit meinem Computer. Viel Geld würde ich in meinen Computer stecken."

"Man sitzt den ganzen Tag vor dem Bildschirm und bewegt den Joystick hin und her. Man hat keine Zeit oder Lust, mit den Freunden zu spielen, stat dessen fährt man in die Stadt, kauft sich von seinem Taschengeld für den Atari Spiele und Spiele und nochmal Spiele. Der Wunschzettel, der ganze Wunschzettel ist voll von Atarispielen. Man kriegt nicht, was man sich wünscht, sondern irgend so etwas Doofes von Legotechnik. Ich brauche mehr Taschengeld, jammert man. Man klaut der Mutter das Geld. Es wird aufgedeckt. Kein Geld mehr. Man kriegt kein Geld mehr. Man beklaut die Leute auf der Straße. Jetzt ist man von der Polizei geschnappt worden. Man verspürt keine Lust mehr am Leben. Man bringt sich um und springt ins Verderben."

Es ist hier nicht der Ort, diese Texte ausführlich zu analysieren. Deutlich wird, daß vielfältige Emotionen positiver und negativer Art gegenüber dem Computer und gegenüber Menschen mitformuliert sind; wir ahnen, wie attraktiv der Computer den beiden Buben erscheint, anders gesagt, wie stark die Sehnsüchte sind und wie Eltern bzw. Mutter als Hindernis zur Erfüllung erscheinen.

Die beiden Texte sind nicht nur Produkte des Deutschunterrichts, die das Verhältnis von zwei Buben zum Computer zur Sprache bringen. Sie dokumentieren vielmehr die Forderung an die Schule zu reagieren. Von wem erwarten die Schüler Hilfe? Wen diese Äußerungen betroffen machen, der muß zu dem Schluß kommen: der deskriptive, sachlich erklärende und heilsam ernüchternde Informatikunterricht des Mathematikers bedarf nicht nur der Ergänzung, sondern vielmehr der Vorbereitung in Unterrichtsfächern, die diese Emotionen nicht negieren, sondern zu verarbeiten helfen. Meist denkt man dabei an den Deutschunterricht.

Neben einer die Informatik begleitenden Auffangfunktion schreiben ihm die Väter der Konzeptionen informationstechnischer Bildung vor allem Kompensationsfunktionen zu, das Aufzeigen der Grenzen und Gefahren der Computertechnologie und das Fördern oder zumindest Verteidigen der bewährten Kulturtechniken. Ideal bleibt der Schüler, der gerne zu einem Buch greift und sich darin vertiefen kann:

In den Handreichungen des Niedersächsischen Kultusministeriums zur ITG im Fach Deutsch wird empfohlen, bewußt dem Computer das Buch entgegenzusetzen:

> "So bietet die Lektüre literarischer Texte nicht auf dem Bildschirm, sondern im nahezu überall und jederzeit verfügbaren Buch Möglichkeiten, die die Neuen Technologien (in absehbarer Zeit) nicht bieten können. Es muß gerade heute vorrangiges Ziel des Deutschunterrichts sein, den Umgang mit dem traditionellen Medium 'Buch'zu fördern, um der Lesemüdigkeit entgegenzuwirken und das Lesevergnügen zu stärken, da zu befürchten ist, daß sich das Leseverhalten durch die Neuen Technologien verändert."[1]

Eine Untersuchung der Universität Kiel zum Zusammenhang zwischen Computernutzung und Leseverhalten scheint dieses Bildungsziel zu bestätigen. Die Autoren kommen zum Ergebnis, daß "die private Computernutzung die Lektüre von belletristischer Literatur schwach aber eindeutig hemmt" und daß "ein starker und klarer Einfluß von der privaten Computernutzung auf die Nutzung von naturwissenschaftlichen und anderen Sachtexten" und ein etwas schwächerer auf die Lektüre von Science Fiction-Fantasy-Literatur ausgeht.

Die Studie folgert daraus für den Deutschunterricht die Aufgabe, das mangelnde Interesse an Märchen, Novellen, Romanen, Gedichten, Dramen "irgendwie" zu kompensieren.[2] Immerhin sieht sie auch, daß ein anderes pädagogisches Ziel des Deutschunterrichts von der Computernutzung nicht behindert, sondern gefördert wird: Die Schüler entwickeln entsprechend ihren Interessen "literarische Bedürfnisse".[3]

Neben dem Computersystem wächst also der Bücherschrank. Es ist schon richtig, daß die Bücher, die darin stehen, in der Regel nicht der Empfehlungsliste von Deutschlehrern entnommen sind. Aber man sollte sich abgewöhnen, Literatur- und Deutschunterricht zu Orten der Phantasie und Emotionalität zu verkürzen und auszuspielen gegen Logik und naturwissenschaftliches Denken. Zugegeben: Die Schuld an solchen Polarisierungen liegt weitgehend auf der Seite der sog. geisteswissenschaftlichen Fächer: Die erste industrielle Revolution hat im 19. Jahrhundert dazu geführt, daß die traditionellen Bildungsfächer, also antike Sprachen, Geschichte und Literaturunterricht, ihr Bildungsmonopol verloren und schon bald vor Neid erblaßten gegenüber den damals sog. Realienfächern Mathematik, Physik, Chemie, die nun in der Öffentlichkeit als Bildungsfächer der Zukunft galten.

Aus solcher Defensive heraus hat Wilhelm Dilthey die These der zwei Kulturen entwickelt: Er versuchte, den triumphierenden Naturwissenschaften die Geisteswissenschaften als die eigentlichen Humanwissenschaften entgegenzusetzen. Aber dieses Abgrenzungsverfahren führte zu verhängnisvollen Scheuklappen, zur Ausgrenzung moderner Zivilisationserscheinungen und Probleme aus dem Bereich von Schule und Kulturbetrieb zugunsten sog. "zeitloser Werte". Der arrogante Anspruch, den menschlichen Geist allein zu vertreten, und der Vorwurf an die Naturwissenschafter, ihre Beschäftigung sei ethisch indifferent, daher letztlich geistlos und bedürfe der kritischen Kontrolle und Leitung durch die Geisteswissenschaftler, führte deren Studien- und Unterrichtsfächer aber nur noch mehr in die Isolation.

Der Deutschunterricht wird sein Prestige und seine Glaubwürdigkeit nicht zurückgewinnen, wenn er sich weiterhin ähnlich exklusiv verhält. An Möglichkeiten, Brücken zu bauen, fehlt es nicht. Ich erwähne nur die Entwicklungen im Bereich der Literatur, die seit ihrer expressionistischen Revolution die Bereiche Technik, Großstadtzivilisation und

Naturwissenschaft nicht nur thematisch, sondern auch formal zur Sprache brachte. Vereinzelt reagierte auch die Literaturkritik: Paul Valery hat in den 30er Jahren die Prognose aufgestellt, daß die Innovationen von Naturwissenschaft und Industrie "die gesamte Technik der Künste verändern" werde.[4] Walter Benjamin versucht in seiner Studie über das *Kunstwerk im Zeitalter der technischen Reproduzierbarkeit* [5] eine zeitgemäße Neudefinition des Ästhetikbegriffs. Auf der anderen Seite bemühten sich Naturwissenschaftler wie Werner Heisenberg und Carl Friedrich von Weizsäcker darum, der Öffentlichkeit die ethischen und philosophischen Dimensionen der Naturwissenschaft und ihr Interesse am Dialog mit den Geisteswissenschaften nahezubringen. Schließlich versuchen Philosophen, Psychologen, Linguisten, Mathematiker und Naturwissenschaftler in den gemeinsamen Forschungsbereichen Systemtheorie, Kybernetik und Informatik zu kompatiblen Begriffen von 'Sprache' und 'Verstehen' zu gelangen.

Im Bereich der schulischen Bildungskonzeptionen war von solchen Verständigungen langezeit wenig zu finden. Überspitzt gesagt: Deutsch- und Mathematiklehrer unterrichten unter einem Dach nebeneinander her, kommen kaum ins Gespräch, kokettieren allenfalls mit sog. einseitigen Begabungen, die meist nichts anderes sind als einseitig entwickelte Interessen, und neigen dazu, die Schüler entsprechend in Lager aufzuteilen - kein Wunder, daß sich viele Schüler ihrerseits nur einseitig zuständig fühlen und sich entsprechend verhalten.

Das technische und soziale Phänomen Computer hat nun einiges in Bewegung gebracht: Zugegeben mit viel Optimismus sieht der Mathematikdidaktiker Seymour Papert in seiner bereits zum Klassiker der einschlägigen Literatur gewordenen Arbeit *Kinder, Computer und neues Lernen* im Umgang mit dem Computer die Chance, "die überkommenen Grenzziehungen zwischen den Wissenschaftsbereichen zu übersteigen". Papert versucht zu zeigen,

"wie Computer Träger durchschlagender Ideen und Keime eines Kulturwandels sein können, wie sie Menschen helfen können, neue Beziehungen zu Wissen aufzubauen, die über alle traditionellen Grenzen hinweggehen, die heute die Geistes- von den Naturwissenschaften und die Kenntnis des eigenen Ichs von allen beiden trennen."[6]

Die Konzeption der ITG setzt solche Hoffnungen in ministeriellen Richtlinien um. Man kann über die bayerische Version der Leitfächer streiten. Immerhin macht sie dadurch, daß an Hauptschulen, Gymnasien und Wirtschaftsschulen (warum eigentlich nicht an Realschulen?) Mathematik und Deutsch zu Säulen der ITG erklärt wurden, deutlich, daß diese beiden Extremfächer im schulischen Bildungsspektrum in Zukunft gemeinsame Aufgaben zu erfüllen haben. Ausdrücklich heißt es in bezug auf den Unterricht an Gymnasien: der Schüler soll in der Beschäftigung mit der Datenverarbeitung "gegenseitige Bezüge und gemeinsame Strukturen mit anderen Fächern erkennen."[7]

Interdisziplinäre Sitzungen mit Mathematikern und Deutschlehrern, Absprachen für den koordinierten Unterricht in einer Klasse, Projektunterricht, bei dem beide Lehrer gemeinsam unterrichten,[8] sind die institutionellen Vorgaben.

Wie sieht das nun konkret im Deutschunterricht aus? Kommen wir zunächst noch einmal auf das Thema "Lesen" zurück, blicken wir noch einmal auf den Leser unseres Bildes; auf den zweiten Blick hat er nämlich durchaus Ähnlichkeiten mit einem Jugendlichen, der sich geistig an einem Computer beschäftigt. Für ihn gilt das, was Alfred Andersch in seinem Roman *Sansibar, oder der letzte Grund* bei der Betrachtung von Ernst Barlachs Skulptur *Der Lesende Klosterschüler* als die charakterbildende, soziale und politische Errungenschaft der Kulturtechnik des Lesens beschrieben hat, nämlich:

– Entwicklung eines individuellen, der Außenwelt unzugänglichen Schutzraumes

– Entwicklung der Fähigkeiten zu körperlicher Ruhe und geistiger Aktivität, also zu Konzentration, d.h. zu Verzicht auf sinnliche, optische, akustische Reize, zu Aktivierung des Geistes, zu Distanz und Kritik.

Für unseren lesenden Jugendlichen gilt vielleicht auch die These des Medienforschers Neil Postman: Lesen fördere die Rationalität. Der "sequentielle, aussagebestimmte Charakter des geschriebenen Wortes" unterstütze die "'analytische Verarbeitung von Wissen'". Wer sich auf das geschriebene Wort einlasse, der mache sich eine Denkweise zu eigen, die

"hohe Ansprüche an die Fähigkeit zu klassifizieren, Schlüsse zu ziehen und logisch zu denken, stellt. Dazu gehört, daß man imstande ist, Lügen, Irrtümer und übermäßige Verallgemeinerungen zu erkennen oder eine mißbräuchliche Verwendung der Logik und des gesunden Menschenverstandes aufzudecken. Dazu gehört auch, daß man Gedanken zu gewichten, Behauptungen zu vergleichen und gegeneinander abzuwägen und eine allgemeine Aussage mit einer anderen zu verbinden vermag. Um dies zu erreichen, muß man einen gewissen Abstand von den Wörtern selbst gewinnen, was durch den isolierten, unpersönlichen Text selbst unterstützt wird. ... In einer vom Buchdruck bestimmten Kultur zeichnet sich der öffentliche Diskurs in der Regel durch eine kohärente, geregelte Anordnung von Tatsachen und Gedanken aus."[9]

Spricht man so vom Buch, so löst sich der Gegensatz Buch-Computer weitgehend auf. Denn das alles trifft auch auf den Umgang mit dem Computer zu - oder besser: es kann zutreffen. Und Postman sieht das auch so; er geht sogar soweit, zu behaupten, daß die Buchkultur "bis zu einem gewissen Grad" durch die Computerkultur gestützt werden kann. Beides, der Umgang mit dem Buch und der Umgang mit dem Produkt der Mathematik, dem elektronischen Rechner, setzen die gleiche Geisteskultur voraus: "hochentwickelte Fähigkeit zu begrifflichem, deduktivem, folgerichtigem Denken; die Wertschätzung von Vernunft und Ordnung; (...) Abscheu vor inneren Widersprüchen; die Fähigkeit zur Distanz und zur Objektivität"[10].

Man kann daraus die These ableiten: Deutschunterricht und Mathematik bzw. ihre Gegenstände, das Buch und der Computer, sind aus dieser Perspektive keine Rivalen, sondern gemeinsame Streiter für rationales Denken gegenüber einer Zivilisation, die sich durch Abfolgen sensorischer Reize unterhalten und füttern läßt.

Die bisherigen Überlegungen zum Buch implizieren eine weitere These: die Aufgabe des Deutschunterrichts innerhalb der schulischen Vermittlung von informationstechnischer Bildung liegt nicht in erster Linie in der Entwicklung oder im Einsatz von speziellen Computer-Programmen oder von sog. Standardwerkzeugen - obwohl gerade die elektronische Textverarbeitung eine Reihe von neuen didaktischen Möglichkeiten eröffnet. Nein, die Aufgabe des Deutschunterrichts innerhalb der schulischen Vermittlung von informationstechnischer Bildung liegt vor allem darin, ihre eigenen Gegenstände, also Texte und Sprachen und deren humane bzw. soziale Funktionen, so neu zu überdenken und so den Schülern neu zu präsentieren, daß das Phänomen Computer weder zum Mythos noch zum Dämon wird, nicht falsche Hoffnungen oder falsche Ängste auslöst, sondern als Erzeugnis und Hilfsmittel menschlicher Denk- und Kommunikationsfähigkeit wie andere vor ihm begriffen werden kann.

Wie ist das zu verstehen? Wie sieht das als Unterrichtsgegenstand aus? Ein erstes Beispiel zielt auf die historische Dimension: Es ist kein Zufall, daß die Ausbreitung der Buchkultur, die Entstehung der Wochenzeitschriften, der Lesesalons, des Berufsschriftstellertums, der literarischen Gattung des Romans einerseits und der Siegeszug von Naturwissenschaften und Technik andererseits zu gleicher Zeit, im 18. Jahrhundert einsetzen. Beides hat mit dem zu tun, was wir Zeitalter der Aufklärung nennen. Und es ist weiterhin kein Zufall, daß am Anfang dieser Aufklärung die Idee aufkam, daß Sprache berechenbar, also in Zahlen auszudrücken sei und daß die Sprache der Mathematik, die Begriffssprache der Philosophie und die Umgangssprache der Menschen zusammengehörende Ausdruckformen menschlichen Denkens seien.

Gottfried Wilhelm Leibniz versuchte, das bisher geltende Bild vom Menschen als eines vernünftig denkenden und sprechenden Wesens kompatibel zu machen mit den Ergebnissen der neuen Mathematik und der neuen Naturwissenschaften:

> "Ich sann über meinen alten Plan einer vernünftigen Sprache oder Schrift nach, deren geringste Wirkung ihre Allgemeinheit und die Kommunikation zwischen unterschiedlichen Nationen wäre. ... Danach wird es zwischen zwei Philosophen nicht größerer Disputation bedürfen als zwischen zwei Rechnern, denn es wird genügen, daß sie zu ihren Federn greifen, an ihren Rechenbrettern niedersitzen ... und sich gegenseitig sagen: 'Laßt uns das nachrechnen!' Ich hätte gehofft, eine Art allgemeiner Charakteristik zu geben, in der alle Vernunftwahrheiten auf eine Art von Kalkül zurückgeführt würden. Dies könnte gleichzeitig eine Art universaler Sprache oder Schrift sein ... in ihr lenkten schon die Buchstaben und Wörter die Vernunft, und Irrtümer ... wären in ihr bloß Rechenfehler."[11]

Leibniz' Idee einer *Characteristica universalis*, einer allen Sprachen zugrunde liegenden, auf einfache logische Prinzipien begründeten Universalsprache ist kein Einzelfall. Ihr Ursprung ist zu suchen in der antiken Rhetoriktradition. Formale Logik ist für Aristoteles ein Teil der Rhetoriklehre, ein Teil der Kunst, im Sprechen Wahrheiten von Wahrscheinlichkeiten und von Unwahrheiten zu unterscheiden. Der Deutschunterricht sollte sich der aristotelischen Aussagenlogik wieder annehmen! Nach Leibniz setzt sich diese rationalistische Sprachreflexion fort in der frz. Aufklärung und findet sich in der Sprachwissenschaft des 20. Jahrhunderts wieder, am deutlichsten in Noam Chomskys mathematischer Syntaxtheorie aus den 50er und 60er Jahren[12], einem Versuch, für alle Sprachen gültige Satzmodelle zu entwickeln, oder in der *informationstheoretischen Ästhetik* Max Benses[13]. Die Computerlinguistik und die Informatik unserer Tage arbeiten daran weiter. Papert sieht in der Beschäftigung mit Programmiersprachen Auswirkungen, die weit über den mathematischen Bereich hinaus unsere Sprachkompetenz erweitern können:

> "In einer computerreichen Welt werden Computersprachen, die ein Mittel zur Kontrolle über den Computer darstellen und gleichzeitig neue und leistungsfähige deskriptive Sprachen für das Denken anbieten, zweifellos in die allgemeine Kultur übergehen. Sie werden besonders unsere Sprache zur Beschreibung unser Selbst und unseres Lernens beeinflussen."[14]

Diese Aussicht mag vielen unter den Deutschlehrern zu weit gehen. Wesentlich aber ist, und damit komme ich zum letzten Hinweis auf Ziele des Deutschunterrichts im Rahmen der informationstechnischen Bildung, daß wir uns eingestehen, daß der Deutschunterricht ohnehin weitgehend nicht individuelle Ausdrucksfähigkeiten vermittelt, daß er leider den Schülern kaum Raum gibt, ihre Emotionen, ihre Hoffnungen, Ängste, Wünsche, ihre Neigungen und Abneigungen, ihre Aggressionen und Depressionen, ihre Phantasien und Alpträume sprachlich auszudrücken. Vielleicht wird das eher möglich, wenn wir uns und den Schülern bewußtmachen, wie sehr der Sprach- und Literaturunterricht sich mit der Vermittlung und Einübung objektivierender Sprache beschäftigt. Wer zur Verwendung klar definierter Begriffe und strukturierter Aussagen erzieht, erzieht zur Durchschaubarkeit und Eindeutigkeit des Sprechens; man könnte, um die Nähe zur Mathematik deutlich zu machen auch sagen: der Deutschunterricht erzieht weitgehend zur Berechenbarkeit im sprachlichen Umgang der Menschen miteinander.

Schon in der Unterstufe beginnen wir mit den objektiven, den situations- und partnerunabhängigen, den sog. sachlichen Aufsatzarten: Bericht und Beschreibung. Mir sind der Zusammenhang zwischen Informatik und Deutschunterricht und die Notwendigkeit, ihn den Schülern offenzulegen, klarer geworden denn je, als ich im ersten Kapitel des Informatik-Schulbuches von Kilian Keidel und Hans Joachim Müller[15] die Beschreibung eines Backrezeptes las. Die Informatiker erklären damit das Wesen des Algorithmus. Der Deutschlehrer übt am gleichen Objekt die Aufsatzform 'Vorgangsbeschreibung'. Beide wissen nichts voneinander, beziehen sich nicht aufeinander und haben doch mit dem gleichen Problem zu tun: der Formulierung eines nach Teilschritten geordneten Prozesses in generell gültiger Form, d.h. abstrahiert vom Einzelfall.

Ich treibe die Analogie noch einen Schritt weiter: Form und Formulierung sind geläufige Begriffe des Deutschunterrichts. Sie sind verwandt mit dem Begriff Formel des Mathematikunterrichts. Beide Bereiche treffen sich in der elektronischen Datenverarbeitung. Sie kennt weitere Begriffe dieser Wortfamilie: Format, Formular, Formatieren. Gemeint ist jeweils ein Gegenteil von Spontaneität, das Umgehen mit Vorgegebenem, im Rahmen der aktuellen Handlung nicht Befragtem, sondern Akzeptiertem, mit Mustern.

Man spricht in diesem Zusammenhang auch von Automatismen, von Routinen. Mit ihnen gehen nicht nur die Mathematiker um, sondern wir alle, wenn wir sprechen. Wir alle haben unsere Muttersprache so gelernt: bevor wir wußten, was Regeln und Gesetze der Sprache sind, haben wir Wörter, Wendungen und Satzbaupläne übernommen, weil sie sich in der Verwendung anderer bewährt haben. Wir eignen uns eine Menge von Sprachroutinen an und erfinden uns neue, die uns in bestimmten Situationen von individuellen Problemlösungen, d.h. von individuellem Formulieren entlasten. Denken wir an Begrüßungsrituale, an den Beginn oder die Beendigung von Telefonaten, an Briefköpfe, an Glückwünsche und Kondolenzen.[16]

Die Rhetoriktradition hat Regeln und Sprachformen entwickelt, die als Versatzstücke bis heute Verwendung finden. Der Aufsatzunterricht tut nichts anderes. Unsere Sprache ist also weitgehend formal, normiert, automatisiert, standardisiert. 'Maschinensprache' hat eine Berliner Soziologengruppe diesen bei der Zivilisation zunehmenden Anteil unserer Sprache genannt.[17] Die wohlformulierten, aber unpersönlichen, hochstandardisierten Textbausteine der elektronischen Textverarbeitung, aus denen Systeme der automatischen

Korrespondenz heute weitgehend Geschäftsbriefe zusammensetzen, sind also nichts anderes als das, was wir ohnehin betreiben, wenn wir unsere Sprache benützen.

Was leitet sich aus solchen Überlegungen für die Konzeption der informationstechnischen Bildung ab? Zunächst einmal (und das gilt reziprok auch für die naturwissenschaftlichen Fächer): Der Deutschlehrer muß den Dialog suchen, aufhören mit dem Unterscheiden einer diskutierenden und einer kalkulierenden Kultur, mit der Ablehnung von allem, was nicht Wort, sondern Zahl ist, aufhören mit der Verunglimpfung all dessen, was nicht individueller Ausdruck, sondern Formel ist, schließlich aufzuhören mit der Mär, Techonologie sei unmenschlich und Humanismus sei ein Gegensatz zu Technizismus. Homo sapiens, daran ist zu erinnern, ist zugleich der, der Tätigkeiten plant und sich zur Erleichterung Werkzeuge schafft, und der, der seine Routine durch Sprache weitergeben und daher vervielfältigen kann. Das neue Medium Computer, oder zu deutsch 'Rechner', ist Produkt und Werkzeug des ganzen menschlichen Geistes. Nicht zufällig haben die Mathematiker viele Fachbegriffe der Computertechnologie dem Bereich der Philologie, der Lehre von sprachlicher Kultur, entnommen: Kommunikation, Information, Sprache, Syntax, Lexikon, Dialog, um nur einige zu nennen. Aber das wäre ein weiteres Thema!

1 Neue Technologien und Schule - Deutsch - Materialien und Handreichungen für allgemeinbildende Schulen, Hrsg. Der Niedersächsische Kultusminister, Hannover 1987, S.14

2 Dieter Sinhart und Jürgen Lehmann: Computernutzung und Lesen, Kiel 1988, S.78f

3 ebd. S.82

4 Motto zu Walter Benjamin: Das Kunstwerk im Zeitalter seiner technischen Reproduzierbarkeit, Frankfurt/M. 1963 (edition suhrkamp 28); vgl. dazu Helmut Schanze, Von Riesen, Geistern und Zwergen. Überlegungen zum Einfluß der Elektronischen Datenverarbeitung auf Lesen und Schreiben. In: Deutschunterricht 35/1983, H.4, S.5-14.

5 vgl. Anm.4

6 Seymour Papert: Kinder, Computer und neues Lernen, Basel, 2.Aufl. 1985, S.26

7 Gesamtkonzept für die informationstechnische Bildung in der Schule, Schriften des Bayerischen Staatsministeriums für Unterricht und Kultus, Reihe B Datenverarbeitung im Bildungswesen, Heft 6, München 1987 S.14

8 vgl. dazu: Informationstechnische Grunbildung. Grundlagen für alle Schularten, Hrsg. Akademie für Lehrerfortbildung in Dillingen, Staatsinstitut für Schulpädagogik und Bildungsforschung in München, Zentralstelle für Computer im Unterricht in Augsburg, Dillingen 1988, S.82

9 Neil Postman: Wir amüsieren uns zu Tode. Urteilsbildung im Zeitalter der Unterhaltungsindustrie, 1985, dt. Frankfurt/M. 1988, S.68

10 ebd. S.82

11 Gottfried Wilhelm Leibniz, Die philosophischen Schriften, zit. nach: Geschichte der Philosophie in Text und Darstellung, Bd.5 Rationalismus, Hrsg. Rainer Specht, Stuttgart 1979, S.233f

12 Noam Chomsky, Syntactic Structures, The Hague 1957

13 Max Bense, Einführung in die informationstheoretische Ästhetik. Grundlegung und Anwendung in der Texttheorie. Reinbek bei Hamburg 1969

14 Papert, ebd., zit. nach Hubert L.Dreyfus, Stuart E.Dreyfus, Künstliche Intelligenz, Von den Grenzen der Denkmaschine und dem Wert der Intuition, Reinbek 1987, S.201

15 Kilian Keidel, Hans Joachim Müller, Informatik. Einführung. Ein Lehr- und Arbeitsbuch, München 1984, S.9

16 Florian Coulmas, Diskursive Routine im Fremdsprachenerwerb, in: Sprache und Literatur in Wissenschaft und Unterricht, Bd.16/17 (1985/86), S.47-66

17 Arno Bammé, Günter Feuerstein, Renate Genth, Eggert Holling, Renate Kahle, Peter Kempin: Maschinen-Menschen, Mensch-Maschinen. Grundrisse einer sozialen Beziehung, Reinbek 1983, S.255

HWindow

Eine objektorientierte Benutzeroberfläche
für didaktische Software

Hans Rauch

Hessisches Institut für Bildungsplanung und Schulentwicklung
Bodenstedtstraße 7
6200 Wiesbaden

In einem knappen Überblick werden verschiedene Arten einer interaktiven Benutzerführung beschrieben. Anschließend werden Forderungen erhoben, die an Benutzeroberflächen zu stellen sind, die im Bildungsbereich eingesetzt werden. Die an unserem Institut entwickelte grafische Benutzeroberfläche *HWindow* wird vorgestellt.

Unterschiedliche Arten einer Benutzerführung

Programme können auf unterschiedliche Weise gesteuert werden. Dabei haben sich Tastatur, Maus und Monitor als universelle Ein/Ausgabegeräte durchgesetzt.

Befehlsgesteuerte Benutzeroberflächen

Mit Hilfe eines begrenzten Vokubulars und einer zumeist sehr rigiden Syntax können in befehlsgesteuerten Benutzeroberflächen Text-, Zahl- oder Grafikobjekte manipuliert und bestimmte Abläufe automatisiert werden. Ein typisches Beispiel für diese Kategorie ist das Anwendersysteme dBASE II[1].

Da befehlsgesteuerte Systeme in der Regel relativ wenig Speicherplatz benötigen, wurden sie in der Anfangszeit der Personal Computer fast ausschließlich verwendet, zumal die Terminals, ähnlich wie ein Fernschreiber, lediglich Textzeilen untereinander anzeigen müssen.

Die Grenzen befehlsgesteuerter Systeme werden jedoch deutlich, wenn Laien mit diesen Programmen arbeiten sollen. Produktiv können diese Systeme ohne eine umfassende Schulung nicht genutzt werden.

---

[1] ©Ashton-Tate

Menügesteuerte Benutzeroberflächen

Mit einer menügesteuerten Benutzerführung können die genannten Nachteile befehlsgesteuerter Programme weitgehend vermieden werden. Dazu werden den AnwenderInnen die aktuell möglichen Optionen in Form einer Übersicht angeboten. Durch die "elektronische Berührung" eines Feldes und die Betätigung einer Auswahltaste kann die betreffende Operation ausgelöst werden.

Die Effektivität im Umgang mit menügesteuerten Systemen kann durch verschiedene Maßnahmen gesteigert werden:

- Mit Hilfe einer Maus kann ein bestimmtes Objekt rascher und "natürlicher" ausgewählt werden.

- Besonders wichtige Operationen sind nicht nur über das Menü zu erreichen, sondern können auch über Kurzkommandos direkt mit der Tastatur aufgerufen werden.

- Häufig benötigte Operationen werden an den Anfang eines Menüs gesetzt.

Eine Automatisierung von Abläufen ist bei menügesteuerten Systemen nur im begrenzten Maße möglich.

Objektorientierte Benutzeroberflächen

Die Benutzeroberflächen werden universeller, wenn auf einem Bildschirm mehrere Arbeitsobjekte dargestellt werden, indem der Bildschirm in mehrere, voneinander unabhängige Bereiche aufgeteilt wird. Diese "Fenster" erlauben eine Teilansicht der Arbeitsbereiche, wobei die Lage und die Ausmaße der Fenster den jeweiligen Gegebenheiten angepaßt werden können. Die Fenster können sich dabei teilweise oder vollständig überlappen.

Bestimmte, häufig benötigte Operationen können aus einer "Toolbox" zur Auswahl gestellt werden. In dem Zusammenspiel aus Fenstertechnik, Menüstrukturen, Dialogboxen, Toolbox-Konzept und Maus wird von einer objektorientierten Benutzeroberfläche [1] gesprochen werden, wobei ein Teil der Objekte häufig grafisch codiert wird.

Für die Zukunft können insbesondere im Bereich der Spracheingabe und Sprachausgabe wesentliche Impulse erwartet werden. [2]

Forderungen an Benutzeroberflächen für den Bildungsbereich

Die folgenden Forderungen basieren auf Überlegungen, wie sie in [3] und [4] skizziert wurden.

- Bei der Entwicklung einer schülergerechten Benutzeroberfläche sind die Erfahrungen der SchülerInnen in den Entwicklungsprozeß einzubeziehen und kritisch auszuwerten.

- Eine der wichtigsten Eigenschaften einer guten Benutzeroberfläche besteht in einer klaren Strukturierung, die sich insbesondere in folgenden Teilbereichen zeigt:

o Der Bildschirmaufbau, die Menüs und die Dialogboxen müssen grafisch übersichtlich und ästhetisch ansprechend gestaltet werden. Der Grundsatz, daß "weniger oft mehr" ist, sollte bei der Gestaltung der Dialogboxen und Menüs beachtet werden.

o Die mit dem betreffenden Programm ausführbaren Operationen müssen verständlich und für die jeweilige Anwendergruppe nachvollziehbar beschrieben werden. Dies kann u.U. eine Abkehr von der üblichen, technisch orientierten Fachterminologie bedeuten.

o Die AnwenderInnen müssen über Informationen des aktuellen Systemzustandes mit der Anzeige der momentan möglichen Alternativen verfügen bzw. solche Informationen jederzeit erhalten können.

o Das Programm muß sich (weitgehend) kontextunabhängig verhalten. Die Einschränkung "weitgehend" ergibt sich, da z.B. die meist erwünschte Wiederholungsfunktion der Tastatur beim Löschen einer Zeile u.U. negative Folgen haben könnte.

o Die Benutzeroberfläche muß in sich konsistent aufgebaut sein. So kann z.B. eine Verstärkung einer Operation, wie das Löschen eines Buchstabens, eines Wortes oder einer Zeile, durchgängig mit der Shift- bzw. der Control-Taste erzielt werden.

● Die Prägnanz und Effektivität im Umgang mit Benutzeroberflächen kann durch den überlegten Einsatz grafischer Symbole verbessert werden. Es muß jedoch vermieden werden, daß Attribute und Operationen auch dann "verbildlicht" werden, wenn sie verbal präziser beschrieben werden könnten.

● Durch die Objektorientierung können SchülerInnen auch in der informations- und kommunikationstechnischen Grundbildung relativ schnell unterschiedliche Programme bedienen. Der Anteil des im Unterricht zu vermittelnden Bedienungswissens kann somit minimiert werden. Fortgeschrittene AnwenderInnen sollten jedoch wichtige und häufig benötigte Operationen direkt über die Tastatur ansprechen können. Um unsinnige Tastenkombinationen zu vermeiden, müssen jedoch keineswegs alle Operationen per Tastatur erreichbar sein.

● Die Benutzeroberfläche sollte so flexibel angelegt sein, daß Erweiterungen eines Programms, wie sie z.B. im Rahmen des vertiefenden informationstechnischen Unterrichts notwendig sind, problemlos mit der gleichen Struktur dargestellt werden können. Mit dem Konzept der *Softwareschalter*[2] kann diese Forderung umgesetzt werden, indem einzelne Einträge lehrergesteuert gesperrt werden können. Diese Sperrung von Operationen muß für die AnwenderInnen optisch erkennbar sein.

● Durch die Namensgebung sollten immanent adäquate Vorstellungsmodelle vermittelt werden. In dieser Hinsicht ist die in den Entwicklungslabors der Firma Rank Xerox formulierte Schreibtisch-Metapher immer noch vorbildhaft.

● Die Programme sollten über zwei Arbeitsflächen verfügen. Über ein *Klemmbrett* können Informationen von der ersten zur zweiten Arbeitsfläche und umgekehrt transportiert werden. Mehr als zwei Arbeitsflächen erscheinen für den Bildungsbereich weder notwendig noch sinnvoll.

● Die Lage und Größe der Fenster muß verändert werden können.

● Während anfangs eine monofunktionale Nutzung der Arbeitsflächen sinnvoll erscheint, sollte für den vertiefenden informationstechnischen Unterricht eine multifunktionale Arbeitsfläche erwägt werden, wie dies beispielsweise bei dem Programm HyperCard[3] der Fall ist.

---

[2] [3, S. 13]
[3] ©Apple

- Die Benutzeroberfläche sollte sich "flüssig" aufbauen und verändern. So darf beispielsweise der "Abbau" einer Dialogbox nicht dazu führen, daß der darunterliegende Bildschirminhalt sequentiell wieder restauriert wird. Durch die Bereitstellung eines hinreichend großen Speicherbereichs kann dieses Problem gelöst werden.

  Abrupte Veränderungen des Bildschirmlayouts sollten möglichst vermieden werden.

- Unmittelbar nach einer Löschoperation muß diese wieder rückgängig gemacht werden können. Diese *Undo*-Funktion ist für die Arbeitszufriedenheit im Umgang mit Programmen wichtig.

- Für wichtige Operationen sollte eine kontextabhängige Hilfestellung aufgerufen werden können. Dies entbindet die ProgrammautorInnen jedoch nicht davon, schülergerechte Handbücher zu schreiben.

- Über eine *Recorder*-Funktion können sowohl Demonstrationsläufe als auch Makros abgespeichert und wieder eingespielt werden.

- Es sollte möglich sein, "fast gleichzeitig" mit mehreren Programmen zu arbeiten. Ein Teil der Ein- und Ausgabe kann im "Hintergrund" erfolgen.

Die Benutzeroberfläche HWindow

Die *HIT*[4]-Softwaregruppe, die mit Beginn des Schuljahres 1988/89 am Hessischen Institut für Bildungsplanung und Schulentwicklung eingerichtet wurde, soll didaktische Softwaretools für den Bildungsbereich mit Schwerpunkt auf der informations- und kommunikationstechnischen Grundbildung entwickeln. Einer der zentralen Grundsätze des *HIT*-Projektes ist die Hardwareunabhängigkeit der zu entwickelnden Programme. Zum gegenwärtigen Zeitpunkt stehen drei Rechnerfamilien im Vordergrund: MS-DOS-, Atari ST- undMacintosh-Rechner. Auf absehbare Zeit mögen Rechner auf der Basis der Betriebssysteme OS/2[5] oder UNIX[6] hinzukommen.

Für die oben aufgeführten Rechner sind insbesondere die folgenden grafischen Benutzeroberflächen kommerziell erhältlich: GEM[7], Windows, Open Look[8] und das Betriebssystem für den Macintosh. Da jedoch keines dieser Systeme auf allen Rechnern verfügbar ist, mußte für das *HIT*-Projekt die eigene Benutzeroberfläche *HWindow* entwickelt werden. Diese Entwicklung ist noch nicht vollständig abgeschlossen, so daß die endgültige Version von der hier erläuterten Fassung abweichen kann.

Bildschirmlayout

Auf der *Schreibtischfläche*[9] liegen verschiedene Bereiche, die sich gegenseitig nicht überschneiden:

- Maximal können zwei *Arbeitsflächen* bzw. *Fenster* gleichzeitig dargestellt werden, wobei die Fenster auf drei Arten räumlich angeordnet werden können:

---

[4] Hessische Integrierte Softwaretools – Das HIT-Projekt wird ausführlich in [3] beschrieben.
[5] ©Microsoft
[6] ©AT&T
[7] Graphic Environment Manager
[8] ©Digital Research, Microsoft, AT&T und Sun Microsystems
[9] Die Begriffe, mit denen SchülerInnen die Benutzeroberfläche erklärt werden soll, werden hervorgehen.

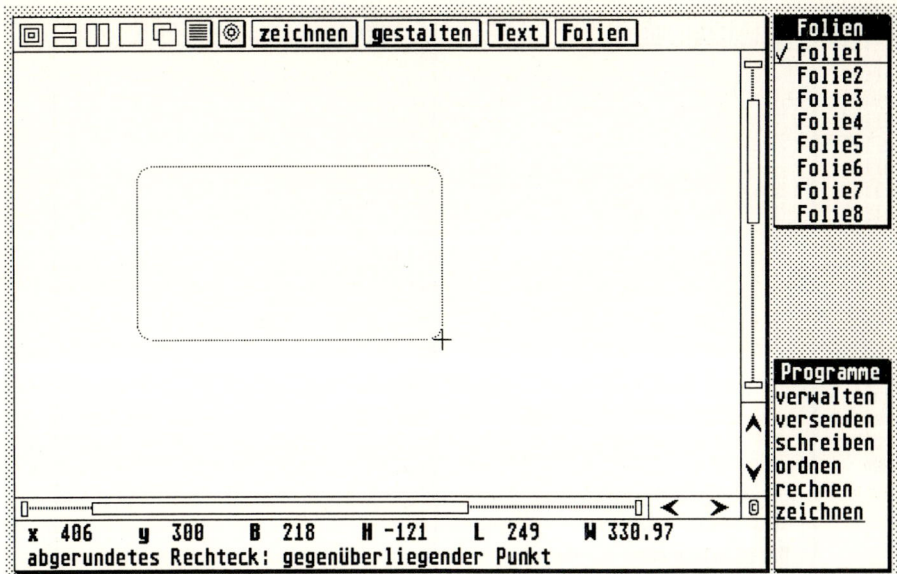

Abbildung 1: Volle Fenstergröße

- ○ Die Fenster können nebeneinander liegen.
- ○ Sie können untereinander liegen.
- ○ Sie können sich komplett überdecken, wodurch jedes Fenster die maximal mögliche Ausdehnung annimmt.

Sollte die hierdurch verfügbare Arbeitsfläche nicht ausreichen, so kann der weiter unten beschriebene rechte Bereich der Schreibtischfläche ebenfalls genutzt werden.

- ● Im rechten oberen Bereich des Bildschirms liegt die *Werkzeugbox*, die für jedes Programm unterschiedlich ist. Mit diesen Werkzeugen können häufig benötigte Aktionen rasch aktiviert werden. In anderen Zusammenhängen mag dieser Bereich besser *Schalterbox* heißen, um grundlegende Einstellungen vornehmen zu können.

- ● Aus der *Programmbox* am rechten unteren Bereich des Bildschirms können verschiedene Programme ausgewählt werden. Die oberen sechs Einträge können, sofern sie extern nicht gesperrt wurden, jederzeit aktiviert werden:

  - ○ Mit *verwalten* können Betriebssystemfunktionen durch das Programm *HManager* ausgeführt werden.
  - ○ Der Eintrag *versenden* stellt die Kommunikationsdienstleistungen des Programms *HMail* bereit.
  - ○ Das Textverarbeitsprogramm *HText* kann unter *schreiben* aufgerufen werden.
  - ○ Mit *ordnen* wird das Datenbankprogramm *HBase* aufgerufen.
  - ○ Der Menüpunkt *rechnen* startet das Tabellenkalkulationsprogramms sl HCalc und das zugehörige Auswertungsprogramm *HChart*.

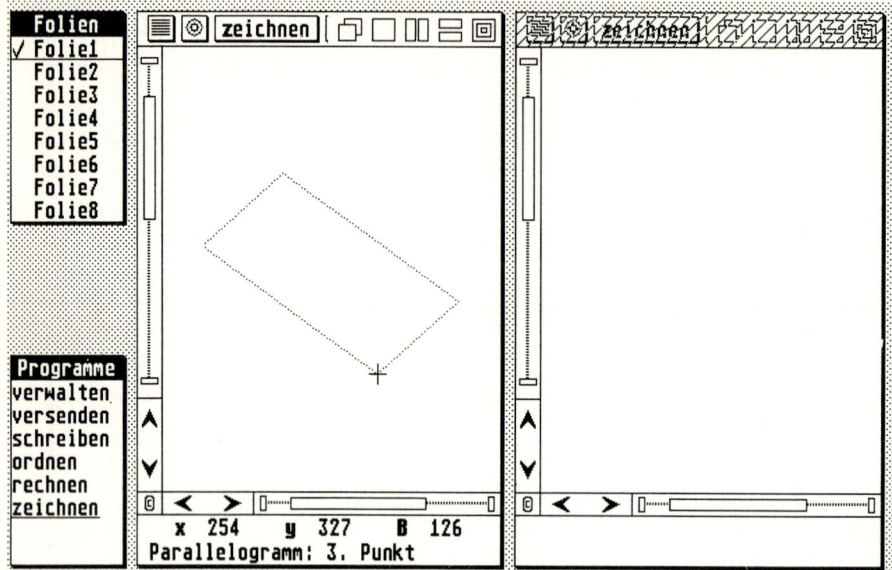

Abbildung 2: Nebeneinanderliegende Fenster

   o Das objekt-orientiertes Zeichenprogramm *HDraw* wird über den Eintrag *zeichnen* aufgerufen.

   o Darüberhinaus können noch zwei weitere Programme eingefügt werden.

• Die Schalter- und Programmbox können auch auf der linken Seite des Bildschirms plaziert werden. Diese Anordnung kommt LinkshänderInnen entgegen.[10]

Fenster

HWindow-Fenster gliedern sich in die eigentliche *Arbeitsfläche* und den *Kontrollbereich*, der wiederum eine innere Struktur aufweist.

• Mit den *Fenstertasten* können die folgenden Operationen ausgeführt werden:

   o Die Fenster können *geschlossen* werden. Der aktuelle Systemzustand wird intern gespeichert, so daß bei einem erneuten Aufruf des Programms die gleiche Situation wie vor dem Verlassen des Programms wiederhergestellt wird.

   o Die Fenster können untereinander angeordnet werden, nebeneinander liegen oder den kompletten Raum einnehmen.

   o Mit Hilfe der fünften Fensterttaste wird das momentan aktive Fenster "nach hinten" geschoben bzw. das andere Fenster "nach vorne" geholt.

---

[10] Vgl. hierzu Abbildung 2

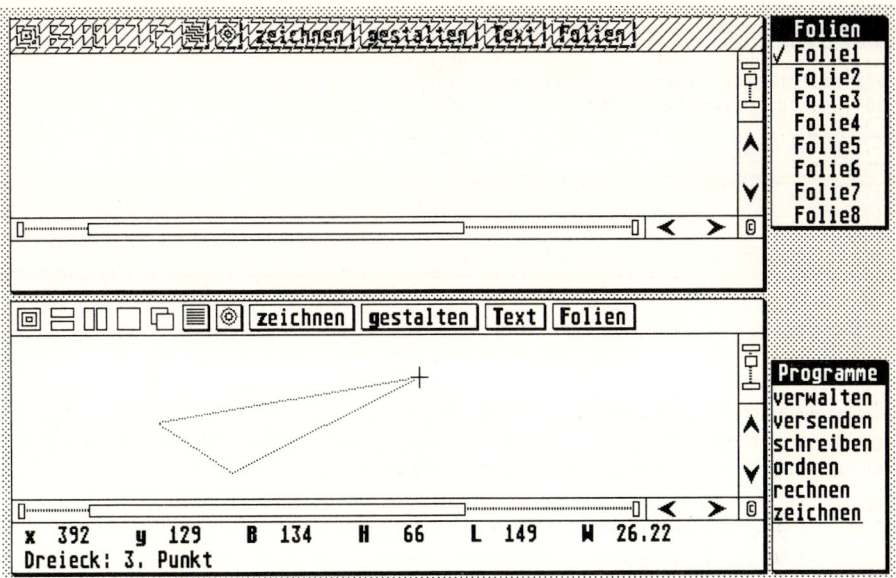

Abbildung 3: Untereinanderliegende Fenster

- Neben den Fenstertasten liegen die *Menütasten*, auf die nachfolgend genauer eingegangen wird.

- Mit den *Pfeiltasten* kann die waagerechte und senkrechte Position festgelegt werden. Mit diesen Tasten kann das Fenster in feineren oder größeren Sprüngen verschoben werden. Eine Verstärkung erfolgt auch hier, wie bereits ausgeführt wurde, mit der Shift- bzw. Control-Taste.

  Zusätzlich kann mit *Schiebefeldern* eine neue Position der Arbeitsfläche sowohl in horizontaler als auch vertikaler Richtung direkt eingestellt werden, wodurch u.a. auch direkt an den Anfang bzw. das Ende des Dokuments gesprungen werden kann.

- Der untere Teil des Fensters ist für den *Infobereich* reserviert, in dem der aktuelle Systemzustand protokolliert wird.

- Bei Bedarf kann ein Teil der eigentlichen Arbeitsfläche zur Anzeige räumlicher Koordinaten verwendet werden. Dies könnten z.B. eine cm-Skala für ein Layout-Programm oder die Anzeige der Spalten und Zeilen für ein Tabellenkalkulationsprogramm sein.

Menü

Die *Menütasten* sind optisch deutlich voneinander getrennt. In dieser Hinsicht orientiert sich das *HWindow*-Menüsystem an Open Look. [5]

Die *Menüfahne* wird erst dann angezeigt, wenn die betreffende Menütaste betätigt wurde. Hierdurch können unbeabsichtigte Aufrufe vermieden werden, wie dies unter GEM relativ häufig der Fall ist. Jede Menüfahne enthält in der obersten Zeile noch einmal den *Menütitel*, so daß die Menüfahne nicht immer unterhalb des Menübereichs erscheinen muß.

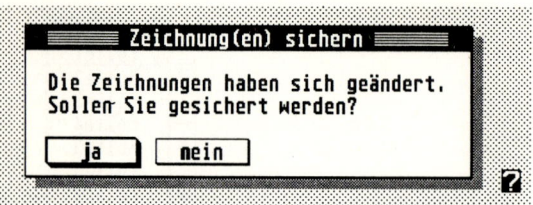

Abbildung 5: Dialogbox für Ja-Nein-Entscheidungen

Eventsystem

Bei objektorientierten Benutzeroberflächen können zu einem beliebigen Zeitpunkt unterschiedliche *Ereignisse* auftreten, auf die unterschiedlich reagiert werden muß. Innerhalb des *HWindow*-Systems können die folgenden Ereignisse abgefragt werden:

- Bei der Betätigung einer Taste wird ein *Tastatur-Ereignis* ausgelöst, wobei die Sondertasten in allen Programmen einheitlich ausgewertet werden.

- Bei *Maus-Ereignissen* wird zwischen der *Auswahltaste* und der *Abbruchtaste* unterschieden. Steht nur eine Maustaste zur Verfügung, so wird Abbruchtaste mit der Alternate-Taste simuliert. Auch diese Eigenschaft orientiert sich an Open Look. [5, S. 290]

- Mit den oben dargelegten Fenster-Kontrolltasten wird die räumliche Orientierung der Arbeitsbereiche gesteuert.

- Bei der Auswahl eines Menüeintrages werden die Kennung der Menütaste und des zugehörigen Eintrages in der Menüfahne an die aufrufende Prozedur übergeben.

- Für *Zeit-Ereignisse* steht als kleinste zeitliche Auflösung der jeweilige Systemtakt zur Verfügung. Bei MS-DOS-Rechnern wird dieser 18 mal in der Sekunde erneuert.

- Mit einem *Flächen-Ereignis* wird signalisiert, ob sich der Mauszeiger innerhalb oder außerhalb eines frei wählbaren Rechtecks befindet.

- Relativ häufig werden Einträge aus dem Werkzeug- bzw. Schalterbereich ausgewählt, die zu einer entsprechenden Ereignismeldung führen.

- Der Aufruf eines Eintrags aus dem Programmbereich schließt die aktuellen Fenster und öffnet sie wieder für das ausgewählte Programm.

- Die Programme können über *Briefkästen* untereinander Informationen austauschen. Dort hinterlegte Mitteilungen gehen beim Abschalten des Systems nicht verloren.

Der Systemzustand kann durch zusätzlich zu dem bereits erwähnten Infobereich durch verschiedene Mausformen zurückgemeldet werden.

Nutzungsrechte

Die Benutzeroberfläche *HWindow* wurde in Modula-2 entwickelt und basiert für MS-DOS- und Atari-ST-Rechner auf den GEM-VDI-Routinen[11]; die Macintosh-Module werden auf den *Quick-Draw*-Routinen aufbauen. Auf Anfrage kann *HWindow* allen nicht-kommerziellen ProgrammentwicklerInnen zur Verfügung gestellt werden. Davon unbenommen bleiben lizenzrechtliche Vereinbarungen.

HWindow wird ausführlich dokumentiert werden. Eine Übertragung auf andere Entwicklungssprachen erscheint denkbar, wird jedoch momentan nicht angestrebt.

Literatur

[1] **Metzinger, B.**, Grundlinien der Gestaltung benutzerfreundlicher Computer-Oberflächen, in Informatik Fachberichte 129, Berlin, Springer, 1987

[2] **Balzert, H.**, Benutzeroberflächen, in LogIn 5/6 86, S. 79 ff

[3] **Rauch, H.**, Konzept zur Entwicklung von Software für die informations- und kommunikationstechnische Bildung, Wiesbaden, HIBS, 1988

[4] **Rauch, H.**, Hard- und Software '89 - Überlegungen für eine grundbildungsgeeignete Ausstattung, in HEKTOR Info 3, Wiesbaden, HIBS, 1989

[5] **Hoeber, T.**, Face to face with Open Look, in Byte 12/88, S. 286 ff

[6] **Lauter, B.**, Software-Ergonomie in der Praxis - Software anwenderfreundlich schreiben, München, Oldenbourgh, 1987

---

[11] Virtual Device Interface

DER COMPUTER IM UNTERRICHTSEXPERIMENT

D.REUSSE

CUM , Pädagogisches Zentrum des Landes Rheinland-Pfalz
Europaplatz 7-9, D-6550 Bad Kreuznach, Tel.(0671)25404

In dem Projekt "Computer als Unterrichtsmedium" (CUM), einem Schulversuch des Landes Rheinland-Pfalz, werden Einsatzmöglichkeiten von
Mikrocomputern als Medium in verschiedenen Fächern im Gymnasium geprüft
und gefördert. Hier soll speziell der Einsatz im Experiment im naturwissenschaftlichen Unterricht betrachtet werden.

Bei dieser Art des Computereinsatzes sollten zunächst die verschiedenen
Möglichkeiten daraufhin geprüft werden, ob und wie der Computer wirklich
eine wesentliche Hilfe im Unterricht sein kann. Folgende Einsatzmöglichkeiten werden hier vorgestellt und diskutiert :

* Darstellung und Verarbeitung von experimentell und theoretisch
  ermittelten Daten
* Registrierung von Meßergebnissen durch den Computer
* Steuerung von Unterrichtsexperimenten mit einem Computer

Wenn eine sinnvolle Einsatzmöglichkeit gefunden wird, ist in jedem Falle
zu klären, welche Ansprüche an die Hardware und an die Software zu
stellen sind. Als Hardware ist hier neben dem üblichen Experimentier-
material der Computer mit Eingabe- und Ausgabeeinheiten und Speicher-
möglichkeiten und zusätzlich ein Gerät zum Messen und Steuern in
Experimenten erforderlich. Die Anforderungen, die an die Hardware zu
stellen sind, sind sehr stark von der Leistungsfähigkeit der Software
abhängig und umgekehrt.

Bei der Entwicklung der Software sollte man die Wünsche der Anwender
kennen. So ist zum Beispiel zu unterscheiden zwischen solchen, die im
Unterricht oder bei der Vorbereitung von Unterricht oder Facharbeiten
selbst programmieren wollen, und denen, die den Computer mit Programm
als abgeschlossenes Medium einsetzen möchten.

Für beide gibt es auch gemeinsame Kriterien; so sollte das Programm
eine Darstellung der Daten unterstützen, die im Unterricht von jedem
Schüler gesehen werden kann. Dazu ist nicht unbedingt ein Projektions-
bildschirm erforderlich, mit dem man viele Informationen auf einem
Bildschirm sichtbar machen kann. In dem Programm sollte man sich statt
dessen auf wenige wichtige Informationen auf einer Bildschirmseite
beschränken und sie so anordnen und in einer Größe darstellen, daß sie
auch auf einem normalen Bildschirm im ganzen Unterrichtsraum zu erkennen
sind. Sollen viele Daten gleichzeitig dargestellt werden, dann muß das
in einer passenden Graphik geschehen. Farbige Darstellungen sind sehr

günstig für die übersichtlichkeit und für eine einfache Führung des
Benutzers, es geht aber auch einfarbig.

In jedem Fall wird ein Satz von Unterprogrammen benötigt, mit denen die
übersichtlichen Bildschirmseiten aufgebaut werden können. Für diese
Unterprogramme, die auch von Programmierern eingesetzt werden, sollte
eine weit verbreitete Programmiersprache benutzt werden. Die Unterprogramme und die Hilfen sind besonders wichtig in den Bereichen des
Messens und Steuerns durch den Computer. Immer, wenn umfangreiche
Datenmengen erfaßt werden, sollte eine Speicherung angeboten und vor
allem auf Absturzsicherheit geachtet werden, damit nicht Experimente
oder Dateneingaben wiederholt werden müssen. Günstig sind in jedem Fall
auch Verfahren, mit denen Parametersätze für die in der Vorbereitung
erfolgreichen Anwendungen gespeichert werden können.

In den fertigen Programmen sollte außerdem eine geeignete Benutzeroberfläche geschaffen werden, mit der auch ein Naturwissenschaftler ohne
Erfahrungen im Computereinsatz zurecht kommen kann. Eine wesentliche
Forderung ist hier die Absturzsicherheit. Die Programmiersprache spielt
nur dann eine Rolle, wenn die Programme später gewartet werden sollen.
Damit aber die Unterprogramme nicht mehrfach entwickelt werden müssen,
sollte in der zur Zeit im Gymnasium weit verbreiteten Sprachen PASCAL
und in einem BASIC mit echter Unterprogrammtechnik gearbeitet werden.

Damit ergeben sich folgende Forderungen an die Hardware:

 * Es muß ein ausreichend großer graphikfähiger Bildschirm
   vorhanden sein.
 * Der Computer sollte schnelle Massenspeicher für Programm
   und Daten haben.
 * Für den Aufbau der Graphik ist hohe Arbeitsgeschwindigkeit
   erforderlich.

Weitere Forderungen ergeben sich insbesondere beim Einsatz des Computers
beim Messen und Steuern:

 * Alle zusätzlichen Anschlüsse sollten übersichtlich angeordnet
   in einem Gehäuse zusammengefaßt sein.
 * Alle Einstellungen müssen vom Computer her vorgenommen werden.
 * Zusätzliche Geräte wie steuerbare Spannungsquellen, Generatoren,
   schaltbare Netzleitungen, Meßverstärker, Versorgungen für Zählrohre
   oder verschiedene Sonden sollten integriert sein.
 * Das Gerät sollte für zukünftige Entwicklungen von Sonden
   vorbereitet sein.
 * Alle Ein- und Ausgänge sollten gegen falsche Beschaltungen
   abgesichert sein.
 * Die Meßfähigkeit sollte nicht schlechter sein als bei normalen
   Vielfachmeßgeräten, wie sie sonst im Unterricht benutzt werden.

Die speziellen Anforderungen an ein Interface zum Messen und Steuern
wurden im CUM-Projekt definiert und dann in Zusammenarbeit mit einer

Firma in mehrstufigen Tests weiterentwickelt. Jetzt kann ein Interface angeboten werden, das alle Forderungen erfüllt, die man an ein Gerät stellen muß, mit dem es möglich ist, in beliebigen Experimenten zu messen und zu steuern, ohne daß der Versuch erst an die speziellen Eigenschaften der Meßanlage angepaßt werden muß. Das Gerät hat den Namen "CUM-BOX" und wird von der Firma BITEX in Mainz gebaut. Es hat folgende Eigenschaften:

* Anschluß über eine serielle Schnittstelle und damit praktisch an jeden modernen Computer über eine einfache abgeschirmte Doppelleitung
* selbständiges vom Computer unabhängiges Arbeiten durch eigenen Mikroprozessor und Programm- und Datenspeicher
* Taster für Handsteuerungen
* 4 Schalteingänge, z.B. für Lichtschranken
* 4 Schaltausgänge für Steuerungen
* Relais als zweipoliger Umschalter
* schaltbare Netzsteckdose, z.B. für Motoren oder Heizung
* Eingang für Frequenzmessung
* Zählrohranschluß mit 500V Versorgungsspannung
* 3 Spannungseingänge für die Messung von Spannungen in 10 Meßbereichen von 1000 Volt bis 0,05 Volt bei einer Auflösung von 12 Bit, d.h. Anzeige des Vorzeichens und Auflösung von 0,05% und damit 0,025mV
* begrenzt potentialfreier Eingang zur Strommessung mit 8 Meßbereichen
* programmierbarer Frequenzausgang (TTL)
* wahlweise ein oder zwei steuerbare stabilisierte Netgeräte mit symmetrischen Ausgängen +/-15V oder 30V, umpolbar, stabil bis mindestens 0,5A , Auflösung 0,01V , absolut potentialfrei.
* 4 Normsteckdosen für den Anschluß von beliebigen intelligenten Sonden, jede mit einem begrenzt potentialfreien Eingang zur Spannungsmessung in 6 Meßbereichen von 10V bis 0,05V mit einer Auflösung von 12 Bit, mit je einem Biteingang und einem Bitausgang und mit einer symmetrischen Versorgungsspannung.
* Sonden für Temperatur und magnetische Feldstärke (weitere werden zur Zeit entwickelt)

Nun zu den Beispielen der Anwendung im Unterricht, die in einem zeitlich und von den Mitteln und Personen her begrenzten Schulversuch natürlich nur exemplarisch sein können, und zwar zunächst einmal die reine Daten- verarbeitung ohne CUM-BOX. Für die Verarbeitung in Tabellen und Graphen wurden zwei sehr verschiedene Programme entworfen, ein allgemeines und damit für viele verschiedene Unterrichtssituationen nutzbares (TABGRAPH) und ein nur für eine bestimmte Unterrichtseinheit anwendbares (OHMWIG) , beide für MS-DOS.

Das Programm TABGRAPH wird nicht weiter verteilt, da die Tests in den Versuchsschulen gezeigt haben, daß es so nicht von den Physiklehrern angenommen wird. Es sind noch Änderungen in der Benutzeroberfläche und bezüglich der Absturzsicherheit erforderlich, insbesondere ist eine einfache Programmierbarkeit für die Vorbereitung von Unterrichts- einheiten erforderlich, eine anspruchsvolle Aufgabe, die bisher noch nicht gelöst wurde. Wer eine entsprechend längere Vorbereitungszeit nicht scheut und auch etwas Erfahrung in der Handhabung eines Computers hat, findet in dem Programm viele Möglichkeiten, Versuchsdaten darzustellen und durch Vergleich mit theoretischen Daten zu interpretieren.

Das Programm OHMWIG entstand als Reaktion auf die Probleme mit TABGRAPH und ist mit einer einfachen Benutzeroberfläche ausgestattet. Damit ist es möglich, die Schüler der Mittelstufe ohne Anleitung an den Rechner zu setzen. Andererseits ist das Programm auch nur für eine Unterrichtseinheit über das Ohmsche Gesetz und den spezifischen Widerstand geeignet und soll hier vor allem die Zusammenfassung der vielen Ergebnisse von Schülerexperimenten erleichtern und eine vollständige Diskussion ermöglichen. Das Programm wurde inzwischen in vielen Klassen erfolgreich eingesetzt.

Für die Verbindung des Computers mit dem Experiment lief die Entwicklung der Software schon teilweise parallel zur Hardwareentwicklung. Sie wurde zunächst an einem Vorgänger des Interfaces und an verschiedenen Prototypen der CUM-BOX getestet. Ursprünglich wurde sie in dem erweiterten Basic "BAPS" für Apple geschrieben; in der endgültigen Form wird sie in Turbo-Pascal erzeugt, damit sie leicht auf andere Rechner übertragen werden kann. Die Programme werden den Besitzern einer CUM-BOX zum Test kostenlos zu Verfügung gestellt, teilweise auch die Programmtexte, so daß auch andere Programmierer bei der Entwicklung mitwirken können. Dabei ist auch von Schülern im Rahmen von Facharbeiten oder Arbeiten bei "Jugend forscht" viel zu erwarten, auch Referendare haben inzwischen die CUM-BOX für ihre Arbeit eingesetzt.
Die Programme sollen so benutzerfreundlich und absturzsicher sein, daß sie von jedem Physiklehrer ohne Computerkenntnisse eingesetzt werden können. Es muß nur die entsprechende Diskette eingelegt und der Rechner gestartet werden. Für Aufbau, Schaltung und Durchführung des Experimentes kann das Programm Hilfe und einfache Führung anbieten. Die Hilfen sollten bei der ersten Benutzung des Programms bei der Vorbereitung aufgerufen oder im Begleitmaterial nachgelesen werden. Im Unterricht wird man sie gewöhnlich nicht mehr aufrufen, sondern ohne langes Lesen von Menüs, Hilfen und Anweisungen das Experiment durchführen wollen. Dazu werden einfache Steuerfunktionen angeboten.

Bei der Planung von Experimenten mit Einbeziehung des Computers und der CUM-BOX sollte man aber nicht vergessen, daß das Hauptinteresse auf den Versuch gelenkt werden muß. Deshalb sollte für einen entsprechend großen Versuchaufbau mit allen normalerweise benötigten Meßgeräten gesorgt werden, auch wenn die Meßwerte dann nicht von den Geräten genommen werden. Die CUM-BOX steht im Hintergrund, wie man es zum Beispiel von verschiedenen Meßverstärkern her schon kennt.

Wichtig für das Vertrauen in die Meßtechnik ist es, den Schülern die Parallelität zwischen der Anzeige im Experiment und dem vom Computer registrierten Wert zu zeigen. Dazu sollte zum Beispiel auch einmal eine Leitung unterbrochen oder bei der Messung mit einem Zählrohr das Präparat entfernt werden, um die Reaktion verfolgen und zeigen zu

können, daß wirklich nur reale und keine simulierten Werte vom Computer
aufgenommen werden.

Während der Versuchsdurchführung zeigt der Bildschirm ein Protokoll der
Messung, teilweise auch als Graph, dem man jederzeit den Zustand des
Experimentes und die Eingriffsmöglichkeiten entnehmen kann. Dem
jeweiligen Experiment entsprechend werden verschiedene Darstellungen und
Auswertungen der Versuchsergebnisse in Graphen oder Tabellen angeboten.
Die Ergebnisse können gespeichert und für weitere Auswertungen und
Vergleiche in späteren Unterrichtsstunden aufgerufen werden. Der Bild-
schirminhalt kann jederzeit auf den Drucker übertragen werden. Zu den
Programmen werden Benutzeranleitungen und Unterrichtsbeispiele ent-
wickelt, mit denen sich der Lehrer vor und während des Einsatzes des
Programms informieren kann.

Da die Einsatzmöglichkeiten der CUM-BOX sehr umfangreich sind, ist es
nicht möglich, gleich für alle denkbaren Versuche Programme anzubieten.
Es wurden einige Bereiche ausgewählt, die teilweise den universellen
Einsatz für viele Experimente, teilweise aber auch die Durchführung
eines speziellen Versuchs ermöglichen.

Ein Beispiel für den universellen Einsatz ist die Benutzung des
Computers als XY-Schreiber. Dabei hat die Kopplung von Rechner und CUM-
BOX entscheidende Vorteile gegenüber dem normalen Schreiber. Es können
Hilfen vor und während der Versuchsdurchführung und Steuerungen durch
Ausgabe von Schaltimpulsen und zeitabhängigen Versorgungsspannungen
angeboten werden, durch die zum Beispiel einfach Kennlinien oder
Hysteresekurven aufgenommen werden können. Der sich ergebende Graph
wird vor dem Ausdruck geeignet dimensioniert und mit Achsen und Bezeich-
nungen versehen; früher gemessene oder theoretisch ermittelte Kurven
können mit aufgenommen werden. Auch Messungen mit beliebigen Sonden und
Verarbeitung der Daten mit eingebbaren Funktionen sind möglich. In der
Zeitauswahl kommt man vom Bereich des Speicheroszilloskops bis zu
beliebig ausgedehnten Langzeitmessungen. Hier müssen verschiedene
Parameter für das jeweils geplante Experiment eingestellt werden, die
auch gespeichert werden können.

Etwas spezieller auf ein Experiment abgestimmte Programme können
gezielter Hilfen geben und Kontrollen durchführen und sind besonders
leicht zu handhaben. Ein aufwendigeres Experiment ist die
computergesteuerte Durchführung des Franck - Hertz - Versuches, in der
neben der Registrierung der sehr kleinen Ströme auch die Regelung der
Temperatur und der Beschleunigungsspannung von der CUM-BOX übernommen
werden können.

Ein wichtiges Programmpaket ist allein für Messungen mit einem Zählrohr
gedacht. Es ermöglicht die bequeme Registrierung von Zählratenver-
teilungen, die per Hand im Unterricht nicht durchführbar ist, obwohl die
dabei ermittelte statistische Verteilung in jedem Physik-Kurs behandelt
werden soll. In diesem Experiment kann das selbständige Arbeiten der
CUM-BOX ausgenutzt werden, indem der Computer die zeitaufwendigen

graphischen Darstellungen erzeugt, während die Box für eine festgelegte
Zeit die Impulse zählt und sich erst danch wieder meldet.

Bei der Aufnahme von Einzelwerten und Meßreihen sind beliebige Meßzeiten
möglich, die Ergebnisse können in Tabellen registriert und ausgewertet
und geeignete Graphen erzeugt werden, auch mit logarithmischen Achsen-
einteilungen. Die Fehler bei der Zählrohrmessung können berücksichtigt
werden, was sonst bei umfangreicheren Meßreihen wegen des großen
Aufwandes meist unterbleibt und damit häufig zu wesentlichen Fehlern
führt, da zur Erreichung von kurzen Meßzeiten und geringen statistischen
Fehlern mit Intensitäten gearbeitet werden muß, bei denen die Totzeit-
korrektur nicht mehr vernachlässigbar ist. Bei geringen Intensitäten
dagegen ist zum einen eine Langzeitregistrierung und zum anderen eine
Untergrundkorrektur erforderlich.

In der Mechanik kann der Computer gut als Universaluhr eingestzt werden.
Dazu dient ein Programm, das für bis zu vier Lichtschranken in einer
vorgegebenen Zeitspanne alle Wechsel zwischen hell und dunkel
registriert. Anhand des übersichtlichen Graphen kann man zum Beispiel
damit die Bewegungen von Gleitern auf einer Luftkissenfahrbahn
diskutieren. Durch Umschaltung auf die Tabelle erhält man Zeitpunkte
und wahlweise auch Differenzen, deren Verarbeitung nun aber nicht mehr
vom Computer vorgegeben wird, da sie von jedem Schüler selbst erarbeitet
werden muß.

Mit dem Steuerprogramm kann man die CUMBOX direkt anspechen. Man kann
hier in einer einfachen Benutzeroberfläche Befehlsfolgen editieren, die
in dieser Form an die Box weitergeleitet und wahlweise sogar in der Box
gespeichert und von anderen Befehlsfolgen aus wieder aufgerufen werden
können. Dazu besitzt die CUM-BOX einen Interpreter, der für jede der
möglichen Meß- und Steuerfunktionen eine Zeichenfolge kennt, mit der er
sie aktivieren kann. Dadurch ist es möglich, mit diesen einfachen
Zeichen ganze Versuchsdurchführungen zusammenzustellen, ohne in die
Feinheiten einer Programmiersprache und eines Betriebssytems einsteigen
zu müssen. Durch die Darstellung in großer Schrift kann diese Versuchs-
planung auch im Unterricht erfolgen, was aber schon eine gewisse
Erfahrung erfordert. Für die von der Box kommenden Daten werden
automatisch Anzeigefenster eingerichtet.

Den besten Eindruck von der Arbeitsweise eines Computers in der
Koppelung mit einem Unterrichtsexperiment bekommt man nur, wenn man es
einmal selbst gesehen hat. Deshalb werden in einem Vortrag einige
Experimente unter realen Bedingungen vorgeführt.

INTERAKTIVE MODELLIERUNG DYNAMISCHER SYSTEME

Werner Walser, Joachim Wedekind
Deutsches Institut für Fernstudien an der Universität Tübingen (DIFF)
Wöhrdstr. 8
7400 Tübingen

Die Modellbildung als Praxisform wissenschaftlichen Arbeitens hat große Bedeutung insbesondere in den Naturwissenschaften, aber auch in Geographie, Ökonomie und den Sozialwissenschaften. Ihre Behandlung in der Schule hat neue Impulse durch den Informatikunterricht bzw. die Informationstechnische Grundbildung erhalten. Ihrer Realisierung außerhalb des Informatikunterrichts standen bisher nicht unerhebliche Hemmnisse im Weg. So kann im Fachunterricht nicht vom notwendigen Vorwissen bzgl. Rechnernutzung oder Programmierung ausgegangen werden, das z.B. die Modifikation vorgegebener Simulationsprogramme oder die eigenständige Modellimplementation erlauben würde.

Für Forschungszwecke gibt es seit langem Bestrebungen, leistungsfähige Werkzeuge (Simulationsumgebungen) zur Verfügung zu stellen, die dem Fachwissenschaftler erlauben, seine Modellentwürfe selbst zu implementieren, zu modifizieren und zu dokumentieren. Bekannte Beispiele sind DYNAMO oder CSMP für kontinuierliche Systeme bzw. GPSS oder SIMSCRIPT für zeitdiskrete Systeme. Innerhalb eines Forschungsprojekts zur grafischen Erschließung komplexer Inhalte (hier von Modellen dynamischer Systeme) für den Unterricht werden am DIFF die verschiedenen Zugangsweisen in entsprechenden Simulationsumgebungen untersucht. Die praktische Zielsetzung besteht darin, leistungsfähige und didaktisch optimierte Werkzeuge zur Modellierung dynamischer Systeme für den sekundären und tertiären Bildungsbereich zur Verfügung zu stellen. Auf der theoretischen Seite wird dies von Arbeiten begleitet, die unterschiedliche Aspekte integrieren. Unterrichtlicher Ausgangspunkt ist zunächst die Tatsache, daß Modelle eine zentrale Rolle bei der Erkenntnisvermittlung spielen und zusätzlich in vielen Fächern der Prozeß der Modellbildung selbst curricular verankert ist. Da zunehmend viele Modelle der Klasse der mathematischen Modelle angehören, und der Computer als Werkzeug zur Simulation dadurch auch in der Schule an Gewicht gewonnen hat, ist es zwingend erforderlich, mediendidaktisch begründete Unterrichtskonzepte zu entwickeln und diese mit denkpsychologischen Ergebnissen und Untersuchungsmethoden zu verknüpfen.

Das Arbeiten mit Modellen, insbesondere der Prozeß der Modellbildung, kann als Paradebeispiel eines Problemlösungsprozesses angesehen werden. In der (fach-)didaktischen Diskussion wird - weitgehend ohne empirische Basis - angegeben, daß interaktive Modellbildungssysteme dem Lernenden Gelegenheit geben, diesen Prozeß selber aktiv zu vollziehen. Sie können zur Initiierung und Intensivierung der notwendigen Denkoperationen beitragen und sie können durch die vielfältigen Bearbeitungsmöglichkeiten die Beweglichkeit des Denkens fördern. Denkpsychologisch-heuristische Aspekte und fachwissenschaftlich-inhaltliche Aspekte stehen dabei im Verhältnis der Komplementarität. Ein lediglich an der Fachstruktur orientiertes unterrichtliches Vorgehen kann den spezifischen Schwierigkeiten der Lernenden bei dem Prozeß der Modellbildung und Modellanwendung nicht gerecht werden. Hier sollen Erkenntnisse Orientierung bieten, die aus der Analyse der Problemlöseprozesse in Phasen induktiven Vorgehens gewonnen werden.

Als zentraler Ansatzpunkt wird dazu die Repräsentationsproblematik herausgegriffen. Dies begründet sich zum einen aus den fachspezifisch ausgeprägten Veranschaulichungsformen. Zu nennen sind hier die verschiedenen Formen der Systemrepräsentation als Kausaldiagramme verschiedener Stufen, Bond-Diagramme, Petri-Netze usw.. Diese im Wechselspiel von Verallgemeinerung und Konkretion entstandenen Repräsentationsformen bieten für den unterrichtlichen Einsatz Einstiegsmöglichkeiten auf verschiedenen Abstraktionsebenen. In einer nächsten Stufe wird nun nicht nur die statische Repräsentation von Strukturen verwendet, sondern die direkte Manipulation von Ikonen (als grafische Repräsentation von Elementen und Relationen) zum Aufbau von Modellen im Zuge des Modellbildungsprozesses. Damit wird die "Schreibtischmetapher" kommerzieller Anwendungsprogramme mit grafischer Oberfläche auf das Arbeiten in Simulationsumgebungen übertragen.

Mit den am DIFF entwickelten Programmen werden drei Ziele verfolgt:

(I) Dem Benutzer soll die Beschäftigung mit dynamischen Systemen ermöglicht werden, ohne daß er über die hierfür notwendigen mathematischen Kenntnisse verfügen muß.

Zur Realisierung dieses Ziels stehen drei Möglichkeiten zur Verfügung:

(1) Das Programm wird in Form eines Programmiersystems aufgebaut. Der Benutzer gibt das Modell mit Hilfe eines Texteditors ein. Nach diesem Prinzip arbeitet das erste am DIFF entwickelte System. Auch

die kommerziell vertriebenen Systeme DYNAMOS und FLUMMY sowie das
bereits für den Apple II verfügbare Programm DMS arbeiten nach diesem
Prinzip. Das so eingegebene Modell wird später in einer Schleife,
gesteuert durch die Variable Zeit, deren Anfangs-, Endwert und Inkre-
ment durch den Benutzer festgelegt werden, abgearbeitet. Bei
Benutzung dieser Systeme werden an die mathematischen Vorkenntnisse
des Benutzers noch relativ große Anforderungen gestellt. Das
einzugebende Modell besteht letztlich aus dem kompletten Lösungsalgo-
rithmus auf der Basis der Euler-Cauchy-Integration. Der Benutzer
ist verantwortlich für die korrekte Implementation des numerischen
Verfahrens. Die notwendigen mathematischen Kenntnisse beschränken den
Einsatz dieser Systeme daher auf den naturwissenschaftlichen
Unterricht. Trotz dieser Einschränkungen bieten diese Systeme bereits
einen wesentlichen Vorteil gegenüber der Programmierung von Modellen
mit Hilfe einer konventionellen Programmiersprache wie Pascal. Dem
Benutzer steht die Leistungsfähigkeit einer Programmiersprache zur
Verfügung, er muß aber nur die Gleichungen, die das Modell
beschreiben, eingeben. Alle weiteren Arbeitsschritte erfolgen menügeführt. Mit der Ausgabe der Ergebnisse, der Verwaltung von Modellen
usw. kommt der Benutzer auf programmiertechnischer Ebene nicht mehr
in Berührung. Daher ist bereits beim ‚ Einsatz dieser
gleichungsorientierten Systeme die Voraussetzung gegeben, daß der
Schwerpunkt im Unterricht auf dem zu bearbeitenden Problem und nicht
auf der Programmierung liegt. Negativ bei diesen Systemen ist zu
bewerten, daß in der Regel nur die Euler-Cauchy-Integration benutzt
wird, da der Benutzer das numerische Verfahren selbst programmieren
muß. Dieses Verfahren führt aber bereits bei einem einfachen Räuber-
Beute-Modell zu einem systematischen Fehler.

Ein einfaches Räuber-Beute Modell wird in diesen Systemen in
folgender Weise repräsentiert:

```
Rate_Beute := Beute * a  -  Beute * Räuber * b
Rate_Räuber := Räuber * Beute * c  -  Räuber * d
Beute := Beute + Rate_Beute * dt
Räuber := Räuber + Rate_Räuber * dt
t := t + dt
```

(2) Die im Modell benutzten Gleichungen werden nach der Art der
Gleichungen gegliedert. Hier kann zwischen Zustandsgleichungen,
Ratengleichungen, Initialisierungsgleichungen, externen Funktionen
usw. unterschieden werden. Diese Gleichungen werden ebenfalls mit
Hilfe eines Editors eingegeben, wobei jede Zeile bzw. Gleichung durch

ein entsprechendes Symbol einer bestimmten Gleichungsart zugeordnet wird. Nach dieser Methode arbeiten z.B. VUDYNAMO oder DYNAMO. Was die Anforderungen hinsichtlich des mathematischen Verständnisses der Benutzer betrifft, so sind diese gegenüber dem ersten Fall geringer. Da infolge der Kennzeichnung jeder einzelnen Gleichung bekannt ist, bei welchen Gleichungen es sich um die Zustände und die Raten handelt, kann hierauf - programmintern - z.B. ein Runge-Kutta-Verfahren angewendet werden. Der Benutzer muß in diesem Fall das numerische Verfahren nicht mehr selbst programmieren.

Das obige Räuber-Beute-Modell kann z.B. in folgender Form repräsentiert werden:

```
c     a = 0.5
c     b = 0.05
c     c = 0.01
c     d = 0.25
r     Rate_Beute = Beute * a  -  Beute * Räuber * b
r     Rate_Räuber = Räuber * Beute * c  -  Räuber * d
l     Beute = Beute + Rate_Beute * dt
l     Räuber = Räuber + Rate_Räuber * dt
```

Zu beachten ist hierbei, daß die mit l ("Level") gekennzeichneten Zeilen nicht mehr zwangsläufig einem bestimmten numerischen Verfahren entsprechen. Diese Zeilen sind vielmehr als eine symbolische Schreibweise zu interpretieren. Der Zustand der Beute zur Zeit t + dt ergibt sich als Zustand der Beute zur Zeit t + Rate_Beute * dt. Hiermit ist aber noch nicht festgelegt, nach welchem Verfahren der aktuelle Wert von Rate_Beute berechnet wird.

(3) Das Modell wird grafisch eingegeben. Ein Beispiel dafür ist Stella auf dem Macintosh. In diesem Fall stehen zur Eingabe eines Modells grafische Symbole zur Verfügung. Ein Modell wird beschrieben durch Zustände, Raten, Konstanten und Funktionen. Der Benutzer entwickelt das Modell, indem er die entsprechende Grafik aufbaut. Mit der grafischen Repräsentation von Modellen soll an fachspezifische Zugangsweisen angeknüpft und eine intuitiv einleuchtende Arbeitsweise unterstützt werden. Damit eignen sich diese Systeme auch zum Einsatz in sozialwissenschaftlichen Fächern.

In Zusammenarbeit mit dem CoMet-Verlag und dem Landesinstitut für Schule und Weiterbildung (LSW) in Soest wird am DIFF zur Zeit ein System mit grafischer Eingabe entwickelt. Das Räuber-Beute-Modell wird in diesem System voraussichtlich in folgender Form repräsentiert:

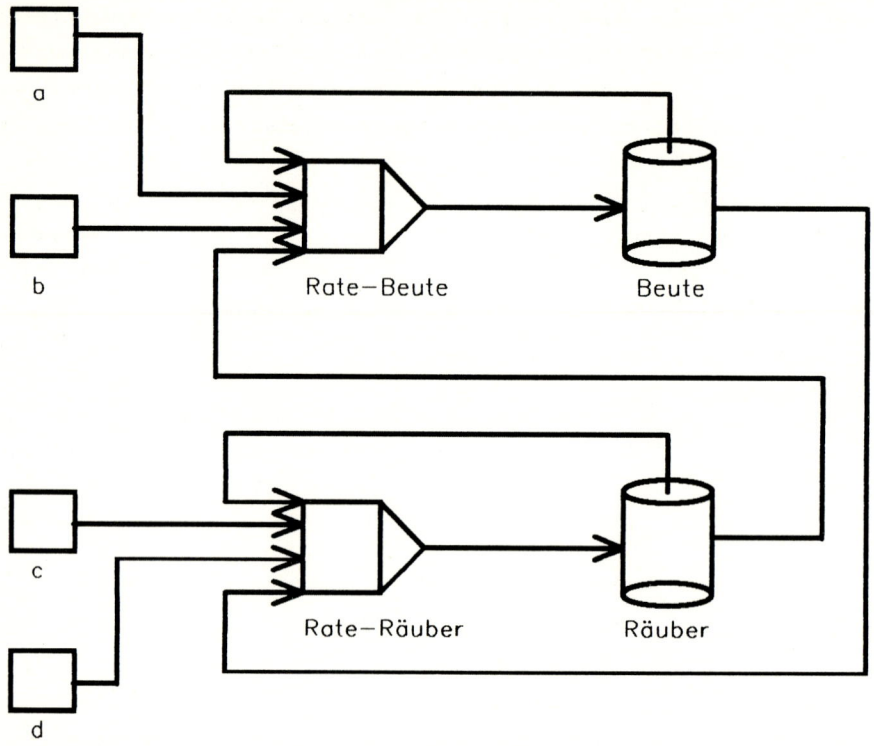

Wesentlich hierbei ist, daß die Struktur des Modells grafisch repräsentiert wird. Zum Aufbau der Modellstruktur auf diese Art sind noch keine mathematischen Kenntnisse notwendig. Mit Gleichungen kommt der Benutzer erst bei der Spezifikation der Raten (Rate-Beute, Rate-Räuber) in Berührung. Da durch die bereits festgelegte Struktur aber bekannt ist, aus welchen Systemgrößen die Raten bestehen, nämlich aus allen Größen, die am Eingang der Raten liegen, kann der Benutzer auch hier wesentlich unterstützt werden. Er muß die Namen der Eingangssymbole nur noch über Operatoren miteinander verknüpfen. Dieser Vorgang läuft menügeführt ab. Das bereits fertiggestellte System lehnt sich an die Notation von Pascal an. Innerhalb des Modells können beliebig tief verschachtelte, blockorientierte WennDann-WennNicht-Anweisungen benutzt werden. Zusätzlich steht eine der Wiederhole-Bis-Anweisung entsprechende Schleife zur Verfügung. Das Modell wird in Maschinencode compiliert. Dies führt zu einem optimalen Zeitverhalten bei der Abarbeitung. Neben den üblichen arithmetischen und trigonometrischen Funktionen steht eine zusätzliche Funktionsbibliothek zur

Verfügung. Zur Zeit beinhaltet diese lediglich eine Tabellenfunktion, die die Interpolation in einer vom Benutzer eingegebenen Tabelle ermöglicht. Die Konstruktion des Compilers bietet aber die Voraussetzung zur Entwicklung von Bibliotheken für spezielle Anwendungen.

(II) Die Programme sollen "problemlogisch" bedienbar sein. Die zur Bedienung der Programme notwendigen Rechner- oder MS-DOS-Kenntnisse sollen soweit wie möglich minimiert werden.

Dies ist wichtig, damit der Rechner im Unterricht wirklich als Werkzeug benutzt werden kann, und nicht selbst zum Gegenstand des Unterrichts wird. Die Realisierung dieses Ziels in einem Programm umfaßt drei Maßnahmenbündel:

(1) Alle Eigentümlichkeiten des Rechners und des Betriebssystems müssen vom Benutzer ferngehalten werden. Ein typisches Beispiel bildet die Dateiverwaltung unter MS-DOS, die den Namen einer Datei auf eine Länge von 8 Zeichen beschränkt. Erschwerend kommt noch hinzu, daß das Leerzeichen nicht benutzt werden darf. Beim Einsatz eines Modellbildungssystems müssen aber laufend Informationen auf einer Diskette gespeichert werden. Die von uns entwickelten Systeme arbeiten daher mit einer eigenen bzw. einer der MS-DOS-Dateiverwaltung aufgesetzten Dateiverwaltung. Der Name einer Datei kann hierbei aus maximal 70 Zeichen bestehen. Innerhalb des Namens können beliebige Zeichen benutzt werden. Der Name eines Modells kann z.B. lauten:

Räuber-Beute-Modell, Klasse 11a, 26.11.89.

Bei dieser Art der Dateiverwaltung wird zur Kennzeichnung von Dateien nicht mehr mit Namen im eigentlichen Sinn gearbeitet. Die Dateien werden vielmehr ihrem Inhalt entsprechend beschrieben.

(2) Die Abfolge der einzelnen Menüs muß aus der Sicht des vom Benutzer bearbeiteten Problems logisch sein. Bei der vorliegenden Version bedeutet dies, daß eine Arbeitsebene entweder über die Escape-Taste oder über die Funktionstaste F10 verlassen werden kann. Bei Benutzung der Escape-Taste gelangt man von jeder Ebene aus zum Hauptmenü. Bei Benutzung der F10-Taste gelangt man zur logisch nächsten Ebene. Wenn z.B. der Editor über die Funktionstaste F10 verlassen wird, wird automatisch der Compiler aufgerufen. Befindet sich im Modell kein Fehler, wird nach der Compilierung automatisch eine Routine aufgerufen, in der der Benutzer den im Modell benutzten Konstanten Werte zuweisen kann usw..

Ein weiteres Beispiel bildet die Festlegung des Ausgabemodus. Der Benutzer kann zwischen verschiedenen Ausgabemodi wählen. Bei der Ergebnisausgabe in Form eines X-Y-Diagramms können in ein Diagramm maximal drei Kurven gezeichnet werden. Nach dem ersten Durchlauf geht das System automatisch davon aus, daß in das erste Diagramm eine zweite Kurve gezeichnet werden soll. Wenn bereits drei Kurven dargestellt wurden, geht das System beim vierten Durchlauf davon aus, daß ein neues Diagramm gezeichnet werden soll. Die Option "überlagern" ist in diesem Fall zwar auf dem Monitor sichtbar, kann vom Benutzer aber nicht angewählt werden.

(3) An verschiedenen Stellen muß der Benutzer eines Modell- bildungssystems mit Informationen arbeiten, die er in einer vorangehenden Phase bereits in das System eingegeben hat. Typisches Beispiel hierfür sind die in einem Modell verwendeten Konstanten. Bei der Wertzuweisung an diese Konstanten wäre es redundant, wenn der Benutzer auch den Namen der Konstanten eingeben müßte. In all diesen Fällen werden daher die bereits vorliegenden Informationen in einem Fenster dargestellt. Im Falle der Konstanten werden alle im Modell benutzten Konstanten in einem Fenster aufgelistet, und der Benutzer gibt nur noch die Zahlenwerte ein.

(III) Die Programme sollen konfigurierbar und damit an den Kenntnisstand der Benutzer anpaßbar sein.

Hinter diesem Ziel verbirgt sich ein weitreichendes Problem. Jeder Entwickler von Lernmaterial muß sich bewußt oder unbewußt ein Bild des zukünftigen Benutzers machen. Im Falle von Lernsoftware muß der Entwickler eines Hilfesystems dieses auf der Basis seines "Modells" vom zukünftigen Benutzer entwickeln. Dieses "Benutzermodell" beinhaltet z.B. Annahmen über die Vorkenntnisse und das Aufnahmevermögen der späteren Benutzer. Da die von uns entwickelten Systeme aber in unterschiedlichen Klassenstufen einsetzbar sein sol- len, ist ein statisches Hilfesystem ungeeignet, da es den unter- schiedlichen Benutzern nicht gerecht werden kann. Daher haben wir ein adaptierbares Hilfesystem entwickelt.

An jeder Stelle des Prgramms, an der vom Benutzer eine Eingabe erwartet wird, kann dieser eine kontextsensitive Hilfe aufrufen. Die Hilfetexte befinden sich in einer externen Datei. Ein Lehrer, der adäquate Annahmen über die späteren Benutzer (Schüler) treffen kann, kann das gesamte Programm mit einem Zeilenparameter starten. In diesem Fall wird beim Aufruf eines Hilfetextes über die Funktionstaste F1 ein Editor aufgerufen, der den Hilfetext darstellt.

Der Text kann nun beliebig geändert werden. Insbesondere ist die Länge des geänderten Textes unabhängig von der Länge des Ausgangstextes. Wesentlich ist, daß die Hilfetexte im gleichen Arbeitskontext bearbeitet werden können, in dem der spätere Benutzer diese aufruft. Dies ermöglicht eine weitgehende Anpassung des Programms an bestimmte Benutzergruppen.

Das gleichungsorientierte System ist zusammen mit einem Handbuch und ausgearbeiteten Unterrichtsvorschlägen für verschiedene Fächer über das DIFF zu erhalten. Der Schwerpunkt der momentanen Entwicklungsarbeiten liegt, in Zusammenarbeit mit dem CoMet-Verlag und dem LSW in Soest, in der Entwicklung eines Systems mit grafischer Modelleingabe, das die Möglichkeiten eines Systems wie z.B. Stella auch auf einem MS-DOS-Rechner verfügbar machen wird. Die wesentlichen Leistungsmerkmale dieses Systems werden sein:

- Grafische Modelleingabe (siehe oben).

- Teilmodelle ("Prozeduren") können gespeichert und über ein spezielles Symbol in andere Modelle eingebaut werden. Hierdurch wird eine Top-Down-Entwicklung von Modellen ermöglicht.

- Implementation verschiedener numerischer Verfahren, incl. eines Verfahrens mit autonomer Schrittweitensteuerung.

- Konsequente Verfolgung der "Schreibtischmetapher", u.a. durch eine schnelle Fenstertechnik.

- Konfigurierbarkeit aller für den Unterrichtseinsatz wesentlichen Programmteile.

- Geräteunabhängigkeit. Das Programm wird auf allen gängigen Grafikkarten lauffähig sein.

- Schulübliche Ergebnisdarstellung.

Die softwaretechnischen Anforderungen an dieses Programm basieren auf folgender Vorstellung über den Arbeitsablauf (hier am Beispiel lehrerzentrierter Unterricht) beim Einsatz eines Modellbildungssystems:

- Erarbeitung der inhaltlichen Fragestellung.

- Erarbeitung der Ziele der Modellbildung.

- Entwicklung der Modellstruktur mit Hilfe des Grafikeditors.

- Menügeführte Festlegung der notwendigen Verknüpfungen der Eingangsbezeichner bei den Raten und Funktionen.

Hier steht gegebenenfalls eine Bibliothek mit Funktionen (Sinus, Cosinus, Rampenfunktion usw.) zur Verfügung.

- Definition der notwendigen Konstanten und Startwerte (Szenario).

- Festlegung des zu untersuchenden Zeitraums.

- Je nach Kenntnisstand der Schüler wird ein numerisches Verfahren in einem Menü ausgewählt. Diese Option ist daher durch eine Standardeinstellung ersetzbar.

- Festlegung der gewünschten Ergebnisausgabe. Hier sind Zeitplots, zwei- und dreidimensionale Phasenplots sowie Tabellen möglich. Die darzustellenden Größen können direkt im Modell gewählt werden. Bei der Skalierung von Koordinatensystemen ist eine Wahlmöglichkeit zwischen automatischer und manueller Skalierung gegeben. Bei der Ausgabe von Tabellen ist die Anzahl der Kommastellen einstellbar.

- Start der Berechnung bzw. Ergebnisausgabe.

- Diskussion und Rückbezug der Ergebnisse auf die Struktur des Modells bzw. auf das Szenario. Dabei ist es möglich, das Modell und die Ergebnisausgabe gleichzeitig darzustellen. Außerdem ist es möglich, entweder das Modell oder eine Kurve bzw. Tabelle in den Vordergrund zu rücken, um den unterrichtlichen Focus auf ein bestimmtes Objekt richten zu können. Aus diesem Grund ist eine schnelle Fenstertechnik notwendig. Alle Objekte (Modell, Tabellen, Kurven) können in Fenstern dargestellt werden, die beliebig manipulierbar sind.

- Überlegung zum weiteren Vorgehen in Bezug auf die Ziele der Modellbildung. Hier ist es möglich, zum gleichen Szenario weitere Ergebnisausgaben zu erzeugen. Weiter ist es möglich, das Szenario zu ändern und die Ergebnisse dieses neuen Szenarios in einer Weise darzustellen, die eine einfache Vergleichbarkeit mit den vorhergehenden Ergebnissen ermöglicht. Schließlich ist es möglich, die Modellstruktur zu ändern und auch diese Ergebnisse mit bereits vorliegenden Ergebnissen zu vergleichen. Daher wird die Programmbedienung so aufgebaut, daß sie in hohem Maß intuitiv erfolgen kann. Die oben dargestellten Entscheidungsmöglichkeiten zum

Weiterarbeiten müssen mit einem Minimum an Zwischen-
schritten auf eine "problemlogische" Art umsetzbar sein.

Diese Arbeitsablauf ist auch übertragbar auf den Fall, daß
Schüler mit dem Modellbildungssystem arbeiten. Hier gewinnt
aber das Hilfesystem eine zusätzliche Bedeutung. Dieses ist
an das Auffassungsvermögen der Schüler anpaßbar. Zusätzlich
sind verschiedene Programmteile konfigurierbar. Dies
bedeutet z.B., daß es möglich ist, festzulegen, welche
numerischen Verfahren wählbar sind, bzw. festzulegen, ob
diese überhaupt wählbar sein oder durch eine Standardeinstellung ersetzt werden sollen. Für die Definition von
Raten und Funktionen ist es möglich, daß ein Lehrer festlegen kann, welche Funktionen aus der Funktionsbibliothek
zur Verfügung stehen sollen.

Literatur:

Hudetz, W.: Construction of dynamic system models using interactive
computer graphics. In: Bossel (ed.): Concepts and tools of
computer assisted policy analysis, S. 266-299, Birkhäuser Verlag,
Basel 1977.

Wedekind, J.: Computer-aided model building. In: Mandl, Lesgold
(ed.): Learning Issues for Intelligent Tutoring Systems, S. 287-
294, Springer Verlag, New York 1988.

Ders.: Computer aided-model building and CAL. In: Computer &
Education 6, S. 145-154, 1981.

LOG IN, Heft 4 1989, mit dem Themenschwerpunkt "Modellbildung im
Unterricht".

NETZE IN ALLGEMEINBILDENDEN SCHULEN

Karl-Heinz Ansteeg
Zentralstelle für Computer im Unterricht
Schertlinstr.9, D-8900 Augsburg

Zusammenfassung:

Der Einsatz von Netzen in der Schule ist arbeitsökonomisch und pädagogisch sinnvoll, erweitert den Rahmen der Computernutzung erheblich, ist von den Kosten her vertretbar und bietet eine Perspektive für die Zukunft.

I. Vorbemerkungen

Kaum ein anderes Fach in der Schule verlangte und verlangt eine so kostenträchtige Geräteausstattung wie die Informatik. Ob dieses neue Fach als Wahlpflichtfach, wie z. B. in Bayern in der Realschule, oder "nur" als Wahlfach wie in der Hauptschule eingeführt wurde, der Kostenaufwand ist ähnlich hoch. Um die Sachaufwandsträger und die Schulen effektiv beraten zu können, richteten die einzelnen Bundesländer entsprechende Beratungsstellen ein. In den jeweiligen Arbeitskreisen wurden die Mindestanforderungen an die einzusetzende Hard- und Software definiert.

Schon früh wurden aber Überlegungen angestellt, den einmal eingerichteten Informatikraum auch anderweitig zu nutzen. Diese multifunktionale Nutzung reicht heute vom Einsatz der Computer in der informationstechnischen Grundbildung über die Informatik und das Maschinenschreiben bis hin zum Einsatz im Fachunterricht (z. B. für Standardsoftware, für spezielle Unterrichtsprogramme, für Simulationen oder als Prozeßrechner im Rahmen von Messen, Steuern und Regeln). Daraus ergibt sich aber unmittelbar eine Verschiebung des Anforderungsprofils. Einmal sind die Anforderungen an die Hardware weit gefächert; auf der anderen Seite aber ist die Qualität der Nutzer breit gestreut. Konnte man im Fach Informatik noch davon ausgehen, daß die Lehrer sowohl ausgebildet waren (bis hin zum Rechnerbetriebssystem) wie auch besonders motiviert, diese neuen Medien einzusetzen, so muß man andererseits den Fachlehrer sehen, der die Geräte als "Black Boxes" benützen möchte, ohne sich Kenntnisse vom Rechner selbst oder sogar vom Betriebssystem aneignen zu müssen.

II. Darstellung der Probleme:

A) Einzelplatzrechner in der Mindestausstattung

Ausgegangen wird von einem Rechnerraum mit 15 PC und einem Lehrerrechner. Die Schülerarbeitsplätze besitzen je zwei Laufwerke, der Lehrerarbeitsplatz ist in der Regel besser ausgestattet. Diese Konfiguration bringt sowohl für den Systembetreuer wie auch für den Nutzer Probleme mit sich:

- Für jeden Arbeitsplatz ist ein "Diskettensarg" mit den an der Schule eingesetzten Programmen sowie dem Betriebssystem bereitzustellen. Die Anzahl der Disketten wird in der Regel groß sein. Dabei ist peinlich genau darauf zu achten, daß Diskettenbox und Rechner beieinander bleiben, weil nach einer gewissen Zeit die Laufwerke sich dejustieren, so daß ein Austausch der Disketten zwischen den Rechnern zu Problemen führen kann.

- Viele Softwareprodukte (und auch gerade Standardsoftware) benötigen zur Laufzeit mehrere Disketten und verlangen daher Diskettenwechsel. Dies stellt eine nicht unerhebliche Fehlerquelle dar und ist vom Lehrer immer schlecht zu kontrollieren.

- Die Disketten sind ständig zu pflegen. Beispiele sind neu aufzuspielen, Updates vorzunehmen und defekte Disketten zu ersetzen. Dies ist nicht nur wegen der hohen Anzahl der Disketten und den vielen Rechnern zeitaufwendig, sondern auch deshalb, weil Softwareprodukte sehr oft installiert werden müssen. Defekte Disketten können daher nicht einfach ersetzt werden.

- Zunehmend weniger Softwareprodukte sind mit Disketten lauffähig, besonders im Berufsschulbereich, oder die Diskettenversion ist nur sehr mühsam zu handhaben. Diese Tendenz hält bestimmt an oder verstärkt sich noch, weil der Anspruch an Bedienungskomfort die Programme aufbläht und die Abnahme der Preise für Festplatten, also für Speichermedien, damit Schritt hält.

- Das Zugangsproblem stellt sich immer dann, wenn Schüler unbeaufsichtigt die Rechner benutzen dürfen. Wird mit Diskettenboxen gearbeitet, können diese verschließbar gemacht werden. Wer aber gibt den Schlüssel aus nnd wer überwacht, daß alles ordnungsgemäß an seinem Platz zurückgestellt wird? Dabei ist die Schule verantwortlich dafür, daß keine Raubkopien angefertigt werden. Ohne die juristischen Konsequenzen erörtern zu wollen, ist der geschilderte Zugang ohne Aufsicht sicherlich problematisch.

– Computer benötigen Peripherie. Beispielhaft sei hier das Druckerproblem aufgeführt. Wird jeder Arbeitsplatz mit einem Drucker ausgerüstet, so resultieren daraus nicht unerhebliche Geräusch- und Platzprobleme. Viele Drucker erfordern ebenfalls einen hohen Wartungsaufwand (Papierzufuhr, Druckkopf auswechseln usw.). Mit Hilfe einer Druckervernetzung lassen sich mehrere Computer über eine Weiche an einen Drucker anschließen. Dabei wird der Drucker einen Computer entweder mechanisch durch Umlegen eines Schalters zugeteilt oder auf elektronischem Wege verhindert, daß mehr als ein Nutzer gleichzeitig ausdrucken kann. Die Druckerweichen sind heute preiswert (200 DM). Voraussetzung ist allerdings, daß die eingesetzte Software Druckerfehler abfängt.

– Unabdingbar bei multifunktionalem Einsatz der Rechner ist eine für den Nutzer einfache Bedienung. Dies läßt sich durch eine einheitliche Menüoberfläche erreichen, die nach Einschalten der Rechner automatisch geladen wird und dem Nutzer ermöglicht, durch einfaches Auswählen mit Hilfe der Pfeiltaste sein Programm anzuwählen und zu starten. Nicht verlangt werden kann, daß der Schüler sowohl die Programmdisketten selbst aussuchen muß, den Programmnamen mit Parameter eingibt und evtl. noch Datendisketten einrichten muß. Dies führt in der Regel dazu, daß auf Grund der technischen Schwierigkeiten ein geregelter zum Erfolg führender Unterricht nur schwer möglich ist.

B) Festplattenrechner:

Der Einsatz von Festplatten auch in den Schülerrechnern scheint vordergründig die Lösung der oben geschilderten Probleme zu sein. Sicherlich sind alle die Probleme beseitigt, die sich auf Grund der geringen Speicherkapazitäten der Disketten ergeben. Leider hat die Praxis gezeigt, daß Festplatten einen nicht unerheblichen Pflege- und Ordnungsaufwand erfordern, besonders weil gewöhnlich mehrere Nutzer mit unterschiedlichen Anwendungen auf die gleiche Platte zugreifen. Hinzu kommt, daß es wegen des nicht dafür eingerichtete Betriebssystems nicht möglich ist, das Kopieren von Programmen auf Disketten zu verhindern. Nicht zu verhindern ist ebenfalls das unter Umständen beabsichtigte Formatieren der Festplatte durch die Schüler. Es existieren zwar Tools zum Schützen der Festplatten. Jedoch erfordern diese einen hohen Aufwand, wenn die Gegebenheiten der Schule berücksichtigt werden sollen.

III. Die Alternative Netz

Auf Grund der geschilderten Probleme erscheinen die folgenden Anforderungen an ein Netz sinnvoll:

- Speicherung des gesamten Programm- und Dateibestandes zentral und nur einmal auf einer Festplatte.
- Zentrale Menüführung aller Programme für alle Schülerarbeitsplätze
- menügeführtes Updaten der benutzten Software
- Vergabe von Benutzerrechten an die Schüler, dadurch Möglichkeit des freien unbeaufsichtigten Zugangs zu den Rechnern
- robuste Netzstruktur mit ausreichendem Datendurchsatz (>1 MBit netto)
- Möglichkeit der Begrenzung der Speichermöglichkeit für die Schüler
- Druckerspooling
- Start des Gesamtsystems auch ohne Betriebssystemdiskette
- einfache Bedienbarkeit
- Systembetreuer muß das Netz warten können
- Verhinderung der unerlaubten Kopie von Programmen und Daten
- Arbeitsplatzrechner mit einem Laufwerk zur Möglichkeit des Zwischenspeicherns durch den Schüler

A) Einfache Netze

Einfache Netze, oft auch unter dem Stichwort "Pädagogische Netze" zu finden, ermöglichen den Datenaustausch zwischen Lehrer- und Schülerrechnern über die zumeist vorhandene serielle Schnittstelle des Computers. Einige dieser Netze ermöglichen ebenfalls den Austausch der Videosignale und ein eingeschränktes Druckerspooling. Diese Netze sind sehr preiswert (100 DM bis 300 DM pro Arbeitsplatz) und einfach zu installieren. Allerdings lassen sich auf Grund der eingeschränkten Übertragungsraten (max. 115 KBaud) nur kleine Programme in einer vernünftigen Zeit übertragen. Damit kann der Einsatz dort nicht empfohlen werden, wo größere Programmpakete zum Einsatz kommen (z.B. MS-Word) oder wo die verwendeten Programme zur Laufzeit nachladen (Overlay).

B) Das LAN (Local Area Netzwork)

Netzwerke sind sowohl auf lokaler Ebene wie auch weltweit in der Industrie Standard. Auch in mittleren Betrieben werden Minirechner (Abteilungsrechner) verdrängt durch PC-Netze, die eine hohe Rechnerleistung für jeden Arbeitsplatz bereitstellen und trotzdem andere Rechnertypen wie UNIX-Rechner oder auch Großrechneranlagen einbinden können. Die Übernahme dieser Lösungen in die Schule ist ohne Aufbereitung und Anpassung an die schulspezifische Erfordernisse nicht möglich. Das Netz stellt sozusagen nur das Grundgerüst dar. Dargestellt werden soll der Einsatz des Novell Netzwerkbetriebssystems auf ArcNet.

1. Die Hardware

Benötigt werden als Arbeitsplatzrechner MS-DOS Rechner mit einem (möglichst 3 1/2 Zoll) Laufwerk und einem Arbeitsspeicher von 640 KB. Dabei ist für die allgemeinbildende Schule ein XT-kompatibler Rechner ausreichend. Die Graphikkarte sollte für alle Rechner gleich gewählt werden, um Probleme mit der Software, aber auch mit entsprechenden Netzwerktools wie LAN-Assist von vorherein auszuschließen. Abzulehnen ist eine zusätzliche Ausrüstung der Workstations mit einer Festplatte. Diese "Vorsichtsmaßnahme" führt in der Regel dazu, daß durch Probleme in der Anfangszeit das Netz nicht genügend genutzt wird. Lehrer- und Schülerarbeitsplatz können in der Ausstattung gleich gewählt werden. Anzustreben ist wegen der Überspielmöglichkeit die Ausstattung des Lehrerarbeitsplatzes mit den beiden gängigen Diskettenformaten 5 1/4 Zoll und 3 1/2 Zoll.

Der eigentliche Netzrechner (Server) sollte mindestens ein AT-komptibler Computer mit dem Prozessor INTEL 80286 oder Nachfolger sein. Dabei spielt die Taktfrequenz geringere Rolle als der Speicherausbau auf mindestens drei MB. Da auf diesem Rechner das Netzwerkbetriebssystem läuft und dieses im Fall von NOVELL die volle Leistung des Prozessors nutzt, ist gerade beim gleichzeitigen Laden desselben Programms von der Festplatte des Servers ein genügend großer Pufferspeicher sehr zeitsparend. Der Server sollte nicht auch als Arbeitsplatz benutzt werden (dedecaded mode), weil sonst bei Programmabstürzen das gesamte Netz steht und eventuell Daten der Schüler verloren gehen. Beim Server reicht für Monitor und Graphikkarte eine preisgünstige Lösung. Da an die Festplatte sehr große Anforderungen gestellt werden, sind mittlere Zugriffszeiten unter 28 ms zu wählen. Die Qualität der Festplatte ist ausschlaggebend, weil bei deren Ausfall das Netz nicht mehr zu nutzen ist. Die Speicherkapazität hängt sehr stark von den geplanten Programmpaketen ab, jedoch zeigt die Praxis, daß die unterste Grenze 40 MB darstellen.

Jeder Rechner benötigt eine Netzwerkkarte, die einen freien Steckplatz belegt. Daraus folgt sofort, daß bei der Anschaffung der Computer selbst unbedingt darauf zu achten ist, daß mindestens ein freier Steckplatz vorhanden ist. Das aufgebaute Netz "fährt" ein sogenanntes "Protokoll" (hier Token-Passing) und besitzt eine "Topologie" (hier Bus und Stern gemischt). Angegeben werden vom Hersteller immer die Datenübertragungsraten in Mbit/s. Diese Raten sind jedoch Bruttoübertragungsraten und geben nur sehr vage Auskunft über die tatsächliche Übertragungsgeschwindigkeit. Das Verhältnis Brutto- zu Nettoübertragungsrate hängt nämlich von vielen Faktoren ab. Hier sind sowohl das verwendete Protokoll wie auch die Anzahl der Rechner usw. zu nennen. Beispielsweise ergibt sich bei 15 Rechnern und 2,5 Mbit/s im ArcNet etwa dieselbe Nettoübertragungsrate wie bei 10 Mbit/s im EtherNet. Als Richtschnur kann der folgende Vergleich dienen. Als für die Schule geeignet wird die Übertragungsrate eines Netzes dann genannt, wenn das gleichzeitige Laden eines Programms auf 15 Rechner vom Server maximal dieselbe Zeit benötigt wie das Lades desselben Programms von einer lokalen Diskettenstation.

2. Die Netzbetriebssoftware

Das Netzbetriebssystem stellt die Verwaltungssoftware für das Netz dar. Es wird auf dem Server installiert und verwaltet die Dateizugriffe. Die Struktur und Konsistenz dieses Systems ist ausschlaggebend für die Betrieb im Alltag. Ungünstig erscheinen Lösungen, die dem normalerweise verwendeten Einzelbenutzerbetriebssystem aufgesetzt sind. Dadurch werden alle Einschränkungen von DOS auch im Netzbetrieb wirksam. Netzbetriebssysteme wie NOVELL dagegen sind eigenständig und bieten dadurch viele Vorteile. Möglich wird eine opimierte Plattenverwaltung, die z. B. die Inhaltsverzeichnisse so verwaltet, daß bei der Suche nach einer Datei nicht Schritt für Schritt das gesamte Inhaltsverzeichnis durchsucht werden muß. Wichtig ist auch die Ausnutzung des vorhandenen Speichers, so daß eine Pufferverwaltung zwischen Platte und Arbeitsspeicher geschaltet werden kann. Damit erkennt das System die Blöcke, die sich schon im Puffer befinden und muß diese nicht erneut laden. Unverzichtbar ist eine intelligente Erkennung fehlerhafter Sektoren auf der Festplatte. Diese müssen zur Laufzeit in eine Tabelle der fehlerhaften Blöcke eingetragen werden und führen somit nicht zu Lesefehlern.

Programme und Daten auf der Festplatte des Servers sollen den Teilnehmern (Lehrer und Schüler) abgestuft zur Verfügung gestellt werden. Dies bedeutet in der Regel, daß der Schüler die Programme und Daten zwar benutzt, diese aber weder modifizieren, löschen noch kopieren kann. Das erfordert eine dataillierte nach Benutzer und Benutzergruppen organisierte Rechtevergabe. Denkbar sind ebenfalls Zeitfenster, die dem Schüler zugeteilt werden und in denen er die Rechner im Informatiksaal benutzen kann. Der dem Schüler zugeteilte Massenspeicher auf der Festplatte sollte ihm ganz allein reserviert sein und von den Rechten nicht eingeschränkt werden. Die Größe dieses Speichers muß aber festlegbar sein, weil der Schüler sonst in der Lage ist, mutwillig die Festplatte mit sinnlosen Daten vollzuschreiben.

Peripherie in einem Netz muß zentral von allen Arbeitsplätzen aus nutzbar sein. Dazu muß das Netzbetriebssystem über eine entsprechende Verwaltung verfügen. Sehr gut lassen sich die Funktionen des früher separaten Druckernetzes integrieren. An den Server wird ein zentraler Drucker angeschlossen, der von allen Stationen so zugänglich ist, als ob diese den Drucker an ihrer eigenen Schnittstelle angeschlossen haben. In der Schule ist zu bedenken, daß der Zentraldrucker schnell genug sein muß, um am Stundenende für alle einen Ausdruck zur Verfügung zu stellen. Hinzu kommt, daß Probleme entstehen können, wenn zwischen zwei eigentlich zum selben Druckauftrag gehörenden Ausgaben mehr als die eingestellte Zeit vergeht. Es steht heute noch nicht fest, ob für alle Einsatzarten in der Schule der zentrale Drucker die beste Lösung darstellt. Dies trifft insbesondere für den Bereich Maschinenschreiben auf dem Computer zu.

3. Netzwerkorganisation

Die Installation des Netzwerkbetriebssystems auf dem Server ist nur die Voraussetzung für den Betrieb. Geplant werden muß vorher, welche Personen mit welchen Rechten Zugang zum System haben sollen.

Z. B. ist es in der informationstechnischen Grundbildung normal, daß mehrere Klassen den Informatikraum benutzen und vom Lehrer ausgewählte Programme bearbeiten. Die dabei erzeugten Daten sind von Schüler zu Schüler verschieden und müssen daher im Unterinhaltsverzeichnis des Schülers abgespeichert werden. Die nachfolgende Klasse findet die Daten schon vor, wenn das Unterinhaltsverzeichnis pro Rechner angelegt ist. Das aber ist nicht erwünscht. Alternativ für jeden Schüler der Schule ein eigenes Unterinhaltsverzeichnis anzulegen, übersteigt die Kapazität des Systems. Also wird die Anlage eines Unterinhaltsverzeichnisses für jeden Rechner der Normalfall sein. Die vom Schüler erzeugten Daten sind auf eine eigene Diskette abzuspeichern, um danach das Rechnerinhaltsverzeichnis wieder für alle Plätze löschen zu können. Daraus ergibt sich insgesamt das folgende Prinzip. Alle Daten und Programme, die pro Schüler erzeugt werden und damit lokal sind, werden zur Laufzeit in das Rechnerunterinhaltsverzeichnis abgespeichert. Am Ende der Stunde kann der Schüler diese auf Diskette mit nach Hause nehmen und hat so die Möglichkeit, in der nächsten Stunde an derselben Stelle aufzusetzen. Damit ist das Rechnerunterinhaltsverzeichnis für den Schüler nur in der laufenden Unterrichtseinheit der Bereich, im dem er ungestört arbeiten kann. Ist es dagegen notwendig, über einen längeren Zeitraum die Daten für den einzelnen Benutzer verfügbar zu halten, muß für diesen ein eigenes Unterinhaltsverzeichnis angelegt werden. Als Beispiel wären hier die Lehrer wie auch Schüler zu nennen, die ein größeres Projekt bearbeiten.

Die Regelung des Zugangs der einzelnen Nutzer läßt sich folgendermaßen schematisieren. Werden die Arbeitsplatzrechner hochgefahren, so benötigen die Schüler dafür eine Systemdiskette. Diese sorgt dafür, daß am Ende des Vorgangs dem Schüler ein Menü angeboten wird und automatisch in das entsprechende Rechnerunterinhaltsverzeichnis geschaltet wird. Ein Paßwort ist für diesen Fall nicht sinnvoll, weil sehr viele verschiedene Schüler (Klassen) diesen Vorgang wiederholen und bekannt ist, daß die eigenen Daten nur für die Unterrichtseinheit zur Verfügung stehen und dann wieder gelöscht werden. Für den Nutzer dagegen, der sein eigenes Unterinhaltsverzeichnis besitzt, muß gewährleistet sein, daß kein anderer Zugang zu diesen Daten hat. Dies läßt sich durch ein paßwortgeschütztes Einloggen erreichen. Aus dem geschilderten Verfahren läßt sich auch der Umfang der Rechte ableiten. Während die Schüler in ihren eigenen Unterinhaltsverzeichnissen alle Rechte besitzen, bleibt der Zugang zu den anderen (Programm-) Verzeichnissen bis auf Lesen verwehrt. Die Lehrer erhalten alle Rechte sowohl in den eigenen wie auch in den Schülerunterinhaltsverzeichnissen.

Programme werden in speziell dafür eingerichteten Unterinhaltsverzeichnissen für alle nur einmal bereitgestellt. Damit wird es möglich, ein Update auf einfache Weise, weil nur einmal, in das Verzeichnis zu spielen. Die Programme sollten so vom Netzwerkbetriebssystem geschützt werden, daß sie zwar benutzbar sind, aber nicht von der Festplatte auf eine Diskette kopiert werden können. Damit wird es möglich, Schüler ohne Aufsicht auch am Nachmittag eine Übungsmöglichkeit zu geben,weil sowohl das Kopieren von Programmen unmöglich gemacht wurde wie auch dem einzelnen Schüler nur das ihm zugeteilte Unterinhaltsverzeichnis zur Verfügung steht. Im Verbindung mit der oben geschilderten Möglichkeit, den Speicherplatz pro Nutzer festzulegen, bleibt kaum eine Chance, das System ersthaft durcheinander zu bringen. Allerdings setzt dies voraus, daß kein Zugang zum Server besteht und dieser damit nicht manipuliert werden kann.

Zusätzliche Funktionen wie das Abschalten aller Schülertastaturen, das Beeinflussen einer Schülertastatur durch den Lehrer (Remote Control) oder auch die Videonetzfunktion werden durch mitgelieferte Software im Netz möglich. Über ihren pädagogischen Nutzen kann an dieser Stelle noch keine Aussage gemacht werden.

4. Der Systembetreuer

An den Systembetreuer werden auf Grund des Netzes höhere Anforderungen gestellt. Dieser muß neben den selbstverständlichen DOS-Kenntnissen schon vor Installation des Netzes Kenntnisse über dieses besitzen, um der installierenden Firma genaue Vorgaben in Bezug auf Einteilung der Festplatte, Festlegung der User und Umfang der benutzten Software machen zu können. Ist dies nicht der Fall, so hat sich bei den von uns betreuten Schulen gezeigt, daß viele vermeidbare Fehler dem Netz angelastet werden und dessen Einsatzfunktionen damit nicht genutzt werden. Unverzichtbar ist auch, daß die installierende Firma genügend Erfahrung mit Netzinstallationen im Schulbereich besitzt. Der Beraterkreis für Schulrechner am Bayerischen Staatsministerium für Unterricht und Kultus wird aus diesem Grunde ein Netzwerkpapier erstellen, welches insbesondere die Aufgabe hat, dem Systembetreuer Installationvorschläge zu machen und auf übliche Fehler hinzuweisen.

Für den laufenden Betrieb ergeben sich für den Systembetreuer Wartungsaufgaben, wenn neue Programme installiert werden und damit weitere Unterinhaltsverzeichnisse angelegt werden müssen und die Menüoberfläche entsprechend ergänzt werden muß. Wichtig erscheint mir die Aussage, daß durch eine Menüoberfläche gerade die mit dem Betriebssystem und dem Netz nicht so vertrauten Lehrer eine einfache Möglichkeit erhalten, die von ihnen favorisierten Programme zu benutzen.

5. Softwareprobleme

Nicht jedes Softwarepaket läuft problemlos im Netz. Es muß deshalb aber nicht nur netzwerkfähige Software eingesetzt werden. In der Schule ist der Normalfall der, daß die Daten zu jedem Schüler gehören und von diesem auch bearbeitet werden und danach für den Lehrer zur Verfügung stehen müssen. Daher sind diese den einzelnen Schülerinhaltsverzeichnissen zuzuordnen. Die Programme werden von allen chülern auch gleichzeitig genutzt, sie sind aus diesem Grund nur einmal vorhanden. Schwierigkeiten treten bei nicht ausdrücklich als im Netz lauffähig bezeichneten Programme in der Regel dann auf, wenn diese temporäre Dateien in Inhaltsverzeichnisssen anlegen, auf die der Nutzer keinen Einfluß hat. Die Softwarebesprechungen des Arbeitskreises "Standardsoftware" werden daher ergänzt um den Punkt Netzwerkfähigkeit, der dem zukünftigen Nutzer darüber Auskunft gibt, ob und mit welchen Einschränkungen das entsprechende Produkt im Netz läuft. Grundsätzlich kann aber nur geraten werden, das ins Auge gefaßte Softwareprodukt vor dem Kauf auf dem Netz zu testen oder sich entsprechende Referenzadressen geben zu lassen.

6. Kosten

Um die tatsächlichen Kosten für ein Netzwerk zu beurteilen, müssen vorher die Vergleichskriterien genau festgelegt werden. Vernünftig erscheint, die folgenden Konfigurationen zu vergleichen.

Die Konfiguration ohne Netz sieht einen AT-kompatiblen Lehrerrechner mit 40 MB Festplatte und 14 Schülerarbeitsplätzen mit Doppellaufwerken vor. Im Netz wird der bisherige Lehrerarbeitsplatz zum Server, so daß ein weiterer Arbeitsplatz beschafft werden muß, der dann wie die 15 Schülerarbeitsplätze mit nur einem Laufwerk ausgerüstet sein kann. Die Drucker sollten in den Vergleich nicht mit einbezogen werden, weil wie oben geschildert noch nicht endgültig geklärt ist, ob für die Schule in allen Einsatzfällen ein zentraler Netzwerkdrucker die beste Lösung darstellt. Die folgende Ausschreibung kann somit die tatsächlichen Mehrkosten ermitteln. Als Richtschnur bei der Beschaffung kann der Betrag von 1000 DM /Arbeitsplatz dienen.

Ausschreibungsvorschlag für ein Netzwerk

A. Rechner

14   Computer (Schülerarbeitsplatz)
XT-kompatibel, Prozessor 8088-2
(8087 optional), 640 KB RAM,
3 1/2 Zoll 720 KB Floppydisklaufwerk,
serielle und parallele Schnittstelle,
4,77 oder 8 MHz Taktfrequenz (umschaltbar),
14" Monitor (bernstein oder schwarz-weiß) mit
Dreh- und Kippfuß, ATI Multifunktionsgrafikkarte
(CGA-, Hercules- und Emulationsmode),
2 freie 8" Erweiterungssteckplatz,
Betriebssystem MS-DOS 3.20, GW-BASIC
FTZ-Zulassung

1   Computer (Lehrerarbeitsplatz)
XT-kompatibel, Prozessor 8088-2
(8087 optional), 640 KB RAM,
3 1/2 Zoll 720 KB Floppydisklaufwerk,
5 1/4 Zoll 360 KB Floppydisklaufwerk,
serielle und parallele Schnittstelle,
4,77 oder 8 MHz Taktfrequenz (umschaltbar),
14" Monitor (bernstein oder schwarz-weiß) mit
Dreh- und Kippfuß, ATI Multifunktionsgrafikkarte
(CGA-, Hercules- und Emulationsmode),
2 freie 8" Erweiterungssteckplatz,
Betriebssystem MS-DOS 3.20, GW-BASIC
FTZ-Zulassung

1   Computer (Server)
AT-kompatibel, Prozessor 80286
(80287 optional), 1 MB RAM,
2 MB Cache-Memory für Netzwerk
1,2 MB Floppydisklaufwerk,

80 MB Festplatte mit einer mittl. Zugriffzeit von 28 ms,
serielle und parallele Schnittstelle,
10 oder 6 MHz Taktfrequenz (umschaltbar),
14" Monitor (bernstein oder schwarz-weiß) mit
Dreh- und Kippfuß, ATI-Multifunktionsgrafikkarte
(CGA-, Hercules- und Emulationsmode),
4 freie 8" Erweiterungssteckplatz,
Betriebssystem MS-DOS 3.20, GW-BASIC
FTZ-Zulassung

B. Netzwerk:

ArcNet mit 2,5 MBit/sek Übertragungsrate und Token-Passing
Protokoll, Netzwerkbetriebsystem von Novell

15   TCC ArcNet Standardboard 8 bit mit 7m Kabel

1   TCC ArcNet Standardboard 16 bit mit 7m Kabel

1   Aktive Hub Coax mit 8 Anschlüssen

4   Passive Hub mit 4 Anschlüssen

1   Novell Betriebssystem AN 286 v2.15 unlimitiert

Installation des Netzwerks inclusive Coaxialkabel,
Kleinteile und Arbeitslohn

Bedingungen:

Die Hardware muß vor Ort nach Anweisung installiert wer-
den.Eine Einführung in die Bedienung des Netzwerks gehört zum
Lieferumfang. Die Garantiezeit beträgt mindestens 12 Monate.

Telekommunikation im Bildungsbereich unter besonderer Berücksichtigung der Sekundarstufe I

Wolfgang Friebe

Informationsstelle "Schule und Computer"

Kultusministerium Rheinland-Pfalz, Mittlere Bleiche 61, D-6500 Mainz

Erste Ansätze zur Telekommunikation im Bildungsbereich liegen zur Zeit von sehr unterschiedlichen Institutionen vor, z. B. in Form von Arbeitsgruppen der Europäischen Gemeinschaft, aber auch der Gesellschaft für Informatik, in Form von Schul- oder Modellversuchen verschiedener Bundesländer wie Bayern, Baden-Württemberg, Berlin, Hessen, Nordrhein-Westfalen, Niedersachsen, Schleswig-Holstein oder Rheinland-Pfalz. Die deutsche Bundespost ist dabei zunehmend bemüht, im Rahmen ihrer derzeitigen Möglichkeiten Hilfestellung zu leisten. Kennzeichen aller bisherigen Überlegungen und ersten Versuche sind, daß es sich entweder nur um Absichtserklärungen oder von vornherein um zeitlich, räumlich und finanziell sehr eingeengte Aktivitäten handelt, die sich leider nicht auf eine allgemeine Einführung der Telekommunikation im Bildungsbereich übertragen lassen.

In diesem Beitrag möchte ich drei Hauptfragen nachgehen und die in der Mitte des Jahres 1989 bei Drucklegung gültigen Antworten für Rheinland-Pfalz geben, die wohl auch in den anderen Bundesländern gelten werden. Diese Bestandsaufnahme ist sicher für eine spätere historische Betrachtung der Entwicklung von Bedeutung, sie könnte allerdings beim Erscheinen dieses Bandes bereits überholt sein. Im Bereich der Informations- und Kommunikationstechniken haben wir es einerseits mit einer exponentiellen Entwicklung zu tun, andererseits werden jetzt schon sichtbare Auswirkungen dieser Entwicklung zum Teil nicht wahrgenommen, zum Teil sogar blockiert. Es liegt in der Natur von Schule, wenn sie ihre Kontinuität bewahrt und nur sehr zögerlich neuen Entwicklungen folgt. Allerdings werden die zeitlichen Abstände zwischen dem Vorliegen neuer Forschungsergebnisse und ihrer wirtschaftlichen

Nutzung immer kürzer, sodaß man hier nicht ganz zu Unrecht von einer weiteren industriellen Revolution spricht. Kann der Bildungsbereich dabei unberührt bleiben, wenn Schule doch auf die veränderten Situtionen vorbereiten und Kinder zur Mündigkeit führen soll? Über eine Momentaufnahme Mitte dieses Jahres 89 hinaus soll dieser Beitrag Impulse für einen Start und eine zügige Einführung der Telekommunikation im Bildunsbereich setzen.

1. Ist eine Einführung der Telekommunikation im Bildungsbereich didaktisch zu rechtfertigen?

Da man unter Telekommunikation auch die Übermittlung von Informationen durch Rauchzeichen von einer Burg zur Nachbarburg verstehen könnte, gilt es zunächst, diesen Begriff Telekommunikation auf den hier gewünschten Umfang zu reduzieren: Es soll hier um jene Kommunikationstechnologien gehen, die im Zusammenhang, besser als Folge der neuen Informationstechnologien zu sehen sind. Sicher hat man zunächst den unmittelbaren (lokalen) Aufgaben des Mikroprozessors, der Aufnahme, Codierung, Speicherung, Verarbeitung und Ausgabe von Informationen, mehr Beachtung als dem Transport von Informationen geschenkt. Die Allgemeinbildung ist deswegen auch nur um eine informationstechnische Grundbildung erweitert worden, wobei der Transport von Informationen in diesem Begriff integriert nur einer von vielen Aspekten darstellt. Einige Bundesländer haben diesen Aspekt bereits durch eine "informations- und kommunikationstechn(olog)ische Grundbildung" betont. Argumente zur Einführung der Telekommunikation im Unterricht sind also bereits im Zusammenhang mit der informationstechnischen Grundbildung gesammelt worden und werden wohl auch zunehmend von der Mehrheit akzeptiert. In gleicher Weise wie der Computer aber nicht nur als Unterrichtsgegenstand im Rahmen der ITG, sondern auch als Unterrichtsmedium und Lernmittel in den Unterricht einzieht, müßte man aber auch der Frage nachgehen, wie weit die Telekommunikation nicht nur thematisiert, sondern ebenfalls im Unterricht bzw. in der Schule direkt genutzt wird. Sicher kann man die Einführung des Computers und der Telekommunikation mit den selben Argumenten begründen, die Bedeutung der Telekommunikation wird aber erst wirklich sichtbar, wenn man von dem Begriff der Information ausgeht. Information ist zu einem wesentlichen Produktionsfaktor geworden, weil das Sammeln, Verarbeiten, Speichern, Ausgeben beliebiger Mengen von Informationen in kürzesten Zeiten möglich geworden ist, in besonderer Weise aber, weil Informationen zu jedem beliebigen Zeitpunkt und an jedem beliebigen Ort zur Verfügung stehen können. Erst der letztere Aspekt verleiht der Information ihre entscheidende wirtschaftliche Bedeutung. Drei Beispiele verdeutlichen diesen Umstand:

- An vielen Orten, z. B. in unzähligen Reisebüros können Sitzplätze (Fenster, Raucher, usw.) mit Hilfe des Computers und der Telekommunikation in einem beliebigen Intercityzug oder Flugzeug, Übernachtungen in einem Hotel oder Teilnahme auf einer Kreuzfahrt gebucht werden. In absehbarer Zeit wird dies von jedem normalen Telefonanschluß, also an beliebigen Orten, möglich sein, weil Informationen beliebig transportiert werden können. Wirtschaftlichkeit für den Anbieter und Komfort für den Verbraucher liegen auf der Hand.

- Im zunehmenden Maße wird das Telefaxen der natürliche Weg, einen Brief zu versenden. Der Transport von Briefen mit Hilfe von Zügen, Schiffen oder Flugzeugen ist längst durch die elektronische Post überholt: Beim Adressaten wirft ein Kopierer den Brief aus, den der Absender - vielleicht auf der anderen Erdhalbkugel - hat ablichten lassen. Selbst der Transport von Informationen (Rundbriefe, etc.) innerhalb einer Firma wird durch elektronische Post abgelöst.

- Durch Telekommunikation wird der Arbeitsplatz örtlich unabhängig, d. h. es werden Heimarbeitsplätze möglich, ein Vorteil durch Arbeitsplätze in strukturschwachen Gebieten, aber auch eine Gefahr der Isolierung des Menschen. Es können in Verbindung mit weiteren postalischen Angeboten, wie der Konferenzschaltung, Besprechungen mit Teilnehmern an unterschiedlichen Orten durchgeführt werden, über Telekommunikation stehen alle Daten jederzeit für jeden an allen Orten zur Verfügung. In allen Fällen geht der Transport von Menschen in dem Maße zurück wie der Transport von Daten zunimmt.

Diesen Beispielen folgen täglich neue in der Praxis und wahrscheinlich kann oder will noch kein Mensch die Folgen des elektronischen Transports von Informationen bedenken. Wenn man Schülerinnen und Schüler die heutigen und zukünftigen gesellschaftlichen Auswirkungen bewußt machen will, gerade dann ist eine Einführung der Telekommunikation als eine wesentliche Ursache für die Veränderungen der Gesellschaft im Unterricht unerläßlich. Warum sollte dann aber Telekommunikation von den Schülerinnen und Schülern nicht auch genutzt werden, wenn man durch unmittelbaren, ständigen Informationsaustausch Partnerschaften vertiefen kann, wenn man sich aktuelle Informationen zum beliebigen Zeitpunkt von einer weit entfernten Stelle holen kann, usw.? Immer noch gibt es (meist weniger informierte) Kritiker, die sich gegen eine Einbeziehung des Computers im Unterricht und erst recht gegen die Einführung von Telekommunikation vor allem bereits in der Sekundarstufe I wenden und daraufhinweisen, daß auch Medizin und Rechtskunde als eigene Fächer , selbst die Führerscheinausbildung in der Schule keinen Eingang gefunden haben. Es fällt schwer, zu begreifen, daß es sich bei den neuen Informations- und Kommunikationstechniken keineswegs um irgendwelches Spezialwissen handelt, sondern um eine neue Kulturtechnik, die Arbeit und Freizeit der Menschen völlig verändern wird. Speziell die Telekommunikation stellt eine Flut von Informationen zur Verfügung, der junge Mensch sollte vorbereitet werden, mit diesen Informationen verantwortlich umzugehen, sie kritisch zu selektieren und zu bewerten.

2. In welchen Formen kann die Telekommunikation im Bildungsbereich auftreten?

Aus den vorausgegangenen didaktischen Überlegungen folgt, daß die Telekommunikation einmal als Unterrichtsgegenstand im Rahmen der Informationstechnischen Grundbildung ihren Platz hat und daß die Telekommunikation selbst aber auch von Schülern als Unterrichtsmedium genutzt werden könnte. Außerhalb des Pädagogischen Bereichs sollte aber die Telekommunikation auch im Verwaltungteil des Bildungsbereichs Beachtung finden.

a) Das Hauptproblem bei der Einführung der Telekommunikation als Unterrichtsgegenstand besteht, den Gesamtumfang der technischen, informatischen und gesellschaftswissenschaftlichen Aspekte didaktisch geeignet zu reduzieren und methodisch zu realisieren. Eine mögliche Alternative liegt als ein Ergebnis des hessischen Modellversuchs HECTOR vor, in dem mit Hilfe einer BTX-Simulation eine Unterrichtseinheit "Die Bank im Wohnzimmer" gestaltet werden kann. Ein solches Simulationsprogramm hat zum Vorteil, daß es an den didaktischen Zielsetzungen orientiert die methodische Vorgehensweise erleichtert. Dem steht gegenüber, daß ein möglicher realer Zugang einer Simulation eigentlich vorzuziehen wäre. In dem Berliner Modellversuch "Schule und BTX" wird BTX als Unterrichtsgegenstand untersucht, wobei aber nach dem vorliegenden Zwischenergebnis dieses Versuches mehr die Nutzung von BTX im Vordergrund steht, die Thematisierung von BTX als Unterrichtsgegenstand sicher nicht so leicht zu vollziehen ist. Schließlich hat Niedersachsen im Sommer 1989 einen Modellversuch beantragt, um die Telekommunikation als Unterrichtsgegenstand im Rahmen der informations- und kommunikationstechnologischen Bildung zu behandeln.

b) Eine weitere Einführung der Telekommunikation geschieht als Unterrichtsmittel in verschiedenen Fächern. Beispiele können demonstrieren, daß Datenbanken ein genau so selbstverständliches Werkzeug wie Bücher oder Filme im Unterricht sein können und wohl in Zukunft auch sein müssen. In besonderer Weise gilt es, aktuelle Daten abzurufen z.B. bei Ministerien, Statistischen Landesämtern, Kommunalverwaltungen, bei Universitäten, bei Sparkassen und Banken, bei Verlagen und einigen wirtschaftlichen Unternehmen usw. Gerade hier herrscht - und dies gerade bei Experten - besondere Skepsis, da die "eigentlichen" Datenbanken für Schulen nicht so ohne weiteres in Frage kommen, da sie schwierig zu handeln sind und dazu noch Kosten verursachen. Es ist aber die Frage, ob es nicht gerade Aufgabe der Schule ist, von diesen komplexen Datenbanken zu einfachen exemplarischen und auf jeden Fall kostenfreien Beispielen überzugehen.

Beispiele: RWE Essen, bietet Informationen über Energie für die Schule aufbereitet
Eureka, über die Echo-Datenbase der EG, bietet Informationen z.B. über Verkehrswesen, Umwelt, Biotechnologie, Lasertechnik oder neue Werkstoffe

In diesem Zusammenhang ist auf den Vorschlag von Rüdeger Baumann (GI, FG 7.3.1) zu einem Deutschen Schulnetz zu verweisen, "das die Schulen der Bundesrepublik untereinander verbindet und den Zugriff auf externe Datenbanken sowie internationale Kontakte ermöglicht." (zitiert aus einem Entwurf v. R.Baumann vom 13.10.88). Das hier vorgelegte Konzept ist aber nicht nur nur auf das Fach Informatik, sondern allgemein für alle Fächer, auch in der Sekundarstufe I, anzuwenden. Allgemein ist aber den Ausführungen Baumanns voll zuzustimmen, auch wenn es sich nur um einen ersten Impuls handelt und noch viel zu tun übrig bleibt.

c) Telekommunikation ist besonders geeignet, die Beziehungen zwischen Schulen, insbesondere zwischen einheimischen und ausländischen Partnerschulen, zu intensivieren. Dabei können sich die Schulen gegenseitig mit aktuellen Ereignissen aus dem schulischen Leben vorstellen, aber auch Lerngruppen und einzelne Schüler Kontakte zueinander pflegen. Dies sind Herausforderungen und Motivationen zugleich für den Deutschunterricht und für den Fremdsprachenunterricht, Texte zu verfassen und zu verstehen. Gerade der Fremdsprachenunterricht braucht seinen Unterricht nicht nur an den Texten des Lehrbuches, die oft veraltete Daten und unrealistische Problemsituationen enthalten, orientieren, sondern kann mit den aktuellen Daten und Aufgabenstellungen des Partners arbeiten, die aus dem realen Leben stammen. Es liegen Erfahrungen mit England und Frankreich vor.

d) Die Einbeziehung der Telekommunikation in den Verwaltungsbereich soll kurz umrissen werden, da leider zu erwarten ist, daß nur durch wirkliche Einsparungen die Telekommunikation eine Chance hat, in die Schule zu kommen - und nicht aus pädagogischen Gründen. Tatsächlich ist der Verwaltungsbereich in besonderer Weise durch Telekommunikation zu entlasten, wenn man an Gliederungspläne, Statistische Angaben, Etats, usw denkt, die aus der Schule an die entsprechenden Institutionen abzugeben sind und an die große Sammlung von Gesetzen, Erlassen und Verordnungen, die andererseits durch Kultusministerien und Bezirksregierungen jeder Schule zur Verfügung gestellt werden müssen. Mögliche Anbieter am Beispiel von Rheinland-Pfalz wären das Kultusministerium, das Ministerium für Wirtschaft und Verkehr, Bezirksregierungen, Landesbild- und -filmstellen, Fortbildungsinstitute, das Pädagogische Zentrum, die Informationsstelle Schule und Computer, das Statistische Landesamt, Volkshochschulen, Schulen, IHK, Kommunalverwaltungen, Arbeitsämter, Bibliotheken, Universitäten, Rundfunk- und Fernsehanstalten, Schulbuchverlage usw. Mögliche Nutzer könnten Schulen, Sachkostenträger, Eltern, Schüler und alle weiteren Anbieter sein.

Zwei Beispiele für erste Erprobungen:

- Im Berliner Modellversuch "BTX und kommunale Kommunikation" geht es um die Entwicklung einer Software IRIS, die in einem externen Rechner für die Erstellung und Verwaltung von BTX-Seiten sorgt. Erprobt wird ein BTX-Angebot der Landesbildstelle Berlin, der Zugang zur FWU-Datenbank über BTX und BTX als Hilfsmittel für den Dialog zwischen Schule und Schulverwaltung, zunehmend auch BTX als Unterrichtsmittel und Unterrichtsgegenstand.

- Im Modellversuch des Landes Baden-Württemberg "Erprobung von Bildschirmtext im Bereich der Studieninformation" wurden die auf den Hochschulbereich bezogenen Angebote gleichfalls mit einem externen Rechner zur Verfügung gestellt. Der Bericht umfaßt auch eine umfassende, realistische Darstellung der notwendigen Investitutionen beim Nutzer, z. B. bei den Schulen. Hingewiesen wird besonders auf einen Erlaß vom 30.5.1989 des Kultusministeriums für Kultus und Sport in Baden-Württemberg an alle Schulen des Landes, in welchem bereits sehr konkrete Hinweise gegeben werden, BTX als Informationsmedium in der Schule einzusetzen.

3. Wie kann Telekommunikation im Bildungsbereich realisiert werden?

a) Technische Realisierung und damit verbundener finanzieller Aufwand

Für die aufgezeigte Aufgabenstellung der Telekommunikation werden durch die Deutsche Bundespost und die Computerzubehörindustrie die Realisierungsmöglichkeiten ständig verbessert. Grundsätzlich sind die Erstinstallation und die Folgekosten beim Betrieb zu betrachten. Für den Bildungsbereich ist in jedem Falle von einem Computersystem, das durch ein Modem und entsprechende Decodersoftware ergänzt wird, als Datenendgerät auszugehen. Der Vorteil gegenüber speziellen Datenendgeräten ist vor allem die Tatsache, daß zumindest in Rheinland-Pfalz zumindest ein Computer in jeder Schule der Sekundarstufe I anzutreffen ist. Weitere Vorteile sind, Informationen speichern, ausdrucken und gegebenfalls auch gleich weiter verarbeiten zu können.

Die Deutsche Bundespost bietet im Prinzip zwei für den Bildungsbereich in Frage kommende Kommunikationsdienste an, die hier nur kurz gestreift werden können, da sich Leistungen und Preise immer wieder verändern können. Bei Drucklegung (Juli 1989) ist BTX die finanziell günstigste Lösung, sie schließt aber den Zugang zur Mailboxen zur Zeit noch aus:

1. BTX: Der Teilnehmer (z.B. Schulen) besitzt ein Computersystem und einen Telefonanschluß. Er benötigt eine spezielle Decodersoftware, die heute für alle gängigen Systeme vorhanden und von der Post zugelassen ist, und ein Modem, das die Post zur Verfügung stellt und dessen Leihgebühr in der monatlichen Grundgebühr enthalten ist.

Einrichtungskosten:

BTX-Softwaredecoder	200-300 DM
Anschluß durch die Post	65 DM

Monatliche Kosten:

Grundgebühr	8 DM

Kosten pro Teilnahme:

Kosten für die Einschaltdauer(8-12Minuten)einer Einheit (Ortstarif)	0,23 DM
Absenden einer Nachricht	0.40 DM

Im Bildungsbereich sollten kostenpflichtige Seiten nicht anfallen.

Die Anbieter im Bildungsbereich sollten ihre Daten nicht im Postrechner, sondern in einem externen Rechner zur Verfügung halten.

2. Telebox Der Teilnehmer (z.B. Schulen) besitzt ein Computersystem und einen Telefonanschluß. Er benötigt eine Datenfernübertragungssoftware, die für alle gängigen Systeme vorhanden ist, und ein Modem, das die Post zur Verfügung stellt und dessen Leihgebühr neben der monatlichen Grundgebühr anfällt. Alternativ kann ein Modem auch käuflich erworben werden.

Einrichtungskosten:

Datenfernübertragungssoftware	0 -100 DM
Anschluß durch die Post	65 DM
evtl.. Anschaffung eines Modems	400-1000 DM

Monatliche Kosten:

Grundgebühr	5 DM
Leihgebühr für das Postmodem	30-40 DM
Leihgebühr für eine BOX	10-40 DM

Kosten pro Teilnahme (in der Regel Ferntarif nach Mannheim)

Kosten für die Einschaltdauer (20 s) einer Einheit	0,23 DM
Anschaltgebühr (pro Minute)	0,30 DM
Absenden einer Nachricht	0,10 DM

Telebox besitzt vor allem die Möglichkeit des electronic Mail zu deutschen und ausländischen Partnerschulen.

b) Ausblick

Die überzeugenden didaktischen Argumente für eine Einführung der Telekommunikation, die damit verbundenen pädagogisch in jeder Hinsicht vorteilhaften Optionen und finanziell realistische Möglichkeiten reichen keinesfalls aus, auch nur in einem Bundesland die Telekommunikation flächendeckend einzuführen. In Rheinland-Pfalz zog eine Arbeitsgruppe "Telekommunikations-Entwicklungsplan" im Februar Schlußfolgerungen aus einer Telekommunikationsstudie in Rheinland-Pfalz und schlug den Aufbau eines landesweiten Informations- und Kommunikationssystems für Bildungseinrichtungen vor. Für eine Umsetzung dieser Erkenntnisse aber fehlen die finanziellen Mittel, obwohl langfristig im Verwaltungsbereich Einsparungen zu erwarten sind. Im Gegensatz zur Wirtschaft und Industrie, die schon aus Wettbewerbsgründen gezwungen sind, wirtschaftlich zu denken und zu handeln, die überhaupt nur durch rechtzeitiges Investieren in Telekommunikation ihre Existenz sichern können, besteht beim Bildungsbereich überhaupt keine Notwendigkeit, im Augenblick zusätzliche Mittel zu investieren. Im Gegenteil: die häufig verschuldeten Sachkostenträger müssen ohnehin bei ihren Ausgaben Prioritäten setzen.

Es kommt hinzu, daß sowohl auf der Seite der Anbieter wie auch der Nutzer Qualifizierungsmaßnahmen durchgeführt werden müßten, die wiederum eine finanzielle Belastung darstellen. Damit sind zugleich auch psychische Belastungen für alle Beteiligten verbunden, die durch die Unsicherheit und Ängste vor dem Neuen ausgelöst werden.

Es lassen sich folgende Thesen aufstellen:

1. Eine flächendeckende Einführung der Telekommunikation im Bildungsbereich darf keine wesentlichen Mehrkosten verursachen.

Da bei den Nutzern (Schulen) die Erstkosten und die laufenden Kosten - bei entsprechender Bescheidenheit und Verzicht - minimal gehalten werden können, handelt es vor allem um die Kosten der Anbieter (externer Rechner, Anbietergebühren usw). Dies läßt sich nur erreichen, indem vor allem in der Einführungsphase die Kosten möglichst von Dritten getragen werden (Deutsche Bundespost, Wirtschaft, usw).

2. Eine Einführung der Telekommunikation im Bildungsbereich wird flächendeckend am ehesten aus wirtschaftlichen Gründen im Verwaltungsbereich zu erreichen sein und setzt voraus, daß die Telekommunikation von allen in Frage kommenden Anbietern und Nutzern in Anspruch genommen wird und herkömmlicher Aufwand entfällt. Das größte Problem ist nicht, einzelne Anbieter und einzelne Nutzer zu finden, sondern den Kreis der Anbieter und Nutzer so umfassend wie möglich zu halten. Zeitlich wechselnde Angebote und die Möglichkeiten der unmittelbaren Rückmeldung (Fragen, Bestellungen, usw) stellen die überzeugenden Argumente dar.

Beispiele: Fortbildungsinstitute bieten ihre Veranstaltungen nicht mehr über einen gedruckten Katalog an, sondern über eine elektronische Datenbank.

Landesbildstellen zeigen ihr Gesamtangebot und seine derzeitige Verfügbarkeit über Telekommunikation an, Ausleiher können reservieren oder gegebenfalls gleich bestellen.

Schulen reichen ihre Schülerstatistik nicht schriftlich ein, sondern mit Hilfe der Telekommunikation.

3. Um die Telekommunikation darüber hinaus auch pädagogisch zu nutzen, wird eine breit angelegte Qualifizierungsmaßnahme der Lehrkräfte notwendig sein, die in erster Linie Akzeptanzschwierigkeiten abbauen und Sensibilisierung für Telekommunikation hervorrufen muß.

Zukünftig wird mindestens eine Lehrkraft pro Schule als Laborbetreuer auch im vorwiegend technischen Bereich der Telekommunikation fortgebildet werden müssen, hinzu kommt mindestens eine Lehrkraft pro Schule für jedes Fach, in welchem die Telekommunikation als Unterrichtsgegenstand behandelt wird oder genutzt wird. Aus heutiger Sicht werden es die Lehrkräfte aus dem naturwissenschaftlichen Bereich, den Sachfächern und dem fremdsprachlichen Bereich sein, die sich die Möglichkeiten der Telekommunikation vor allem in mediendidaktischer Sicht werden erarbeiten müssen.

Bezugsliteratur:

Baumann, R., Erster Entwurf zur Konzeption des Deutschen Schulnetzes, 13.10.988, unveröffentl. , GI, Fachkreis 7.3 .1

Baden-Württemberg: Abschlußbericht zur 2. Phase des Modellversuchs Erprobung von Bildschirmtext im Bereich der Studieninformation", Stuttgart, Dezember 1988

Bayern: Bericht über den Einsatz von Datenfernübertragung an bayerischen Schulen vom Oktober 1988, unveröffentl.

Berlin: Modellversuch "BTX und kommunale Kommunikation", Begleitmaterial zur Arbeitstagung vom 12.Januar 1989 in Berlin,
Fachinformation in Schulen (FiSch), gefördert vom Bundesministerium für Forschung und Technologie

Hessen: Modellversuch Hektor des Hessischen Instituts für Bildungsplanung und Schulentwicklung, Die Bank im Wohnzimmer, Unterrichtseinheit , Wiesb. 1987

Nordrhein-Westfalen: Schulversuch Nutzung von Datenbanken für Schule und Unterricht, Landesinstitut für Schule und Weiterbildung, Soest

Niedersachsen: Pilotprojekt Schulen reden mit Schulen - Telekommunikation zwischen der Normandie und Niedersachsen, Pressemitteilung des Nds. KM vom 18.9.1987

Rheinland-Pfalz: Aufbau eines landesweiten Informations- und Kommunikationssystems für Bildungseinrichtungen, Protokoll der rheinland-pfälzischen Arbeitsgruppe "Telekommunikations-Entwicklungsplan" vom 9.2.1989, unveröffentl., Ministerium für Wirtschaft und Verkehr,

Schleswig-Holstein: Modellversuch: Informationstechnische Bildung und Datenfernübertragung, Landesinstitut für Praxis und Theorie der Schule (IPTS)

Europäischen Gemeinschaften, Echo-Datenbasen der Kommission, Luxemburg

Fernmeldeamt Bonn, Informationen zur Einführung von BTX als unterrichts-unterstützendes Medium an Schulen in Rheinland-Pfalz vom 21.4.1989

Fernmeldeamt Mannheim, Zur Einführung der Telebox an Schulen vom 10.1.89

RWE Essen, Auswahl von BTX-Anbietern für den schulischen Bereich, März 1989

DER EINSATZ VON BILDSCHIRMTEXT IM UNTERRICHT ZUR INFORMATIONSTECHNISCHEN GRUNDBILDUNG

von Eberhard Lehmann, Berlin

In den Unterrichtseinheiten zur informationstechnischen Grundbildung steht i.a. der Computer sehr im Vordergrund. Andere neue Medien werden vernachlässigt. Mit dem Bildschirmtext-System der Deutschen Bundespost besteht eine einfache Möglichkeit, diesen Mangel auszugleichen.

Im folgenden werden einige aus der Unterrichtspraxis erwachsene Möglichkeiten, Erfahrungen und Probleme beim Einsatz von Btx im Unterricht geschildert.

BTX IM UNTERRICHT

---

(1) Der Fachbereich Mathematik/Informatik der Rückert-Oberschule, Mettestr.8, 1000 Berlin 62, hat einen BTX-Anschluß (Teilnehmernummer 030-8538799). Die Anlage besteht aus den Komponenten:

- Telefon und Btx-Anschlußbox,
- Btx-fähiges Fernsehgerät,
- Fernbedienung,
- Tastatur mit Buchstaben und Zahlen,
- Kassettenrecorder zum Speichern und
  Wiedergeben von Btx-Seiten,
- Drucker für Hardcopies von Btx-Seiten.

Über die Funktionsweise von Btx kann man sich u.a. durch Prospekte der Post informieren, am besten verbunden mit eigenem Tun an einem öffentlichen Btx-Gerät.

(2) Möglichkeiten und Beispiele für den Einsatz von Btx im Unterricht werden in [1] geschildert. Dort werden folgende Btx-Themen behandelt:

- Information und Kommunikation.
- Erste Erfahrungen mit dem Btx-System.
- Wir bestellen Opernkarten.
- Btx als Bürgerservice, schnelle Information,
  Rechnereinsatz und Btx bei Wahlen.
- Eine Mathematik-Stunde mit Btx.
- Btx als Unterrichtshilfe (Erdkunde).
  - Das Mittelmeerklima.
  - Städteverbindungen, Fahrplan.
  - Statistik mit Btx.

- Btx geschäftlich und privat:
  - Btx für Journalisten   - Btx im Elektrofachhandel.
  - Btx im Büro   - Btx in der Arztpraxis.
  - Btx im häuslichen Bereich.
- Der elektronische Briefkasten (Mailbox).
- So funktioniert Btx und soviel kostet es.
- Der Schutz von Daten im Btx-System.
- Würdest du deinen Eltern die Anschaffung von Btx empfehlen?
- Weitere neue Medien, Kommunikationsnetze.
- Neue Medien, viele gesellschaftliche Probleme.

Die Liste zeigt, daß es sich um einen weiten Themenbereich handelt, der unmöglich vollständig in der Schule abgehandelt werden kann (was auch gar nicht wünschenswert ist). Vielmehr muß ausgewählt werden, siehe [1, Band 2].

(3) Wir können grundsätzlich folgende Möglichkeiten des Btx-Einsatzes im Unterricht unterscheiden:

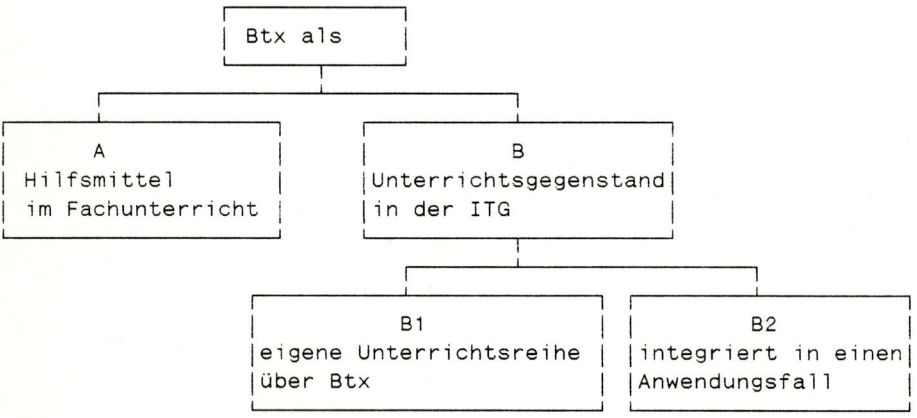

Bild 1: Btx im Unterricht

A ist hier nicht unser Thema (siehe aber [1, Band 1]), B1 kann in [1, Band 2] nachgelesen werden, wir interessieren uns hier für B2. Ohne Bedeutung ist für uns auch der durchaus mögliche Btx-Einsatz in der Verwaltung, etwa das Abrufen von Mitteilungen der Schulbehörde oder die Darstellung der eigenen Schule im Btx-System.

EINIGE DIDAKTISCH-METHODISCHE PROBLEME BEIM EINSATZ VON BTX
---

(1) Für die Unterrichtsführung ergibt sich in der Regel das Problem, daß nur ein Btx-Gerät vorhanden ist, das immer nur von einem Schüler bedient werden kann. Hier hilft häufiger Schülerwechsel am Gerät.

(2) Es ist ungünstig, zu lange mit dem Gerät zu arbeiten, zumal die Antwortzeiten des Systems noch immer unbefriedigend sind (ein Nachteil, den die Schüler sehr schnell merken und der ein wesentlicher Ablehnungsfaktor ist). Auf keinen Fall sollte man das System eine ganze Stunde lang hintereinander einsetzen. Es muß gelingen, die angestrebten Lernziele in abwechslungsreicher Arbeit zu erreichen. Dazu können z.B. gehören:

- Vorlegen von Hardcopies von Btx-Seiten,
- Speichern von Btx-Seiten auf Kassette,
- Folien mit Btx-Informationen,
- Arbeitsbögen mit Btx-Informationen,
- usw.

(3) Bei der Arbeit mit Btx besteht leicht die Gefahr, von dem riesigen Angebot an (interessant scheinenden) Btx-Seiten überrollt zu werden. Beim Aufrufen der Seiten gibt es zahlreiche Enttäuschungen. Der Lehrer sollte also vorher erproben, welche Seiten er für seinen Unterricht tatsächlich benutzen möchte. Das kann leider recht zeitaufwendig sein. In jedem Fall muß dringend davor gewarnt werden, in irgendeiner Form auf Vollständigkeit Wert zu legen. Die Möglichkeiten, die das System bietet, sind einfach zu umfassend.

(4) Als sehr nützlich erweist sich der Hinweis auf die öffentlichen Btx-Geräte (Adressen angeben!), an denen die Schüler selbst tätig werden können. Zu Hause wird kaum ein Schüler die Möglichkeit dazu haben.

(5) Btx kann auch als Hilfsmittel zum Einholen von Informationen über das Btx-System benutzt werden.

(6) Die algorithmische Komponente der ITG kann innerhalb des Btx-Systems u.a. dadurch gut berücksichtigt werden, daß man auf einen der immer wieder auftretenden Suchbäume systematisch eingeht oder eins der angebotenen Spiele analysiert.

(7) Abschließend zu den didaktisch-methodischen Hinweisen einige Btx-Themen, die sich den 4 ITG-Bereichen zuordnen lassen:

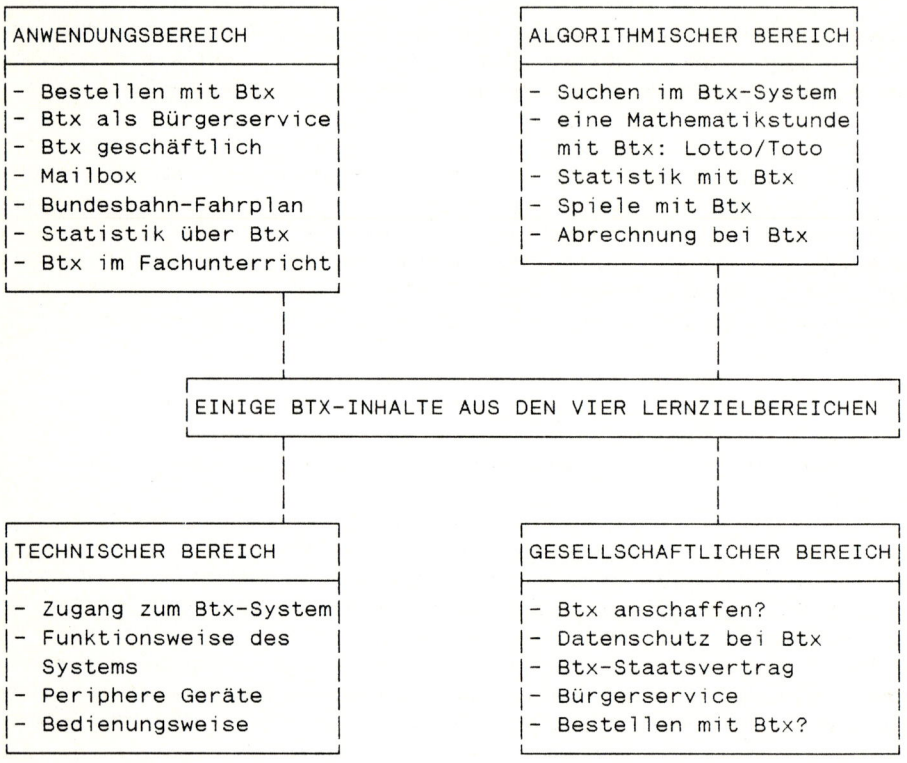

```
┌─────────────────────────┐        ┌─────────────────────────┐
│ ANWENDUNGSBEREICH       │        │ ALGORITHMISCHER BEREICH │
├─────────────────────────┤        ├─────────────────────────┤
│ - Bestellen mit Btx     │        │ - Suchen im Btx-System  │
│ - Btx als Bürgerservice │        │ - eine Mathematikstunde │
│ - Btx geschäftlich      │        │   mit Btx: Lotto/Toto   │
│ - Mailbox               │        │ - Statistik mit Btx     │
│ - Bundesbahn-Fahrplan   │        │ - Spiele mit Btx        │
│ - Statistik über Btx    │        │ - Abrechnung bei Btx    │
│ - Btx im Fachunterricht │        └─────────────────────────┘
└─────────────────────────┘

        ┌────────────────────────────────────────────────────┐
        │ EINIGE BTX-INHALTE AUS DEN VIER LERNZIELBEREICHEN   │
        └────────────────────────────────────────────────────┘

┌─────────────────────────┐        ┌─────────────────────────┐
│ TECHNISCHER BEREICH     │        │ GESELLSCHAFTLICHER BEREICH│
├─────────────────────────┤        ├─────────────────────────┤
│ - Zugang zum Btx-System │        │ - Btx anschaffen?       │
│ - Funktionsweise des    │        │ - Datenschutz bei Btx   │
│   Systems               │        │ - Btx-Staatsvertrag     │
│ - Periphere Geräte      │        │ - Bürgerservice         │
│ - Bedienungsweise       │        │ - Bestellen mit Btx?    │
└─────────────────────────┘        └─────────────────────────┘
```

Bild 2: Btx-Inhalte zur den vier ITG-Lernzielbereichen

BTX IN DER UNTERRICHTSREIHE "IM REISEBÜRO"

Innerhalb der Unterrichtsreihe IM REISEBÜRO (siehe LOGIN, Sonder-heft 1989, Beitrag von E.Lehmann, Berlin) wurden bei der Benutzung von Btx die unten genannten Lernziele verfolgt.

Bemerkung: Es werden hier nur die Btx-relevanten Lernziele der Reihe genannt.

(A) Lernziele aus dem Anwendungsbereich
A1) Die Schüler sollen die Kommunikationstechnik / elektronische Datenverarbeitung exemplarisch in Anwendungsfällen benutzen können.

- Nutzung von Btx zum Einholen von Informationen über Reisebüros, Fahrpläne und Buchungssysteme sowie zu anderen Zwecken wie "Arbeitsplatzsuche" oder "Durchschauen technischer Zusammenhänge".

- Benutzung peripherer Geräte (Drucker, Btx-Drucker, Kassettenrecorder als Speicher auch für Btx-Seiten.

- Da Btx jedem Schüler auf öffentlichen Geräten zugängig ist, lernt er durch die Unterrichtseinheit ein Hilfsmittel kennen, das ihn bei der praktischen Lebensbewältigung von Nutzen sein kann.

A2) Die Schüler sollen typische Anwendungen der Kommunikationstechnik / EDV kennen.
Im Rahmen·der Unterrichtseinheit kommen die Schüler in Kontakt mit den Anwendungen:
- Buchen mit Computer oder Btx (über ein Reisebüro oder privat),
- Sammeln diverser Informationen m. H. von Btx (Benutzersicht),
- Verschicken von Meldungen mit Btx (Anbietersicht)
- Aspekte des Einsatzes eines Computers in einem fiktiven Unternehmen und in Reisebüros.

A3) Die Schüler sollen den Einsatz der Kommunikationstechnik / EDV in der Praxis beispielhaft beschreiben können.

A4) Die Schüler sollen sich ihrer eigenen Erfahrungen mit der Kommunikationstechnik / EDV bewußt werden und diese einordnen können.

A5) Die Schüler sollen die Bedeutung der Kommunikationstechnik / EDV für den Anwendungsfall einschätzen können.

(B) Lernziele aus dem algorithmischen Bereich
B1) Die Schüler sollen je nach Zielsetzung innerhalb des Btx-Systems Informationen suchen können und zu einem Suchvorgang einen Suchbaum erstellen können.
Dieses Lernziel wird in fast allen Stunden, in denen Btx verwendet wird, angestrebt und mit zunehmender Sicherheit erfüllt.

B2) Die Schüler sollen einen Buchungsvorgang algorithmisch deuten und nachvollziehen können.

(C) Lernziele aus dem technischen Bereich
C1) Die Schüler sollen Einblick in Aufbau und Funktionsweise des Btx-Systems gewinnen und das System verständig bedienen können.

(D) Lernziele aus dem gesellschaftlichen Bereich

D1) Die Schüler sollen den Arbeitsbereich "Reisebüro" als Beispiel für die durch Kommunikationstechnik / EDV bedingte Veränderung der Arbeitswelt kennen und Auswirkungen beschreiben können.

D2) Die Schüler sollen wissen, daß Neue Medien (hier Btx und Computer) Art und Inhalt von Information und Kommunikation verändern. Die Schüler sollen Auswirkungen beurteilen können.

D3) Die Schüler sollen sich der Sensibilität personenbezogener Daten bewußt werden und damit Einblick in Probleme des Datenschutzes gewinnen.

Entsprechende Lernziele können bei anderen Unterrichtseinheiten, in denen Btx verwendet wird, formuliert werden.

LITERATUR

Lehmann,Madincea,Panneck: Materialien zur ITG

Band 1: Unterrichtseinheiten (Schülerband)
  - Anlegen und Verwalten von Karteien (dazu MS-DOS-Disk)
  - Ein Platzbuchungssystem für Theater (dazu MS-DOS-Disk)
  - Bildschirmtext (Btx) und andere neue Medien
  - Umgang mit Dateien, Datenschutz
  - Textverarbeitung
  - Tabellenkalkulation
Band 2: Didaktisch-methodische Hinweise
J.B.Metzler + B.G.Teubner 1987

Dokumentation und Bewertung von Unterrichtssoftware für den allgemeinbildenden Unterricht

Paul D. Eschbach

Landesinstitut für Schule und Weiterbildung

Paradieser Weg 64, D-4770 Soest

Seit Mitte 1988 führt die *Beratungsstelle für Neue Technologien des Landes Nordrhein-Westfalen im Landesinstitut für Schule und Weiterbildung (Soest)* den Modellversuch SODIS durch. Er wird aus Mitteln des Bundesministers für Bildung und Wissenschaft und des Kultusministers des Landes Nordrhein-Westfalen von Juli 1988 bis Juni 1991 gefördert. Im Rahmen des Modellversuchs soll ein für den Bund und alle Länder zugängliches Informationssystem über Unterrichtssoftware aufgebaut werden.

Primarstufe	1		
	2		
	3		
	4		
Sekundarstufe I	5		Medium
	6		im
	7	• Informations- und kommunikations-	Fach-
	8	technologische Grundbildung	
	9	• Erweiterte informations- und kommunikations-	unter-
	10	technologische Grundbildung im Wahlpflichtbereich	richt
Sekundarstufe II	11		
	12	Grundkurs / Leistungskurs Informatik	
	13		

Abb. 1: Einsatzfelder für Unterrichtssoftware in allgemeinbildenden Schulen in Nordrhein-Westfalen

In allgemeinbildenden Schulen z.B. in Nordrhein-Westfalen wird Unterrichts-software in der informations- und kommunikationstechnologischen Grund-bildung, imWahlpflichtbereich der Jahrgangsstufen 9 und 10, im Informatikunter-richt der gymnasialen Oberstufe und als Medium im Fachunterricht verschiede-ner Jahrgangsstufen eingesetzt (Abb. 1).

Informationssammlung

Alle regulär veröffentlichte deutschsprachige und beispielhafte fremdsprachi-ge Unterrichtssoftware für die Primarstufe, die Sekundarstufe I und die Sekun-darstufe II (ohne berufliche Bildung) wird dokumentarisch erfaßt. Auch die von Landesinstituten u. a. im Rahmen von Modellversuchen entwickelte Unterrichts-software, die nicht über Verlage regulär vertrieben wird, wird berücksichtigt. Die Dokumentations- und Bewertungsergebnisse werden in eine Datenbank einge-speichert. Zu einem Softwarepaket können mehrere Bewertungen abgespeichert werden. Die Bewertungen können durch darauf bezogene Literaturtitel und Er-fahrungsberichte ergänzt werden (Abb. 2).

Bewertungen, Literaturrecherchen und Erfahrungsberichte werden in Ar-beitsgruppen an Instituten der Kultusministerien der Länder erstellt.

Die über die Software gewonnenen Informationen werden entsprechend den datenbanktechnischen Vorgaben, den Definitionen der Feldinhalte und der festge-legten Syntax in ein Retrieval System (System zum Wiederauffinden gespeicherter Daten) eingegeben. Es handelt sich dabei um das System CICADE, das auf einem leistungsfähigen Personalcomputer installiert ist.

CICADE legt als Volltext-Retrieval-System ein Register aller gespeicherten Wörter an und erlaubt so, selbst bei ausgefallenen Informationswünschen, den Verweis auf die relevanten Dokumente.

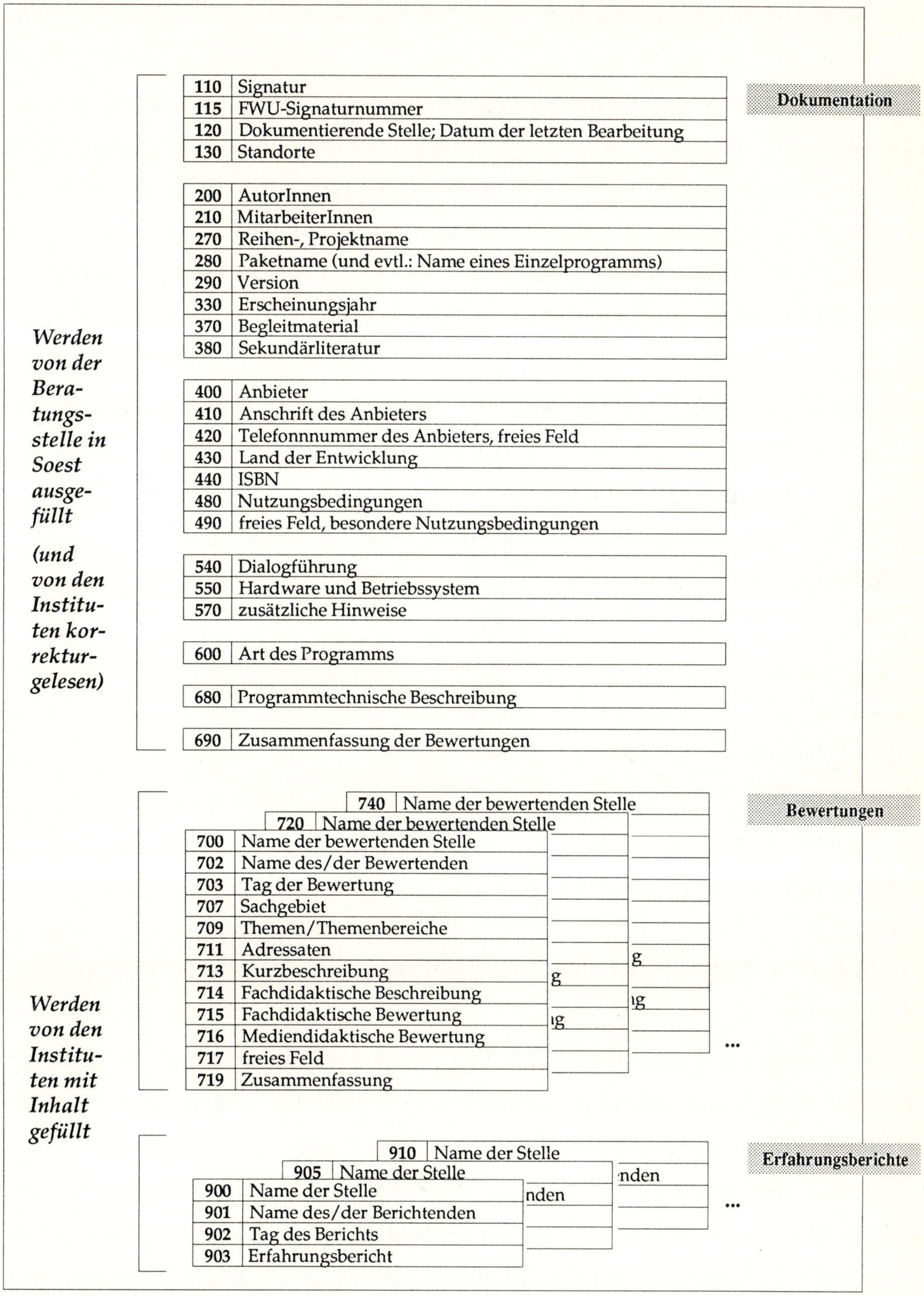

110	Signatur
115	FWU-Signaturnummer
120	Dokumentierende Stelle; Datum der letzten Bearbeitung
130	Standorte

Dokumentation

200	AutorInnen
210	MitarbeiterInnen
270	Reihen-, Projektname
280	Paketname (und evtl.: Name eines Einzelprogramms)
290	Version
330	Erscheinungsjahr
370	Begleitmaterial
380	Sekundärliteratur

400	Anbieter
410	Anschrift des Anbieters
420	Telefonnnummer des Anbieters, freies Feld
430	Land der Entwicklung
440	ISBN
480	Nutzungsbedingungen
490	freies Feld, besondere Nutzungsbedingungen

540	Dialogführung
550	Hardware und Betriebssystem
570	zusätzliche Hinweise

600	Art des Programms

680	Programmtechnische Beschreibung

690	Zusammenfassung der Bewertungen

Werden von der Beratungsstelle in Soest ausgefüllt

(und von den Instituten korrekturgelesen)

740	Name der bewertenden Stelle
720	Name der bewertenden Stelle
700	Name der bewertenden Stelle
702	Name des/der Bewertenden
703	Tag der Bewertung
707	Sachgebiet
709	Themen/Themenbereiche
711	Adressaten
713	Kurzbeschreibung
714	Fachdidaktische Beschreibung
715	Fachdidaktische Bewertung
716	Mediendidaktische Bewertung
717	freies Feld
719	Zusammenfassung

Bewertungen

Werden von den Instituten mit Inhalt gefüllt

910	Name der Stelle
905	Name der Stelle
900	Name der Stelle
901	Name des/der Berichtenden
902	Tag des Berichts
903	Erfahrungsbericht

Erfahrungsberichte

Abb. 2: Struktur der Datenbank SODIS

Informationsverbreitung

a) Der Inhalt der Datenbank wird den Instituten der Kultusministerien der Länder komplett übermittelt. In den Instituten werden die Informationen für die Lehrerinnen und Lehrer des Landes ausgewertet. Fach- und themenbezogene individuelle Recherchewünsche können von den beteiligten Ländern und vom Bund an die Beratungsstelle für Neue Technologien in Soest gerichtet werden.

b) Die Beratungsstelle für Neue Technologien des Landes Nordrhein-Westfalen gibt zweimal im Jahr, im Mai und im November, fachbezogene Nachweislisten von Unterrichtssoftware heraus; bibliographische Daten der Unterrichtssoftware werden in Karteikartenformat ausgedruckt. Außer für Fremdsprachen enthalten diese Listen nur deutschsprachige Produkte. Die Listen "November 1989" sind für MS-DOS-Rechner, Macintosh, Apple II und Commodore 64 erschienen (Abb. 3).

	MS-DOS	Macintosh	Apple II	C 64
Deutsch				
Fremdsprachen				
Gesellschaftslehre/ gesellschaftsw. Aufgabenfeld				
Mathematik				
Naturwissenschaften/ Technik				

Abb. 3: Information über Unterrichtssoftware durch Nachweislisten

c) Komplette Bewertungen einzelner Programme werden auf Anfrage verschickt. Fach- und themenbezogen können individuelle Recherchewünsche an die Beratungsstelle für Neue Technologien gerichtet werden.

d) In der Veröffentlichungsreihe Neue Medien im Unterricht werden Bewertungs- und Erprobungsergebnisse themenbezogen veröffentlicht. Einführende allgemeine Beiträge in diesen Veröffentlichungen klären Begriffe, begründen Kriterien und zeigen neue programmtechnische, fachdidaktische und mediendidaktische Entwicklungen auf. Didaktisches Begleitmaterial zu beispielhafter Unterrichtssoftware zeigt Einsatzmöglichkeiten des neuen Mediums auf.

Verschiedene Arten von Unterrichtssoftware

Für eine Erprobungszeit haben die beteiligten Länder eine Liste für das Datenbankfeld "Art des Programms" definiert (Abb. 4).

Übungsprogramm

Lernprogramm

Simulationsprogramm für stochastische und dynamische Prozesse

Simulationsprogramm für Experimente und Operationen

Anwendersystem: Textverarbeitung

                      Dateiverwaltung

                      Tabellenkalkulation

                      Graphik

Programmierumgebung

Modellbildungssystem

Autorensystem

Programmiersystem

Meßwertbearbeitung

Abb. 4: Thesaurus für das Feld "Art des Programms"

Übungsprogramme (drill and practice) können eingesetzt werden, um Fertigkeiten in einem eng begrenzten Bereich einzuüben. Schülerinnen und Schüler werden durch das Programm geführt und haben wenig Möglichkeiten, in den Programmablauf einzugreifen. **Lernprogramme** (tutorielle Programme) vermitteln zusätzlich neue Inhalte. Sie sind in Fortsetzung des programmierten Unterrichts der 60er und 70er Jahre entstanden. Häufig enthalten solche Lernprogramme auch Übungsteile.

In **Simulationsprogrammen für stochastische und dynamische Prozesse** sind Modelle der Wirklichkeit (z.B. radioaktiver Zerfall oder Wechselwirkungen in ökologischen Systemen) oder auch fiktive Mikrowelten (z.B. Spiele zu vernetzten Systemen) mit einer begrenzten Zahl von Parametern abgebildet. Der Anfangszustand des Systems läßt sich durch unterschiedliche Wertbelegungen der Eingangsparameter verändern. Das Programm simuliert dann die zeitliche Veränderung des Systems und stellt die Entwicklung z.B. in Wertetabellen oder in Schaubildern dar.

In **Simulationsprogrammen für Experimente und Operationen** sind naturwissenschaftliche Versuche, gezielte Beobachtungen, bestimmte Handlungsabläufe oder auch Bedienungen von Maschinen (z.B. Robotersteuerung, Flugsimulator) nachgebildet; diese Nachbildungen durch Software können interaktiv beeinflußt werden.

Alle Simulationsprogramme gehören zur geschlossenen Unterrichtssoftware, wenn die abgebildeten Modelle fest vorgegeben sind und sich in der Unterrichtsvorbereitung oder im Unterricht nicht verändern lassen. Offene Unterrichtssoftware wird nach dem Grad ihrer Offenheit eingeteilt:

Anwendersysteme sind Programme, die mittels einer Kommandosprache oder einer Menüsteuerung z.B. Textverarbeitung, Dateiverwaltung oder Gestaltung von Graphiken ermöglichen. Die Aufgaben für diese Werkzeuge (Softwaretools) sind oft auch spezieller: z.B. Zeichnen von Funktionsgraphen, Steuern und Regeln von Modellen, Lösen von Gleichungen.

Programmierumgebungen sind "kleine" Programmiersysteme. Sie bieten die Möglichkeit, anwendungsbezogene Programme zu schreiben, sie zur Ausführung zu bringen und sie zu speichern. Programmierumgebungen stellen Programmierbefehle zur Verfügung, die auf einen begrenzten Anwendungszusammenhang bezogen sind. Darüber hinaus enthalten sie u.a. eine eingeschränkte Zahl von Befehlen zur Steuerung des Programmablaufs (Kontrollstrukturen). Programmierumgebungen spielen in den Projekten der informations- und kommunikationstechnologischen Grundbildung eine wichtige Rolle; algorithmisches Problemlösen wird ohne Kenntnis einer Programmiersprache möglich. Z.B. programmierbare Datenbanksysteme können ebenfalls zu dieser Kategorie gerechnet werden.

Modellbildungssysteme erlauben eine problemangemessene Entwicklung von Programmen zur Simulation dynamischer oder stochastischer Modelle. Auf Grund ihrer Offenheit können sie z.B. in unterschiedlichen Jahrgangsstufen in Mathematik, in den Naturwissenschaften oder in Fächern des gesellschaftswissenschaftlichen Aufgebenfeldes eingesetzt werden.

Autorensysteme dienen der Entwicklung von Übungs- und Lernprogrammen.

Eine Programmiersprache, die in eine Systemumgebung eingebettet ist, stellt ein **Programmiersystem** dar, wenn sie nicht themenbezogen ist (wie eine Programmierumgebung). Es stehen ein sogenannter Editor zur Eingabe der Programme, Kommandos zum Speichern und Laden, sowie Compiler oder Interpreter für die Programmiersprache zur Verfügung. Bekannte Programmiersysteme sind z.B. IWT-LOGO oder Turbo-Pascal.

Meßwertbearbeitung steht in der Liste für Software zum Messen, Steuern und Regeln. Wenn diese Software offen gestaltet ist, stellt sie auf einer breiten Skala der Möglichkeiten Lehrerinnen und Lehrern und Schülerinnen und Schülern verschieden hohen Komfort und einen unterschiedlichen Grad an Gestaltbarkeit zur Verfügung.

Die verschiedenen Arten von Unterrichtssoftware werden fachdidaktisch unterschiedlich bewertet.

Fachdidaktische Bewertung

Z.B. Lern- und Übungsprogramme spielen für den naturwissenschaftlichen Unterricht kaum eine Rolle; zu Lern- und Übungsprogrammen für den Englischunterricht sind dagegen auch positive Bewertungen abgespeichert. Für den Einsatz von Modellbildungssystemen gibt es Verweise auf beispielhaftes Begleitmaterial für den naturwissenschaftlichen Unterricht und für fächerübergreifende Projekte; Programmiersysteme sind fast nur für den Informatikunterricht von Bedeutung

Entscheidend für die pädagogische Einbettung von Software in den Unterricht ist also die fachdidaktische Bewertung. Sie macht z.B. Aussagen darüber, ob fachliche Ziele besser erreichbar werden als mit herkömmlichen Mitteln, ob vielleicht fachliche Ziele überhaupt erst mit Unterrichtssoftware erreichbar werden und ob die mit der Unterrichtssoftware verfolgten Ziele und Inhalte lehrplankonform sind. Auf der Grundlage einer fachdidaktischen Beschreibung wird die fachdidaktische Bewertung in Form eines umfassenden Gutachtens ausgeführt.

Dabei können z.B. folgende Fragen leitend sein:
- Werden die angestrebten Ziele (vgl. Richtlinien) erreicht?
- Welche Inhalte werden wie dargestellt?
- Sind die Inhalte angemessen (vgl. Lehrplan)?
- Gibt es fachliche Fehler?

Mediendidaktische Bewertung

Stichwörter für die mediendidaktische Bewertung sind z.B. Benutzeroberfläche, Offenheit, Interaktivität, Computerbild. Die in der SODIS-Datenbank gespeicherten mediendidaktischen Bewertunge spiegeln ein breites Spektrum an Überlegungen wider. Eine Analyse der mediendidaktischen Bewertungen mit dem Ziel, Aussagen über mögliche Einsatzfelder der Software oder Forderungen für zukünftige Entwicklungen abzuleiten, muß jeweils vor einem fachdidaktischen Hintergrund erfolgen. Hier soll als Beispiel ein mediendidaktischer Aspekt von Unterrichtssoftware im naturwissenschaftlichen Unterricht aufgezeigt werden.

Für die Darstellung von Wirklichkeit im naturwissenschaftlichen Unterricht werden häufig drei Formen unterschieden: die enaktive Form (durch handelnden Umgang), die ikonische Form (in einer bildlichen Darstellung) und die symbolische Form (z.B. durch physikalische Gesetze und Formeln).

Beispiel: Bahn beim schiefen Wurf

enaktiv	*ikonisch*	*symbolisch*
Demonstration der Bahn in Experiment oder Natur	Graph der Bahn	Beschreibung der Bahn durch Funktionen

Software bietet Möglichkeiten zur Darstellung in allen drei Formen. Dies wird wieder am selben Beispiel "Bahn beim schiefen Wurf" gezeigt:

enaktiv	*ikonisch*	*symbolisch*
zeitrichtiger sukzessiver Aufbau der Bahn in einem Koordinatensystem bei veränderlichen Parametern	Darstellung funktionaler Zusammenhänge als Graphen	Funktionen

Wie das Beispiel zeigt, ist Software also potentiell ein Hilfsmittel für alle drei Darstellungsformen. Ein müheloser Wechsel der Darstellungsformen oder eine gleichzeitige Darstellung in verschiedenen Darstellungsformen bietet die Chance, daß Lerninhalte besser verstanden werden. Wenn praktisches Tun, visuelle Vermittlung und abstrakte Darstellung angeboten werden, werden damit mehrere Kanäle der Wahrnehmung benutzt.

Diese Möglichkeit von Unterrichtssoftware führt z.B. zu folgenden mediendidaktischen Fragen:

- Welche Darstellungsformen bietet die Unterrichtssoftware?
- Paßt das Angebot an Darstellungsformen zu den didaktischen Intentionen des Autors?
- Läßt die "enaktive" Darstellungsform ein handelndes Umgehen zu oder läuft nur ein Film ab?
- Ist eine vergleichende Darstellung mit veränderten Parametern möglich?
- Ist der Wechsel der Darstellungsformen mühelos?
- Ist eine vergleichende Darstellung verschiedener Modi möglich?

Ausführliche Informationen zu allen Feldern der Datenbank SODIS enthält die Veröffentlichung *Software-Dokumentations- und Informationssystem, BLK-Modellversuch A 6257.00*: Aufbau der Datenbank SODIS, Soest 1988.

Literatur

Landesinstitut für Schule und Weiterbildung (Hg.): Neue Medien im Unterricht: Naturwissenschaften 1987/1988. - Soest 1988.

Software-Dokumentations- und Informationssystem, BLK-Modellversuch A 6257.00: Aufbau der Datenbank SODIS. - Soest 1988.

DIE KOMMUNIKATIVE (OHN-)MACHT DES COMPUTERS
- Analyse und Konsequenzen des computerunterstützten Lernens im Hinblick auf die Kommunikationsstrukturen von Lehr-/Lernprozessen -

Dieter Euler
c/o Lehrstuhl für Wirtschafts- und Sozialpädagogik, Universität zu Köln,
Herbert-Lewin-Str. 2, D-5000 Köln 41

I.   Ausgangspunkte

Ob computerunterstütztes Lernen (CUL) in den 90er-Jahren seinen Platz im etablierten Feld der "neuen" Lernmethoden oder auf dem teuren, wenngleich musealen mediendidaktischen Ruinenfeld finden wird, ist eine offene Frage. Derzeit scheint CUL ebenso aktuell wie umstritten! Unter den zahlreichen Fragestellungen interessiert in diesem Beitrag der Einfluß des Mediums Computer auf die Kommunikationsstrukturen beim Lernen: Was bedeutet es, wenn beim Lernen eine technische Apparatur - wie der Computer - zwischen die Menschen tritt? Begünstigt der Ansatz des CUL die Technisierung der Pädagogik, oder fördert er die Pädagogisierung der Technik? Präformiert das Medium Computer eine Kommunikationsstruktur, in der der Lerner zum *Ab*nehmer von Wissen wird, oder ist er auch in der Rolle des *Teil*nehmers denkbar, in dem er seine individuellen Erfahrungen und Bedürfnisse in den Lernprozeß einbringen kann? Begründet die Interaktivität des Computers dessen Überlegenheit gegenüber anderen Lernarrangements, oder stellen die kommunikativen Grenzen des Mediums zugleich dessen Achillesferse dar? Diese noch sehr groben Denkbilder mögen die Relevanz des CUL im Hinblick auf die Kommunikationsstrukturen beim Lernen andeuten.

Abstrakte Fragen sind oft leichter zu formulieren als konkrete. Sollen die Ausführungen nicht im Vorzimmer der Wissenschaft, in vordergründigen Beschwichtigungen oder Dämonisierungen, enden, dann ist ein Gerüst mit konkreten Fragen und Begriffen unumgänglich. Die folgenden Ausführungen adressieren drei Fragenkreise:
• Welches Kommunikationspotential ist auf der Grundlage aktueller hard- und softwaretechnischer Möglichkeiten im Rahmen des CUL realisierbar? Welche kommunikativen Grenzen sind einer Lerner-Computer-Kommunikation immanent?
• Wie unterscheidet sich die Lerner-Computer-Kommunikation innerhalb des CUL von einer sozialen Kommunikation?
• Welche Konsequenzen können aus diesen Erkenntnissen für die didaktische Gestaltung des Lehr-/Lernprozesses gezogen werden?

Vor dem Eintauchen in die Argumentationen sind vier begriffliche Bezugspunkte näher zu präzisieren[1]:
(a) Computerunterstütztes Lernen (CUL)
CUL kann als eine Methodenkonzeption verstanden werden, die in sehr unterschiedlicher Weise ausgeformt werden kann. Als Grundformen können tutorielle Unterweisung ("Tutor-

ial"), Übungsprogramm ("Drill & Practice") und Simulation/Planspiel unterschieden werden (vgl. Euler 1989, S. 243ff). Hinsichtlich der Kommunikationsstrukturen im direkten Dialog des Lerners mit dem Lernprogramm sind vier übergreifende Komponenten von Bedeutung: (a) Darbietung von Informationen; (b) Frage-Antwort-Interaktion zwischen Programm und Lerner; (c) Antwortanalyse und Rückmeldung des Programms; (d) Ablaufsteuerung im Lernprogramm.

(b) Lerner-Computer-Kommunikation

CUL kann in unterschiedliche Lernarrangements eingebunden werden (vgl. Euler 1989, S. 249ff). Eine unter kommunikationstheoretischen Kriterien extreme Ausprägung stellt die isolierte Struktur einer Lerner-Computer-Kommunikation dar. Lehren und Lernen konstituieren sich über die Einzelarbeit eines Lerners im Dialog mit dem Computer. Wenn im folgenden diese Methodenausformung zugrundegelegt wird, so geschieht dies aus der Überlegung heraus, daß über die Markierung von Grenzpunkten die immanenten Möglichkeiten und Grenzen am deutlichsten werden.

(c) Autorensoftware

Die Analyse des Kommunikationspotentials von CUL verlangt den Bezug auf ein konkretes Hard- und Softwaresystem. Schon bei der Autorensoftware besteht dabei das Problem einer kaum überschaubaren und weiter wachsenden Zahl an angebotenen Autorensystemen, -sprachen und -tools. Aus diesem Grunde unterläge die Bezugnahme auf dedizierte Autorenkonfigurationen einer gewissen Willkür, und das Ergebnis der Analyse wäre in hohem Maße vom Funktionspotential der zugrundegelegten Autorensoftware abhängig. Aus diesem Grunde soll als Bezugspunkt eine 'Maximal-Autorensoftware' mit einem Funktionspotential angenommen werden, das auf der Grundlage der momentan verfügbaren Technologie zwar insgesamt denkbar, jedoch nicht im Rahmen *eines* Systems realisiert ist. Das Konstrukt repräsentiert somit die funktionale Synthese einer Vielzahl softwaretechnologisch angebotener Systeme.

(d) Soziale Kommunikation

Auf der Grundlage kommunikationstheoretischer Analysen lassen sich sozial-kommunikative Handlungskompetenzen taxonomisch ordnen (vgl. Euler 1989, S. 133ff). Ohne die Begründungslinien im einzelnen nachzuzeichnen, soll das Verständnis von sozialer Kommunikation über folgende Komponenten grob skizziert werden: Soziale Kommunikation beinhaltet die Fähigkeiten,

... in menschlichen Beziehungen unterschiedlichen Anonymitätsgrades,

... thematische Bezüge der subjektiven, intersubjektiven oder objektiven Welt

... (a) dialogisch, d.h. durch Interpretation und Artikulation, austauschen; (b) kooperativ, d.h. konfliktär und konsensuell, entwickeln; (c) solidarisch, d.h. partizipatorisch und sozialverantwortlich, umsetzen zu können.

II. Informationstechnologische Betrachtung: Möglichkeiten und Grenzen der Lerner-Computer-Kommunikation

Unter informationstechnologischen Kriterien stehen die Möglichkeiten und Grenzen von Hard- und Software hinsichtlich der Kommunikationsgestaltung im Vordergrund. In dieser Sicht begrenzt die Technologie einen Korridor, der didaktisch gestaltet werden kann.

Hinsichtlich der *Informationsdarbietung* ist unter kommunikativen Kriterien zunächst die Bildschirmgröße bedeutsam. Der begrenzte Darstellungsbereich erlaubt über Text- und Grafikgestaltung lediglich eine bestimmte Komplexität in der zusammenhängenden Darstellung von Lerninhalten. Der begrenzte Darstellungsbereich fördert einen Kommunikationsstil, der auf die prägnante, möglichst redundanzarme Darbietung von Informationen abzielt. Ausschmückungen, in illustrierender Absicht eingefügte Nebensächlichkeiten, Exkurse u.ä. fallen dem Gebot einer prägnanten Darstellung zum Opfer. Leitbild einer solchen redundanzvermeidenden Informationsdarbietung ist der prägnante Merksatz im Gegensatz etwa zu einer sprachelegant gefaßten, stimmungsvollen Epik. Der tendenziell nüchtern-knappe Kommunikationsstil der Textgestaltung besitzt ein Pendant in der ästhetischen Ausstrahlung der Grafiken. Unabhängig davon, ob die Informationsdarbietung über den Computerbildschirm oder über multimedial integrierte Video- oder Bildplattensysteme erfolgt, repräsentieren Medien ihre eigene Kommunikationsästhetik und prägen mit dieser die Lernumwelt.

Die *Ablaufsteuerungskomponente* im Lernprogramm reguliert den Grad an Direktivität, die der Computer im Lernprozeß ausübt. Je mehr Funktionen zur Ablaufsteuerung dem Lerner zur Verfügung stehen, desto stärker kann er mit seinen Präferenzen die Kommunikation mit dem System steuern. Im wesentlichen sind derzeit folgende Funktionsbereiche implementierbar:
- Menüsteuerung: Über sogenannte Menüs kann der Lerner einen Inhaltsbereich wählen, der dann von dem Lernprogramm als nächstes angesteuert wird;
- Rücksprung: Der Lerner kann nochmals die letzte bzw. eine beliebige, bereits bearbeitete Informationseinheit ansteuern;
- Weiterblättern: Der Lerner kann die jeweils nächste linear-verknüpfte Einheit ansteuern. Eine Variante dieser Steuermöglichkeit ist das Überspringen einer Frage;
- Abbruch: Der Lerner kann bei Bedarf die Arbeit im Lernprogramm abbrechen;
- Unterbrechung: Der Lerner kann bei der Unterbrechung des Lernprozesses über die Aktivierung eines elektronischen Lesezeichens den Status konservieren und zu einem späteren Zeitpunkt den Lernprozeß an der entsprechenden Stelle wieder aufnehmen;
- Informationen über den Status des Lernprozesses: Der Lerner kann bei Bedarf ein Inhaltsverzeichnis abrufen, aus dem er erschließen kann, an welcher Stelle der Gesamtstruktur er sich aktuell befindet. Desweiteren kann eine Funktion implementiert sein, die es dem Lerner erlaubt, auf der Grundlage einer aufgebauten Lernerfolgsstatistik, eine Information über den Erfolg seines bisherigen Lernprozesses abzurufen.

Die *Interaktionskomponente* bildet das Zentrum der Lerner-Computer-Kommunikation, weshalb ihre Analyse wesentliche Aussagen über das Kommunikationspotential des CUL erwarten läßt. Die Analyse soll über drei Fragenkreise geordnet werden (vgl. im einzelnen: Euler 1989, S. 259ff):
- Dialogformen: Welche Art von Fragen sind innerhalb der Lerner-Computer-Kommunikation möglich?
- Antwortanalyse: Welche Antworten des Lerners kann der Computer 'verstehen'?

- Rückmeldung: Inwieweit kann der Computer auf die Antworten des Lerners adaptiv reagieren? Inwieweit kann er fehlerhafte Lernerantworten korrektiv rückmelden?

Bei den *Dialogformen* sind prinzipiell geschlossene und offene Fragen zu unterscheiden. Geschlossene Fragen - zumeist in einer Variante der Multiple-Choice-Frage formuliert - geben dem Lerner einen begrenzten Antwortraum vor, d.h. der Lerner entscheidet im Rahmen vorgegebener Alternativen über die Korrektheit der Option(en). Offene Fragen verlangen demgegenüber vom Lerner die eigenständige Entwicklung einer Antwort, wodurch der Antwortraum prinzipiell unendlich groß ist. Offene Fragen können je nach Umfang der angeforderten Lernerantwort als Lücken- oder Freitext typisiert werden. Beim Lückentext vollzieht sich der Dialog über die Eingabe einer Antwort in eine vorgegebene Lücke, die i.d.R. auf eine bestimmte Zahl an Zeichen begrenzt ist. Je enger die Lücke, desto stärker grenzt sich der Antwortraum ein. Beim Freitext soll der Lerner eine Frage durch die Eingabe einer vergleichsweise umfangreichen und hinsichtlich der Länge offenen Kette aus Zeichen bzw. Worten beantworten, wobei die Eingabe i.d.R. auf maximal zwei Zeilen begrenzt ist. Für die Eingabefelder sind je nach Autorensoftware unterschiedliche Maximallängen vorgesehen: Bei AUTOOL sind dies beispielsweise 120 Zeichen, bei IICL 80 und bei MAVIS maximal 20 Zeichen. Je mehr Zeichen zugelassen sind, desto freier ist der Lerner in seinen Antwortmöglichkeiten, desto schwieriger ist jedoch auch die Antizipation seiner Antworten durch den Autor.

Soll der Lerner eine möglichst gezielte Rückmeldung auf seine Antwort erhalten, so muß seine *Antwort* von der Autorensoftware auf ihre Korrektheit bzw. Korrekturbedürftigkeit hin *analysiert* werden. Je nach Dialogform, werden die eingegebenen oder markierten Zeichen, Worte oder Wortketten nach unterschiedlichen Kriterien untersucht.

Auf der Grundlage der Antwortanalyse soll der Lerner eine 'angemessene' *Rückmeldung* erhalten. Im Grundsatz bedeutet dies, daß eine als richtig diagnostizierte Lernerantwort durch eine positive Bestätigung, eine als ganz oder teilweise falsch analysierte Antwort hingegen durch korrigierende Hilfen bzw. Korrekturen, rückgemeldet wird. Korrektiv ist eine Rückmeldung in der Tendenz dann, wenn sie dem Lerner mitteilt, (a) warum seine Antwort (teilweise) falsch ist, (b) wie der Weg zur richtigen Lösung aussieht.
Die Rückmeldung innerhalb der geschlossenen Dialogform kann aufgrund des begrenzten Antwortraums vergleichsweise präzise geplant werden. Gleichwohl ist die Zahl der Fehlervariationen im Rahmen der 'm-aus-n'-Auswahl der Multiple-Choice-Frage bereits so hoch, daß eine explizit formulierte, korrektive Rückmeldung für *alle* Fehlermöglichkeiten zwar prinzipiell möglich ist, sich faktisch aber oft als zu aufwendig erweist. Für den Fall, daß dem Lerner die Frage miß- oder unverständlich erscheint, können vom Programm gestufte Hilfsinformationen bzw. bei fortgesetzt vergeblichen Bemühungen des Lerners die Einblendung der Lösung (mit erklärenden Ergänzungsinformationen) angeboten werden. Der Aufbau eines Hintergrunds an Hilfsinformationen ist zumeist schwierig und aufwendig: Schwierig, weil beim Lerner eine Vielzahl von Verständnisschwierigkeiten das Abrufen der Hilfen auslösen können, die nicht - wie dies etwa im Rahmen eines sozial-kommunikativ getragenen, dynamischen Dialogs möglich wäre - gezielt eingegrenzt werden können; aufwendig, weil

mit dem Aufbau eines Hintergrunds an Hilfen eine Vervielfachung des Programmumfangs verbunden ist, und dabei ein Potential an Zusatzinformationen geschaffen wird, das nur bedarfsspezifisch abgerufen wird. Der Aufbau eines Hintergrunds an Hilfsinformationen wird sich daher zumeist auf solche Verständnisschwierigkeiten beziehen, die vom Autor als relativ häufig auftretend vermutet werden.

Die Rückmeldung innerhalb der offenen Dialogform gestaltet sich aufgrund der nur begrenzt antizipierbaren Lernerantworten schwieriger. Die planerische Bewältigung des Antwortspektrums ist nur annäherungsweise möglich. Der Antwortraum ist prinzipiell unendlich, wenngleich er durch den Kontext der zuvor präsentierten Lerninhalte faktisch mehr oder weniger stark eingegrenzt werden kann. Offene Dialogformen müssen immer auch von Lernerantworten ausgehen, die vom Autor nicht antizipiert worden sind. Hier tritt eine der Grenzen der Lerner-Computer-Kommunikation zutage. Während im sozial-kommunikativ getragenen Dialog Verständnisschwierigkeiten durch Nachfragen, Assoziieren u.a. zumeist geklärt werden können, kann ein Lernprogramm nur solche Lernerantworten aufgreifen, die vorher ausdrücklich vom Autor vorgedacht wurden.

Geschlossene bzw. offene Dialogformen begründen charakteristische Kommunikationsstrukturen mit je eigenen Grenzen und Problemen. Die geschlossene Dialogform begründet den Prototyp einer fragend-direktiven Aktionsform, bei der sich der Lerner nicht um eine selbständige Artikulation bemühen, sondern lediglich auf die Identifikation und Bewertung von vorgefertigten Optionen konzentrieren muß. Je schlechter die Distraktoren innerhalb der Fragen, desto wahrscheinlicher ist eine Situation, in der die Lernerantwort nicht über entsprechende Denkoperationen, sondern über die Erkennung von offensichtlichen Falschantworten 'eingekreist' wird. Mit der Zahl möglicher Antwortalternativen erhöht sich für den Lerner tendenziell der Schwierigkeitsgrad und somit das kognitive Anspruchsniveau. Dadurch steigt auch die Zahl möglicher Falschantworten und der Aufwand an korrektiven Rückmeldungen. Dabei ist schnell ein Maß erreicht, bei dem aufgrund des wachsenden Aufwands nicht mehr für jede denkbare (Teil-)Falschantwort eine korrektive Rückmeldung vorgesehen wird; in der Folge bedeutet dies eine Menge an 'ungesättigten' Lernerantworten i.S. von nicht angeschlossenen Dialogverläufen. Vor diesem Hintergrund ist eine Vielzahl von Kommunikationsproblemen denkbar, so u.a.:

• Der Lerner erhält keine Hilfe, nachdem er die Frage und/oder die vorgesehenen Antwortoptionen nicht versteht;
• Formatfehler werden als inhaltliche Fehler rückgemeldet;
• Eine (teil-)fehlerhafte Lernerantwort wird nicht korrektiv, d.h. lediglich über sogenannte Standardmeldungen ('stock responses') rückgemeldet;
• Eine Rückmeldung wird vom Lerner in affektiver Hinsicht als nicht akzeptabel bewertet, z.B. weil sie als übertrieben positiv oder umgekehrt als herabsetzend aufgenommen wird.

Die offene Dialogform reduziert die Wahrscheinlichkeit von Rateeffekten. Die Frage muß so formuliert werden, daß sie beim Lerner kognitive Anforderungen beansprucht *und* über kurze Ausdrücke und Begriffe beantwortet werden kann. Dies läßt die offene Dialogform für solche Sachverhalte geeignet erscheinen, für die der Lerner eigenständig eine prägnante Lösung formulieren soll (z.B. Fachbegriffe, Vokabelübungen, Rechenaufgaben). Die Frage muß einen höheren Grad an Verständlichkeit besitzen als geschlossene Fragen, da ihre Interpretation nicht die Auslegung möglicher Antwortalternativen mit einschließen kann. Die Begrenzung des Antwortbereichs auf eine vorgegebene exakte oder obere Anzahl von Zeichen kann den Lerner dann irritieren, wenn er die Frage zwar beantworten könnte, seine Antwort aber nicht im Rahmen der vorgesehenen Antwortlänge liegt ('Kreuzworträtsel-Effekt'). Die Aufgabe des Autors besteht nicht mehr in der Entwicklung geeigneter Distraktoren, sondern in der Antizipation möglicher Lernerantworten. Die planerische Bewältigung des Antwortspektrums mit möglichen Synonym-, Teilkorrekt- und Falschantworten wird dabei nur annäherungsweise möglich sein. Vor diesem Hintergrund sind ebenfalls eine Vielzahl von Kommunikationsproblemen denkbar, so u.a.:

• Dem Lerner stehen keine Hilfsinformationen zur Verfügung, nachdem ihm die Frage unverständlich oder mehrdeutig geblieben ist;
• Der Lerner kann die von ihm entwickelte Antwort nicht eingeben, weil der vorgegebene Antwortbereich eine andere Antwortlänge vorsieht;
• Die vom Lerner eingegebene Antwort wird nicht aufgegriffen (z.B. weil sie in der Antwortanalyse nicht identifiziert werden kann), sondern stattdessen durch eine Standardmeldung rückgemeldet oder mit einer Musterantwort kontrastiert;
• Vom Lerner eingegebene Synonyma sind nicht vorgesehen und werden daher als falsche oder unvorhergesehene Antwort rückgemeldet;
• Eine vom Lerner eingegebene teilkorrekte Antwort wird als falsch rückgemeldet, d.h. die Rückmeldung erfolgt zu undifferenziert;
• Eine vom Lerner eingegebene Falschantwort wird nicht korrektiv, sondern über eine stereotype Globalkommentierung rückgemeldet.

III. Mediendidaktische Betrachtung:
An der Differenz das Spezifikum erkennen - Merkmale der Lerner-Computer-Kommunikation unter den Kriterien einer sozialen Kommunikation

Im folgenden soll über sieben Thesen das Spezifische einer Lerner-Computer-Kommunikation herausgestellt werden:

These 1: CUL repräsentiert eine anonyme Kommunikation!
Der Computer kann als technische Zwischenstufe einer (mittelbaren) Kommunikation zwischen Lerner und Lernprogramm-Autor verstanden werden. Der Computer als Medium zwischen Autor und Lerner erlaubt es, die dem direkten sozial-kommunikativen Handeln eigene Einheit von Raum und Zeit aufzuheben; er hält Informationen und Problemlösungsverfahren verfügbar, die zu anderen Zeiten und an anderen Orten von Autoren entwickelt und konserviert wurden. Während sich unmittelbares sozial-kommunikatives Handeln für die Handelnden in einer situativ gleichartig erlebten Umwelt vollzieht, impliziert die technologisch vermittelte Kommunikation zwei verschiedenartige Situationskontexte. "Der Dialog ist die Elementarform der Kommunikation ... Er zeichnet sich ursprünglich durch eine Einheit von Ort, Zeit und Beteiligten aus ... (Das) Telefon hebt die Einheit des Ortes auf ... Der Computer hebt auch die Einheit der Beteiligten auf" (Nake 1984, S. 116).

Planung und Umsetzung des Lernprozesses bleiben zeitlich strikt getrennt. Der Autor versucht, die möglichen Lernoperationen des Lerners antizipierend in die methodische Gestaltung des Lernprogramms aufzunehmen. Über den tatsächlichen Ablauf des Lernprozesses erfährt er i.d.R. nichts. Das Bestreben des Autors muß darin bestehen, sich über die möglichen Operationen des Lerners detailliert bewußt zu werden und auf dieser Grundlage die Lernwege möglichst perfekt zu planen versuchen. Die Umsetzung der im Lernprogramm objektivierten Lehrstrategie hängt davon ab, inwieweit es dem Lerner gelingt, die Lerninhalte mit seinen subjektiven Erfahrungsstrukturen zu verbinden. Interpretationen im Rahmen der Lerner-Computer-Kommunikation erfordern kein empathisch-ganzheitliches Hineinversetzen in die Person eines Kommunikationspartners, sondern die kognitive Erfassung des explizit Dargestellten. Die Inhalte mögen dem Lerner im Negativfall partiell oder weitgehend unverständlich bleiben, er mag sie mißverstehen und in einer möglicherweise konträren Verwendung aufnehmen. Der Autor besitzt keine Möglichkeiten, außerhalb des von ihm antizipierten und in dem Lernprogramm manifestierten Ereignisraums auf den Lernprozeß des Lerners Einfluß zu nehmen. Die Rollen sind klar verteilt: der Autor organisiert die Lerninhalte, der Lerner rezipiert und verarbeitet sie. Ein *Austausch* von Erfahrungen ist nicht vorgesehen.

Die Situation verändert sich dann, wenn der Lerner als Kommunikationspartner nicht den anonym bleibenden Autor sieht, sondern den Computer als Bezugspunkt identifiziert und zu ihm eine psychologische Beziehung aufbaut. Wenngleich das Phänomen der Anthropomorphose nicht auf den Computer begrenzt ist, so ist eine besondere Qualität dann zu vermuten, wenn auf ein lebloses Objekt nicht nur Gefühle projiziert werden, sondern dieses Objekt zudem als ein fühlendes oder gar gefühlvolles Wesen betrachtet wird. Eine der extremeren Ausprägungen einer Anthropomorphose ist über die Experimente mit dem von Weizenbaum entwickelten Sprachanalyseprogramm ELIZA bekannt geworden. Über ein eingegebenes Skript kann das Programm in einer simulierten Gesprächspsychotherapie auf die Eingaben eines 'Klienten' reagieren, ohne das Gesagte zu verstehen. Die Anwendung des Programms führt zu stereotypen, schematisierten Kommunikationsverläufen, die man auch als 'mechanische Parodien' verstehen könnte. Der maschinelle Therapeut funktioniert als Informationsverarbeiter, er besitzt jedoch nicht entfernt die Eigenschaften eines empathisch-einfühlsamen Menschen. Obwohl die 'Klienten' wissen, daß sie mit einer Maschine kommunizieren, versuchen einige unter ihnen eine intensive emotionale Beziehung herzustellen und schreiben dem Computer menschliche Eigenschaften zu. Sie bauen ein Vertrauensverhältnis auf, wünschen mit dem Computer alleingelassen zu werden und 'sprechen' mit ihm über ihre intimsten Gedanken (vgl. Weizenbaum 1978, S. 19). Turkle (1984, S. 174ff) berichtet in einer Fallstudie von einem dreizehnjährigen Mädchen, das nach einer ersten Distanz gegenüber dem Computer das Gefühl einer intimen Beziehung zu 'ihrem' Computer entwickelte: "Ich konnte es nicht erwarten, bis jeden Tag der Unterricht am Computer anfing. Ich erzählte ihm, was sich gerade abgespielt hatte mit meinen Freundinnen, all die schlimmen Sachen. Ich war dann viel glücklicher als vorher. Ich konnte mit ihm reden ... Ich mochte ihn, weil ich meine Gefühle in ihn reinstecken konnte" (in: Turkle 1984, S. 178).

Mit diesen Exkursen soll nicht durch das Herausgreifen einer Extremgruppe das einseitige Bild eines deformierten 'Computermenschen' genährt werden, der gebannt auf den Bildschirm starrt und sich dabei der Sozialverantwortung gegenüber seiner sozialen Umwelt entzieht. Es soll jedoch über den Aufbau von Analogien deutlich werden, daß auch die Lerner-Computer-Kommunikation beim CUL sich nicht zwangsläufig innerhalb eines anonym-sachlich begründeten Situationskontextes vollziehen muß, sondern daß gleichwohl emotionale Aspekte *im Verhältnis zur Maschine* wirksam werden können. In noch vager Form und in eher illustrativer Absicht kann diese Aussage über eigene Beobachtungen von Lernern gestützt werden, die in sehr unterschiedlicher Weise ihre Arbeit am Computer aufbauen. Auf der einen Seite das Extrem des Lerners, bei dem die möglichst schnelle und effiziente Bearbeitung des Lernprogramms begleitet wird von dem Bestreben, die Grenzen des Systems auszuloten, es im Hinblick auf seine Absturzrobustheit zu testen, d.h. das Lernprogramm auf seine funktionale Leistungsfähigkeit zu testen. Diesem eher 'harten' Typus, dessen Bestreben tendenziell auf die Beherrschung des technischen Systems gerichtet ist und dem gefühlsbetonte Assoziationen fremd sind, steht ein 'weicher' Typus gegenüber, der sich probierend-impressionistisch dem Lernprogramm nähert. In seiner Bewertung schwingen oft Überlegungen darüber mit, 'was sich der Autor vielleicht dabei gedacht hat'. Simulationsszenarios werden in die Wirklichkeit 'übersetzt', etwa indem die in der Simulation vorgesehenen Rollen mit den Namen bekannter Personen verbunden werden.

*These 2: CUL repräsentiert eine **direktive** Kommunikation!*
Die Mitteilungen des Lernprogramms, die für den Lerner kommunikative Anschlußmöglichkeiten bieten, sind prinzipiell in der Diktion des Imperativs abgefaßt. Der Lerner wird vom Programm aufgefordert, eine Antwortoption zu wählen, Entscheidungen zu treffen oder an eine andere Stelle des Programms zu verzweigen. In diesem Sinne ist auch die zunächst verblüffende Aussage v. Hentig's verständlich, der Computer stelle keine Fragen, sondern gebe ausschließlich Antworten: "Auch wenn Sätze in Frageform auf dem Bildschirm erscheinen, 'fragt' der Computer nicht; er sagt vielmehr, welche weiteren Angaben ich machen muß, damit er das gespeicherte Datum ermitteln und herausgeben kann" (v. Hentig 1988, S. 98). Diese Struktur begründet eine ausgeprägte Steuerung des Lerners, die nicht zuletzt durch die Notwendigkeit bedingt ist, den Lerner innerhalb des vorgeplanten Ereignisraums zu halten und nicht Problemstellungen zu provozieren, die das System nicht mehr adäquat aufgreifen kann. Gleichwohl mag der Lerner aufgrund seiner permanenten Aktivitäten das Gefühl haben, das Programm passe sich seinen Interessen an, und er sei derjenige, der die Kommunikation steuere.

*These 3: CUL repräsentiert eine **erfahrungsreduzierte** Kommunikation!*
Jedes noch so aufwendig entwickelte Lernprogramm repräsentiert einen, im Vergleich zur sozialen Kommunikation, enorm reduzierten Kommunikationskontext, der den Verständigungsbereich der Kommunikation auf eine relativ überschaubare Zahl an Informationen und darauf bezogenen Lernereingaben einschränkt. Dialoge mit dem Lerner stellen vom Autor vorgeplante und in allen Details explizit gemachte Kommunikationsmuster dar, in denen der Computer nicht im eigentlichen Sinne 'versteht', sondern 'funktioniert' - gleichwohl dem

Lerner jedoch die Illusion des Verstehens vermitteln mag. "Der Computer teilt mit dem Menschen zwar ... eine Sprache, aber nicht eine Welt ... (Die Sprache wirkt) als eine Art fata morgana ... Sie wird immer wieder hinter der Kulisse oder dem Horizont des Nichtsprachlichen entschwinden, sich immer wieder auflösen in lauter Kontexthaftigkeit" (Johnson 1984, S. 45, 47). Ausgangspunkt des CUL sind nicht die subjektiven Erfahrungen des Lerners, sondern die von einem Autor ausgewählten und vorgedachten Informationsstrukturen. Lerninhalte werden ihres subjektiven und intersubjektiven Bezugs entkleidet und über das Lernprogramm zu einer ablegbaren Sache materialisiert. CUL kann nicht die *wechselseitige Aufdeckung* und Abstimmung von unterschiedlichen Standpunkten beinhalten, sondern es umfaßt die *einseitige Entdeckung* und Aufnahme der vorgegebenen Inhaltsstrukturen eines Lernprogramms. Grundsätzliche Zweifel, Widersprüche oder weitergehende Fragen des Lerners bleiben unbeantwortet. Dies impliziert, daß der Lerner seine Individualität und Identität nicht in den Lernprozeß einbringen kann. "Lernen von einem Medium .. ist etwas grundsätzlich anderes als Lernen von einer Person: Ein Medium wird benutzt, um Informationen abzurufen oder Operationen durchführen zu lassen, man ist dabei Konsument; mit einem Menschen setzt man sich auseinander, und zwar emotional und argumentativ" (Rolff/Zimmermann 1985, S. 193).

*These 4: CUL repräsentiert eine **sprachreduzierte** Kommunikation!*
Die Kommunikation innerhalb des CUL bewegt sich prinzipiell auf der Inhaltsebene. Anders als im sozial-kommunikativen Handeln, ist der Beziehungsaspekt nicht mit der Kommunikation synchronisiert. Will der Autor auf den Beziehungsaspekt abheben, so muß er ihn *explizit* hervorheben und sprachlich objektiviert ausdrücken. Durch den Ausfall der nicht- bzw. halbsprachlichen Kommunikationsebene reduziert sich die Lerner-Computer-Kommunikation auf das ausdrücklich Artikulierte. Die im Vergleich zur sozialen Kommunikation geringere Symptomfülle bringt es dabei mit sich, daß die verwendeten Zeichen eine hohe semantische Eindeutigkeit besitzen müssen.

Die Artikulationsmöglichkeiten des Lerners vollziehen sich im Rahmen geschlossener sowie begrenzt offener Dialogformen. Bei den geschlossenen Dialogformen besteht die Artikulation des Lerners nicht in der Formulierung wohlgeformter Ausdrücke durch Anwendung linguistischer Regeln, sondern in dem 'Zeigen' auf die jeweils ausgewählte Option. Die Option ist dabei gekennzeichnet über ein Zeichen (ein Buchstabe, eine Ziffer oder ein Icon), oder sie kann über die Bedienung eines Eingabegerätes (z.B. Maus oder Touchscreen) vom Lerner markiert werden. Die offene Dialogform ist begrenzt durch die von der Autorensoftware analysierbare Antwortlänge, die faktisch kaum mehr als die Artikulation einer einfachen Satzstruktur erlaubt. Daraus ergibt sich die Notwendigkeit für den Lerner, seine Eingaben über die Formulierung von prägnanten Begriffen vorzunehmen, die er ggf. in rudimentäre Sätze kleiden kann. Die Artikulation des Lerners erfolgt im Stile eines Kreuzworträtselns oder im elaboriertesten Fall über die Angabe kurzer Stichwortsätze. Insgesamt läßt sich der Kommunikationsstil im Rahmen des dialogischen Austauschs zwischen Lerner und Computer als eine um Eindeutigkeit und Prägnanz bemühte Stafette kurzer Frage-Antwort-schemata skizzieren. Der Lerner sucht innerhalb eines stark begrenzten und zerstückelten Kommunikationskontextes die richtige Antwort, er wählt die entsprechende Funktion, und wenn er sie ausgelöst hat, gibt es keine weiteren Fragen oder Diskussionen. Der Lerner ist gezwungen, seine eigene Sprache und Kognitionen laufend computergerecht zu übersetzen, ein Wort zu einem Zeichen, eine Aussage zu einer Maschinenanweisung und ein subjektiver Sprach- und Denkstil in eine computergerechte Form zu transformieren. Anders in der sozialen Kommunikation: Die Gesprächspartner verstehen sich häufig auch dann noch, wenn Äußerungen vorgetragen werden, die syntaktisch oder semantisch nicht den Sprachkonventionen entsprechen. Regelverletzungen oder ein neuartiger Sprachgebrauch verhindern nicht, daß die Äußerungen verstanden werden. Das technisch diktierte Ideal ist ein präziser, redundanzloser Dialog, der zugleich mit einer einfachen Syntax und einem geringen Wortschatz auskommt.

*These 5: CUL repräsentiert eine **gefühlsreduzierte** Kommunikation!*
Die weitgehende Reduktion der Sprache in der Lerner-Computer-Kommunikation korrespondiert mit der Unmöglichkeit für den Lerner, innerhalb eines Computerdialogs die eigene Individualität oder eigenen Gefühle ausdrücken zu können. Gefühlsbetonte Ausdrucksformen wie etwa auch Ironie oder Sarkasmus finden in den von dem Autor vorgefertigten Kommunikationsmustern keinen Halt, es sei denn, sie werden - wie bei ELIZA - domestiziert und in schematisierte Bahnen gelenkt. Affektive Dimensionen menschlichen Handelns werden in der Lerner-Computer-Kommunikation nicht gefordert. Die Darstellungen des Computers kommen gleichsam aus dem Nichts. Äußerungen eines menschlichen Kommunikationspartners sind demgegenüber selten rein funktional; mit den Inhalten verbinden sich (halb- und nicht-sprachlich artikulierte) Gefühle und Motive, die in die Interpretation des anderen eingehen können.

*These 6: CUL repräsentiert eine **statische** Kommunikation!*
Die Analyse der Lerner-Computer-Kommunikation zeigt, daß diese Kommunikation weitgehend statisch verläuft, d.h. die Dialoge aktualisieren lediglich vorgeplante Kommunikationsmuster. Im Gegensatz zu einem personalen Kommunikationspartner ist ein Lernprogramm nicht in der Lage, innerhalb des Kommunikationsprozesses eigene 'Erfahrungen' aufzubauen, d.h. prozeßbegleitend zu lernen. Aus diesem Grunde kann die Lerner-Computer-Kommunikation nicht adaptiv verlaufen, die Dialoge vollziehen sich unabhängig von den Lernprozessen des Lerners in immer gleicher Weise. Daraus ergibt sich, daß die Kommunikation mit dem Computer nicht dynamisch fortschreitet, sondern vorgezeichnete Wege abschreitet.

*These 7: CUL repräsentiert eine **Kommunikation ohne Verantwortung!***
Im Gegensatz zu sozial-kommunikativem Handeln, fordert die Kommunikation mit dem Computer von dem Lerner keinerlei Verantwortlichkeit für sein Handeln. Der Lerner betätigt Funktionen, kann seine Aktionen wieder rückgängig machen, er übernimmt keinerlei Verantwortung gegenüber anderen für das, was er mit seinen Operationen ausdrückt. Er braucht sein Handeln weder zu begründen noch ist er gezwungen, es auf seine moralische Basis hin zu legitimieren. Die Legitimation ergibt sich aus der Regelhaftigkeit des Lernprogramms, das für ihn Sachzwänge und damit eine individuelle Verantwortungslosigkeit be-

gründet. Solange der Computer für seinen Bediener kein ethisches Subjekt darstellt, fordert er von ihm keine Verantwortung.

Apersonale Lernarrangements im Rahmen einer Lerner-Computer-Kommunikation sind nicht von dem Interesse an der Person des anderen getragen, sondern sie orientieren sich am inhaltlichen Bezug des Lernprogramms. Sie bieten ein Terrain ungestörter, asozialer Einsamkeit. In extremer Ausprägung können sie vorhandene Tendenzen einer Distanzierung zur sozialen Umwelt verstärken; sie bieten insbesondere für introvertierte Menschen eine angenehme Möglichkeit, den Unwägbarkeiten und Ansprüchen einer sozialen Beziehung ein Stück mehr auszuweichen. Kommunikation mit dem Computer erlaubt eine Individualisierung, ohne das Gefühl der Einsamkeit und ohne die Bedrohung, sich gegenüber anderen Menschen verwundbar zu machen. Sie kann der Neigung einzelner Menschen entgegenkommen, sich der sozialen Kommunikation zu entziehen, um nicht emotional gefordert oder enttäuscht zu werden.

IV. Didaktische Konsequenzen

Die Argumentationen sollen nicht den Eindruck erwecken, daß die Qualifizierung zu einem Computeralphabeten zwangsläufig mit der Entwicklung zum sozialen Analphabeten verbunden ist. Man würde ja auch nicht auf die Idee kommen, einem Musiker zu unterstellen, er würde mit seinen Mitmenschen nur singend oder musizierend kommunizieren können! CUL ist eine mediale Methodenkonzeption mit einer Domäne im kognitiven Bereich. In der Essenz legen die Thesen nahe, CUL nur vergleichsweise kurze Phasen innerhalb des Lehr-/Lernprozesses zuzuweisen und weitgehend in sozial-kommunikativ getragene Lernarrangements zu integrieren. CUL soll sich nicht als "Apparatewissenschaft" (Eyferth u.a. 1974, S. 25) verselbständigen, sondern dem jeweils entwickelten und ausgewiesenen Zielsystem unterordnen. Innerhalb eines Gesamtkonzeptes kann CUL Funktionen übernehmen, in denen es anderen Methoden überlegen ist.

CUL mag einige neue Türen öffnen, dabei aber gleichzeitig andere zuschlagen. Dem Computer gewachsen zu sein, verlangt von ihm, zu "wissen, in welchen Grenzen er nützlich ist und wo er anfängt, uns zu beherrschen" (von Hentig 1984, S. 46). Soll CUL zum Instrument und nicht zur Bedingung des didaktischen Handelns werden, dann erfordert dies entsprechende Qualifikationen seitens des Lehrers. Letztlich wird es der Lehrer sein, der die methodischen Möglichkeiten in Szene setzt und entscheidet, durch welche Tür der Weg zum Lernziel fortgesetzt werden soll. Didaktisches Handeln ist dann mehr als Medienentwicklung, es bezieht sich auf die Gestaltung eines Gesamtarrangements, innerhalb dessen Medien einzelne didaktische Funktionen übernehmen und den Lehr-/Lernprozeß anreichern. In einem solchen Arrangement kann der Computer dazu dienen, den Lehrer zu ergänzen, d.h. ihn hinsichtlich einzelner didaktischer Funktionen zu entlasten, ihn jedoch gleichzeitig mit der Aufgabe einer verantwortlichen Integration des Mediums in den Lehr-/Lernprozeß zu belasten.

Es kann nicht darum gehen, den Computer mit dem Menschen zu vergleichen. Dieser Beitrag sollte eher dazu beitragen, deren Unvergleichbarkeit zu begründen. "Die Computer-Kultur braucht etwas, was die Arbeit am Computer von sich aus nicht hervorbringt, ja, zu vernachlässigen geneigt ist: die Fähigkeit zum philosophischen Zweifel, die Kraft zum moralischen Handeln, die Bereitschaft zu politischer Verantwortung" (von Hentig 1988, S. 100). In diesem Sinne ist CUL nur bei solchen Pädagogen gut aufgehoben, die auch ohne Computer gute Pädagogen sind!

Anmerkung:
[1] Da sich dieser Beitrag nicht in den verbreiteten Sog allgemein-kulturkritischer Klagen begeben will, sondern zur rationalen Diskussion der Fragenkreise beitragen möchte, soll im Interesse einer größeren Transparenz die methodologische Basis der Argumentation ausgewiesen werden. Die Gründe und Gegengründe stützen sich im wesentlichen auf
- praktische Erfahrungen des Verfassers mit den Autorensystemen IICL und HYPER CARD;
- der Evaluation von Lernprogrammen, die mit insgesamt 13 verschiedenen Autorensystemen /-sprachen erstellt wurden;
- qualitative Einzelbeobachtungen im Rahmen der Arbeit mit Studenten und Lernprogramm-Autoren eines Versicherungsunternehmens;
- Hypothesen, deren Formulierung durch Untersuchungen inspiriert wurden, die - unter anderen Erkenntnisinteressen - technikpsychologische und mediendidaktische Fragestellungen aufnehmen.

Literatur:
ALESSI, S.M. / TROLLIP, S.R. (1985): Computer-Based Instruction, Methods and Developments, Englewood Cliffs-New Jersey 1985
BERNOLD, T. / FINKELSTEIN, J. (Hrsg.) (1988): Computer Assisted Approaches to Training, Amsterdam-New York-Oxford-Tokio 1988
BÖLLERT, G. / EULER, D. (1987): Arbeitsleitfaden zur Entwicklung von Courseware mit Hilfe des Courseware-Entwicklungsmodells, unveröffentlichtes Manuskript, Köln 1987
BORK, A. (1986): Interaction - Lessons from CBL, Irvine (Ca) 1986
BOSTROM, R.N. (Hrsg.) (1984): Competence in Communication, Beverly Hills-London-New Delhi 1984
EISSNER, E. W. (1969): Instructional and Expressive Educational Objectives: Their Formulation and Use in the Curriculum, in: AERA Monograph Series on Curriculum Evaluation 3, Chicago 1969, S. 1-18
EULER, D. (1987): Auf der Suche nach didaktischer Qualität: Eine Analyse neuerer US-amerikanischer Literatur zu computerunterstütztem Lernen, in: Kölner Zeitschrift für »Wirtschaft und Pädagogik«, Heft 3, 1987, S. 115-136
EULER, D. (1989): Kommunikationsfähigkeit und computerunterstütztes Lernen, Köln 1989
EULER, D. / TWARDY, M. (1988): Whatever the Orientation, Creativity is Demanded, in: Bernold, T./ Finkelstein, J.(Hrsg.) (1988), S. 91-104
EULER, D. u.a. (1987): Computerunterstützter Unterricht, Möglichkeiten und Grenzen, Braunschweig-Wiesbaden 1987
EYFERTH u.a. (1974): Computer im Unterricht - Formen, Erfolge und Grenzen einer Lerntechnologie in der Schule -, Stuttgart 1974
HENTIG, H. v. (1984): Das allmähliche Verschwinden der Wirklichkeit, München-Wien 1984
HENTIG, H. v. (1988): Das Ende des Gesprächs?, in: Gauger, H.-M. / Heckmann, H.: Wir sprechen anders, Frankfurt 1988, S. 81-101
JOHNSON, G. (1984): ... und wenn er Witze macht, sind es nicht die seinen. Dialog mit dem Computer, in: Kursbuch 75, Computerkultur, 1984, S. 38 - 56
LARSEN, R.E. (1985): What communication theories can teach the designer of computer-based training, in: Educational Technology, July 1985, S. 16-19
NAKE, F. (1984): Schnittstelle Mensch-Maschine, in: Kursbuch 75, Computerkultur, 1984, S. 109 - 118
ROLFF, H.G. / ZIMMERMANN, P. (Hrsg.) (1985): Neue Medien und Lernen, Weinheim-Basel 1985
SALOMON, G. (1979): Interaction of Media, Cognition and Learning, San Francisco-Washington-London 1979
TURKLE, S. (1984): Die Wunschmaschine - Vom Entstehen der Computerkultur, Reinbek 1984
WEIZENBAUM, J. (1978): Die Macht der Computer und die Ohnmacht der Vernunft, Frankfurt/M 1978

Computerunterstützter Unterricht mit konventioneller Software: Erfolge im wirtschaftswissenschaftlichen Unterricht am Gymnasium

Adolf Präbst, Holbein-Gymnasium Augsburg
Hallstraße 10, 8900 Augsburg 1

Ziel dieses Beitrags ist eine didaktische Rechtfertigung der vielfach kritisierten konventionellen Unterrichtssoftware. Die Erfahrungen mit den Programmen des ITG - Leitfaches Wirtschafts- und Rechtslehre an den bayerischen Gymnasien beweisen, daß der traditionelle computerunterstützte Unterricht unter bestimmten Voraussetzungen effektiv sein kann. Deshalb wird das "kleine" Unterrichtsprogramm auch nicht verdrängt werden, wenn es der Fachdidaktik in einigen Jahren im Zusammenwirken mit der Informatik gelingen sollte, in breitem Umfang "anspruchsvolle" oder "intelligente" Unterrichtssoftware für die Fächer der politischen Bildung bereitzustellen.

1. Die Sonderstellung des Unterrichtsmediums Computer

Der Computer beherrscht weiterhin viele Diskussionen in der Schule und in den übergeordneten Bildungsinstitutionen, auch wenn die Entscheidung über die allgemeine Einführung des Schulcomputers längst gefallen ist. Spätestens seit Haefner eindringlich vor einer "neuen Bildungskrise" (1982) warnte, wird kaum mehr bestritten, daß die Informationstechnologien zu den "Schlüsselproblemen unser individuellen und gesellschaftlich-politischen Existenz" (Klafki 1983,S.10) gehören, zu deren Bewältigung die Schulen einen Beitrag leisten müssen. Der grundlegenden Erkenntnis folgten verstärkte Bemühungen, den neuen Bildungsauftrag entsprechend der allgemeinen Bildungsziele zu konkretisieren und gesellschaftlich relevante Schlüsselqualifikationen zu formulieren. Das Ergebnis dieser Diskussionen ist noch genauso offen wie die Antwort auf die

Frage, ob die Schule mit ihren derzeitigen Organisationsstrukturen den neuen Anforderungen gerecht werden kann.

Immer mehr in den Vordergrund schiebt sich in den letzten Jahren die kritische Betrachtung des computerunterstützten Unterrichts (CUU). Im Vergleich zu anderen Medien besitzt der Computer ein breiteres Spektrum an unterrichtsstützenden Funktionen und damit auch weit größere Flexibilität. Gerade diese
Überlegenheit des Computers gegenüber den traditionellen
Hilfsmitteln, in Teilfunktionen auch gegenüber dem Menschen,
weckt nun bei Lehrern, wie schon früher in anderen Bereichen
der Arbeitswelt, Hoffnungen und Ängste.

Die Befürworter des computerunterstützten Unterrichts erwarten
eine Bereicherung und Effizienzsteigerung (Keidel 1989, S.3).
Beispielsweise sollen Datenbank- und Simulationsprogramme helfen, die Distanz zur Realität zu verringern und ganzheitliches
Denken zu fördern, während multifunktionale Standardwerkzeuge
oder intelligente Lernsoftware dem Schüler die Möglichkeit geben könnten, selbstentdeckend zu lernen und dabei Vorgehensweise und Lerngeschwindigkeit individuell zu gestalten. Die
Lehrer, die dem Computer ablehnend oder abwartend gegenüber-
stehen, befürchten im Extremfall das Ende der "Kreidezeit",
verbunden mit veränderten beruflichen Anforderungen und einem
Bedeutungsverlust für den Lehrer, oder sogar das "Ende der
Humanitas" (Pawlu 1987,S.44), d.h. den Niedergang abendländi-
scher Bildungsideale. Kritiker, die die Auswirkungen des Computers etwas nüchterner betrachten, sehen vor allem die Gefahr
einer Reduktion des Unterrichtsgeschehens. Ihrer Meinung nach
eignen sich die Computer beispielsweise weder zur Unterstützung sozialen Lernens noch zur Vermittlung kritischen Bewußt-
seins (vgl. George 1986, S.132, Schulte 1986, S.14).

Die Ambivalenz des Computers zeigt einmal mehr, daß Unterrichtsmedien keine inhalts- und wertneutralen Vermittler sind.
Wegen seiner gesellschaftlichen Bedeutung und der noch unge-
wissen Wirkungen auf das Individuum darf gerade beim Computer
nicht übersehen werden, daß die Medien nicht nur den Unterrichtsverlauf festlegen, sondern auch Inhalte und Ziele be-
rühren. Die Entscheidung des Lehrers, den Computer zur Vermittlung eines bestimmten Lerninhalts einzusetzen, beeinflußt

die Erwartungen der Schüler gegenüber den Möglichkeiten dieser neuen Technologie. Die Art, wie das Programm Lerninhalte präsentiert und Probleme verarbeitet, prägt das Urteil der Schüler über die Bedeutung und Lösbarkeit dieser Probleme.

Die Verantwortung der Anwender und Programmierer von Unterrichtssoftware erschöpft sich also nicht im reibungslosen Ablauf des computerunterstützten Unterrichts. Dies gilt im besonderen für die sozialwissenschaftlichen Fächer, in denen das Medium oft die primäre Gegenstandserfahrung ersetzen muß. Die Unterrichtsmedien erlangen dabei eine über das Klassenzimmer hinausreichende Relevanz. Nur mit ihrer Hilfe lassen sich die Fähigkeit und die Bereitschaft fördern, die Gesellschaft aktiv mitzugestalten und dabei die Zukunftsprobleme zu lösen. Da der Computer unter allen Medien die vielfältigsten Möglichkeiten zur Simulierung der Realität besitzt, ist es besonders wichtig, aber auch mühsam, Kriterien für Unterrichtssoftware zu finden, mit denen sich unerwünschte zielbeeinflussende Nebeneffekte ausschließen lassen.

2. Die neuen Anforderungen an die Unterrichtssoftware

Nach Anschaffung der teuren Hardware war man in den Schulen froh, interessierte und einsatzfreudige Lehrer zu finden, die Unterrichtssoftware für eigene Zwecke oder für Kollegen kostenlos erstellten. Ohne die heute geforderten Qualitätsnormen zu kennen, war den meisten dieser Kollegen klar, daß die Programme absturzsicher, benutzerfreundlich und an die Lehrpläne angepaßt sein sollten. Obwohl mangelnde Programmiererfahrung der Realisierung dieser selbstgewählten Standards oft Grenzen setzte, wurden die Programme über mehrere Jahre hinweg im Unterricht eingesetzt. Dies zeigt, daß einige Lehrer in der Computerunterstützung auf der Basis solch einfacher Programme eine sinnvolle methodische Alternative sahen. Heute müssen diese Lehrer aber in vielen Veröffentlichungen lesen, daß ihre Programme den Anforderungen, die zuletzt von seiten der Informatik und der Fachdidaktik formuliert wurden, nicht mehr genügen. Die neuen Normen für Unterrichtssoftware

326

kann ein einzelner Lehrer, der nebenbei programmiert, nicht
mehr erfüllen (vgl. die DIN-Normen 66234/8 und die von Rauter
in Anlehnung an das Institut für Pädagogik der Naturwissenschaften entwickelten Kriterien zur Beurteilung sozialwissen-
schaftlicher Unterrichtssoftware, 1986, S.41ff.). Auch die
Multifunktionalität von Standardwerkzeugen, mit denen vor
allem Schüler der höheren Jahrgangsstufen arbeiten, läßt sich
mit Eigenentwicklungen nicht annähernd erreichen. Für Lehrer,
die kleine Unterrichtsprogramme selbst geschrieben oder von
Kollegen erhalten haben, stellt sich jetzt die Frage, ob sie
in Anbetracht der eher laienhaften Programmiertechnik auf den
Einsatz verzichten sollten.

Faßt man nach oberflächlicher Betrachtung jüngere Veröffentlichungen zum computerunterstützen Unterricht zusammen, so
könnte das Ergebnis lauten: Der traditionelle CUU ist tot –
es lebe der neue anspruchsvolle CUU! Als "anspruchsvoll" gelten in den sozialwissenschaftlichen Fächern die Datenbank- und
Simulationsprogramme (Rauter 1986, S.205) sowie intelligente
Lernsoftware, bei der das pädagogische oder fachliche Wissen
des Lehrers in Form eines Expertensystems abgebildet ist (Gunzenhäuser 1985,S.186ff.).

Nach Meinung der Kritiker sind die konventionellen Unterrichtsprogramme entweder ineffizient oder sie beeinträchtigen
sogar den Unterrichtsverlauf und den Lernerfolg (Rauter 1986,
S.206). Es wird befürchtet, daß der Ablauf und der Mensch-
Maschine-Dialog bei einfachen Programmen zu einer Sprachver-
armung, zu schematischem, unkritischem und monokausalem Denken
sowie zum Abbau der Sozialkontakte innerhalb der Schülergruppe
führen können.

Gegen Verbesserungsvorschläge läßt sich prinzipiell nichts
einwenden. Bevor man aber in die generelle Ablehnung der konventionellen Programme oder gar in die Forderung nach einem
Zulassungsverfahren für Unterrichtssoftware einstimmt, sollte
man folgende Aspekte berücksichtigen:

a) Unterrichtssoftware, die den neuen Anforderungen entsprechen würde, gibt es zur Zeit nur ansatzweise oder punktuell.

Bei den genannten Datenbank- und Simulationsprogrammen besteht in der Regel das Problem, daß sie sich bisher nicht in das bestehende Unterrichtskonzept mit eindeutig vorgegebenen Lernzielen und knapp bemessener Zeit integrieren lassen. Auf die Unterstützung durch sog. "intelligente" Unterrichtssoftware wird der Lehrer wohl noch einige Jahre ganz verzichten müssen. Die Nachforschungen der Projektgruppe "Wissensverarbeitung" im Arbeitskreis Gymnasium und Wirtschaft (AGW, München) führten zu einem ernüchternden Ergebnis. Man entdeckte zwar an den Hochschulen zahlreiche Ansätze und Modelle zu "intelligenten Lernsystemen" (vor allem bei mathematischen Problemstellungen, aber auch bei Sprachlernsystemen), doch befand sich darunter kein Projekt, dessen Umsetzung in ein anwendbares, geschlossenes System unmittelbar bevorsteht. In noch größerer Ferne liegt wohl die Übertragung auf den Schulunterricht und auf die sozialwissenschaftlichen Fragestellungen.

b) Auch die ersehnte neue Unterrichtssoftware birgt Gefahren (Baumann 1986, S.160ff.). Beispielsweise könnten komplexe, mit moderner Computergraphik ausgestattete Simulationsprogramme den Unterschied zwischen Realität und Modell verwischen und damit falsche Eindrücke vermitteln oder Meinungen im Sinne des Programmentwicklers manipulieren. Es ist zu beobachten, daß den Schülern die Reaktionen sehr komplexer Programme unerklärlich und zufällig erscheinen. Statt sich zu bemühen, das Beziehungsgefüge des simulierten Systems zu durchschauen, verstehen die Schüler diese Programme nur noch als Computerspiel. Bei den tutoriellen Programmen ist, auch wenn sie mit Methoden der Künstlichen Intelligenz aufgewertet werden, zu fragen, ob sie das soziale Lernen und die vielfältigen Anregungen der Kommunikation mit Lehrern und Mitschülern ersetzen sollen und können.

c) Lehrer, die Programme schreiben, haben in der Regel den eigenen Unterricht vor Augen. Sie passen die Programme an ihren Unterrichtsstil und an den Wissensstand der Schüler an. Da die konkrete Unterrichtssituation aber selten beobachtet werden kann, werden viele Urteile über den didaktischen Nutzen solcher Software aus der Betrachtung des Programmablaufs abgeleitet. Diese Ergebnisse können für den Unterricht im Einzelfall aber unzutreffend sein. Wie bei jedem anderen Medium,

ob Folie für den Tageslichtprojektor oder Arbeitsblatt, hängt
der Erfolg von vielen Bedingungen ab, nicht zuletzt vom Ge-
schick des Lehrers. Dies gilt in erster Linie für Programme
ohne Lehrintention, also für Programme mit Beschränkung auf
allgemeine Werkzeugfunktionen (Schreiben, Rechnen, Graphische
Gestaltung, u.a.). Für diese Art von Programmen soll im
folgenden nachgewiesen werden, daß eine pauschale Ablehnung
traditioneller Unterrichtssoftware ungerechtfertigt ist.

3. Die konventionellen Unterrichtsprogramme in Wirtschafts-
   und Rechtslehre: Voraussetzungen, Erfolge und Grenzen

In den Jahren 1985 bis 1987 entwickelte ein Arbeitskreis am
Staatsinstitut für Schulpädagogik und Bildungsforschung in
München Unterrichtsprogramme und didaktische Konzepte für den
CUU im Fach Wirtschafts- und Rechtslehre.

(Das Fach wurde im Jahr 1977 als Pflichtfach an allen Ausbil-
dungsrichtungen des bayerischen Gymnasiums eingeführt, um eine
Lücke im Bereich der allgemeinbildenden Schulen zu schließen.
Wegen seiner vielfältigen Bezüge zum Problemkreis der neuen
Technologien wurde es im Jahr 1986 neben Deutsch und Mathematik zu einem der drei sog. Leitfächer für die Informationstechnische Grundbildung (ITG) gewählt. Darüberhinaus gibt es
seit 1987 in der Jahrgangsstufe 13 einen Grundkurs mit Schwerpunkt Wirtschaftsinformatik).

Über die Zentralstelle für Computer im Unterricht (Augsburg)
wurden die Programme dieses Arbeitskreises an die bayerischen
Gymnasien verteilt. Die Konzepte zur Einbindung in den Unterricht wurden in Handreichungen und im Rahmen der Lehrerfortbildung zur ITG oder Informatik vorgestellt. Die Rückmeldungen zeigen eine im Vergleich zu anderen Fächern große Akzep-
tanz und Zufriedenheit von seiten der Kollegen, obwohl diese
Programme eher einfacher Art sind. Eine der wesentlichen Voraussetzungen für diesen Erfolg war eine pragmatisch orientier-
te Kriterienliste bei der Erstellung der Programme. Zentrale
Kriterien waren:

(1) Anpassung an die Hardware-Voraussetzungen der Schulen und
    Beachtung der Kompatibilität

(2) Anpassung der Benutzeroberfläche an die Computererfahrungen der Lehrer sowie an das spezifische Anwenderverhalten der Schüler:
- Fehlertoleranz (Betriebssicherheit, Fehlerhinweise und Korrekturmöglichkeiten)
- Übersichtlichkeit der Bildschirmgestaltung und Verständlichkeit der geforderten Eingaben, der Befehle und des Programmablaufs (unterstützt durch Begleitmaterial)
- Steuerbarkeit (Arbeitsgeschwindigkeit, Aufgabenschwierigkeit)

(3) Flexibilität / Anpassung an bestehende Unterrichtsstrukturen:
- Anpassung an die Zeitvorgaben (Einzelstunden mit 45 Minuten oder Doppelstunden)
- Variable Einsatzformen (lehrerzentriert oder schülerorientiert) und damit Möglichkeit der Anpassung an den individuellen Unterrichtsstil

(4) Fachliche Korrektheit, Angemessenheit und Anpassung an den Lehrplan:
- Vermeidung der Ausweitung oder Einschränkung von Lehrplaninhalten
- Flexible Anpassung des Schwierigkeitsgrades für verschiedene Altersstufen
- Beschränkung auf Lerninhalte, bei deren Vermittlung der Computer anderen Medien überlegen sein kann

An drei Beispielen sollen diese Kriterien erläutert werden:

Die ENTSCHEIDUNGSMATRIX ist das universellste Unterrichtsprogramm im Fach Wirtschafts- und Rechtslehre. Es handelt sich dabei um die programmierte Version einer einfachen Entscheidungstechnik, mit der das Bewußtsein für die Handlungs- und Entscheidungsorientierung der Wirtschaftswissenschaften vermittelt werden soll. Das Programm erlaubt, betriebs- und volkswirtschaftliche sowie rechtliche Problemsituationen zu analysieren und Entscheidungen abzuleiten und zu diskutieren. Bei einer informellen Befragung von Lehrern des Faches Wirtschafts- und Rechtslehre, die an zwei computerbezogenen Fortbildungsveranstaltungen teilnahmen, gaben 61% an, das Programm im Unterricht verwendet zu haben (42% bereits mehrmals). Das Programm wurde sowohl demonstrierend (8%) als auch schüler-

orientiert in verschiedenen Jahrgangsstufen eingesetzt. Häu-
figste Themen waren: Konsumentscheidung (Jahrgangsstufe 8),
Standortwahl (9), Rechtsformentscheidung (9, Kollegstufe) und
Berufswahl (10). Folgende Vorgehensweise war vorherrschend:
Der Lehrer verteilt zunächst Arbeitsmaterialien, aus denen die
Schüler in Gruppenarbeit die entscheidungsrelevanten Informationen ermitteln. Mit Hilfe des Programms analysieren die
Schüler, die die Strukturen dieser Entscheidungstechnik in der
Vorstunde kennengelernt haben, die Situation und führen sie
einer Entscheidung zu. Die Arbeit mit dem Computer ist Grundlage für das folgende Unterrichtsgespräch, in dem die Gruppenergebnisse diskutiert und zusammengefaßt werden. Da das Programm keinem strengen Ablauf unterliegt, lassen sich nachträglich einzelne Entscheidungsparameter abändern und damit
"Was wäre, wenn"- Fragen untersuchen, die zu einer Vertiefung
der Erkenntnisse führen. Die Funktion des Programms liegt also
in der Bereitstellung und Aufbereitung von Informationen als
Vorbereitung des Unterrichtsgesprächs, das vom Lehrer gelenkt
wird. Da Umfang und Komplexität des Programms eingeschränkt
sind, besteht nicht die Gefahr, daß es den Unterrichtsverlauf
beherrscht oder das Unterrichtsziel verändert.

Trotz des konkreten Themenbezugs läßt sich auch das Programm
EINKOMMENSTEUER in verschiedenen Jahrgangsstufen mit unterschiedlicher Intensität und Zielvorstellung verwenden. 57% der
Befragten nutzten es mindestens einmal. Das Programm, das sowohl demonstrierend als auch schülerorientiert eingesetzt werden kann, ist Grundlage für Fallstudien, die das Wesen des
Einkommensteuerrechts offenlegen. Beispielsweise eignet es
sich in der Jahrgangsstufe 10 zur Herleitung der Grundbegriffe
und Grundprinzipien des Einkommensteuerrechts (45% der Lehrer,
die das Programm mindestens einmal einsetzten). Die Steuerfälle können vom Lehrer oder von den Schülern frei gewählt
werden und wie beim Programm Entscheidungsmatrix nachträglich
abgeändert werden. Damit lassen sich Fragen diskutieren, die
den Schülern aus ihrem Umfeld bekannt sind, z.B.:

Ab welcher Höhe ist der Lohn für Ferienarbeit einkommen-
steuerpflichtig?   oder:
Kann es passieren, daß ein Steuerpflichtiger nach einer
Lohnerhöhung und dem damit verbundenen Anstieg des Steuer-
satzes ein geringeres Nettoeinkommen hat als vorher?

Das Programm bearbeitet die Steuerfälle entsprechend der Ein-
kommensteuergesetze mit der aus didaktischen Gründen nötigen
Vereinfachung. Damit holt der Lehrer mit Hilfe des Programms
die Realität in den Unterricht hinein, ohne die Schüler durch
zu große Komplexität zu überfordern. Ein weiteres Anwendungsgebiet des Programms liegt in der Kollegstufe, in der das
Steuerrecht und die Steuerreformen aus volkswirtschaftlicher
und sozialpolitischer Sicht diskutiert werden (62% der Befragten, die das Programm mindestens einmal einsetzten). Das Programm zeigt u.a. auf, wie sich Steuerreformen in Abhängigkeit
vom Familienstand und vom Einkommen zahlenmäßig auswirken,
ohne eine Bewertung vorwegzunehmen. Damit hängt das Unter-
richtsergebnis vom Unterrichtsgespräch und von der Lenkung
durch den Lehrer ab.

Das Programm "BILANZDEMONSTRATIONEN" soll dem Lehrer bei der
Aufgabe helfen, Begriff, Wesen und Aussagen der Bilanz zu ver-
anschaulichen (von 61% der Befragten eingesetzt, von 44% mehrmals). Um in der Jahrgangsstufe 9 (96% der Programmanwender)
oder in der Kollegstufe (12% der Anwender) die auf dem Niveau
der Allgemeinbildung liegenden Einsichten vermitteln zu können, müssen exemplarisch Geschäftsvorgänge und ihre Auswirkungen auf die Bilanz simuliert werden, ohne auf die Methoden der
Buchführung zurückzugreifen, die am Gymnasium nicht unterrichtet werden. Dies läßt sich an der Tafel oder am Overhead-Projektor nur unter großem Zeitaufwand realisieren. Der Einsatz
des Programms verringert die medienbedingten Verzögerungen in
allen Unterrichtsphasen, d.h. während Erarbeitungs-, der Ver-
tiefungs- und auch in der Übungsphase. Der Schwierigkeitsgrad
läßt sich vom Lehrer in Abhängigkeit vom Unterrichtsfortgang
und von der Leistungsfähigkeit der Schülergruppe variieren.

Alle diese von Lehrern in konventioneller Weise erstellten
Unterrichtsprogramme nützen die Möglichkeiten des Computers
bei weitem nicht aus. Dies darf aber kein Argument bei ihrer
Beurteilung sein. Wesentlich ist, daß sie den Unterricht mit
vertretbarem Aufwand unterstützen und keine negativen Neben-
wirkungen auf die sachgerechte Wahrnehmung der Probleme haben.
Absturzsicherheit und Lehrplanbezug sind Voraussetzungen für
den Einsatz dieser Programme, entscheidend für die große Ak-
zeptanz sind jedoch ihre vielfältigen Einsatzmöglichkeiten.

Die Programme steigern die Schüleraktivität und erlauben in festgelegten Grenzen selbstentdeckendes Lernen, ohne den Lehrer zu verdrängen oder die gesamte Unterrichtseinheit auf eine bestimmte Methode festzulegen. Sie beeinträchtigen das Unterrichtsgespräch nicht, sondern stützen als neutrale Werkzeuge die Diskussion und die kritische Reflexion. Mit dieser behutsamen Einbeziehung des Computers in den Unterricht lassen sich viele der von den Gegnern des Schulcomputers heraufbeschworenen Gefahren vermeiden (Happ 1986, S.13) und Ängste von abwartenden Lehrern abbauen.

Zusammenfassend ist festzustellen, daß einfache, kleinere Unterrichtsprogramme spezifische Vorteile haben können und daß deshalb der Computer unter bestimmten Voraussetzungen auch mit Hilfe solcher Programme den Unterricht in sinnvoller Weise unterstützen kann. Die Anerkennung der Vorzüge konventioneller Programme ist jedoch nicht mit einer Ablehnung der Bemühungen um einen Qualitätssprung im Bereich der Unterrichtssoftware gleichzusetzen! Die Modelle, die den genannten drei Programmen des Faches Wirtschafts- und Rechtslehre am Gymnasium zugrundeliegen, beschränken sich auf kleine Teilsysteme. Deshalb eignen sich diese Programme beispielsweise nicht, das Bewußtsein für die gegenseitige Vernetzung von Betriebswirtschaft, Politik und Umwelt zu fördern. Unterrichtstaugliche Simulationsprogramme, Informations- und Datenbanksoftware, Planspiele oder Expertensysteme könnten dazu einen wesentlichen Beitrag leisten.

Quellen:

Baumann,R.: Multifunktionale Software-Werkzeuge im Geographie-, Sozialkunde- und Ökologieunterricht. In: Informatik-Grundbildung in Schule und Beruf (Hrsg. Puttkamer E.v.). Informatik-Fachberichte Nr.129. Kaiserslautern 1986. S.160ff.

George,S.: Curriculare Aspekte der Neuen Technologien im politischen Unterricht. In: Computer und Schule. Schriftenreihe der Bundeszentrale für politische Bildung, Bd.246. Bonn 1986. S.125ff.

Gunzenhäuser,R.: Über neuere Entwicklungen des rechnerunterstützten Lernens. In: Computer in der Schule (Hrsg.: Graf,K.D.). Zentralinstitut für Unterrichtswissenschaft und Curriculumentwicklung. Stuttgart 1985. S.186ff.

Haefner,K.: Die neue Bildungskrise - Herausforderung der In-
    formationstechnik an Bildung und Ausbildung. Basel 1982
Happ,E.: Die Antwort der Schule: Computererziehung. In:
    Schulreport 1986/2. S.12ff.
Informationstechnische Bildung im Fach Wirtschafts- und
    Rechtslehre. Materialsammlung. Hrsg.: Staatsinstitut für
    Schulpädagogik und Bildungsforschung. München 1986
Keidel, K.· Zur Didaktik des Computereinsatzes im Fachunter-
    richt. In: BUS 17, 1989, S.2ff.
Klafki, W.: Exemplarisches Lehren und Lernen. In: Unterrich-
    ten/Erziehen, 1983. S.8ff.
Klingen,L.; Otto,A.:Computereinsatz im Unterricht. Der päda-
    gogische Hintergrund. ComputerPraxis im Unterricht.
    Stuttgart 1986
Pawlu,E.: Lehrer zwischen Humboldt und Haefner. In: Die Schul-
    familie 2/36 1976. S.39ff.
Rauter,U.: Computer und Curriculum. In:Computer und Schule.
    Schriftenreihe der Bundeszentrale für politische Bildung,
    Bd.246. Bonn 1986. S.204ff.
ders.: Dokumentation und Bewertung von sozialwissenschaft-
    licher Unterrichtssoftware. In:Schule und Software. Neue
    Informations- und Kommunikationstechnologien 2. Hrsg.:
    Landesinstitut für Schule und Weiterbildung. Soest 1986
    (2.Aufl.).S.41ff.
Schulte,H.: Computer und Schulsoftware - alte Probleme mit
    einem neuen Medium. In: Schule und Software. Neue Infor-
    mations- und Kommunikationstechnologien 2. Hrsg.: Lan-
    desinstitut für Schule und Weiterbildung. Soest 1986
    (2.Aufl.).S.10ff.

Computer im Geometrisch - Zeichenunterricht Integrieren statt Ersetzen

Karl Josef Fuchs

(i) Zur gegenwärtigen Situation

(ii) Das Aufstellen und Herstellen von Konstruktionsvorschriften stellt eine Basis für die Idee des Algorithmus dar, die genetisch vor jedem Umgang mit dem Computer liegt.

(iii) Computer, Drucker und Plotter treten in einem zeitgemäßen Geometrisch - Zeichenunterricht als neue Werkzeuge zu den traditionellen Zeichengeräten Zirkel, Lineal, Bleistift und Feder hinzu.

(iv) Die behutsame Einführung des Computers in den Geometrisch - Zeichenunterricht bedarf einer ausführlichen und breiten Diskussion der inhaltlichen und gestaltenden Aspekte des Unterrichts möglichst vieler Geometrie- und Informatiklehrer.

(i) Zur gegenwärtigen Situation

In Österreich sollen ab Herbst 1989 an einigen Schulen Schüler der 7. und 8. Schulstufe des Gymnasiums bzw. der Hauptschule erste Erfahrungen mit dem neuen Werkzeug Computer erhalten.

Informatik wird dabei in dreifacher Form angeboten werden:

- Informatik als Integrationselement verschiedener "Trägerfächer" (Geometrisches Zeichnen, Mathematik, Englisch, Deutsch).

- Die Vermittlung informationstechnischer Grundlagen in einer Einstiegsphase (7. Schulstufe, ca. eine Woche) und Projektphase (8. Schulstufe, ca. eine Woche) im Rahmen sämtlicher Pflichtgegenstände unter Beibehaltung des bestehenden Lehrplanes.

- Unverbindliche Übung Informatik (jeweils zwei Wochenstunden in der 7. und 8. Schulstufe) zur Vertiefung und Erweiterung der informationstechnischen Grundbildung.

Der Integration der Informatik im Rahmen einiger "Trägerfächer" wollen wir uns zuwenden. Die wesentlichste Änderung des bestehenden Lehrplanes (Aufnahme neuer Formulierungen betreffs EDV - Nutzung [Fuchs, 1988] in der Bildungs- und Lehraufgabe bzw. in den didaktischen Grundsätzen, Aufnahme neuer Inhalte betreffs EDV - Nutzung im Lehrstoff) bringt die Integration des Computers für das "Trägerfach" Geometrisches - Zeichnen mit sich.

Der Geometrisch - Zeichenunterricht (kurz: GZ - Unterricht) ist ein Pflichtgegenstand, der in der 7. und 8. Schulstufe der Hauptschule und des Realgymnasiums mit jeweils zwei Wochenstunden unterrichtet wird bzw. ein Freigegenstand, der in den angesprochenen Schulstufen des Gymnasiums mit ebenfalls zwei Wochenstunden unterrichtet wird.

Mit großem Interesse verfolge ich die Bemühungen das neue Werkzeug Computer in den GZ - Unterricht aufzunehmen, teile aber gleichzeitig die Befürchtung vieler Kollegen, wonach nicht eine - durchaus zu begrüßende - Integration neuer Verfahren und neuer Technologien, sondern ein Zurückdrängen traditioneller Inhalte des Geometrisch - Zeichenunterrichts (z. B. Zeichen unterschiedlicher Bilder ebenflächig begrenzter Körper und krummflächig begrenzter Körper (in einfacher Lage) und Diskussion der unterschiedlichen Projektionsverfahren [Fuchs, 1988]) das Ergebnis dieser Reform sein könnte.

Als Schulbuchautor für Informatik [Caba/Fuchs, 1988] - der nicht zuletzt einige Jahre mit großer Freude GZ unterrichtet hat - möchte ich in - mir wesentlich erscheinenden - Punkten aus der Sicht der Informatik zur aktuellen Reform des Geometrisch - Zeichenunterrichts Stellung nehmen.

(ii) Das Aufstellen und Herstellen von Konstruktionsvorschriften stellt eine Basis für die Idee des Algorithmus (= Vorschrift, die die Einzelschritte und ihre Reihenfolge zur Erledigung einer bestimmten Aufgabe angibt) dar, die genetisch vor jedem Umgang mit dem Computer liegt.

Bender und Schreiber weisen in ihrer "Operativen Genese der Geometrie" darauf hin, daßdie Geometrie bisher die Chance auf eine Grundlegung algorithmischen Denkens verpaßt hat.

Die Autoren meinen damit, daßder Konstruktionsbeschreibung als Verfahren, das Problemlösungen beschreibt, wieder mehr Beachtung geschenkt werden sollte.

Ohne Mehraufwand an Unterrichtsstunden könnte damit ein zentrales Anliegen jeder Modellbildung mit dem Computer - nämlich die Fähigkeit Probleme zu analysieren und Problemlösungen zu beschreiben - im Geometrisch - Zeichenunterricht frühzeitig und altersgemäßgrundgelegt werden.

Die zusätzliche graphische Darstellung der Problemlösealgorithmen durch Sprache oder Grafik (Flußdiagramme [Klein, 1980], Struktogramme [Nassi/Shneiderman, 1973]) ist durch einen geringen Mehraufwand an Unterrichtsstunden zu leisten.

Wiederholt konnte ich im GZ - Unterricht die Erfahrung machen, daßdas Herstellen von Ornamenten, Parkett- und Fliesenmustern Phantasie und Kreativität der Schüler in besonderer Weise fördert. Die Gestaltung von Ornamenten unter dem Aspekt der Algorithmisierung, ein Prozeß, der sich grob in die Punkte

- Entwurf,

- Strukturierung,

- Programmiersprache und Übersetzung,

- Ausführung (Positionieren, Dimensionieren, Kombinieren)

gliedert, führt den Schüler in einfacher Weise an die, von vielen Informatikern besonders geschätzte, Fähigkeit des stufenweisen Problemlösens heran.

Hiezu ein Beispiel:

Entwurf Ornament Kappe

Strukturierung Struktogramm Ornament Kappe

Kappe

Zeichne Viertelkreis 1
Zeichne Viertelkreis 4
Zeichne Viertelkreis 3
Zeichne Viertelkreis 2
Zeichne Viertelkreis 1
Zeichne Viertelkreis 2
Zeichne Viertelkreis 1
Zeichne Viertelkreis 2

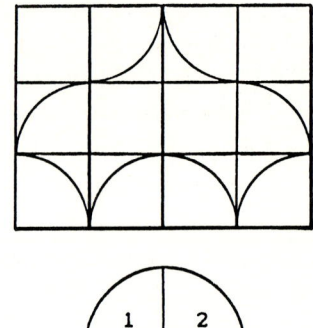

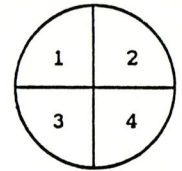

Zur Übersetzung (= Kodierung) der fertigen Algorithmen (= Ornamente) sollte eine altersgemäße und einfach zu erlernende Computersprache verwendet werden.

Eine Programmiersprache, die sich in besonderer Weise dafür eignet, ist die Sprache LOGO mit der implementierten Turtle - Geometrie. Die Turtle - sie gehorcht leicht zu erlernenden Befehlen - ist in der Turtle - Geometrie der Zeichenstift, der auf seiner koordinatenungebundenen Fahrt auf dem Bildschirm des Computers eine Spur zieht.

Anmerkung:

Im Gegensatz zur "Papertschen LOGO - Philosophie", die den Computer als Gerät sieht, das ähnlich dem präparierten Lebewesen im Biologieunterricht vorstrukturierte Erfahrungen schafft und damit Fragen auslöst, verstehe ich im dargestellten Curriculum den Computer als Werkzeug mit dem - neben Papier und Bleistift bzw. richtigerweise erst nach dem Entwurf mit Papier und Bleistift - geometrische Figuren dargestellt und vielfach kombiniert werden.

Übersetzung Ornament Kappe

```
TO KAPPE :X
REPEAT 30 [FD :X RT 3]
REPEAT 30 [FD :X LT 3]
REPEAT 30 [BK :X LT 3]
REPEAT 30 [BK :X RT 3]
LT 90
REPEAT 30 [FD :X LT 3]
REPEAT 60 [BK :X LT 3]
REPEAT 30 [FD :X LT 3]
END
```

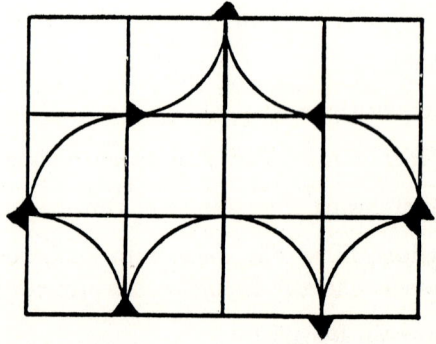

Ausführung Kombination Windrad

Windrad (Radius var)

Positionieren, Ausrichten
Wiederhole 4 mal
Kappe (Radius var)

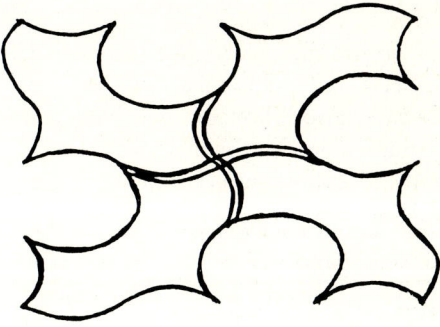

TO WINDRAD :X

CS SETHEADING 45

PU SETPOS [0 30] PD

REPEAT 4 [KAPPE :X]

END

(iii) Computer, Drucker und Plotter treten in einem zeitgemäßen Geometrisch - Zeichenunterricht als neue Werkzeuge zu den traditionellen Zeichengeräten Zirkel, Lineal, Bleistift und Feder hinzu.

Der sinnvolle Einsatz der Geräte Computer, Drucker und Plotter im Geometrisch - Zeichenunterricht setzt die Fähigkeit voraus geometrische Probleme - und nur sie sollen nach wie vor zentraler Bestandteil des Geometrisch - Zeichenunterrichts sein - angemessen zu beschreiben (bzw. zu algorithmisieren).

Dies ist jedoch nur möglich durch eine umfassende geometrische Bildung (u.a. Schulung des räumlichen Vorstellungsvermögens, Kenntnis unterschiedlicher Abbildungsverfahren, Kenntnis geometrischer Eigenschaften, wie Symmetrie, Ähnlichkeit oder Kongruenz) jener Personen, die Programme zur Konstruktion geometrischer Figuren herstellen.

Sieht man von Kodierungen zur Herstellung von Ornamentgruppen in einfacher Bewegungsgraphik ab, die sicherlich einen altersgemäßen, Zugang zum Computer ermöglichen, so mußdoch die Herstellung anspruchsvollerer Geometriesoftware (z. B. Software zur Visualisierung von Abbildungsverfahren oder Software zum Aufbau und zur Darstellung von räumlichen Objekten, wie dies im Lehrplanentwurf für den Geometrisch - Zeichenunterricht gefordert wird) aufgrund der Komplexität der erforderlichen Algorithmen - Denken wir hier etwa an HIDDEN-LINE-Algorithmen, falls wir die Sichtbarkeit der darzustellenden Objekte mitberücksichtigen wollen - Schülern höherer Klassen bzw. Experten mit fundierten Geometriekenntnissen überlassen bleiben.

Die Grundlegung dieser Geometriekenntnisse (z. B. die Fähigkeit sich an fundamentalen Ideen der Geometrie zu orientieren) ist Aufgabe des Geometrisch - Zeichenunterrichts, sie soll um das Werkzeug Computer erweitert werden.

Eine Qualifikation, die ebenfalls immer wieder im Bereich der Informatik gefordert wird, ist die Fähigkeit fertige Anwendersoftware zu benützen und zu bewerten.

Es ist daher sinnvoll, fertige Softwareprodukte im Geometrisch - Zeichenunterricht als Unterrichtsmedium zu verwenden, ihre Gemeinsamkeiten herauszuarbeiten und Vor- wie Nachteile unterschiedlicher Softwareprodukte aufzuzeigen.

Geeignete Software für den computerunterstützten Unterricht im allgemeinen und für den Geometrisch - Zeichenunterricht im besonderen ist derzeit noch Mangelware.

Einerseits sind große, professionelle CAD-Systeme für Schüler in der Benützung viel zu schwierig und nicht zuletzt viel zu teuer in ihrer Anschaffung, andererseits sind jedoch jene Softwareprodukte, die von Kollegen in einer großen Zahl unbezahlter Stunden in Programmiersprachen wie BASIC, PASCAL oder LOGO geschrieben wurden, sehr oft ungenügend dokumentiert und somit für den Unterricht zumeist unbrauchbar.

Um diesem unbefriedigenden Zustand angesichts der baldigen Einführung des Computers zu begegnen, ist man an der technischen Universität Wien derzeit bemüht ein geeignetes Softwarepaket für den Geometrisch - Zeichenunterricht auszuarbeiten. Weiters werden von einer Fachgruppe im Unterrichtsministerium einige von Kollegen ausgearbeitete Programme auf ihre Eignung für den bundesweiten Einsatz im Geometrisch - Zeichenunterricht hin untersucht.

(iv) Die behutsame Einführung des Computers in den Geometrisch - Zeichenunterricht bedarf einer ausführlichen und breiten Diskussion der inhaltlichen und gestaltenden Aspekte des Unterrichts möglichst vieler Geometrie- und Informatiklehrer.

Meine größte Befürchtung bezieht sich darauf, daßmit der Einführung des Computers in den Geometrisch - Zeichenunterricht die Chance vertan wird, ein einmaliges Vorbild wirklicher Integration neuer Verfahren und neuer Technologien in einen bestehenden Unterrichtsgegenstand zu vollziehen.

Nichts wäre zum augenblicklichen Zeitpunkt unangebrachter als eine übertriebene Eile auf Seiten der "Reformer", signalisiert doch eine immer größere Zahl von didaktischen und methodischen Beiträgen aus dem Bereich "Computer und Geometrieunterterricht" die Bereitschaft der Kollegen sich mit dem Einflußneuer Verfahren und neuer Technologien auseinanderzusetzen.

Diese Bereitschaft ist wohl auch eine gute und tragfähige Basis, eine wirkliche Integration des neuen Werkzeuges Computers in den Geometrisch - Zeichenunterricht gemeinsam zu vollziehen.

Literaturverzeichnis:

- AHS - Die allgemeinbildende höhere Schule 38. Jg., Nr. 5., S. 150, 1989

- Bender, P./Schreiber, A.: Operative Genese der Geometrie Schriftenreihe Didaktik der Mathematik, Bd. 12, Verlag HPT, Wien/BG Teubner, Stuttgart, 1985

- Caba, H./Fuchs, K. J.: Informatik heute für die 5. Klasse der AHS Salzburger Jugendverlag, Salzburg, 1988

- Fuchs, K. J.: Erfahrungen und Gedanken zu Computern im Unterricht Journal für Mathematik-Didaktik, Heft 2/3, S.247-256, 1988

- Fuchs, K. J.: Projektion, EDV-Nutzung - Zwei fundamentale Ideen und deren Bedeutung für den Geometrisch - Zeichenunterricht Dissertation am Institut für Didaktik der Mathematik an der naturwissenschaftlichen Fakultät der Universität Salzburg, 1988

- Jank, W.: Ornamentgruppen im GZ-Unterricht IBDG 2/1984, S. 19-26; IBDG 1/1986, S. 31-34; IBDG 1/1987, S. 21-24

- Lehrplan Geometrisches Zeichnen, BGBL 591/1986 Verordnung vom 3. Juli 1986

- Nassi, I./Shneiderman, B.: Flowchart Techniques for Structured Programming SIGPLAN Notices, New York, 8, 8, 1973, S. 12-26

- Normen für Information und Dokumentation aus: Klein: Einführung in die DIN-Normen DIN Deutsches Institut für Normung e. V., 8. Auflage, BG Teubner/Stuttgart, Beuth Verlag/Berlin, Köln, 1980

- Zeitschrift Informationsblätter für Darstellende Geometrie Arbeitskreis für DG und GZ der österreichischen Fachvertreter für DG und GZ an AHS, BHS, PÄDAK, Hochschulen und Universitäten. Erscheinungsort: A-6020 Innsbruck

Mein besonderer Dank gilt Herrn Univ. Doz. Dr. Karl Josef Parisot (Universität Salzburg) für die Durchsicht des Manuskripts.

DER COMPUTER ALS MEDIUM IM GEOMETRIEUNTERRICHT DER OBERSTUFE

Entwicklung und Einsatz des Unterrichtsprogramms GEOVEK

Walter Gyr
Gutenberg-Gymnasium Mainz
An der Philippsschanze 5, D-6500 Mainz

Der Themenkomplex "Analytische Geometrie in vektorieller Darstellung" ist - sowohl in Grundkursen (Halbjahr 13/1) als auch in
Leistungskursen (Halbjahr 12/1) - fester Bestandteil der rheinland-
pfälzischen Lehrpläne für das Fach Mathematik in der gymnasialen Oberstufe. In den Grundkursen liegt dabei der Schwerpunkt durchgängig auf
der Beschreibung geometrischer Sachverhalte und der Lösung geometrischer Probleme mit Hilfe algebraischer Begriffe und Verfahren; bei
Leistungskursen kommen als gleichwertige Themen hinzu: die Theorie
linearer Gleichungssysteme, die Behandlung endlichdimensionaler Vektor-
räume sowie affine Abbildungen durch Matrizen. In jedem Fall sind die
Zusammenhänge zwischen Vektorgleichungen im R^3 und den geometrischen
Objekten "Punkt", "Gerade" und "Ebene" im Anschauungsraum zentrale
Inhalte des Unterrichts.

Erfahrungsgemäß ergibt sich hierbei für den Lehrer das Problem, die
geometrischen Sachverhalte zeichnerisch verständlich und überzeugend
darzustellen. Lehrbuchskizzen oder vorgefertigte Folien können in
bestimmten Situationen nützlich und ausreichend sein, bieten aber sehr
oft zuwenig Variationsmöglichkeiten für einen offenen und flexiblen
Unterricht. Der Anfertigung eigener ad-hoc-Skizzen an der Tafel sind

andererseits sowohl durch den Zeitaufwand als auch durch die eigene
Fähigkeit, perspektivische Zeichnungen anzufertigen, meistens recht
enge Grenzen gesetzt. So liegt es nahe, auf eine graphische Darstellung
der behandelten Gleichungen weitgehend zu verzichten, was leicht zu
routinemäßigem, unanschaulischem Kalkül führt und vor allem den Aspekt
der Ausbildung des räumlichen Vorstellungsvermögens völlig außer acht
läßt.

Aus solchen Überlegungen heraus entwickelte eine Arbeitsgruppe von
Gymnasiallehrern im Rahmen des rheinland-pfälzischen Schulversuchs CUM
("Der Computer als Unterrichtsmedium") Programmidee und Spezifikation
für das Unterrichtsprogramm GEOVEK ("Geometrie in vektorieller
Darstellung"). Im Mittelpunkt der Diskussionen standen dabei von vornherein Überlegungen zu konkreten und didaktisch sinnvollen Einsatzmöglichkeiten im Unterricht. Es wurden einige denkbare Unterrichts-
szenarien entworfen, die den wünschenswerten Leistungsumfang des Programms illustrierten. Im wesentlichen erscheinen folgende Teilthemen
für eine Computerunterstützung geeignet:

- Punkte und Ortsvektoren

- Vektoralgebra

- Geraden und Ebenen im R^3

- Inzidenzuntersuchungen

Nach dieser Beschreibung der didaktischen Intentionen können die
Anforderungen an das Programm in einem Pflichtenheft konkretisiert
werden, das zusammenfassend folgende Ziele beinhaltet:

- GEOVEK ermöglicht die Definition und graphische Darstellung
  der vier geometrischen Objekte Punkt, Vektor, Gerade und Ebene
  im dreidimensionalen Raum.

- Schreibweise und Projektionsart entsprechen schulbuchüblichen
  Darstellungsformen.

- Das Koordinatensystem kann verschoben und gedreht werden; seine
  Skalierung ist variabel.

- Für alle Objekte außer Vektoren können Schnittmengen berechnet werden.

- Es besteht die Möglichkeit, definierte bzw. gezeichnete Objekte auf Diskette abzuspeichern und wieder zu laden; die Graphiken können auch auf einem Drucker ausgegeben werden.

Dieser Katalog wurde schrittweise - auch in Zusammenarbeit mit den Programmierern - zu einer exakten Spezifikation des Programms GEOVEK weiterentwickelt. Aus zeitlichen und organisatorischen Gründen wurde das gesamte Programm in drei Teile zerlegt: der Eingabemodul enthält einen komfortablen Editor für die Definition und die Korrektur der Objekte, der Zeichenmodul stellt alle benötigten Befehle für die Grafik zur Verfügung, der Diskettenmodul regelt Speichern und Laden von Objektlisten.

Zwischen der Leistungsfähigkeit eines Programms und seinem Bedienungskomfort ergibt sich oft ein eher reziprokes Verhältnis, das zu unvermeidlichen Kompromissen und Beschränkungen führt. Einige grundsätzliche Entscheidungen und Beschränkungen für die Programmausführung sollen deshalb hier kurz beschrieben und begründet werden:

1. Bei GEOVEK mußte berücksichtigt werden, daß als Adressatenkreis auch die Mathematiklehrer angesprochen werden sollen, die keine oder nur geringe Erfahrung in der Handhabung von Computern besitzen. Das Arbeiten "am Bildschirm" sollte dem vertrauten Arbeiten "an der Tafel" möglichst ähnlich sein. Folglich wurde der Bildschirm in zwei feste Fenster eingeteilt: eine quadratische Zeichentafel und eine schmale rechteckige Schreibtafel (Dialogfenster). Auf eine Menüführung wurde im Eingabe- und im Zeichenmodul ganz verzichtet; alle Eingaben werden direkt ins Dialogfenster geschrieben.

Die Schreibweise bei der Definition von Objekten entspricht dabei (leicht verkürzt) den gewohnten Formen:

Beispiele:

A:

3   -2   3   definiert den Punkt A(3/-2/3)

$\vec{a}$: $\begin{matrix} 3 \\ -2 \\ 3 \end{matrix}$ definiert den Vektor $\vec{a} = \begin{pmatrix} 3 \\ -2 \\ 3 \end{pmatrix}$

$\vec{v}$ = A->B : $\begin{matrix} 1 \\ 2 \\ -4 \end{matrix}$ definiert einen Vektor $\vec{v} = \overrightarrow{AB}$

g1: $\vec{a}$ + r·$\vec{u}$ definiert die Gerade g1: $\vec{x} = \vec{a} + r·\vec{u}$

E1: $\vec{a}$ + r·$\vec{u}$ + s·$\vec{v}$ definiert eine Ebene E1 in Parameterform

E2: $\vec{n}·\vec{x} - \vec{n}·\vec{a} = 0$

                              definieren Ebenen in Normalenform

E3: $\vec{n}·\vec{x}$ = 9

Die vier verschiedenen Objekte werden also einheitlich nach folgendem Muster angesprochen:

- Kennbuchstabe eingeben
  (p für Punkte, v für Vektoren, g für Geraden, E bzw. N
  für Ebenen in Parameter- oder Normalenform)

- Objektname eingeben
  (Buchstabe für Punkte oder Vektoren, Ziffer für Gerade oder
  Ebene)

- : eingeben

Anschließend müssen die gewünschten Bestimmungsstücke bzw. Zahlenwerte eingegeben werden; dabei steht der Cursor automatisch immer
an der logisch sinnvollen nächsten Eingabeposition. Die hier
verwendete nicht sichtbare feste Eingabemaske erlaubt bei den an

der Schreibtafel angezeigten Objekten eine äußerst einfache
Korrektur, indem man nur den Cursor an die gewünschte Stelle
bringt (mit den üblichen Pfeiltasten) und die alten Werte über-
schreibt. Das Programm akzeptiert an jeder Position nur Eingaben,
die dort auch vorgesehen sind.

Dieser bequeme und sichere Editor kann jedoch aus Platzgründen nur
Dezimalzahlen mit einer Nachkommastelle aufnehmen und anzeigen,
deren Betrag kleiner als 100 ist - selbstverständlich werden im
Zeichenteil aber alle Inzidenz-Berechnungen mit der vollen
Rechnergenauigkeit durchgeführt. Schließlich begrenzt die Art der
Objektbezeichnung deren Anzahlen: es können maximal je 26 Punkte
und Vektoren sowie je 10 Geraden und Ebenen definiert werden, was
für den Unterrichtseinsatz sicher keine Einschränkung bedeutet.

2. Im Zeichenmodul werden die Graphiken als Schrägbild in Paral-
lelprojektion dargestellt, wobei in der "Grundeinstellung" die
z-Achse nach oben, die y-Achse nach rechts und die x-Achse schräg
nach links vorne zeigt. Diese Projektionsart wird bei vielen
Schulbuchskizzen benutzt und läßt sich auch am einfachsten an der
Tafel oder im Heft auf kariertem Papier zeichnen. Da das Programm
vorrangig auch das räumliche Vorstellungsvermögen unterstützen und
ausbilden soll, bietet GEOVEK eine Fülle von Hilfen zur besseren
Veranschaulichung:

- Die Objekte können in drei verschiedenen Farben gezeichnet
  werden (mehr Farben sind in dem verwendeten Grafikmodus nicht
  verfügbar).

- Es werden konsequent verdeckte Objekte berücksichtigt; das macht
  die Berechnung jedes Bildaufbaues recht umfangreich, sodaß ein
  möglichst schneller Prozessor und die Verwendung einer Ramdisk
  oder Harddisk sehr empfehlenswert ist.

- Das Koordinatenkreuz kann um die vertikale Bildachse gedreht
  werden;

- das Koordinatenkreuz kann jeweils in Richtung der drei Achsen
  verschoben werden; diese Variationsmöglichkeiten sind ausreichend, um alle möglichen Lagebeziehungen zwischen Geraden
  und/oder Ebenen zu klären.

In diesem Zusammenhang wurde aber darauf verzichtet, die Achsen sowie überhaupt die Objekte zu beschriften. Statt dessen ist die x-Achse an ihrer besonderen Pfeilspitze leicht zu erkennen; die z-Achse ist ebenfalls stets klar zu identifizieren, da sie ihre Richtung im Bild (vertikal von unten nach oben) immer beibehält.

Im übrigen hat die Gruppe CUMMATH bei einem früheren Geometrieprogramm für Dreieckskonstruktionen in der Mittelstufe die Erfahrung gemacht, daß ein sicherer "Beschriftungsalgorithmus" (ohne Kollisionen) nur mit sehr großem Aufwand realisiert werden könnte und die Bedienung des Programms komplizierter gestaltet.

- Die Skalierung der Koordinatenachsen kann in festgelegten Schritten geändert werden, ist aber immer auf allen drei Achsen gleich. Eine automatische Anpassung der Bildgröße ist hier nicht sinnvoll, da bei Geraden und Ebenen ohnehin nur Ausschnitte gezeigt werden. Objekte außerhalb des eingestellten Raumausschnittes bleiben also unsichtbar.

- Die Darstellung von Punkten und Vektoren kann wahlweise mit den "Projektionslinien" (auf die x-y-Ebene sowie auf x-Achse und y-Achse) erfolgen.

- Geraden können wahlweise mit ihren Spurpunkten, Ebenen mit ihren Spurgeraden dargestellt werden.

3. GEOVEK unterstützt insbesondere die Schritte, die zur Einführung der Geradengleichung in Parameterform nötig sind:

- durch Ansetzen von Vektoren an Punkte können neue Punkte definiert sowie die Definition der Vektoraddition und Vektorvielfache illustriert werden;

- zwischen zwei gezeichneten Punkten kann direkt der Verbindungsvektor gezeichnet und damit auch definiert werden;
- die Gleichungen für Ursprungsgeraden und beliebige Geraden können schrittweise entwickelt werden, wobei der wichtige Unterschied zwischen Richtungsvektor und Ortsvektor (Zubringervektor) klar demonstriert werden kann.

4. GEOVEK ist offen für die Behandlung von Ebenen in Parameterform oder in Normalenform. Die Orthogonalität von Normalenvektor und Ebene ist bei entsprechender Drehung des Bildes unmittelbar zu sehen. Wegen der Beschränkung auf drei Farben wurde auch die Anzahl der gleichzeitig gezeichneten Ebenen auf drei begrenzt.

   Die Koordinatenebenen sind unter den Namen Exy, Exz und Eyz fest vordefiniert.

5. Die Berechnung von Schnittfiguren und die Inzidenzuntersuchungen wurden in einheitlicher Form als Schnittmengenbildung realisiert, wobei die Rückmeldungen in leicht verständlichen, kurzen Mitteilungen erfolgen.

   Auf entartete Objekte (von leerer Menge bis zum ganzen R^3) wird jeweils hingewiesen.

   Beispiele:

   - der Befehl   Schnitt A g1   liefert als Antwort entweder A $\in$ g1 oder A $\notin$ g1;

   - der Befehl   Schnitt g1 g2   liefert entweder die Koordinaten des Schnittpunktes , der i.a. dadurch auch mit einem neuen Namen definiert wird, oder eine Aussage über die Lage der Geraden (windschief, parallel, identisch);

   - der Befehl   Schnitt E1 E2   liefert die Schnittgerade bzw. die Meldung "parallel" oder "identisch".

Insgesamt sind die Einsatzmöglichkeiten des Programms im Unterricht sehr vielfältig. Zu folgenden Themenkreisen kann GEOVEK sowohl bei der Vorbereitung, bei der Erarbeitung und bei Ergebniskontrollen als Unterrichtsmedium sinnvoll verwendet werden:

1. Punkte im R^3 - Koordinaten - Ortsvektoren

2. Vektorsumme - Vektordifferenz

3. Vektorvielfache - Kollinearität - Ursprungsgeraden

4. Geradengleichung in Parameterform

5. Lagebeziehungen zwischen Geraden

6. Ebenengleichungen in Parameterform

7. Skalarprodukt und Normalengleichung

8. Schnittpunkte und Schnittgeraden

Natürlich müssen für die Einführung neuer Unterrichtsinhalte die verwendeten Beispiele vorher sorgfältig ausgesucht und ausprobiert werden - dies sollte jedoch auch ohne Rechnereinsatz selbstverständlich sein.

Hilfreich für die Vorbereitung und auch im laufenden Unterricht ist hierbei, daß jede Liste von definierten Objekten sowie jede Zeichnung sehr einfach unter einem selbstgewählten Dateinamen abgespeichert werden kann. Beim Laden dieser Datei wird dann automatisch wieder die entsprechende Graphik aufgebaut.

Kegelschnitte im Unterricht mit Computernutzung

E.-L. Stegmaier, Schloßgymnasium Mainz

Innerhalb des durch den Bund geförderten rheinland-pfälzischen Modellversuchs "CUM" (Der Computer als Unterrichtsmedium) wurde nach Unterrichtseinheiten im Mathematik-Curriculum des Gymnasiums gefahndet, bei denen sich der Rechnereinsatz lohnt. Hier bilden die Farb-Graphik-Möglichkeiten des Personalcomputers einen Schwerpunkt dieser Bemühungen.

Ein klassisches Gebiet der Mathematik, das ohne Rechner nie anschaulich und umfassend genug dargestellt werden konnte, ist das Kapitel "Kegelschnitte" aus dem Geometrieunterricht der Sekundar-stufe II.

Als gewöhnliche Kegelschnitte werden die Kurven *Kreis*, *Ellipse*, *Parabel* und *Hyperbel* bezeichnet. Diese Kurven sind für das Verständnis von Planeten- und Satellitenbahnen wichtig. Noch bei jedem Raketenstart zur Installation eines Fernmeldesatelliten oder bei Begegnungen von Kometen mit der Erde kommen diese Kurven tatsächlich vor: wird ein Körper eingefangen, dann bewegt er sich auf einem Kreis oder einer Ellipse. Fliegt er an der Erde vorbei, beschreibt seine Bahn eine Hyperbel. Im Grenzfall dazwischen ergibt sich eine Parabel.

Diese vier Kurven können *räumlich* erzeugt werden als Schnitte von Ebenen durch einen Doppelkegel entsprechender Öffnung. Andererseits gibt es auch Bildungsgesetze der *ebenen* Geometrie, die diese Kurven definieren als **geometrischen Ort**.

Hier ist der Kreis der geometrische Ort aller Punkte, die von einem bestimmten Punkt die gleiche Entfernung haben. Die Ellipse ist der geometrische Ort aller Punkte, deren Entfernungssumme von zwei bestimmten Punkten konstant ist. Bei der Hyperbel gilt dasselbe für die Entfernungsdifferenz. Die Parabel ist der geometrische Ort aller Punkte, die von einem bestimmten Punkt genauso weit entfernt sind wie von einer bestimmten Geraden.

Beide Sichtweisen, die ebene und die räumliche, wurden in der Vergangenheit selten gemeinsam behandelt. Meist bezog sich die Analytische Geometrie auf die mathematischen Zusammenhänge in der (Schnitt-) Ebene und der Kontext zur Namensgebung "Kegel"-Schnitt blieb offen.

Durch das CUM-Programm *KEGEL32* (Darstellung von **Kegel**schnitten in 3 - und 2 -dimensionaler Form) gelingt nun der spielerische Wechsel zwischen beiden Darstellungsformen per Tastendruck. Gedanklich unterstützt wird dieser Dimensionswechsel durch die *Dandelin'schen Kugeln*. Der belgische Geometer G. P. Dandelin (1794 - 1847) erkannte, daß den Kugeln, die genau zwischen Doppel-Kegelhälfte und Schnittebene eingepaßt werden können, eine besondere Bedeutung zukommt: die Dandelin-Kugel berührt die Schnittebene gerade in dem *Brennpunkt* der Kegelschnittkurve und die Ebene durch den Berührkreis dieser Kugel mit dem Kegelmantel schneidet die Schnittebene in einer sogenannten *Leitgeraden*.

Aus leicht ersichtlichen Gründen gibt es bei Kreis, Ellipse und Hyperbel jeweils **zwei** Dandelin-Kugeln und bei der Parabel nur **eine** derartige Dandelin-Kugel.

Daher haben Ellipse und Hyperbel zwei Brennpunkte, Kreis und Parabel nur einen. Entsprechend haben der Kreis keine, die Parabel eine, Ellipse und Hyperbel zwei Leitgeraden.

Kreis

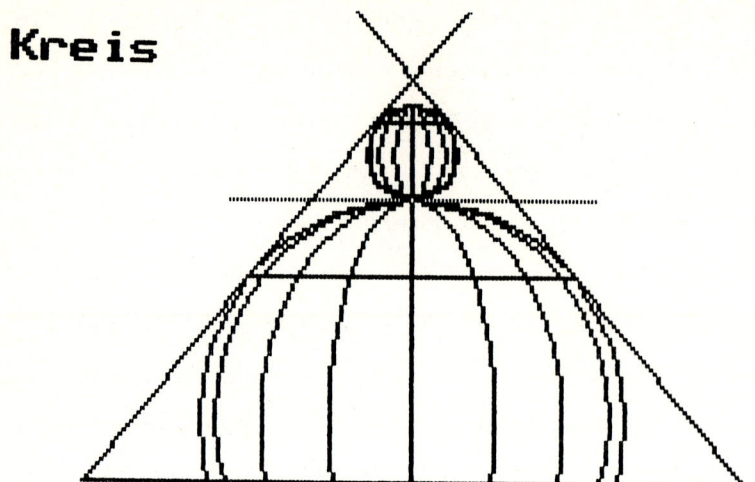

Ellipse

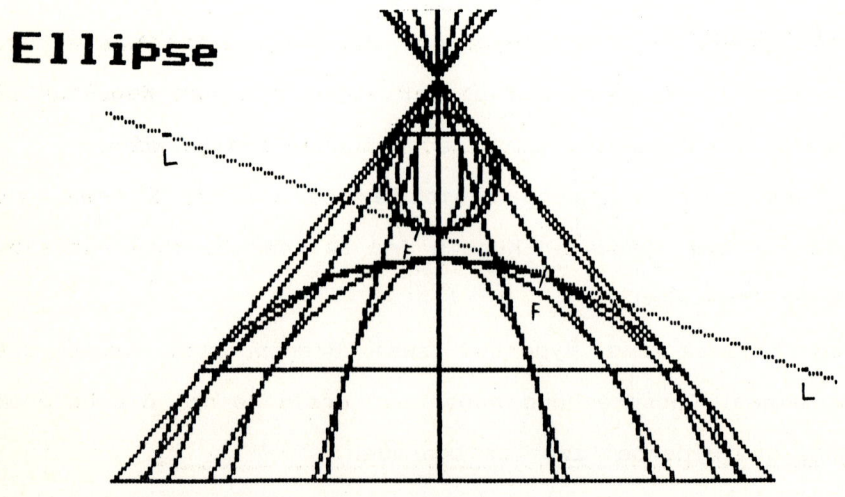

Parabel

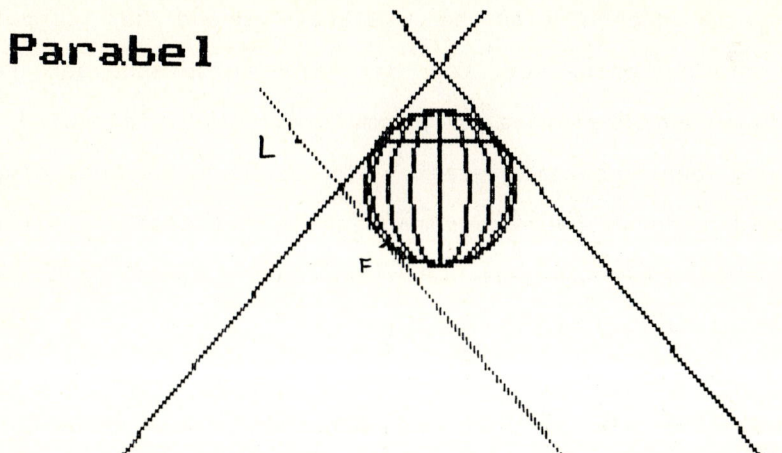

L

F

Hyperbel

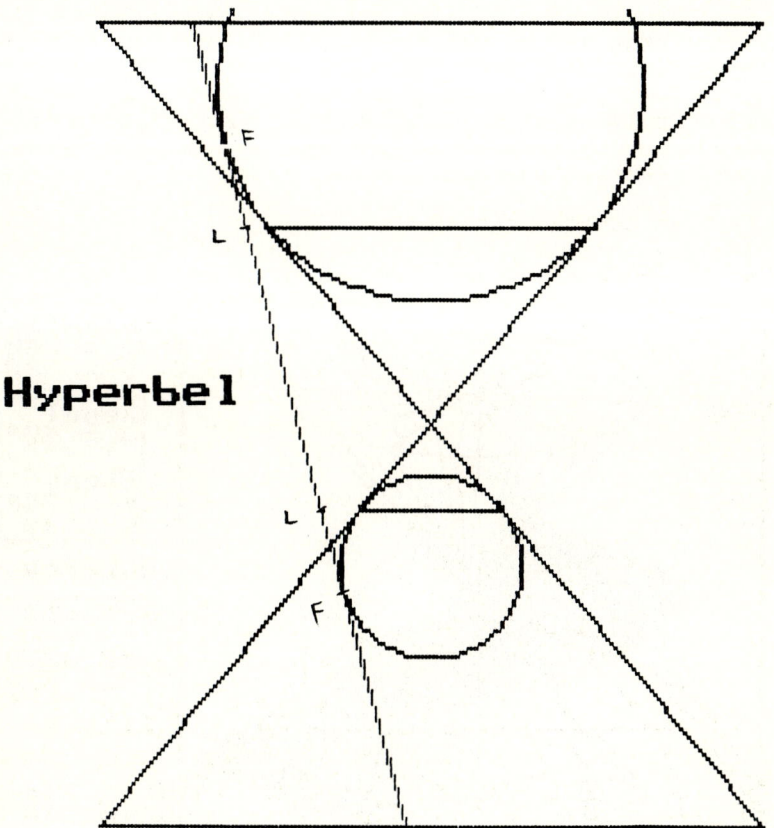

F

L

L

F

All diese Zusammenhänge sind bei KEGEL32 anhand der Computergraphik leicht zu entdecken, so daß ein entsprechender rech-
nerischer Beweis außerhalb des Programms sofort motiviert wird.

Die Entdeckung der Gesetzmäßigkeiten in der ebenen analytischen
Geometrie werden durch das Programm nicht unterstützt, sind aber
mittels Geo-Dreieck auf dem Schirm nach einem geeigneten
Lehrerimpuls leicht nachzuvollziehen.

Da außerdem noch alle drei **Bildteile** Eingabewerte, Schnittbild und
Kurvenname per Programm getrennt ausgeblendet werden können, sind
alle Voraussetzungen für einen erarbeitenden schülerzentrierten
Unterricht gegeben.

Eigenschaften von KEGEL32:

1) Dynamische Darstellung aller Kegelschnitte, auch Spezialfälle:

- Ellipse, Kreis, Punkt, imaginäre Ellipse

- Hyperbel, reelles Geradenpaar

- Parabel, Parallelenpaar (reell, imaginär, zusammenfallend)

- Gerade

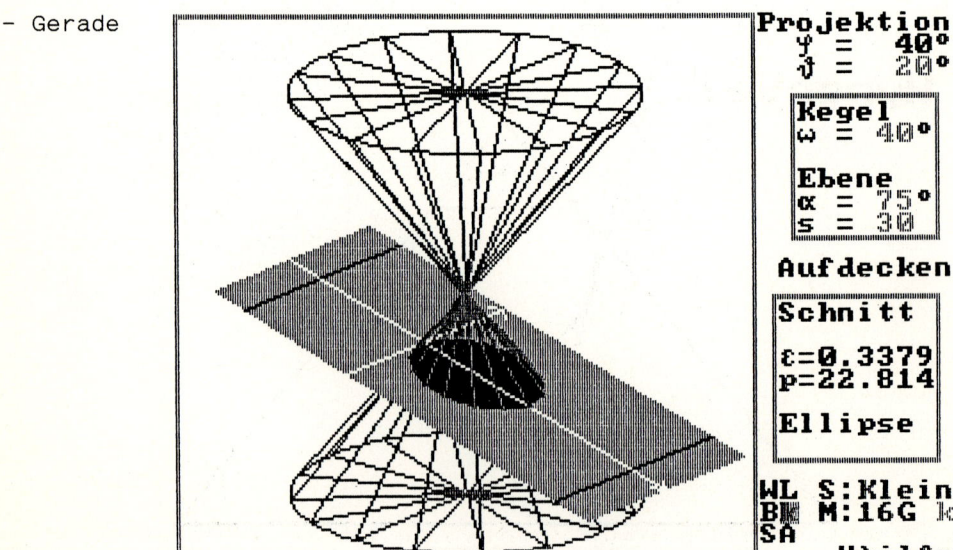

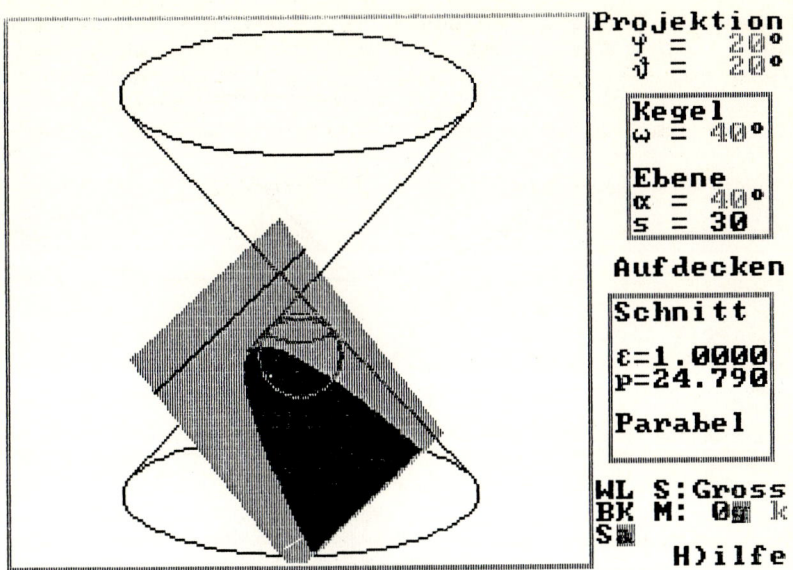

2) Wahlweise Einblendung von Dandelin-Kugeln, Brennpunkten und Leitgeraden.

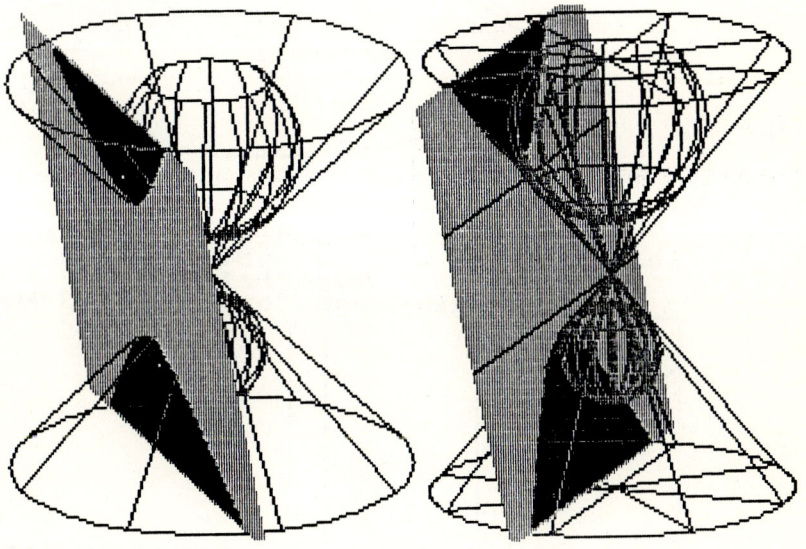

3) Mathematische Erfassung der Kegelschnitte:

- im Dreidimensionalen: Schnittfigur von Doppelkegel und Ebene als

    allgemeine Kegelschnittgleichung $y^2 = 2\,p\,x - (1 - \epsilon^2)\,x^2$

wobei   ε = cos α / cos w   numerische Exzentrizität
und   p = s (ε - cos (α + w)) Ordinate des Kurvenpunktes mit
                                    Brennpunktsabszisse

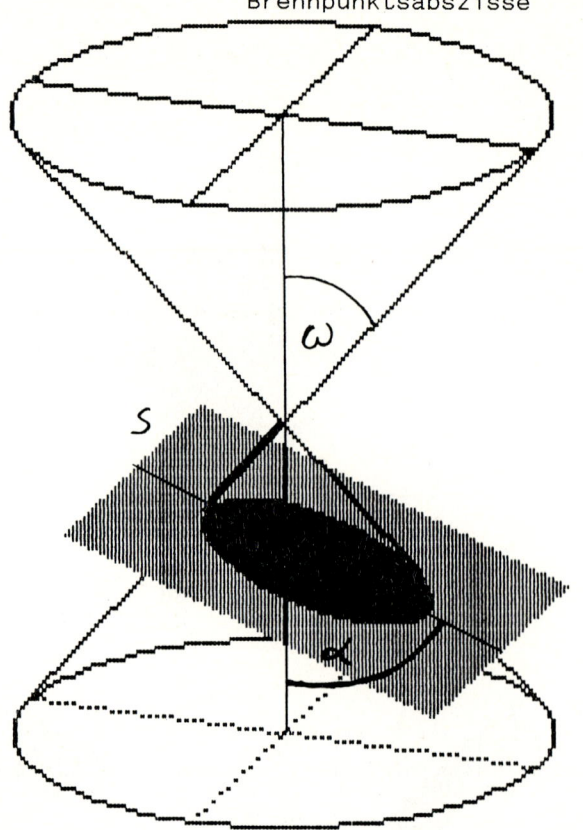

- im Zweidimensionalen: Lösungsmenge der quadratischen Gleichung
A x² + B y² + C x + D y + E = 0.

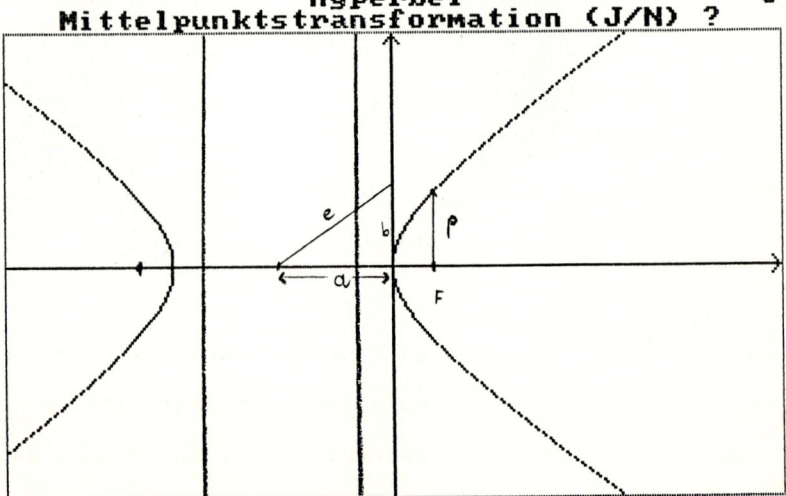

4) Variation der Darstellung anhand charakteristischer Parameter:

- im Dreidimensionalen: Öffnungswinkel des Kegels w

                        Lage der Schnittebene (Höhe s, Neigung α)

Außerdem kommt die Steuerung des Blickwinkels durch geographische Länge phi und geographische Breite theta hinzu.

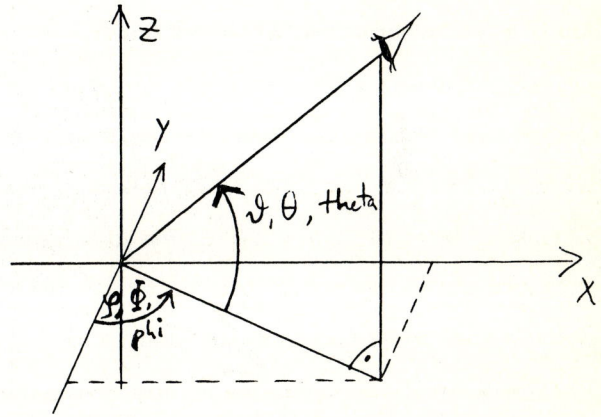

- im Zweidimensionalen: fünf Parameter der Kegelschnittgleichung

                        A, B, C, D, E

5) Zu verdeckende Bildteile, um durch schrittweises Aufdecken die Schüler zu Eigenaktivitäten zu motivieren:

- im Dreidimensionalen: Eingabeteil

                        Kegel-Öffnungswinkel, Lage der Ebene

          Graphikteil

                        Darstellung des Kegelschnitts

         Ausgabeteil

                        Bezeichnung der Kegelschnittkurve,

                        numerische Exzentrizität ϵ,

                        Parameter p der allg. Gleichung

- im Zweidimensionalen: Eingabeteil

fünf Parameter

Graphikteil

Kurve

Ausgabeteil

Bezeichnung der Kegelschnittkurve

Exemplarischer Einsatz im Unterricht:

1. **Die Eingabeparameter sind gegeben. Das Bild, der Kurvenname und die Ausgabeparameter sind verdeckt.**

Jetzt sollte der Schüler fähig sein, den Kurventyp, die ungefähre Lage der Kurve und die Ausgabewerte herauszufinden. Beispielsweise $w = 45°$, $\alpha = 20°$, $s = 20$ Einheiten. Dadurch wird eine Hyperbel als Schnittkurve vermutet. ϵ wird größer als 1 sein. Zwei offene Kurvenäste müßten auf beiden Kegelhälften zu sehen sein. Die Bestätigung erhält man nach dem Aufdecken.

2. **Das Schnittbild ist gegeben. Die Eingabeparameter, der Kurvenname und die Ausgabeparameter sind verdeckt.**

In diesem Fall sollten die Schüler natürlich die Kurvenbezeichnung wissen, ferner die ungefähren Werte der Ein- und Ausgabeparameter. Zum Beispiel eine Parabel als Schnittbild. Den Wert von α kann man ablesen. Er muß gleich w sein. ϵ muß 1 sein. Nach einer Schätzung von s kann der Schüler den entsprechenden Wert von p schätzen.

3. **Drill and practise.**

Hier zieht sich der Lehrer ganz vom Unterrichtsgeschehen zurück und läßt den Schüler den Zusammenhang zwischen den angezeigten Werten und den Schnittkurven erfahren.

Mögliches Ergebnis:

	Ebene ..		Neigung
Kreis	.. waagrecht		$\alpha = 90°$
Ellipse	.. weniger geneigt		$w < \alpha < 90°$
	als Mantellinie		
Parabel	.. parallel zur		$\alpha = w$
	Mantellinie		
Hyperbel	.. stärker geneigt		$0° <= \alpha < w$
	als Mantellinie		

Sonderfälle bei s = 0:

- Punkt $w < \alpha < 180 - w$,   ($\alpha = 90°$)
- Gerade $w = \alpha$
- Geradenpaar $0 < \alpha < w$

Numerische Exzentrizität $\epsilon = e / a$:

e = lineare Exzentrizität, Abstand Zentrum <--> Brennpunkt
a = große Halbachse

ϵ	Kegelschnitt
$0 = \epsilon$	Kreis
$0 < \epsilon < 1$	Ellipse
$\epsilon = 1$	Parabel
$1 < \epsilon$	Hyperbel

Kegelschnitt	Charakterisierung durch Abstände
Kreis	Die Entfernung eines Kurvenpunktes zum Mittelpunkt ist immer *gleich*
Ellipse	Die Entfernung eines Kurvenpunktes zum entsprechenden Brennpunkt ist immer *kleiner* als sein Abstand zur entsprechenden Leitgeraden
Parabel	Die Entfernung eines Kurvenpunktes zum entsprechenden Brennpunkt ist immer *gleich* seinem Abstand zur entsprechenden Leitgeraden
Hyperbel	Die Entfernung eines Kurvenpunktes zum entsprechenden Brennpunkt ist immer *größer* als sein Abstand zur entsprechenden Leitgeraden

Liste der Autoren

K.- H. Ansteeg
R. Aumüller
H. Broer
E. Burkhardt
K. Dingemann
M. Dotterweich
P. Egger
P. D. Eschbach
D. Euler
H.-P. Fischer
K. J. Fuchs
W. Friebe
F. Gasper
U. Getsch
W. Gyr
A. Hauf
G. Janke
G. Krüger
G. Kuhlmann
E. Lehmann
G. Merkel
C. Möbus
H. Müller
H. Niederländer
P. Peschke
W. Pörschke
A. Präbst
E. Protsch
H. Rauch
D. Reusse
E.- L. Stegmaier
H. Stimm
D. Stobbe
H.-J. Thole
W. Walser
J. Wedekind
H. Westram
A. Wichert